本著作得到教育部人文社会科学研究青年基金项目（11YJC740063）、浙江省哲学社会科学规划立项课题（10CGZY07YB）的资助

刘传鸿 著

浙江财经大学中国语言文学省一流学科学术丛刊

中古汉语词缀『自』『复』研究

浙江大学出版社 · 杭州

ZHEJIANG UNIVERSITY PRESS

图书在版编目（CIP）数据

中古汉语词缀"自""复"研究 / 刘传鸿著.
杭州：浙江大学出版社，2024.12. -- ISBN 978-7-308-25800-5

Ⅰ. H141
中国国家版本馆 CIP 数据核字第 2025TN5875 号

中古汉语词缀"自""复"研究

刘传鸿　著

责任编辑	吴　庆	
责任校对	吴心怡	
封面设计	项梦怡	
出版发行	浙江大学出版社	
	（杭州市天目山路 148 号　邮政编码 310007）	
	（网址：http://www.zjupress.com）	
排　　版	杭州青翊图文设计有限公司	
印　　刷	杭州高腾印务有限公司	
开　　本	710mm×1000mm　1/16	
印　　张	23	
字　　数	389 千	
版 印 次	2024 年 12 月第 1 版　2024 年 12 月第 1 次印刷	
书　　号	ISBN 978-7-308-25800-5	
定　　价	98.00 元	

序

　　刘传鸿的《中古汉语词缀研究》《中古汉语词缀"自""复"研究》二书要出版了，嘱我作序，引起了我的一些回忆。早年，我对中古汉语词缀有所涉猎，也发表过几篇文章。我在2010年出版的《中古汉语词汇史》一书中曾对词缀定义及其特点进行了分析，认为由词缀与词根结合的附加式源于双音节的需要，词缀的特点大致有三个：第一，具有较强的黏附力，能与词根紧密结合，二者形成一词而不能分开；第二，具有很大的活跃性，能与某一类或几类词语广泛结合，而不是偶然的临时组合；第三，担任词缀的语素本来意义较有概括性。同时我还提出了判断标准：第一，频率标准——应用广泛；第二，意义标准——附加成分去掉而不改变主要意义；第三，类推标准——同类情况普遍而非偶见。我自以为我的分析是可行的，但是后来传鸿把他搜罗到的针对各家认定为词缀的附加式逐一细致分析后，就让我发现自己的分析确实是浅尝辄止，缺乏深度的。所以后来我就不敢轻易讨论词缀或附加式了。

　　由词缀与单个实语素（即词根）构成的附加式双音词是整个复音词结构中非常特殊的一类，比起同义并列、类义并列、反义并列双音词来，分析难度要大很多。传鸿选择了这个艰难的课题，一干就是十几年，其功力越来越强大，其研究方法也越来越纯熟了。两部著作最大的成就是：对于附加式的判断，绝不笼统而论，而是一个个细致考察其来龙去脉，有破有立，因而附加式的本质特征也更加突出了，词缀的面貌也越来越清晰了。

　　二书的特点很多，其中之一是：个案考察建立在详尽分析的基础上。这里有几个精彩的例子。

　　如"用"，有学者将其与副词的组合看作附加式。利用佛经中的大量材料，同时辅以中土文献用例,他从"用"的意义及功能分析、"程度副词＋用"组合的使用特色进行分析,还运用比较的方法,把与"用"用法相似的"以"的使用特色与之对比,用充分的证据说明"用"不是词缀,而是省略宾语的介词,一下子抓住了问题的本质。

"自"可与"虚、空、徒"等搭配,学界多将此类"自"看作词缀,传鸿则敢于质疑。他首先通过大量对文用例,证明独用的"自"有空徒义,并分析了"自"表空徒义的得义理据。以此为基础,通过"徒""自""空""徒自""空自"与词语"香""芳""流"搭配用例的比较分析,证实"徒""自""空""徒自""空自"功能无别,用法相同,从而得出"空自""徒自"为同义复合的结论。除了例证详实外,善于用同类比较的方法,也是得出让人信服结论的重要手段之一。

分析词缀,要关注汉语史全貌。从全局出发,显示出深厚的训诂功力,是二书的又一个特色。我们也举几个例子。

是不是附加式双音词,需要调动各种知识储备,进行细密的分析。《世说新语》中有一个词"坐头",学界多将其看作附加式合成词。传鸿则另辟蹊径,从官制入手,论证列曹尚书有八座之名,而在晋代,史部郎为八座之首,结合《世说新语》文句中"王中郎举许玄度为吏部郎",得出"坐头"即"吏部郎",亦即八座之首的结论,可谓不刊之论。这样具体的讨论,解释了新词、纠正了讹误,而不是局限于讨论词缀本身。

再如"馨",其成词组合仅限于"如馨""尔馨""宁馨"等几个,一些学者认为也是附加式。传鸿认为,这几个表达存在语音联系,当为一词之变形,明显不符词缀要求。就词缀研究来说,将即排除于词缀即可,但传鸿的研究并未停留于此,而是从"如 N 馨""如馨""尔馨"的意义及功能比较、"尔许""如许""如 N 许"的用法考察及相关推测、六朝民歌及其它文献中的"许"的特殊用法等角度,对"馨"类组合的来源进行了深入探讨,以此为基础,得出"如馨""尔馨"为"如许""尔许"在六朝南部方言中的音近换用,"如 N 馨"来自于"如 N 许"的结论。这样的分析让人拍案叫绝。

"生"的讨论与此类似。首先,按照传鸿研究的惯例,从"生"的语法功能、组合形式及特殊文献用例三个角度,论证了"形容词＋生"不具有词的特性,"生"不是词缀,从词缀研究来说,可以将其排除。接着,作者对"生"的性质及来源进行了深入考察,在充分论证的基础上,得出"生"来源于"许",在"太＋形容词＋生"结构中充当语气助词的结论。这样的分析,远远超出了词缀讨论的范畴,可以说是训诂学研究的经典案例。

公说公有理婆说婆有理,要想在众说纷纭中拿出令人信服的证据,需要方法手段丰富,考察细密精深,这是二书的第三个特色。

文献中诸多"X 自"组合,特别是"X 自＋动词"组合,"自"究竟是词缀还是有实义表示"自己"? 学者曾有过热烈讨论,但缺少可靠证据,且论证方法各不相同,各说各话,难以得出统一而又令人信服的结论。传鸿则选择新的角度,从"大自悔责""好自击""忽自思惟""每自思惟""每自念言""趣自存活""盛自拂拭"等词组搭配入手,深入细致考察了"自"的作用,加之大量的"自＋动词"独用的文献例证,可以充分证实:"自"表自己,而非词缀。这样精彩的分析,不仅解决了这些组合的问题,还为同类组合的分析提供了行之有效的解决办法。这已经不仅仅是词缀的考察了,而是为汉语史研究提供了鲜活而又实用的论证方法及操作步骤,所以阅读二书,绝不局限于讨论词缀,其灵活的研究方法和宽广的学术视野都是令人赞叹的。

不破不立,以上都是剔除非词缀的例子。此类讨论占了很大篇幅,其手段与方法也往往令人耳目一新。再如"生""试""加"的考察,主要针对构成组合是否成词展开研究,多角度论证诸家所举用例不具有词的特性,从而将它们排除于词缀之外。"毒""切"的考察,从这两个语素的意义、组合成分的语义特征以及同义倒序组合的使用等不同角度,证实"毒"与"切"在相关组合中意义实在,并非词缀成分。"自""复"的考察,揭示出"自"的 15 个意义及功能,"复"的17 个意义及功能,在此基础上,将诸家所举用例分别归入相应类别,从而证明"自""复"并非词缀成分。这样全面周密的分析,是穷年累月研究的结晶,也是灵活性与踏实性的成功展现。

而且此类分析细致、论证科学、考辨精彩的例子随处可见,不胜枚举,让我很感欣慰。

如果从更高要求看,二书在细节上很细致很深入,但是总体理论建构和宏观把握上则略有遗憾。比如,是不是该设章节从正面谈"附加式的来源与功用""附加式在复音词中的历史地位""附加式的分类与发展""词缀的定义与鉴别方法"? 其实,这些问题,在二书具体例子探讨中均有涉猎,在《中古汉语词缀研究》上编的一些章节中也有明晰的介绍与讨论,有些还相当深入,但是多从批评的角度入手,而不是正面论述与阐发,这是二书的不足之处。其实,思路角度稍作转换,纲目标题略有调整,这个问题就解决了。传鸿曾给我微信说:"我打算将词缀研究的成果重新出版。这次重出增加了一些内容,修改了一些观点,特别是对'自''复'的定性。"说明还是细节上的深入,还是注重微观考察,宏观意识还有待提高,期待着再版时有所改观。

我与传鸿相识多年,记得 2006 年受董志翘老师邀请,曾经评审了传鸿的博士论文,当时就大为赞赏,希望他能够到浙大来工作,他考虑各种因素,没有来浙大。但是后来传鸿来我这里作博士后,就开始跟我讨论词缀问题,当时许多观点跟我的想法不一致,我还有点不以为然。但是传鸿全身心投入词缀研究,十几年过去了,他已经成为汉语词缀研究的大家,让人刮目相看,这两本著作就是明证,许多讨论让我心悦诚服。预祝传鸿在开创词缀理论上有更大的突破。

王云路

2024 年 10 月

目 录

绪 论 ……………………………………………………………… 001

　一、词缀"自""复"研究述评 ……………………………… 001

　　（一）"自"的研究 ………………………………………… 001

　　（二）"复"的研究 ………………………………………… 010

　二、当前研究存在的问题 ………………………………… 014

　　（一）"自""复"的意义及功能研究不够 ……………… 014

　　（二）文句解读存在疏误 ……………………………… 017

　　（三）研究方法存在问题 ……………………………… 022

　　（四）所举文例存在不足 ……………………………… 026

　三、研究思路及内容 ……………………………………… 028

　　（一）深入探求"自""复"的意义及功能 …………… 028

　　（二）全面考察所有被定性为词缀的"自""复"用例 …… 029

　四、研究方法 ……………………………………………… 030

　五、本书体例 ……………………………………………… 031

上编　词缀"自"考辨 ……………………………………… 033

　一、"自"之自己、亲自义及相关误判例 ……………… 033

　　（一）"自"有自己、亲自义 ……………………………… 033

　　（二）被错误定性的"X＋自＋动词"用例 …………… 034

　　（三）此类结构的分析方法 ……………………………… 043

（四）诸家所举此类其他用例辨析 …………………… 045

二、"自"之各自义及相关误判例 …………………… 104

（一）"自"有各自义 …………………………………… 104

（二）诸家所举此类用例辨析 …………………… 105

三、"自"之别、另义及相关误判例 …………………… 108

（一）"自"有别、另义 …………………………… 108

（二）诸家所举用例辨析 …………………………… 110

四、"自"之空、徒义及相关误判例 …………………… 113

（一）"自"有空、徒义 …………………………… 113

（二）诸家所举此类用例辨析 …………………… 115

五、"自"之但、只义及相关误判例 …………………… 122

（一）"自"有但、只义 …………………………… 122

（二）诸家所举此类用例辨析 …………………… 123

六、"自"之开始义及相关误判例 …………………… 125

（一）"自"有开始义 …………………………… 125

（二）诸家所举此类用例辨析 …………………… 126

七、"自"之本来义及相关误判例 …………………… 128

（一）"自"有本来义 …………………………… 128

（二）诸家所举此类用例辨析 …………………… 128

八、"自"之自然义及相关误判例 …………………… 137

（一）"自"有自然义 …………………………… 137

（二）诸家所举此类用例辨析 …………………… 139

九、"自"之实义及相关误判例 …………………… 156

（一）"自"有实义 …………………………… 156

（二）诸家所举此类用例辨析 …………………… 159

十、"自"之即、乃义 …………………………… 171

（一）"自"有即、乃义 …………………………… 171

（二）诸家所举此类用例辨析 …………………… 172

十一、"自"之已经义及相关误判例 …………………… 173

（一）"自"有已经义 …………………………… 173

（二）诸家所举此类用例辨析 ……………………………… 176

十二、"自"之仍、尚义及相关误判例 ……………………… 181

　　（一）"自"有仍、尚义 …………………………………… 181

　　（二）诸家所举此类用例辨析 ……………………………… 183

十三、"自"之"从"义及相关误判例 ………………………… 189

　　（一）"自"有从义 ………………………………………… 189

　　（二）诸家所举此类用例辨析 ……………………………… 189

十四、"自"之虽然、即使义及相关误判例 ………………… 189

　　（一）"自"有虽然、即使义 ……………………………… 189

　　（二）诸家所举此类用例辨析 ……………………………… 190

十五、"自"之表论断用法及相关误判例 …………………… 191

　　（一）"自"有表论断的用法 ……………………………… 191

　　（二）诸家所举此类用例辨析 ……………………………… 192

十六、引文有误例 …………………………………………… 194

　　　附："自"词义引申图示 ……………………………… 195

　上编小结 …………………………………………………… 196

下编　词缀"复"考辨 ……………………………………… 198

　一、作动词,表返回、回复、回应等 ……………………… 198

　　（一）"复"作动词的常见用法 …………………………… 198

　　（二）诸家所举此类用例辨析 ……………………………… 200

　二、表已发生动作的重复 ………………………………… 202

　　（一）"复"有表已发生动作重复的功能,可用"又"对译 ………… 202

　　（二）诸家所举此类用例辨析 ……………………………… 203

　三、表未实现的或经常性的动作、状态的重复或继续 …… 214

　　（一）"复"可表未实现或经常性的动作状态的重复或继续 ………… 214

　　（二）诸家所举此类用例辨析 ……………………………… 214

　四、表动作不重复或不继续 ……………………………… 223

　　（一）"复"可与否定词搭配,表动作不重复或不延续 ………… 223

　　（二）"复"与否定词的具体搭配用法兼及诸家所举用例辨析 …… 224

五、表两事相同 ⋯⋯⋯⋯⋯⋯⋯⋯⋯⋯⋯⋯⋯⋯⋯⋯⋯⋯⋯⋯⋯ 240
　　(一)"复"有表两事相同的用法,与"也"相当 ⋯⋯⋯⋯⋯⋯ 240
　　(二)诸家所举此类用例辨析 ⋯⋯⋯⋯⋯⋯⋯⋯⋯⋯⋯⋯⋯ 240

六、表动作或状态持续不变 ⋯⋯⋯⋯⋯⋯⋯⋯⋯⋯⋯⋯⋯⋯⋯⋯ 250
　　(一)"复"可表动作或状态持续不变,与"还、仍然"相当 ⋯⋯ 250
　　(二)诸家所举此类用例辨析 ⋯⋯⋯⋯⋯⋯⋯⋯⋯⋯⋯⋯⋯ 251

七、表动作、状态先后相继 ⋯⋯⋯⋯⋯⋯⋯⋯⋯⋯⋯⋯⋯⋯⋯⋯ 261
　　(一)"复"可用于两个动作或状态之间,表二者相继发生或出现 ⋯ 261
　　(二)诸家所举此类用例辨析 ⋯⋯⋯⋯⋯⋯⋯⋯⋯⋯⋯⋯⋯ 262

八、表两个动作反复交替发生 ⋯⋯⋯⋯⋯⋯⋯⋯⋯⋯⋯⋯⋯⋯⋯ 273
　　(一)"复"可用于两个动作之间,表二者交替发生 ⋯⋯⋯⋯⋯ 273
　　(二)诸家所举此类用例辨析 ⋯⋯⋯⋯⋯⋯⋯⋯⋯⋯⋯⋯⋯ 273

九、表动作、状态、情况累积 ⋯⋯⋯⋯⋯⋯⋯⋯⋯⋯⋯⋯⋯⋯⋯ 274
　　(一)"复"可连接并列的动作、状态、情况,表累积 ⋯⋯⋯⋯⋯ 274
　　(二)诸家所举此类用例辨析 ⋯⋯⋯⋯⋯⋯⋯⋯⋯⋯⋯⋯⋯ 275

十、表选择 ⋯⋯⋯⋯⋯⋯⋯⋯⋯⋯⋯⋯⋯⋯⋯⋯⋯⋯⋯⋯⋯⋯ 283
　　(一)"复"可用于平列选择句,连接备选项 ⋯⋯⋯⋯⋯⋯⋯⋯ 283
　　(二)诸家所举此类用例辨析 ⋯⋯⋯⋯⋯⋯⋯⋯⋯⋯⋯⋯⋯ 283

十一、表意义更进一层 ⋯⋯⋯⋯⋯⋯⋯⋯⋯⋯⋯⋯⋯⋯⋯⋯⋯ 284
　　(一)"复"可用于句中,表意义的推进 ⋯⋯⋯⋯⋯⋯⋯⋯⋯⋯ 284
　　(二)诸家所举此类用例辨析 ⋯⋯⋯⋯⋯⋯⋯⋯⋯⋯⋯⋯⋯ 285

十二、表程度的加深 ⋯⋯⋯⋯⋯⋯⋯⋯⋯⋯⋯⋯⋯⋯⋯⋯⋯⋯ 303
　　(一)"复"可用于表比较的句子中,相当于"更" ⋯⋯⋯⋯⋯⋯ 303
　　(二)诸家所举此类用例辨析 ⋯⋯⋯⋯⋯⋯⋯⋯⋯⋯⋯⋯⋯ 304

十三、表转折 ⋯⋯⋯⋯⋯⋯⋯⋯⋯⋯⋯⋯⋯⋯⋯⋯⋯⋯⋯⋯⋯ 312
　　(一)"复"可表意义的转折,有些更倾向于表转折语气 ⋯⋯⋯ 312
　　(二)诸家所举此类用例辨析 ⋯⋯⋯⋯⋯⋯⋯⋯⋯⋯⋯⋯⋯ 313

十四、表出乎意料 ⋯⋯⋯⋯⋯⋯⋯⋯⋯⋯⋯⋯⋯⋯⋯⋯⋯⋯⋯ 316
　　(一)"复"可用于出乎意料的语境中,加强语气 ⋯⋯⋯⋯⋯⋯ 316
　　(二)诸家所举此类用例辨析 ⋯⋯⋯⋯⋯⋯⋯⋯⋯⋯⋯⋯⋯ 317

十五、加强反问语气 ·· 323

　　（一）"复"可用于反问句中,加强反问语气 ·········· 323

　　（二）诸家所举此类用例辨析 ························ 324

十六、表追问语气 ·· 335

　　（一）"复"可用于疑问句中,表追问 ················ 335

　　（二）诸家所举此类用例辨析 ························ 337

十七、表委婉语气 ·· 338

　　（一）与表确实义的副词搭配,可用"也"对译 ········ 338

　　（二）与表只义的"政"搭配,可用"也"对译 ·········· 342

　　（三）与"可"搭配,可用"还"对译 ·················· 343

　　（四）置于"聊"后 ································ 344

十八、存在疑问的用例 ······································ 344

　　附:"复"之词义、功能引申图示 ·················· 348

下编小结 ·· 349

余　论 ·· 351

附录:本书所讨论用例出处 ·································· 353

参考文献 ·· 355

绪　论

"自""复"能否充当词缀是二十世纪八九十年代的一个语言热点问题,参与研究者数量众多,《中国语文》曾开辟专栏加以讨论,其他杂志亦刊载诸多论文。相关讨论一直延续到二十一世纪,最终大家多接受了"自""复"可充当词缀的观点。然而仔细分析诸家所论,系统考察"自""复"的意义及用法,我们认为之前的研究仍存在很多问题:诸家所举"自""复"充当词缀的用例解读多有不确,"自""复"充当词缀似缺少足够的用例支撑。因此,本书打算对"自""复"能否充当词缀的问题再作系统研究,以期解决当前研究存在的问题。①

一、词缀"自""复"研究述评

蒋宗许(2009)曾对"自""复"的研究状况有过详细梳理,出于行文完整考虑,本书打算以时间为序,对诸家的研究情况作简单介绍,并对重要作品略作述评。

(一)"自"的研究

与词缀"自"有关的研究,可追溯到公元 1711 年清刘淇的《助字辨略》,他在卷四(2004:188—189)中指"自"有语助的功能,不为义。从其所举用例看,既有单用亦有组合,既有前置又有后置,其所论与今之词缀论存在差异。

---

① 笔者之前曾对中古汉词缀作过较系统的研究,因"自""复"讨论较多,故未加关注。近几年,细读之前的研究文章,发现问题很多,有继续探讨的必要,故重新研究。

1948 年,吕叔湘《开明文言读本》(1948:31)指出"自"可附在"故、正、终、犹"等副词后,本身无显明意义,并举有"此儿故自可人""正自不易言""终自有尽时"几个用例。这种看法虽未明说词缀,但向词缀说迈出了较大一步。

1980 年,蒋绍愚发表《杜诗词语札记》一文,首次正式提出"自"可作副词(或助动词)词缀,他在文前小引中同时指出(1980:94):"这些词语大都是汉语中常用的词语,但它们有些意义和用法既不同于先秦两汉,又不同于现代汉语,是汉语发展史上某一历史时期特有的意义和用法。"

1986 年,王锳《诗词曲语辞例释》(1986:340—341)在"自"字条下新补一义:"自,词缀,多缀于单音副词之后,构成双音副词,'自'在其中不为义。""'自'偶亦可缀于单音节形容词、助动词之后,构成双音副词,'自'在其中不为义。"

1988 年,江蓝生《魏晋南北朝小说词语汇释》(1988:291)提及"自"可用在副词后边,仅起语助作用,可看作副词词尾,并举有"犹自、本自、已自、故自、正自"等用例。

1989 年,刘瑞明先生发表《〈世说新语〉中的词尾"自"和"复"》,提出"自"当作词尾,并列举《世说新语》中由词尾"自"构成的词语 25 个。同年,又发表《词尾"自"类说》,将"自"的词尾用法推进到汉代甚或先秦。同时指出其用法也不限于缀在副词、助动词、形容词之后。这篇文章所举用例更多,从汉到清均有用例。这两篇文章主要通过列举用例的方式指出"自"可作诸多类词的词尾,少有对词义的深入分析。

1990 年,白振有、蒋宗许发表《词尾"自"臆说》,在列举多例的同时,分析了"自"作词尾的发展过程。他们认为:"自"是"鼻"的初文,在典籍中的常用义是"从也、己也、自然也",先秦时"自"一般单用,很少与其他词组成复词,汉代在文言中用法几无变化,但在乐府民歌及模拟民歌的通俗文学作品中,"自"的使用日渐频繁,意义亦由实而渐虚。到魏晋时期,"自"的虚化用法更为常见,且在构词方面发生了较大变化,"自"位于副词之后,构成以"自"为词尾的双音副词。他们同时得出大略结论:"自"在汉末魏晋六朝活跃于口语之中,作副词词尾始于汉末,盛于魏晋;……词尾"自"通常用于书牍信函或语录之中,而且多用于较随便的对象或场合。以"自"作副词词尾似是江南口语。"自"作副词词尾,是六朝的口语习惯,它对以后的文言白话都有所影响。要之,副词词尾

"自"的产生,是和汉末魏晋以降的语言巨大变革有关的。社会的动荡,南北文化日渐结合,口语与文言互相渗透、作用,上古汉语单音词占统治地位的现象急剧变化,单音词纷纷以各种不同的形式组合为双音词,"自"附于副词之后便是其中的一种构词方式。由于"自"在口语中习用、虚化,于是用它来凑足双音副词的音节,聊助词气的表达。这类"自"字纯系词尾,无明显意义,不能将其作实词诠释。为了说明问题,白文还列举了上古用例与《世说新语》中的用例作比较,并分析说:先秦的"自"对谓语有重要的修饰限制作用,没有它,谓语动词的施事或动作行为的对象便不明确,整个句子所表达的意义亦殊欠明了。而《世说新语》中的"自"则完全可以抽去,抽去后句子的基本意义不变,因为这些句子的动词谓语所表现的行为动作只能是主语施行的,"自"在这些句子中,只不过略具强调或聊助辞气而已。显然,较之先秦,这些"自"的词性已完全不同了。

这篇文章是对词缀"自"研究的深化,尝试探讨其来源及形成过程,但有些分析似不够客观:上古汉语中"自"亦有很多可以省掉而不影响句义者,白文所举例中有些"自"充当动词的宾语故不能省掉。而《世说》中有些用例"自"亦不能省,省掉会影响句义表达,另有一些是"自"的新用法、新意义。

1992 年,蒋宗许发表《词尾"自"再说》,主要探讨词尾"自"源于何时以及后代使用情况,文章认为《史记》《汉书》中已有用例,并举《史记》12 例、《汉书》3例。在此基础上,蒋文还列举了《敦煌变文》、《梦溪笔谈》及梁羽生《七剑下天山》中的多个用例。蒋文对《史记》《汉书》中"自"义的分析存在问题,其结论的可靠性让人怀疑。

同年,朱庆之出版《佛典与中古汉语词汇研究》一书,其中第三章第三节"虚语素"部分(1992:157—159)举有佛典中大量意义较虚的"自"的用例,但少有分析。朱文将此类"自"定性为音节成分,实际上与诸家所讨论的词缀相当。李明孝发表《词尾"复"、"自"例补》,举有"自"作后缀的几个用例,并认为"自"在汉代已经产生。

1993 年,姚振武发表《关于中古汉语的"自"和"复"》,全面否定"自"为词尾,并指出造成所谓词尾现象的原因概括起来有语义的和语法的两个方面。1.由对"自"的意义及构词能力认识不足而致误。姚文列举了"自"的 7 个义项,并认为诸家所举用例中的"自"既可单独使用,又可广泛地与各种词组合,构成同义复词。2.由语法分析失当而致误。姚文通过一些具体用例的分析指出,有些"—自"式,即便把其中的"自"抽掉也似乎不影响意义,很像所谓词尾,但只要仔细一读,便能判定其"自"在语法上是属下的,意义也相当实。有些"—自"式,仅凭语感已难以分清其中"自"是属上还是属下,但经过异文材料、古注及上下文等的分析,似可认为"自"与前面的成分构成一种离合关系,即从语音上看,"—自"可能连读,但从语义、语法上看,"自"仍应属下。而造成这种现象的原因,一是中古词汇双音化趋势的影响,二是汉语的词组,读起来自有一种追求平衡、整齐的倾向。

在此基础上,姚文还讨论了"正自"问题,并指出诸家在确定词尾的方法上存在的问题。文章最后,姚文在总结《现代汉语八百词》(下文简称《八百词》)、朱德熙、赵元任、吕叔湘等先生观点的基础上提出:中古汉语的"自"和"复"正是这类既能单用,又能广泛参与构词的汉语语素中的一员。

姚文所指出的诸家在确定词尾的方法上存在的问题切中要害,对部分定性错误例的分析亦很得当,而他通过分析"自"的意义的方法来确定"自"的性质,无疑是十分科学有效的方法。事实上,要想弄清"自"的性质,必须对"自"的用法有深入了解。

姚文也存在一些问题:1.对"自"的各义项缺少细致论证,有些义项不够合理。2.在分析义项的基础上,将很多组合简单归入同义复合,事实上,"自"在句中的功能比较灵活,同一个搭配,语境不同,意义亦多不同,简单地将其定性为同义复合会遇到很多问题。3.由于对"自"的用法分析存在问题,辩驳诸家所举例句时亦存在一些问题。

针对姚文观点,1994 年,蒋宗许发表《再说词尾"自"和"复"》加以辩驳。他在文中另举一些用例,认为它们均无法利用姚文所列义项加以分析,"自"都是凑足音节的成分。之后他又针对姚文关于"正自"的讨论加以分析,同时对姚文关于词尾的判定问题指出,姚文所谓"'自'、'复'不仅后置,而且也有大量独用和前置的例子,不宜忽略"这个说法是混淆了词和词缀的界限,"自""复"的通常用法和作词缀的"自""复"是互不相干的两码事:作为词缀的,它本身已经从具有词汇意义的范畴中分离了出来;而作为词的,它自可在其词义系统里驰骋。语言中,恐怕没有一个词作了词缀后其原有意义便统统消失了的事实。

蒋先生关于"自""复"的通常用法和作词缀的"自""复"是互不相干的两码

事的看法,无疑是合理的。但其利用姚文所列义项分析一些新的用例,则存在诸多问题,由于对"自"的功能了解不深,对新的用例的分析同样落入之前的误区。如"每自念言、趣自存活、庶自苏息、忽自思惟"等例,"自"都是自己义;"终自无期","自"固然不能解作已经(姚文将"终自"纳入已经义的同义复合,固然有其不严密处,但他显然并不认为所有"终自"都属此类,事实上主词缀说者举有很多"X 自"组合,不可能都属一类),但解作必、定则十分恰当。蒋文未针对姚文的合理看法作深入研究,而只抓住姚文的失误加以展开,对问题的解决帮助不大。

针对姚文,1994 年,刘瑞明发表《关于"自"的再讨论》加以反驳。刘文主要针对姚文所确立的"自"的新义展开讨论,认为"自"有这些新义多是主观认定,不能成立。他还特别讨论了姚文取自徐仁甫《广释词》的"实,副词""最,程度副词"二义,之后提出五个置问:1."自"有"仍、已、就、实、最、深、甚、定或必"诸义的理据何在?(他认为姚文诸义没有一种是从探求理据而证知的,都是从少量例句得出的,或用换词而句意不变,或用所谓异文、互文作证,或经再三变通、推导。总之释词义的方法不够科学。)2.所释这些新义的词性、意义相去甚远,或全无瓜葛,它们同"自"原有的常义之间的联系也无从说起。3.词义是客观的,或可说是放之四海而皆可的。一个词有某义,无论什么地方要说此义,一般说都可以用这个词。可是对"自"的这些所谓新义来说,全然不是如此。4.同义复词,在古汉语中照例是 AB 式和 BA 式共存的,只是因使用的习惯性,二者的频率不同,或大为悬殊。然而所谓同义复词的"—自"式,竟然不见一例"自—"式的同义用法。这个事实岂不表明了"—自"式中"自"字的词尾性质。5."自"确有本来、虽然义,但"本自、元自、虽自"三词仍不是同义复词,因为没有"自本、自元、自虽"的异形同义词,它们应同所有的附加式"—自"属于一类。

刘文直面姚文所举"自"之新义,以此为突破点加以反驳,无疑抓住了问题的根本,其对"自"之"最"义的否定亦很合理,但是他显然缺少对姚文所举义项的客观理性分析。如果抓住"自"之常用核心义素,可以发现,姚文所举诸多义项找到理据并不困难,而且词性、意义也并非刘文所说"相去甚远,或全无瓜葛",另"—自"所构成的一些同义复合,缺少"自—"的倒序组合,固然有不是同义复合的可能,但也有可能有其他因素的限制,简单地以此否定同义复合的可能显然失之偏颇。

　　1995年,蒋宗许发表《词尾"自""复"续说》,认为"自"作词尾已为学术界普遍认可,因而主要探讨了其产生的条件及其发展、特点、历时演变。他认为,在语言交际或表述中,"自"对谓语的限制并非都有必要,词汇意义近乎虚,基本上不再有称代作用,同时从语法角度分析,它们都与谓语动词紧密相连,都是状语,然却又与通常用例对谓语进行限制的"自"不同,因为这些例子中谓语所表示的动作的行为的发出者都是明确的。他认为,这些"自"的代词意义已经虚化了,它们的存在不过是因为汉语表述上的双音节习惯而加上的罢了。随着人类社会的演进,作为社会现象之一的语言也不断发展变化,文明程度越高,语言也就需要日益丰富多彩,精密灵活。作为状语也需要复杂化,而"自"所表现出的习用、虚化、在状语的位置上凑足音节的趋向,正可济造词之穷,从而成为建构双音副词的理想部件。为了说明此点,他列举了上古的一些用例与《史记》用例作比较,认为《史记》中的一组"自"基本失去了独立性,无论在语感上还是在意义上,都与前边的副词构成了一个不可分割的整体。《史记》中的一组"自"字已经是词尾了。在此基础上,蒋文又举了一些"X自"、"X复"的对应用例,以证二者均为词尾,并分析了"自""复"二词尾在后期的发展差异:"自"一直使用,而"复"基本消失。

　　蒋文的分析仍然未能建立在对"自"的用法充分调查的基础上,因而主观性很强,其所举《史记》中的词尾"自"用例,均存在问题。这表明不深入考察"自"的用法,有关词尾"自"的讨论只能原地踏步,无法推进。

　　1997年,刘瑞明发表《词尾"自"和"复"的再讨论》,继续针对姚文对"自""复"作词尾的否定展开讨论。他认为,姚文从句意着眼对几例词尾书证的否定是完全正确的,但要从根本上否定词尾说,最有效的方法就是正确地一一否定众多的全部例证打歼灭战。而姚文所采用的是"抓一二俘虏"和"疑兵布阵"的方法,从多量例句中散在性地选少量例句,用各种方法来说例词不是词尾,因而是不科学的。他在文中还特别针对姚文对"正自"的分析以及《朱子语类》中的"便自"分析展开讨论,并另举了一些《朱子语类》中"自"作词尾的用例,同时讨论了《世说新语》中的两例"常自"用例。

　　刘文认为否定"自"作词尾要一一否定众多全部例证打歼灭战,实在有些强人所难,因为诸家所举用例实在太多,要一个人在一篇文章中逐一否定显然不太可能。事实上如果学者们能客观采纳姚文所提合理意见,从"自"的意义和功能入手,无疑会大大减少定性错误的用例,从而推进"自"的研究。遗憾的是,刘、蒋及其他先生多未如此做。由于未能深入考察"自"的意义及用法,刘文所举的《朱子语类》的一些新的用例,仍然存在诸多问题,而这只要综合考察《朱子语类》中"自"的用法即可避免,但他还是局限于举一些所谓的"自"无义的用例来证明自己的观点。

同年,王云路先生《汉魏六朝诗歌语言论稿》出版,书中(1997:183—185)举有汉魏六朝诗歌中的 15 个由"自"构成的附加式合成词。

针对刘瑞明、蒋宗许的驳论,1997 年,姚振武发表《再谈中古汉语的"自"和"复"及相关问题——答刘瑞明、蒋宗许先生》一文,谈了三个方面的问题:1. 什么是词尾。姚文认为词尾都表示语法功能,而"自""复"不过凑足音节而已,不是词尾的概念。另外,从历时角度看,把"自""复"看作词尾同样存在困难,因为不好解释它们的来龙去脉。2. 如何判别词尾。姚文认为,我们说词尾位于词根之后,是说它只处于词根之后,不能处于其他位置。如果一种成分一会儿后置,一会儿前置;一会儿是黏着的,一会儿又是自由的,则肯定不是词尾。"自"和"复"至少从表面看就是这么一种成分。现在说它们后置时是词尾,那么当然应该说明这种"词尾"与自由的和前置的"自"和"复"究竟有何区别。为此,首先无疑应该把"自"和"复"的各种意思搞清楚,然后才有可能与后置的"—自""—复"进行比较,得出两者之间有或没有同一性的结论。……我们读了蒋先生关于"—自""—复"的四篇文章,这些文章完全没有涉及具有词汇意义的自由的"自"和"复",仅是根据"—自""—复"来研究"—自""—复",这种方法我们不能苟同。姚文同时指出,刘瑞明显然已经认识到,要证明"自""复"是词尾,自由的"自"和"复"是绕不过去的,但是其结论却是"近当代一些学者所倡的'自'字的一些新义,多是主观的认定,不能成立"。这一步骤,对于词尾说确实必不可少,但却未尊重事实。姚文还谈论了如何考释词义的问题,他认为,传统的训诂学采用排比例句,揣摩文意,从而确定词义的方法有很大的局限性,而刘、蒋二先生仅采用了这种方法,基于此,他在确定词义时,选用了一些新的方法,比如认定某个词有某义时,可以利用该词在构词平面是不是可以和其他近义的词或语素构成同义复词。姚文指出:由于理论和方法本身的缺陷,刘、蒋两先生不仅把大量的作为同义复词构词成分的"自"和"复"都算成了词尾,甚至把这种词尾上推到汉代。3. 具体问题的讨论。姚文首先探讨了什么是甚义,他认为甚义即甚词之义,它是一种语义类别,言程度之深的意思。之所以用甚义来解释某些"自"和"复",目的正是为了避免把它们的意义随便往某一个具体的词上套。因为年代久隔,古今悬殊,这样硬套是不行的。姚文还针对蒋文(1994)所举11个"—自"结构进行了深入分析。另对刘瑞明有关"实""最"二义的批评作了解说,认为"自"有实、最义,既有大量独用的"自"作为依据,又有大量的构词上的同义复词为印证,如"实自、深自、固自、殊自、甚自"等等。

姚先生的文章指出了刘、蒋二先生反驳文章存在的最核心的问题:不从自由使用的"自""复"出发讨论其用法,或全面否定"自""复"之新义,无法真正弄清它们的功能。对蒋文(1994)用例的辨析亦较到位。但也有一些问题:首先,姚文指出"'自''复'不过凑足音节而已",不是词尾的概念,这种讨论偏离了根本,双文争论的焦点应当是"自"到底是虚义还是实义,纠结于词尾的定义对解决问题无实质帮助。其次,刘文曾对姚文提出过五点质疑,但姚文基本未加回应,特别是"自"的新义的得义理据问题,对其避而不谈,显然不恰当。第三,利用同义复合反证某词有某义固然有其合理性,但这需要建立在其他证据充分可靠的基础上。由于姚文所举意义论证不够充分,且未解决缺少倒序词的问题,以同义复合佐证某词有某义自然不恰当。第四,有关"自"的甚义的问题,姚文的处理亦欠恰当,虽然古今词义有别,不能硬套,但过于模糊显然不合适。

姚文发表之后,刘瑞明于1998年发表《"自"词尾说否定之再否定》,从三个方面加以反驳:首先,全面否定姚文所主六个义项;其次,否定姚文所说的同义复词,因为没有倒序词的存在;第三,重新列举了一些词尾"自"的用例。同年刘瑞明又发表《"自"非词尾说驳议》,重申"自"之新义不可靠,且同义复词不能成立。

针对"自"的新义的可靠性展开反击,无疑是正确的思路。但从刘文的处理来看,针对新义的用例,刘文常极力以常用义为释,而不顾文句存在明显不顺;反过来,将"自"解作词尾时,则尽力避免用常义解释,未能做到相对客观。至于同义复合的问题,由于姚文对此未加分析,刘文也只是简单加以否定,故而对问题的解决作用不大。

同年高云海发表《"自"和"复"非词尾说质疑》,认为姚文(1993)不可信从,并对姚文所说"甚"义加以分析,指出其误。肖旭也发表《也谈"自"和"复"》一文,肯定姚文所说的"自"训"必"义、"尚"义是合理的,并认为"自"可表因果关系,义同"故"。

2003 年,逯漓发表《从〈论衡〉看词尾"自"的形成》,通过《论衡》中的用例考察词尾"自"的形成过程。

词缀"自"的争论沉寂了几年,2004 年,蒋宗许发表《词尾"自""复"三说——兼奉姚振武先生》,对姚文再作回应,有关"自"的内容主要谈了以下问题:1.什么是词尾。2."自"是如何发展为词尾的。3.《史记》中一些用例的辨析。4.王羲之《杂帖》中的一些"自""复""当"对应的词尾用例。5.词尾"自"的历时演变。总体来说,此文新意不多,之前的问题仍然存在。

2005 年,李昊发表《〈焦氏易林〉中的"徒自"、"还自"及副词词尾"自"的演变》,试图通过"徒自""还自"的演变,探讨词尾"自"的形成。此文深入不够,创获不多。

2007 年,龙国富发表《佛经释词和佛经翻译》一文,从梵汉对勘的角度考察了"自"和"复"的性质,认为位于副词与连词之后的"自""复"有些有实义,另有一些是音节成分(与诸家所说词尾相近)。2010 年他又发表了《从语言接触看"复"和"自"的语法地位》一文,对东汉支娄迦谶译《道行般若经》、三国吴支谦译《大明度经》、前秦昙摩蜱与竺佛念译《摩诃般若钞经》、西晋竺法护译《正法华经》、姚秦鸠摩罗什译《妙法莲花经》等 5 部译经中全部的副词、连词与"自""复"的搭配从梵汉对勘的角度加以研究。其研究方法是:利用梵汉对勘,如果梵文对应内容中没有与"自""复"相应的成分,则译经中的"自""复"为音节成分。研究之后他认为:总的来说,处在单音节词后面的"复"和"自",其地位表现为两种情况:第一种情况是充当单音节词,读音上与前面的单音节词连为一体,语法上属下;第二种情况是充当构词成分或音节成分,这种情况又表现为两种情况:一种情况是作为构词成分与前面的词构成同义复合形式,另一种情况是附在单音节词后面作音节成分,以满足双音节的需要。

龙先生的两篇文章研究视角新颖,但研究方法值得商榷:梵汉译经之间关系复杂,再加上翻译本身的操作问题,使得梵文与汉译佛经不可能一一对应,译经相对梵文出现词语添加、删减、改换均十分正常。就添加成分来说,它们主要是根据汉语表达的需要而添加,其性质应当十分多样,而且由于梵文中没有对应成分,依据梵文给它们定性显然行不通。合理的做法是:立足于汉译佛经,依据上下文语境,并结合其他信息,作出独立客观的分析。简单地以梵文无对应的成分即认定译经中某个词为音节成分,逻辑上无法成立,结论自然难以令人信服。

2008 年,李莉发表《〈孔雀东南飞〉中的词缀"复"和"自"》,列举了《孔雀东南飞》的几个"自"的附加式用例。

2009 年,蒋宗许出版《汉语词缀研究》一书,有关"自"的内容(2009:180—188),主要是对之前研究的一些回顾,无新的拓展。

2010 年,王云路出版《中古汉语词汇史》,第四章"中古附加式复音词部分"(2010:351—361)举有很多"自"充当词缀的用例。

2017 年,周晓彦的硕士论文《"自""复"的词尾化历程及相关问题研究》,探讨了词尾"自"的形成过程及机制。

2019 年,钱添艳等发表《词缀"自"的语法化考察》,主要探讨词缀"自"的形成过程,说服力不够。

(二)"复"的研究

有很多讨论"复"的文章与"自"联系在一起讨论,为避免重复,上文"自"中已出者,此不再叙。

词缀"复"的研究亦可追溯至清刘淇《助字辨略》(2004:238),其文将"复"定性为语助,并举有《世说新语》及陶渊明诗的三个用例。此可看作词缀"复"研究之先导。

1980 年,蒋绍愚《唐诗词语札记》一文亦提及"复"作语助词的用法,并认为"复"主要放在形容词、副词后面,不再具有"还、又"的意义,只起语助作用,同时举有唐诗中"空复""忽复""且复"等数例。这种看法向词缀说迈进了一步。

1987 年,刘瑞明发表《助词"复"续说》申发蒋绍愚之意,分类举有诸多用例,并在文后提及"复"似可定性为词缀,此为首次提出将"复"看作词缀。

1988 年,江蓝生《魏晋南北朝小说词语汇释》(1988:68)指出"复"可作语缀,多用在副词、否定词、连词之后,同时举有"忽复""自复"等数例。

1989 年,刘瑞明发表《〈世说新语〉中的词尾"自"和"复"》,认为刘淇、蒋绍愚所言"复"字义虚诚为的论,但定为语助词,却不精当。他认为"复"字清一色地助于词根之后,显然是词尾性质。同时举有《世说新语》中充当副词、连词词尾的 19 个"复"的用例。

　　1990 年，蒋宗许发表《也谈词尾"复"》①，举有陆云书牍中的包含词尾"复"的词语 30 个，57 次。并指出王羲之《杂帖》中的词尾"复"有 93 个，构成词 33 个，从而得出词尾"复"在晋代已是蔚为大观的结论。他同时还提出了以下几点看法：1. 词尾"复"产生于汉代。2. 词尾"复"具有鲜明的口语特点。3."复"主要作副词词尾。文中他还对"复"的起源进行了推演："复"作为一个语素，它先是在口语中习用，也正由于习用，它原本不实（"复"原为副词）的意义更加虚化，不免常常处于衬词或语助的地位。当这种虚化的"复"字附于其他单音词之后，理解上只能把它与前边的单音词当成一个双音词看待，并且只有前边的单音词具有词汇或语法意义时，这时的"复"就只能算作词尾了。

　　1992 年，李明孝发表《词尾"复"、"自"例补》，他赞同刘瑞明先生（1989）"复"为词尾的观点，同时举有 9 个"复"作词尾的用例。

　　同年，朱庆之《佛典与中古汉语词汇研究》出版，他在书中第三章第三节"虚语素"部分（1992：148—155）将"复"定性为音节成分，认为"复"主要用在单音节副词和助动词之后，也用在单音节连词等功能之词之后，构成双音节形式。同时他还列举了佛典中的 50 个"X 复"组合。朱先生定性名称虽有不同，但实质与诸家所说词尾并无多大差异。

　　1993 年，姚振武发表《关于中古汉语的"自"和"复"》一文，批驳"复"可作词尾的观点，他认为"复"不是词尾，而是既能单独运用，又能广泛参与构词的语素。诸家将其定性为词缀源于语义和语法两方面的误解：一是对它们意义复杂性及构词能力认识不足。就"复"来说，它在中古义项繁多，十分活跃，常与所谓词尾发生纠缠的，主要是它的"又、再"之义和"甚"义。其中"又、再"义可表一个动作（状态）重复发生，两个动作（状态）相继发生或反复交替，"复"还可表几个动作、状态、情况累积在一起，由此又引申有"甚"义，诸家所举诸多"复"尾都属这些用法。二是语法关系分析失当。有些"—复"式，即便把其中的"复"抽掉也似乎不影响意义，很像所谓词尾，但只要仔细一些，便能判定"复"在语法上是属下的，意义也相当实。姚文还指出诸家在确定词尾方法上存在的问题（参前文所述）。

――――――――
①　此文与其发表于《菏泽师专学报》1991 年第 1 期的《词尾"复"浅论》存在重复。

姚先生的文章发表后,引起了热烈讨论。1994年,蒋宗许发表《再说词尾"自"和"复"》,反驳姚振武对"复"作词尾的否定,指出姚文以现代汉语中的"又""再"义类推中古的"复"不当,而将表更加义的"复"解作"甚"更是不当。他认为:中古的"复"与现代汉语的"又、再"固然有许多相似之处,但这并不排除"复"作为词尾而存在。

1995年,蒋宗许发表《词尾"自""复"续说》,主要就词尾"自""复"产生的历史背景、结构条件以及组合后的语法范畴,历时演变等方面进行讨论,试图进一步揭示出这两个词尾的实质。他认为:"复"本为动词,原指去后复来,虚化为副词,表示"又、再"等意义,使用频率高。作为副词,其意义本在虚实之间,语言中的频频使用更弱化了它的词汇意义。随着汉语词汇双音化的飞速发展,"复"也以其习用义虚而逐渐附于单音副词之后,成为以"复"为词尾的新起的一类双音词。"复"虚化为词尾后,它本身的口语特点不仅没有消失,而且几乎无例外地把新组合成的双音词带入了口语的领域。"复"形成于汉代,发展鼎盛于魏晋南北朝。唐代起,词尾开始萎缩:词尾"复"最早见于汉乐府诗等民歌中,佛典里,词尾"复"的使用频率比词尾"自"高,也正因为"复"的口语性强,所以它在唐宋之后渐渐被淘汰。

1997年,刘瑞明发表《词尾"自"和"复"的再讨论》,认为姚振武(1993)所举"复"字的新义不能成立。同年,王云路出版《汉魏六朝诗歌语言论稿》(1997:182—183),举有汉魏六朝诗歌中的11个由"复"构成的附加式合成词。

针对刘瑞明、蒋宗许先生的驳论,姚振武于1997年发表《再谈中古汉语的"自"和"复"及相关问题——答刘瑞明、蒋宗许先生》一文,对什么是词尾、如何判别词尾进行了阐述,并对"复"之甚义进行了说明。文中他还举了几个用例,指出"复"的特殊性,并分析了"乃复""况复""不复""故复自佳"等用例。

姚先生的文章指出了刘、蒋二先生反驳文章存在的最核心的问题,但也存在一些不足(详参上文)。

1997年,陈建裕发表《也谈〈世说新语〉中的"复"尾》,认为"复"不具备词尾所应具有的特点,它是一个既能单独成词,又能在保持单用不变的情况下广泛参与构词的词素。他指出,"复"用为副词,经常表动作的持续、重复、反复、积累,相当于现代汉语的副词"再""又""仍然""还""也"等,这些意义较虚、较抽象,在句子中的用法也很复杂。并分析了一些用例。这篇文章以专书中的

"复"为研究对象,对其用法进行全面研究,对于正确认知"复"的性质很有帮助,其对"复"的分析也颇有可取之处,可惜这篇文章未得到应有的重视。

1998年,高云海发表《"自"和"复"非词尾说质疑》,他赞同"复"为词尾的说法,并针对"复"的用法及一些用例进行了讨论。同年,肖旭发表《也谈"自"和"复"》,他没有肯定或否定"自""复"词尾说,而是对"自""复"的部分义项是否成立展开讨论,认为姚文所说"复"之甚义可以信从。

2004年,蒋宗许发表《词尾"自""复"三说——兼奉姚振武先生》一文,主要反驳姚振武的"复"为甚词的说法,并分析了"复"的来源。同年,赵晓驰发表《中近古新兴词缀例析》一文,列举了几个"复"作词缀的用例。

2006年,张悦发表《中古汉语词缀的辨析》一文,对"复"的性质进行了探讨。他认为,总体来说,在相关组合中,"复"的副词义还是很实在的,即便在意义比较虚的"为复""时复""虽复"中,仍保留着微弱的"再"的意味,因此还是将"复"视作一个实语素而不是一个后缀为好。如果非要将它视为后缀,也只能算是一个不成熟的、或者说还没有完全虚化的后缀。

2007年,龙国富发表《佛经释词和佛经翻译》一文,2010年又发表了《从语言接触看"复"和"自"的语法地位》一文,从梵汉对勘的角度考察了"自"和"复"的性质(详参上文)。

2008年,张伟芳发表《〈宋书〉中词缀"复"的研究》,列举了《宋书》中大量"复"作词缀的用例。同年,李莉发表《〈孔雀东南飞〉中的词缀"复"和"自"》,列举了《孔雀东南飞》中的部分"复"作词缀的用例。

2009年,蒋宗许出版《汉语词缀研究》(2009:38—45;188—194),系统回顾了"复"作词缀的争议,并举了一些用例。同年,刘红梅发表《〈世说新语〉中双音节副词词尾"自、复"演变特点刍议》,新意不多。

2010年,王云路《中古汉语词汇史》出版,第四章"中古附加式复音词部分"(2010:343—346)举有大量"复"充当词缀的用例。

2011年,乐建兵、查中林发表《"儿已薄禄相,幸复得此妇"中"复"字研究》,分析了文献中"复"的一些特殊用法,并认为"儿已薄禄相,幸复得此妇"中的"复"当译作"还",表某种让步的意味。

2012年,王萍发表《简论〈世说新语〉的"复"字用法》一文,分析了《世说新语》中单用及复合的"复"的用法,举有诸多"复"充当词缀的例子,并探讨了

"复"的演变情况。

2016 年,周晓彦发表《中古汉语"复"的词尾化历程及其相关问题》,认为词尾"复"是在与"又"同义连用共同做状语的句法环境中产生的。2017 年,她的硕士论文《"自""复"的词尾化历程及相关问题研究》亦探讨了这一问题。

二、当前研究存在的问题

综观学界对词缀"自""复"的研究,我们认为主要存在以下问题:

(一)"自""复"的意义及功能研究不够

我们认为,词语的解读应当遵循以下原则:能以常义为释,则不当解以僻义;能以实义为释①,则不当解以词缀。也正因此,确认"自""复"为词缀,需要建立在对"自""复"意义及功能深入研究的基础上。然而就目前的研究来看,这一点做得还很不够。

1."自""复"的义项及功能论证不充分

"自""复"作为古汉语常用词,有很多学者加以研究,并揭示了诸多较特别的意义及用法,如《经传释词》《广释词》《经词衍释》《词诠》《古书虚字集释》等。萧旭《古书虚词旁释》(2007:305—312)集诸家所释,另加其独到发现,于"自"字条下引古今学者所释用法 14 条,自举用法 11 条,共计 25 条,分别为:1. 犹其也(出《广释词》)。2. 犹苟也(出《经传释词》)、若也(出《古书虚字集释》)。3. 犹若也(出《经词衍释》)、如也、似也。4. 犹虽也(出《经词衍释》《词诠》)。5. 犹犹也(出《经词衍释》)、且也(出《古书虚字集释》)、尚。6. 犹以也(出《经词衍释》《古书虚字集释》)。7. 犹即也(出《古书虚字集释》)、遂也、乃也。8. 犹始也(出《经词衍释》)、才也。9. 犹而也(出《广释词》)。10. 犹本也(出《广释词》)、固。11. 犹因也(出《广释词》)。12. 犹实也(出《广释词》)、信也。

---

① 这里的"实"不是实词、虚词的"实",而是是否有词义或语法功能,与纯用于构词的词缀相对。

13.犹相也(出《广释词》)。14.犹是也(出《广释词》)。15.犹将也。16.犹能也。17.犹故也。18.犹为也。19.犹既也、已也。20.犹至也。21.犹徒也、空也、虚也。22.犹更也。23.犹时也、暂也。24.犹必也、定也。25.犹被也、致也。《词诠》另收有副词"另自、别自"义。"复"字条下(2007:413—417)引古今学者所释用法5条,自举用法13条,共计18条,分别为:1.犹又也、重也(出《助字辨略》)。2.犹反也(出《助字辨略》)。3.犹忽也(出《广释词》)。4.犹将也(出《广释词》)。5.犹尚也(出《广释词》)、犹也。6.犹尝也、曾也。7.犹须也。8.犹或也。9.犹足也。10.犹乎也。11.犹敢也。12.犹得也。13.犹能也。14.犹至也。15.犹益也、更也。16.犹若也。17.犹何也。18.犹其也。

客观地说,这些研究存在一些问题:首先,论证方法不够科学,有些仅通过异文、对文即确定有某义,故释义不当之处较多;其次,一般直接释义,未揭示其得义理据(这与体例有关,但对揭示词义来说,实有不足);第三,用法归纳不够合理,存在过多过滥的现象。由于上述问题的存在,这些义项很多未被接受,以《汉语大字典》《汉语大词典》(下简称《大字典》《大词典》)所收"自"为例,《大字典》收"自"副词用法四个:1.本是;本来。2.另自。3.自然地,不借助外物。4.仍旧;依然。连词用法三个:1.表示假设关系,相当于如、若。多与表示否定的"非""不"连用。2.表示让步关系,相当于虽、即使。3.表示转折关系,相当于却、可是。《大词典》副词用法仅两个:1.自然;当然。2.本来。连词用法亦两个:1.连词。虽;即使。2.连词。假如。两相比照,可以发现很多用法《大字典》《大词典》都未收录。

参与"自""复"讨论的学者已经注意到这个问题的重要性。姚振武(1993)在驳斥主词缀论者时,即提出了"由对'自''复'的意义及构词能力认识不足而致误"这一看法,并在文中列举了"自"的七个义项,"复"的两种主要用法,并将被定性为词缀的用例纳入相关义项下。这种做法无疑是解决问题的正确方向。但姚先生的论述亦停留于指出"自""复"有某义,并略举数例,相关意义及用法的论证仍嫌不够,有些义项归纳不够准确,很多义项的引申脉络未加分析。也正因此,他所提出的"自""复"的意义及功能招致了诸多学者的批评①。

---

① 姚文只是一篇万余字文章,涉及面较多,难以深入,但从其所举例来看明显存在问题,或证据明显不足。

刘瑞明先生(1994)即专门撰文,一一否定姚文所提之新用法。然细观其文,我们认为有些批评明显不够客观:他一方面指斥姚文将一些能以常义解释的而以新义为释,却不顾有些以常义训释明显不顺的事实;另一方面又将一些明显能以常义解释的"自""复"归入词缀这一尚待论证的用法。同时有些义项得义理据十分明显,然而刘文却全盘否定。

2.有些意义及用法描写过于笼统

"自""复"的意义及功能除有很多未被揭示之外,还存在部分功能描写过于笼统、不够细致的问题,"复"尤其突出。我们看《大字典》对"复"的处理,其副词用法有三项:1.表示重复或继续,相当于"再"。2.表示反问或加强语气。3.表示频度。《大词典》"复"的副词用法仅有义项 8 一项,以"又;更;再"对译,然后举例。而事实上,"复"表重复或继续,存在很多差别,有些就不能用"再"对译。"又;更;再"在现代汉语中功能极多,"复"到底在哪些功能上与它们相同,《大词典》的处理显然无法揭示。当然作为大型辞书,没有必要细致描写,但如果要研究"自""复"的用法,仅依靠辞书的简略释义显然不够,对"自""复"的意义及功能做更加细致的描写是必须要做的工作。然而综观诸家的研究,这方面显然存在问题,即便姚振武(1993:144)亦如此,我们看他对"复"的处理:

> "复"字在中古时期也是义项繁多,十分活跃。但据我们观察,常与所谓词尾问题发生纠缠的,主要是它的"又、再"之义和"甚"义。

有关"复"之"又、再"义,姚文结合《八百词》作了一些分析,但仍不够细致(详见本书对"复"的意义及功能的分析);而针对"甚"义,其描述则更加笼统,在 1993 年的文章中,他仅举了一些表"甚"义的单用或同义复合的用例,而这些用例很多无法以"甚"为释。也正因此,刘瑞明、蒋宗许等先生针对"甚义"提出尖锐批评。1997 年,姚振武回应诸家批评,对"甚"义作了特别说明,但效果并不好。究其原因,有"复"意义较虚难以准确表述的问题,也有描写仍不够细致的问题。事实上吕叔湘《八百词》对"又""亦""还""再"等的分析,就很容易被人接受,"复"的意义及功能描写完全可以参照。

(二)文句解读存在疏误

"自""复"研究中,还存在很多因主观原因而造成的文句解读问题,主要表现在以下几个方面:

1.未仔细阅读上下文而误读

诸家所举用例,有些"自""复"的意义并不生僻,且上下文存在明显线索,然而却出现解读失误。如:

(1)天旱不雨,道路艰涩,不时得过,**故自**早出。(东晋干宝《搜神记》卷一)

此例诸多学者(刘瑞明1989:213;刘瑞明1989a:19;蒋宗许1992:57;蒋宗许2009:184)将"故自"看作附加式,肖旭(1998:319)将"自"解作"故",认为"故自"为同义组合,均不确。此句前文有十分明确的提示:"孙策欲渡江袭许,与于吉俱行。时大旱,所在熇厉,策催诸将士,使速引船,或**身自**早出督切。""故自"之"自"即承"身自早出督切"而言,乃"亲自"义。

(2)庄生知其意欲复得其金,曰:"若自入室取金。"长男**即自**入室取金持去,独自欢幸。(《史记·越王勾践世家》)

蒋宗许先生(1992:56)举此例,认为"即自"为附加式,显然不当。这从前句"若自入室取金"即可看出:"自"置于代词"若"之后,义为"你自己到室内取金",后句"即自入室"承此而言,"自"表自己十分明显。

(3)久不作文,多不悦泽,兄为小润色之,可成佳物,愿必留思。四言五言非所长,颇能作赋,为欲作十篇许小者,以为一分生于愁思,**遂复**文。(西晋陆云《与兄平原书》之三)

蒋宗许先生(1990:299)将"遂复"看作一词,并以"复"为词缀,显然不当。这从前文"久不作文"可以看出,"复文"显然与其相承,表"作文"这一动作行为再次发生。

(4)是时,三十三天见此昼度树已生罗网,不久当生霓节。尔时,三十

三天见已,复怀欢喜:"此树今日已生霓节,不久**当复**开敷。"(东晋瞿昙僧伽提婆译《增壹阿含经》卷三三)

朱庆之先生(1992:150)将"当复"之"复"看作音节成分,误。"复"实表"开敷"这一动作的重复,这从此段话前文能明显看出:"尔时,世尊告诸比丘:'三十三天昼度树,本纵广五十由旬,高百由旬,东、西、南、北荫覆五十由旬,三十三天在彼四月自相娱乐。比丘当知,或有是时,彼昼度树华叶凋落,萎黄在地。'尔时,诸天见此瑞应,普怀欢喜,欣情内发:'此树不久当更生华实。'""当复开敷"即承此树之前"华叶凋落"而言,与"当更生华实"义同。

2.未注意古今汉语差异而误读

古今汉语存在很多联系,但也有较大差异,如果不明白这些差异,常常会造成误解。就"自""复"组合的解读来说,即存在这方面的问题,主要表现在以下几个方面:

(1)古今语序差异

"自"所构成的搭配中,有很多为"X+自+动词"结构,"自"表自己,"X"作为修饰限制性成分位于"自"前。依据现代汉语对译,有些语序与现代汉语相合,有些则不合,这种语序上的差异造成了诸多误判。如刘瑞明先生(1989:17)在分析《史记·项羽本纪》例"然不自意能先入关破秦"时指出:"不自意,未料到。一般均释为自己未料到。如此,'自'置于'不'之后实不可解。"刘先生在之后的文章中(1998:8)再次谈到"自"的语序问题,同时提及"不自量力""不自存立""不自温饱"之"自"都宜作词尾看,而"益自刻苦""深自陈结""更自贫苦""甘自落后"等"状语的位置都失常,应非专意如此"。

这种看法实际上是忽视了古今汉语之间存在的差异。由于"自"与单音动词结合较紧密,因此二者常作为一个整体受副词等词修饰,"X+自+动"乃其常式。以"不自量力"来说,"自量"乃古之常用搭配,故其否定形式为"不自量",而非"自不量","不自量力"乃"不自量"添加宾语"力",这种结构十分自然,并无失常之处。与此相似,"自信、自负、自伐、自矜、自恨、自咎、自责、自喜、自悲、自愧、自欺"等均为常用搭配,故修饰性成分多置于"自"之前,如"颇自信、颇自负、颇自伐、颇自矜、深自恨、深自咎、深自责、大自喜、良自悲、良自愧、良自欺、不自矜、常自矜"等,古文献中均十分常见,而与之对应的"自颇信"

类"自＋副＋动"的形式则几未见到。"X＋自＋双音动词"由"X＋自＋单音动词"发展而来,故同样保持了"X＋自＋动"的形式,如"颇自矜大、颇自矜伐、颇自矜高、颇自矜夸、颇自矜尚、颇自矜炫、颇自矜纵"等在文献中即很常见(这些组合可看作"颇自矜"的变换形式)。另外,"X＋自＋动"这一语序现代汉语仍有保留,诸如"我很自信""他很自责"之类的表达现代汉语仍十分常用,我们显然不会刻意依照语序将二者对译成"我很自己相信自己""他很自己责备自己"①,并指责语序不合理。

"复"的搭配亦存在这个特点。如有学者(蒋宗许 1990:298)举有陆云书信中的"甚复尽美""甚复可借",认为"甚复"为附加式(姚振武认为"复"表甚义,"甚复"为同义复合)。而我们利用语料库检得另外几个"甚复"用例,发现均解作"复甚"。不仅如此,"颇复""甚亦""甚复"搭配亦可如此解,据此陆云书信中的"甚复尽美"似可解作"复甚尽美";"甚复可借"可解作"复甚可借"(详参下编第五类"甚复"条论述)。

(2)古今搭配差异

除了语序之外,古今汉语中的搭配也可能存在差异。如"自",现代汉语中,它与动词搭配,可表动作的发出者,亦可表动作的承受者,有时二者兼具,但使用时一般均表强调,否则"自"显多余。古代汉语中"自"与动词的搭配则没有这样的限制,有些古代常用的"自＋动词"组合,现代已经不再用"自",以现代人的语感,会觉得"自"显得多余,如"自思""自悔""自藏"等,古汉语常用,"自"均指自己,而现代汉语中,说某人思考、后悔、隐居即可。与之同义的"自思惟""自念言""自隐藏"等"自＋双音动词"组合,更是如此。也正因此,当此类"自＋动词"前出现其他单音副词、连词甚至动词时,很多学者就将"自"看作词尾。

3.拘泥于韵律而误读

出于韵律考虑而将"自""复"定性为后缀,也是造成误读的重要原因。

"自""复"构成的组合,经常会出现"单音词＋'自'或'复'＋双音组合"的结构,在音步切分时,研究者通常基于现代人的语感将其切分为 2＋2。由于

---

① "自信""自责"现代汉语已经成词,但其与古代汉语的用法并无根本区别。

"自""复"意义上的特点(很多去掉之后不影响文义的表达),"X自""X复"被定性为词,同时"自""复"被定性为后缀也就不难理解了。

事实上,除了特殊文体,音步的切分理应根据意义而不是语感或习惯,即便阅读时将某个组合作为一个音步,也不应忽略意义而将它们看作一个词。

音步切分在词缀的判定中本无关紧要,但在实际操作中,却发挥了非常重要的作用。蒋宗许先生在《汉语词缀研究》(2009:183)一书中,针对《孝武本纪》中的"吾甚自愧""朕甚自愧"分析指出:"如果仅从意义上看,(自)未必不可以看作后缀,因为同样是主语明确的,没必要再加强调,也就是说,二者的'自'可以认为是没有词汇意义的。但是,从音律的角度来说,则切分为'吾(朕)/甚/自愧',似更和谐。"①很显然,促使蒋先生将此例"自"排除于后缀的决定性因素不是意义,而是"音律":因"自愧"同属于一个音步,故而"自"虽然无义,但亦不能看作"甚"的后缀。

在词缀"自"的研究中,不仅有以音律排除词缀的做法,也有以音律确定词缀的做法。蒋宗许先生(1995:28—29)为了说明状语的双音化趋势,举了一些先秦用例与《史记》中的文句,从"音步"的角度进行比较:

先秦例(蒋)

于是焉/河伯/欣然/自喜

君/非/自知/我也

四拜/自跪/而谢

十日/自愁

因/自投/清泠/之渊

《史记》例(蒋)	**《史记》例**
郡国/诸侯/务自/拊循其民	郡国/诸侯/各/务/自拊循/其民

---

① 我们亦认为"自"非词缀,但不是因为音步切分,而是因为意义,"自愧"指自己感到惭愧,乃古汉语习用搭配,现代汉语仍有使用。

广/数自/请行	广/数/自请行
陵/亦自/聚党/数千人	陵/亦/自聚党/数千人
乃/谩自/好谢/丞相	乃/谩/自好谢/丞相
郦生/乃/深自/藏匿	郦生/乃/深/自藏匿
以此/景帝/再自/幸其家	以此/景帝/再/自幸/其家
汤/具自/道/无此	汤/具/自道/无此

以上左边两组为蒋文(1995:28—29)所切分音步,他同时指出:"相形之下,(两组)差异非常明显:先秦一组'自'均用于动词之前,与其后边的动词组成双音节。而《史记》的一组首先是在位置上发生了变化,它从先秦双音节的第一位置退到第二位置,并无一例外地附于单音节副词之后;其次在结构上亦不相同,先秦的一组虽然已趋于虚义,但在结构上仍是独立的,它们并没与其后的动词组合成双音词,而《史记》的一组基本上失去了独立性,无论在语感上还是在意义上,它们都与前边的副词构成了一个不可分割的整体。"

事实上,比较两组用例,可以发现并无根本不同:"自"在《史记》中仍用于动词前("好谢"可看作偏正式动词词组),其后的动词固然有双音节,但也有单音节,如"自请""自幸""自道";至于说"无一例外地附于单音节副词之后",只是作者有意识地选择而已,《史记》中未附于单音节副词之后的用例亦有很多,而先秦附于单音节副词之后的用例同样很多;至于蒋先生所说从先秦双音节的第一位置退到第二位置,我们不知道这个所谓的"双音节"到底是依据什么切分出来的。而蒋文所说结构上"无论语感上还是意义上都与前边副词构成了一个不可分割的整体",在意义上根本不能成立(各例中"自"均可解作自己、亲自:"自拊循"指亲自拊循;"自请"指亲自请求;"自聚党"指亲自聚集党徒,《汉书·高惠高后文功臣表》亦载此文,作"(陵)以自聚党定南阳","自聚党"充当介词"以"的宾语,可佐证"自"与"聚党"不当分开;"自好谢"乃"自谢"之扩展,指"自己为好言向丞相致歉";"自藏匿"即"自藏",见上文分析;"自幸"指皇帝亲自前往;"自道"义同"自陈",即自我陈说,详参后文分析);至于语感,则是建立在未明意义基础上的错误感觉,实不足据。当我们弄清意义之后,上举右侧"《史记》例"的切分显然更加合理。

蒋先生(1995:29)在比较之后得出结论:"按照前修时贤关于词尾的能为大家认可的界定,我们有理由认为《史记》中的一组'自'已经是词尾了。"这个结论的得出,音步切分起了十分重要的作用。

4. 受"自""复"为词缀认知影响而致误

经过 20 世纪九十年代至 21 世纪初的充分讨论,"自"可作词尾被大多数学者所接受。在此认知的影响下,人们经常出于认知习惯自然地将"自""复"看作词缀,即便已经感知到"自""复"意义实在。如:

(5)人问王长史江虨兄弟群从,王答曰:"诸江皆复**足自**生活。"(南朝宋刘义庆《世说新语·赏誉》第 127 条)

从文义来看,句中"自生活"指诸江自己养活自己,义同"自活","自"与"生活"的搭配较少,但"自活"则十分常见。董志翘等《世说新语笺注》(2019:550—551)显然已认识到"自生活"之意,故将此句译作"江氏诸人足以够自立","自立"正与"自生活"对应,然而此条下笺注 2 释"足自",则将"自"定性为词缀。

(6)长沙尝问乐令,乐令神色自若,徐答曰:"岂以五男易一女?"由是释然,**无复**疑虑。(《世说新语·言语》第 25 条)

例中虽未明言长沙所问之事,但从乐令的回答可以知道之前长沙对乐令存在怀疑,而乐令的回答则消除了他的疑虑,"无复疑虑"显然指"不再有疑虑"。《世说新语笺注》(2019:93)释此句作"不再猜忌",得其本真,但此条下笺注 10 却将"复"看作词缀。

综观讨论词尾"自""复"的文章以及文献注释,不加考察而直接列举定性者比比皆是,其中许多用例错误十分明显,显然受到了"自""复"可作词尾观点的影响。

(三)研究方法存在问题

词缀"自""复"研究,方法上亦存在一些问题,主要表现在以下几个方面:

1.多不加考证,仅凭语感定性词缀

有关这一点,姚振武先生(1993:149)有精彩论述:

> 综观各家的论述,其方法都是举出一些"自""复"后置的例子,然后说其中的"自""复"没有实义,所以是词尾。而判定有无实义的唯一根据又是把"自""复"去掉而不影响句意。这种训释式的方法是有问题的。首先,如前所述,"自""复"不仅后置,而且也有大量独用和前置的例子,不宜忽略。其次,诚然,许多后置的"自""复"都可以去掉而不影响句意,但是一个成分可以去掉而不影响句意,这是汉语省略现象的基本含义。可以省略的成分并不就是无义或虚义成分。把能否省略当作考察词义虚实的标准,显然是不当的。细察之,"自""复"的能省略都是有原因的。第一,代词"自"往往处于复指的位置,与其他处于相同位置的指代词一样,常常可以省略;第二,"自""复"能和许多词组成同义复词,同义复词中省略一个而不影响意义是必然的;第三,如上所述,许多所谓"自""复"尾涉及的是这两个成分的副词用法,而且常常是强调程度的。这类成分被省略而不影响基本意思,也是很好理解的。其实"自""复"不仅后置时能省略,独用时有时也能省略。各家对待"自""复"的这种方法,是把语感当作确定词性的唯一根据了,这就有很大的随意性。

诚如姚先生所说,由于"自""复"意义及功能上的特殊性,它们在使用中,通常不是必不可少的成分,因此依靠语感,通过删除"自""复"而语义不变来认定"自""复"的性质很容易出问题。"自""复"在文句中到底发挥何种功能,必须采用多种方法加以验证,只有确定无法以常义、实义解释①,才可将其定性为附加成分。②

2.以是否存在同义倒序词认定某词是否为同义复合

刘瑞明(1994:459,473)在批驳姚振武(1993)时针对姚文将一些"自""复"

---

① 此"实义"包括意义及语法功能,区别于仅用以凑足音节的附加用法。
② 之所以如此做,当出自"自""复"无义的认知。既无义,自然无需、也无法考察。问题在于,当我们面对一个个具体用例时,如果不先入为主,而是作细致深入地考察,通常会得出不同的结论。

组合定性为同义复词,提出以下两点看法:

第四,同义复词,在古汉语中照例是 AB 式和 BA 式共存,只是因使用的习惯性,二者的频率不同,或大为悬殊。然而所谓同义复词的"—自"式竟然不见一例"自—"式的同义用法,这个事实岂不是表明了"—自"式中的"自"的词尾性质?

第五,"自"确有本来、虽然二义,但"本自、元自、虽自"三词仍不是同义复词,因为没有"自本、自元、自虽"的异形同义词。它们应同所有的附加式"—自"属于一类。

刘先生的这种观点影响不小,诸家所举词缀例中,有很多可看成同义复合的被归入附加式,原因就在于这些组合没有同义的倒序词。

事实上,可能因同义复合而被定性为附加式的组合存在两种情况:1)有些实有同义倒序形式,只是研究者调查不够细致,未能发现,如"虽自"有同义倒序组合"自虽","本自"有同义的倒序词"自本","必自"有同义倒序组合"自必","徒自"有同义倒序组合"自徒","已自"有同义倒序组合"自已","先自"有同义倒序组合"自先","亦复"有同义倒序组合"复亦","尚复"有同义倒序组合"复尚","犹复"有同义倒序组合"复犹","次复"有同义倒序组合"复次","并复"有同义倒序组合"复并","更复"有同义倒序组合"复更","加复"有同义倒序组合"复加","又复"有同义倒序组合"复又","倍复"有同义倒序组合"复倍"(详见文中论述)。2)有些确实没有同义倒序形式,但不能简单地以是否存在倒序形式来认定"自""复"的性质,而要具体分析原因。以"X 自"组合来说,确实有很多缺少同义的倒序形式,但细加考察,不难发现其原因。如"空自","自"表"空"义在诗歌中较多见,而表空义的"空自"直到唐宋都基本限于诗词等韵文中使用,散文中"空自"用例"自"多表自己,也就是说,"空自"至少在唐宋之前并不是一个自由运用的词;再有,"空自"的倒序形式"自空"文献并不少见,但常表"从空中",这也是"空自"的同义倒序组合不见使用的原因。"虚自""浪自""漫自"与"空自""徒自"同义,产生较迟,用例很少,亦主要用于诗歌中,其产生当受"空自""徒自"的影响,这些后起的通过模仿而造的词,没有倒序形式十分正常(详见文中分析)。

3.过于重视对文、异文或梵汉对勘,而忽视其能以常义为释

对文、异文对确定词义有帮助,但作用有限,刘瑞明(1994:458)即指出此点。然而在论证词缀时,常有学者过分强调对文、异文而不顾"自""复"可以常义为释。如:

(7)翕尔云合,**忽复**星散。(西晋刘琨《与石勒书》)

蒋宗许先生(1994:464)将"忽复"看作附加式,主要根据就是"复"与"尔"对文,"尔"为词缀,故"复"亦当看作词缀。其实句中"复"并非不可以常义为解,"云合""星散"为前后相续的两个动作,"复"用以连接,表动作先后相继,乃其常用功能。

蒋宗许先生(2004:7)指《史记》中"固自辞于大将军"、"陵亦自聚党数千人""乃谩自好谢丞相"中的"自"为词缀,主要根据就是《汉书》中对应内容删去了"自"。这种依据异文来认定"自"为词缀,实不可靠。事实上,这些用例中的"自"均可以常义"自己"为释。

龙国富先生(2010)尝试利用梵汉对勘确定"自""复"的性质,其基本做法是:比较佛典与相应梵文,如果在梵文中没有找到与"自""复"对应的成分,即将"自""复"定性为音节成分。如:

(8)所散天衣,住虚空中,**而自**回转。诸天伎乐百千万种,于虚空中一时俱作,雨众天华。(姚秦鸠摩罗什译《妙法莲华经》卷二)

"而自回转"译自梵文 bhrāmayanti,bhrāma 指"回转","自"无对应成分,故龙国富(2010:29)将其定性为音节成分,实际上句中"自"解作自然、自动并无问题。客观地说,梵汉对勘对于理解词义有很大帮助,但简单地以对勘来确定"自""复"是否有义则不合理,因为梵文与译经之间的关系比较复杂。首先,现存梵文佛经多非汉译佛经母本,据遇笑容(2006:61—62),现存的梵文佛经除少许残片外,大多是公元十世纪前后的,而汉译佛经多早于此,梵汉对勘实际上建立在假设梵文佛经是汉文佛经的母本这一基础上。就现存梵汉本之间文字比对看,一对一的照译基本没有,更多的是"从篇章到文字,都是一种意译,只是把必要的部分、必要的意义翻译出来,以供阅读、宣讲"。其次,梵文与汉语是两种差别较大的语言,二者分属印欧、汉藏不同语系,梵文有性、数、格,

而汉语没有。汉语语法表达的主要手段是虚词和词序,梵文则不同(遇笑容2006)。这决定了译经与梵文必然存在较大差异,不可能逐字逐句对应,特别是一些表达语法功能的虚词,很可能难以找到对应成分。第三,译者的汉语水平、翻译风格等亦存在差异,这必然会对译经有较大影响,有些译经可能相对忠实于对译梵文,而有些则可能与对译梵文差别较大。对于梵汉差异较大者,对勘自然会更加困难,效果也会大打折扣。第四,汉译佛经首先是汉语,自然要符合汉语的特点,翻译时使用一些具有汉语特色的成分是十分自然的事,这样的成分在对勘时往往找不到对应。

基于以上几点,译经相对梵文出现词语添加、删减、改换均十分正常。就添加成分来说,它们是根据汉语表达的需要而添加,其性质应当十分多样,而且由于梵文中没有对应成分,依据梵文给它们定性显然行不通。我们只能立足于汉译佛经,依据上下文语境,并结合其他信息,作出独立客观的分析。诸如龙文以梵文无对应的成分,即认定译经中某个词为音节成分,逻辑上难以成立,如此处理,失误不可避免。

(四)所举文例存在不足

诸家在论证"自""复"为词缀时,举有很多诗歌及书信、语录用例,如魏晋南北朝诗、唐宋诗词、二王《杂帖》、陆云书信、《世说新语》①等,有学者甚至依据此类用例,得出"自""复"主要用于中古口语性文献的结论。我们认为,词缀研究固然需要此类文献,但也必须认识到这类文献存在的不足。

诗歌是一种较特别的文体,对形式有特别要求,全诗句数、单句字数通常有较严格的规定,另有押韵、平仄等方面的韵律要求,也正因此,诗歌创作时,常常出现前后文语境不足、语序不合常规、文句省简、用字冗余等方面的问题,给解读带来诸多困难。诸家所举词缀用例中,就包含较多的诗歌用例,其中有些很难确定"自""复"之义。此举几个"复"的用例:

(9)扣壁窥龙池,攀枝瞰乳穴。积峡**忽复**启,平涂俄已闭。(南朝宋谢灵运《登庐山绝顶望诸峤》)

---

① 《世说新语》虽不是严格意义上的语录体,但确实有很多相关的内容。

有学者(刘瑞明 1987:48;王云路 2010:344)将"忽复"看作附加式,可以商榷。文献中"复"常与"已"搭配使用,表一件事结束,另一件事相承。就此诗来看,不能排除此诗采用倒序写法的可能,其正常语序或当为"平涂俄已闭,积峡忽复启"。

(10)春秋作美酒,酒熟吾自斟。弱子戏我侧,学语未成音。此事**真复**乐,聊用忘华簪。(东晋陶渊明《和郭主簿二首》之一)

刘瑞明先生(1987:48)举此例,认为诗中"真复"为附加式。此例为诗歌,前后文语境不足,"真"为何义并不能确定,有学者即将"真"解作"淳真、天真","此事真复乐,聊用忘华簪"译作"生活淳真又欢乐,功名富贵似浮云"。如此,"复"当用于引进并列成分。

书信及语录口语性强,作为语料有其独到价值,但存在的问题也不能忽视。书信一般存在往复,但目前所存通常只有一方,因而书信中所论之事前因后果很难知道,语境不足是主要问题。另外书信口语性很强,有些书写十分随性,难免存在简略、重复,甚或颠倒、脱漏等问题,而目前此类文献整理本较少,这使得有些文句很难理解。以它们作为例证,难免会出现无法理解或不能确定文义的问题。语录亦存在相似问题,现存文献一般只将话语录出,至于在什么情况下所说通常无从知晓,因而理解亦会遇到困难。如:

(11)殷洪远答孙兴公诗云:"**聊复**放一曲。"刘真长笑其语拙,问曰:"君欲云那放?"(《世说新语·排调》第 37 条)

刘瑞明(1989:214)举此例,以"聊复"为附加式。单看文句,"复放一曲"解作"再放一曲""也放一曲"并无问题,但由于缺少充分的前后文语境,无法断定"复"所表义。将此类无法排除其可表实义的用例解作附加式,自然难以令人信服(从此诗为"答孙兴公诗"来看,"复"表两事相同并非不可。详参后文)。

(12)云彦仁或宣城甚佳,情事实宜,今有云,想**深复**征许也。(东晋王羲之《杂帖》)

蒋宗许先生(2004:9)举此例,以"深复"为一词,并将"复"看作词缀,但未解释"想深复征许"之义。本人愚钝,细读前后文,仍不知此句为何义。举这类解读有困难的例子作为词缀用例,显然是不恰当的(详参后文分析)。

(13)云今意视文,乃好清省,欲无以尚,意之至此,乃出自然。张公在者必罢,**必复**以此见调,不知《九愍》不多,不当小减。(西晋陆云《与兄平原书》之一一一)

蒋宗许先生(1990:298;2004:8)举此例,将"必复"看作附加式。从字面义看,"必复以此见调"解作"必然会再次拿这来嘲弄我"并无问题,由于此内容出自书信,前后文语境不足,我们无法知道之前是否有"见调"之事发生,故难以作出确定判断。将此类可解作常义的用例定性为附加式显然难有说服力。

三、研究思路及内容

本书主要从以下两方面入手展开研究:

(一)深入探求"自""复"的意义及功能

1.结合诸家所举词缀用例,调查独用的"自""复"用例,归纳其意义或用法

"自""复"的意义及功能众多,为避免芜杂,本书主要针对引起误判的意义及功能展开研究。基本思路如下:综合考察诸家所举词缀用例,对例中的"自""复"进行独立客观的分析,以此为基础,利用古今研究成果、文献中的"自""复"用例的深入考察,特别是独用用例的考察,归纳"自""复"的意义及功能。为了确保论证的可靠性,一些争议较大的意义和功能的归纳都建立在大量例证以及多手段、多角度论证的基础上,同时尽力探求各意义的引申脉络。

2.努力探求各义项及功能的使用特征,尽量总结使用规律,以帮助文例的判断,避免争议

之前的研究将"自""复"的很多常见用法归入词缀,原因之一就是对"自""复"的使用特色了解不够。我们的研究力图探求"自""复"各义项及功能的使

用特征,并总结其使用规律。如"自"表自己、亲自乃其常义,但诸家定性为词缀的用例中,有接近一半属于此类。我们在研究时,揭示了古汉语中表自己、亲自义的"自"与现代汉语在语序、搭配等方面的差异,以及它常用于构成"X自＋双音动词"结构的使用特色,在此基础上,提出了辨别此类结构的具体操作方法。"复"与否定词搭配表动作不再重复,亦为其常见用法,之前的研究对此类用法认识不足,以至于一个"都不复疑"反复讨论仍无法统一认识。通过考察,我们发现,"不复"表动作不再重复或延续主要强调动作相同,至于动作的施事及受事是否一致,并没有必然要求,故纠缠小船之前是否被怀疑实无必要(详参后文"不复"条)。

(二)全面考察所有被定性为词缀的"自""复"用例

1.广泛搜罗有关词缀"自""复"的研究成果,对诸家所举用例进行全面考察①

支持"自""复"为词缀的研究者举有大量用例,姚振武(1993;1997)对部分用例加以批驳,并否定词缀"自""复"的存在。刘瑞明(1997:62)对此批驳说:"要从根本上否定词尾说,最有效的方法就是正确地一一否定众多的全部例证,打歼灭战。"这种看法对单篇文章来说无法完成,但对"自""复"的专题研究来说,则属必需。全面搜罗诸家所举用例,并逐一分析,可以全面准确地把握"自""复"的用法,避免主观臆断。

2.多角度、多方法论证,避免仅以语感定性

之前的词缀研究,多依靠语感直接定性。我们在考察"自""复"用例时,尽力采用多种方法、从多个角度考察论证,同时引有大量文献加以佐证,尽量避免仅以语感定性。

3.对于无法确定用法的文例,提出我们的看法,但不勉强定性

我们的研究目的不是为了否定"自""复"不能作词缀,而是为了帮助"自""复"的准确解读。对于诸家所举文例中的部分用例,由于个人学识及文献本

---

① 　此类专著、论文很多,用例亦很多,我们虽尽力搜罗,但难免缺漏。

身的问题,难下定论,对此,本书不勉强定性,而是客观指出问题,同时提出我们的看法。

四、研究方法

1.归纳与演绎相结合

"自""复"是否能充当词缀的争议,与"自""复"意义及功能探索不够密切相关,故本书重点考察了独用的"自""复"的意义及功能,归纳与演绎相结合是主要方法。如上编《词缀"自"考辨》第四类对"自"之"空、徒"义、"但、只"义的考察,我们举了大量文例归纳其义,同时通过演绎推理,考察这两个义项的意义来源。

2.比较法

"自""复"的功能有时仅通过独立文句分析难以确定,而通过与功能相似或搭配相似的语言成分的比较,可以较清楚感知"自""复"的意义和功能。如:

诸家在讨论词缀"复"时,对"复"的功能概括比较粗放,我们在研究时,细致分析,归纳出"复"的17类用法,并将它们与《八百词》中所归纳的与"复"用法相近的"再""又""也"等词进行比较,佐证"复"的这些功能。详参下编《词缀"复"考辨》部分第二、三、四、五、六、七、八、九、十三、十四、十五类。

诸家在讨论词缀"自"时,所举用例中有很多"副词+自+动词"的组合,"自"是与它前面的语素组合成词充当词缀,还是与它后面的动词搭配表特定意义与功能,难以确定,而通过与文献中组合相同的"自+动词"用例的比较,可以帮助确定"自"的功能。详参上编《词缀"自"考辨》第一类对"大自悔责""忽自思惟""每自思惟""每自念言"的分析。

3.双向去除法

之前词缀研究的一个较常用方法是去掉被定性为词缀的语素,看意义是否改变。这种方法有一定效果,但也存在明显弊端:如果所考察组合为同义复合,删除某个语素自然不会影响意义;有些虚词在句中没有实义,只是发挥特定的语法功能,将其去除,一般也不会影响意义。我们在研究中采用双向去除法,既去除"自""复"加以考察,也去除"自""复"前的成分加以考察。

4.同素逆序法

诸家所举"自""复"充当词缀的组合,有很多存在同义复合的可能,通过考察文献中是否存在同义的同素逆序组合,可将部分组合排除。如上编《词缀"自"考辨》第一类对"躬自、口自、亲自、身自、手自"的考察,第二类对"各自"的考察,第三类对"别自"的考察,第七类对"本自"的考察,下编《词缀"复"考辨》第五类对"亦复"的考察,第六类对"尚复、犹复"的考察等。

5.同类系联法

所谓"同类系联",指利用词语的构词语素线索,系联相类词语,进而考察语素意义的虚实及语法功能的有无,从而帮助判定疑似词缀的性质及词语的结构。如在多角度论证"空自""徒自"为同义复合之后,通过同类系联,将与"空"意义相近的"虚、枉、浪、漫"等所构成的"虚自、枉自、浪自、漫自"等词系联起来,定性为性质相同的成分。详参上编《词缀"自"考辨》第四类。

6.对文、异文比照法

对文、异文比照是确定词义关系的重要辅助手段,我们在考察"自""复"意义及功能时,亦加以利用。如上编《词缀"自"考辨》第四类在考察"自"有"空、徒"义时,基于"自"的这种用法主要用于诗歌,我们使用了大量诗歌对文材料加以佐证;第十五类论证"自"有表论断用法时,主要利用了文献中的异文材料。

五、本书体例

1.根据"自""复"特点,采用不同标准分类描写:"自"的研究根据义项不同分为15类,另加引文有误例1类,共16类;"复"的研究综合考虑其意义及功能,分为17类,另加存在疑问的用例1类,共18类。

2.每个类别下一般分两个部分:第一部分考证"自""复"具有某义或某功能,重点探讨争议较大或未被提及者。第二部分具体分析归属于此类的诸家所举用例。

3.诸家所举文例的分析,依据诸家所确定的"X 自""X 复"立目,一般采用音序排列,个别地方由于论证的需要,会对顺序作适当调整。

4.仅针对诸家所举附加式词例的文例及相关论证文例标注序号,每类独立标注,文例以楷体呈现,每行行首相对正常行文缩进两个字符。

5.诸家所举文例出处标注形式各异,本书尽量统一,故而会出现与诸家所举文例标注出处有别的情况。

6.书中所引次数较多且较常见的文献,仅于第一次出现时标注作者时代及作者名;所引同一文献在文中相邻近者,承前省去作者及时代。

7.本书主要针对被定性为词缀的"自""复"展开研究,由于它们主要用于中古文献,故举例论证时以宋前文献为主,元明清及现当代文献涉及较少。

8.本书所考辨用例多为其他学者所举,同一用例可能有多位学者提及,为了表述简洁方便,本书采用"[]"加数字标明出处,如:

  (1)孙秀降晋,晋武帝厚存宠之,妻以姨妹蒯氏,室家甚笃。妻尝妒,乃骂秀为"貉子"。秀大不平,遂不复入。蒯氏**大自**悔责,请救于帝。(《世说新语·惑溺》第 4 条;[2]212;[15]71;[32]353)

[2]212,"[2]"指刘瑞明 1989 年在《语文研究》第 4 期上发表的文章《词尾"自"类说》,"212"指这个用例出现于 212 页。"[]"加数字所指文章、著作参书后附录"本书所讨论用例出处"对应著作。其他此类标注同。

上编　词缀"自"考辨

我们共搜集到诸家所举"自"作词缀的用例 449 例,综合其用法,大致可分为 16 类,涉及"自"的 15 个义项。

一、"自"之自己、亲自义及相关误判例

(一)"自"有自己、亲自义

"自"与动词或动词词组搭配表自己、亲自,是其最常见用法,从上古汉语一直沿用至今,如:

> 不**自**为政,卒劳百姓。(《诗·小雅·节南山》)
>
> 夫人必**自**侮,然后人侮之;家必**自**毁,而后人毁之;国必**自**伐,而后人伐之。(《孟子·离娄上》)
>
> 顾因移劝柱,而语柱曰:"讵可便作栋梁**自**遇!"周得之欣然,遂为衿契。(《世说新语·方正》第 29 条)
>
> 庾子嵩长不满七尺,腰带十围,颓然**自**放。(《世说新语·容止》第 18 条)
>
> 自有仙才**自**不知,十年长梦采华芝。(唐李商隐《东还》)
>
> 你**自**去挑所宅子去住,我和你姨娘姊妹们别了这几年,却要住几日。(清曹雪芹《红楼梦》第四回)

"自"的此类用法似乎很容易理解,但综观词缀"自"的研究,却有大量误判

用例,很多置于副词、连词等词之后表自己、亲自的"自",被错误地定性为词缀。我们作了初步统计,诸家所举"自"作词缀用例中,此类误判接近一半。以下我们先具体分析几个用例,并探讨此类结构的判定方法,以此为基础分析其他用例。

(二)被错误定性的"X+自+动词"用例

大自

(1)孙秀降晋,晋武帝厚存宠之,妻以姨妹蒯氏,室家甚笃。妻尝妒,乃骂秀为"貉子"。秀大不平,遂不复入。蒯氏**大自**悔责,请救于帝。(《世说新语·惑溺》第 4 条;[2]212;[15]71;[32]353)

诸多学者以"大自"为一词,"自"为词缀,我们以为不当。先看以下用例:

(2)天上诸神闻知,言此人**自责自悔**,不避昼夜,积有岁数,其人可原,白之天君。(《太平经》卷一一一)

(3)初,胜至关中,自以年位素重,见周文不拜。寻而**自悔**,周文亦有望焉。(《北史·贺拔胜传》)

(4)后得反国,不悔过**自责**,复会诸侯伐郑,与楚战于泓,军败身伤,为诸侯笑。(《汉书·五行志下》)

(5)其有过者,请必下帷**自责**,于是长幼相率拜谢于庭,靖然后见之,勖以礼法。(《北史·柳靖传》)

"自悔"即自己感到后悔,"自责"即自己责备自己,"责""悔"意义相关,故常复合,与"自"搭配使用,文献中独立使用的"自悔责"亦有诸多用例,如:

(6)是皆前世无数劫,堕久苦之中,其人于苦痛之地**自悔责**,愿得为善,当从得脱。(西晋竺法护译《佛说分别经》)

(7)王**自悔责**,从今已后当如睒教。(唐释道世《法苑珠林》卷四九)

上举第(1)例,从文意看,"悔责"者乃蒯氏自己,故"自"解作"自己"全无问题,其用法与上举诸"自责""自悔""自悔责"并无不同。

（8）妻尝怒，乃骂秀为貉子，秀大不平，遂出不复入。蒯氏**自悔责**，遂请救于帝。（北宋李昉《太平御览》卷六五二）

此内容与第（1）例同，可证"自"当与"悔责"搭配，而非附于"大"之后充当词缀。文献中还有诸多"X 自悔责"的用例，如：

（9）往者初平高昌，魏征、褚遂良劝朕立曲文泰子弟，依旧为国，朕竟不用其计，今日**方自悔责**。（唐吴兢《贞观政要》卷九）

（10）后蜀李寿既僭即帝位，时大风暴雨震其端门，寿**深自悔责**，命群司极尽忠言，勿拘忌讳。（北宋王钦若《册府元龟》卷二二六）

（11）我于昔时，已曾杀生、偷盗、邪婬，及妄语等，我以此因缘，**常自悔责**。**虽自悔责**，而得名为不作罪业。是故**深自悔责**，如是恶业，以忏悔故，皆除疑悔，增进善业。（失译《别译杂阿含经》卷七）

这些用例中的"自"均非词缀。特别是第（11）例，三处用到"自悔责"，而"自"前的成分分别为副词"常"、连词"虽"、副词"深"，将"自"看作词缀实难成立。

好自

（12）是时天子方**好自**击熊罴，驰逐野兽，相如上疏谏之。（《史记·司马相如列传》；[3]19）

刘瑞明先生（1989a：19）以"自"为动词"好"的词尾，并指出："好自"为词，爱好。按：此说当误，天子好击熊罴，既可指天子好自击，亦可指好他人击，此例中显然指天子爱好亲自击熊罴，也正因此，司马相如才上疏以谏，其文曰：

（13）今陛下好陵阻险，射猛兽，卒然遇轶材之兽，骇不存之地，犯属车之清尘，舆不及还辕，人不暇施巧，虽有乌获、逢蒙之伎，力不得用，枯木朽株，尽为害矣。（《史记·司马相如列传》）

如果不是"自击"，司马相如当不会指其"好陵阻险，射猛兽"。另外《史记》中"自击"另有诸多用例，如：

(14)高祖**自击**破布。十二年,立沛侯刘濞为吴王,王故荆地。(《荆燕世家》)

(15)十二月,上**自击**东垣,东垣不下,卒骂上;东垣降,卒骂者斩之,不骂者黥之。(《陈豨列传》)

(16)上欲**自击**陈豨,鄗成侯泣曰:"始秦攻破天下,未尝自行。今上常自行,是为无人可使者乎?"(《鄗成列传》)

其他文献亦有诸多用例,此不赘举。以上用例中的"自击"均指亲自攻击,(12)例与它们并无根本区别,实不必另作解读。

忽自、每自

(17)时因节会,**忽自**思惟。(《敦煌变文集·降魔变文》;[10]461;[6]8)

(18)时长者子,**每自**思惟:"我今家中,无有财物,可用买花,以遗淫女。"(三国吴支谦译《撰集百缘经》卷三;[27]27)

有学者举例第一例,以"自"为词缀;龙国富通过梵汉对勘,认为第二例"自"起凑足双音节的作用,亦即词缀。

上举用例中的"自"真的是词缀或仅起凑足双音节的作用吗?我们看相关用例:

(19)其去未久,是时如来静默**自思**:"我今先当为谁说法?"(姚秦佛陀耶舍共竺佛念译《佛说长阿含经》卷一)

(20)佛言:"阿难!汝去到一树下,静意**自思**。"(失译《般泥洹经》卷上)

(21)念弥**自惟**:"寿命甚促,无生不死,……"(三国吴康僧会译《六度集经》卷八)

(22)长者**自惟**:"吾闻瞿昙沙门高才博学……"(姚秦佛念译《出曜经》卷一二)

此为"自思"及"自惟"用例,二者义同,"自"乃自己义,现代汉语一般无需翻译,但古汉语中此类搭配则属正常。

（23）赖吒和罗**自思惟**："如佛经戒者，不宜居家，居家者不能自净学佛道也。"（三国吴支谦译《佛说赖吒和罗经》）

（24）见老命将尽，拄杖而羸步；菩萨**自思惟**，吾未免此难。（姚秦佛陀耶舍共竺佛念译《佛说长阿含经》卷一）

此二例均有"自思惟"，"自"显然指自己，虽然它的有无对文义并无多大影响，但绝不能因此而将它定性为词缀。由于佛典常要求四字为句，而"自思惟"比"自思"及"自惟"更利于构成四字句，因而佛典中"自思惟"的用例更多①。而比较两组用例，文义并无区别，显然不能将它们作不同区分②。龙国富先生（2010）认为上举例（18）中的"自"起凑足双音节的作用，事实上，"自"确实可以凑足音节，但不是构成双音节，而是构成四字句，选用佛典常用组合"自思惟"，既不改变文义，又能满足节律需要，无疑是最好的选择。③

"X自思惟"还有很多用例，如：

（25）匠者时眄，不免馔宾。**尝自思惟**，因缘运会，得蒙接事，自奉清尘，于今五稔。（《文选·卢子谅〈赠刘琨并书〉》）

（26）佛言："汝今不应逆忧此事，**但自思惟**：于我灭后护持正法，以昔所闻，乐为人说。"（东晋释法显译《大般涅槃经》卷中）

---

① 我们利用 CBETA 电子佛典作了检索，"自思惟"共有 1700 多个用例。另外还有意义相近的"自思念""自思量""自思省""自惟忖""自惟念"等用例。

② 姚振武（1997:60）解"忽自思惟"，认为"自"既指代，又兼有"自然"即"不受外力影响而然"之意，求之过深。这反映出考察"自"与动词搭配的重要性：姚先生举了"默然自移"及"忽自解"两个用例以探求"自"之义，而未认识到"自思惟"即"自思""自惟"的扩展，亦未认识到"自思惟"乃佛典常用搭配，故对"自思惟"的意义及用法了解不够，自然难以准确解读。

③ "自"表自己、亲自，有其特殊性，它的存在与否对文义影响不大，因而既可以删去，也可以添加。"自"在句中是否表义，需要作独立客观地分析，不能仅依据异文。龙国富（2010）通过梵汉对勘（梵汉对勘也是变相的异文对勘）研究"自"的性质，其基本思路是，梵文中如果没有与"自"对应的成分，即将"自"认定为音节成分。这样做存在问题，因为梵汉并非一一对应，翻译时增加某一成分十分正常，而增加的成分显然不限于音节成分，它到底是什么性质，只能通过上下文语境及其他方式考察之后才能确定。

(27)比丘如是,除瞋恚心,**熟自思惟**,心亦欢喜。(东晋竺昙无兰译《佛说寂志果经》)

以上用例"自"均与"思惟"搭配,表自己,而非后缀。

每自

(28)佛……方欲往诣迦毘罗卫国。**每自**念言:"我今往彼,不与常同。"(三国吴支谦译《撰集百缘经》卷九;[36]158;[10]461)

朱庆之先生(1992)将句中"自"看作"每"之后缀,龙国富(2010)将"自"看作音节成分。这样处理是否正确呢? 我们看以下用例:

(29)菩萨**自念**:"蓝弗无信,独吾有信;蓝弗无精进、念、定意、智慧,独吾有之。"(西晋竺法护译《普曜经》卷五)

(30)时王**自念**:"我本积何功德,修何善本,今获果报,巍巍如是?"(姚秦佛陀耶舍共竺佛念译《佛说长阿含经》卷四)

(31)譬如人久行作奴婢,得脱奴身,出入自在,**自念言**:"我本作奴,今得脱为民。"(三国吴支谦《佛说梵网六十二见经》)

(32)文邻者所止水边有树,佛便正坐,**自念言**:"昔往无数劫时,有题和竭罗佛言,我当为释迦文佛,我今日已得佛矣!"(西晋聂道真译《异出菩萨本起经》)

上举诸例中,"自念""自念言"义同,相当于自语,即自己对自己说,"自"乃自己义,显然不是词缀。这样的用例还有很多,说明"自"与"念""念言"搭配实属正常。了解此点,再看上举"每自念言",可以发现"自念言"意义并无不同,将"自"附于"每"之后看作后缀实属误解①。

同类的"X自念言"还有很多,如:

(33)当于尔时,彼女心恼,自责罪咎:"我种何罪……"**复自念言**:"今佛在世……"(三国吴支谦译《撰集百缘经》卷八)

---

① 姚振武(1997:60)解"每自念言"为"常常自己念言",甚确,但缺少确定性的文献证据。另外,佛典中除"自念言"外,还有很多"自念曰",用法亦同。

（34）天子**便自念言**："我前世用何等因缘故，得来生此间？"（西晋法立共法炬译《大楼炭经》卷四）

（35）大善见王**默自念言**："我曾从先宿诸旧闻如是语……"（姚秦佛陀耶舍共竺佛念译《佛说长阿含经》卷三）

以上用例中，"自"均与"念言"搭配表自己。

趣自

（36）尔时，罗阅城中有梵志，名曰鸡头，极为贫匮，**趣自**存活，无金钱可输，便为诸梵志所驱逐，使出众中。（符秦昙摩难提译《增一阿含经》卷二六；[36]158；[10]461）

有学者以"趣自"为一词，并将"自"定性为音节成分或词缀，释为好好、每每、仅仅①。这样的论断是否正确呢？我们看以下用例：

（37）五年春正月戊戌，大赦，赐鳏寡孤独不能**自存**者人米五斛。（《晋书·穆帝纪》）

（38）实尔！我贫穷饥饿，不能**自存**，故为贼耳。（姚秦佛陀耶舍共竺佛念译《佛说长阿含经》卷六）

以上二例"自存"显然为同一组合，"自存"即自己生存、自己养活自己，"自"之义很实在，估计不会有人将它定性为词缀。

（39）世有四辈人：一辈贫穷不能**自活**，欲为比丘。（西晋白法祖译《佛般泥洹经》卷下）

（40）弗于逮人以谷帛、珠玑市易**自活**，郁单曰人无有市易治生**自活**。（姚秦佛陀耶舍共竺佛念译《佛说长阿含经》卷二〇）

以上二例"自活"显然为同一组合，与"自存"同义。

（41）山岩空闲树，止宿独静处；乞丐**自存活**，太子愿学此？（南朝宋释宝云译《佛本行经》卷二）

---

① "趣"用同"取"，当为"仅"义。

(42)逸既出粟之后,其老小残疾不能**自存活**者,又于州门造粥饲之,将死而得济者以万数。(《北史·杨逸传》)

以上二例,"自"显然无法附属于前,只能解读作"自存活",这其实很好理解,"自存活"其实就是"自存"与"自活"的综合,或者说是"自"与同义复合词"存活"的组合,"自"之义很实在。

(43)尔时,人民收扫田里、街巷、道陌、粪土遗谷,以**自存活**,是为饥饿。……复次,饥饿时,草木华落,覆在土下,时,人掘地取华煮食,以是**自存**,是为草木饥饿。(姚秦佛陀耶舍共竺佛念译《佛说长阿含经》卷二二)

此例中,单看"以自存活",很容易将"以自"作为一词,"自"看作词缀,然而比照下文"以是自存"可以发现,"自存活"实即"自存",二者并无本质区别。

了解了"自存""自活""自存活"的意义及用法,再看"趣自存活",可以发现"自存活"义并无不同,"趣自存活"指梵志鸡头仅能够自己养活自己①。

与"趣自存活"相似的"X自存活"用例还有很多,如:

(44)我曾粪中拾得两钱,恒常宝惜,以俟乞索不如意时,当贸饮食,**用自存活**。(元魏吉迦夜共昙曜译《杂宝藏经》卷四)

(45)猎人告曰:"汝舅为人**不自存活**,于释子中而求出家,汝等岂复不存活耶?"(唐义净《根本说一切有部毗奈耶破僧事》卷六)

(46)燕子造舍,**拟自存活**,何得粗豪,辄敢强夺!(《敦煌变文集·燕子赋》)

这些用例中的"自存活"均与"自活""自存"同义,"自"表自己。

深自

(47)郦生闻其将皆握龊好苛礼自用,不能听大度之言,郦生乃**深自藏匿**。(《史记·郦生列传》);[9]56;[13]7;[14]180;[26]123)

---

① 姚振武(1997:60)解"趣自存活"为"急于存活自己",误解"趣"义,同时未揭示"自存活"与"自存""自活"的关系,未举"自存活"相对独立的用例,因而说服力不强。另外文献中还有意义相近的"自存济""自存生"的用例。

蒋宗许先生(1992:56—57)将"自"定性为后缀,理由是"主语十分明确,完全没有必要用'自己'、'亲自'之类意思来进行强调,'自'亦应视作无义。"

我们认为,主语是否明确,并不能决定有无必要用"自己""亲自"加以强调。"深自藏匿"组合,"自"后为动词"藏匿",而"自"与动词搭配表"自己""亲自"乃其通常用法,"自"是附于"深"作后缀,还是与"藏匿"搭配表"自己""亲自",需要通过考察文句本身及其他文献用例加以验证。为此我们考察了相关文献:

(48)隐士穴处人中,出游于都市,观帝王太平来善之宅,无有**自藏匿**者也。(《太平经》卷八八)

(49)当从何路逃? 于何**自藏匿**?(南朝宋释宝云译《佛本行经》卷四)

(50)夜叉罗刹毘舍闍,一切毒虫诸恶兽,所欲恼害众生者,靡不隐蔽**自藏匿**。(唐般若译《大方广佛华严经》卷二四)

此三例"自"显然不能附于前,它们均与"藏匿"搭配,"自藏匿"即自己隐居、躲藏起来,"自"的意义很实在。

(51)言己竭忠而不见用,且逃头匿足,窜伏**自藏**,执守寂寞,吞舌无声也。(《楚辞·哀时命》"聊窜端而匿迹兮,嗟寂默而无声",东汉王逸注)

(52)万物之生,各有可为设张,得其人自行,非其人**自藏**。(《太平经》卷五五)

(53)公子欲见两人,两人**自匿**不肯见公子。(《史记·魏公子传》)

(54)雠**自匿**不肯见,贺固请,不得已乃授临等。(《汉书·施雠传》)

(55)景宣轻马突围,手斩数级,驰而获免,因投人家**自匿**。(《北史·权景宣传》)

上举用例中"自藏""自匿"均指自己隐居、躲藏起来,"自"显然不是无义成分。而将《史记》中的"深自藏匿"与这些用例作一比较,可以发现意义及用法并无不同:"深自藏匿"亦表自己主动隐居起来,只是多了一个修饰性成分"深"。

通常情况下,《史记》例用"深自藏"或"深自匿"即可,由于前句使用了四字结构"大度之言",为了使句式和谐,即将动词改换为同义复合的双音动词"藏匿”,以构成四字结构。我们显然不能因为这样的改变就将“自”看作不同的成分。

另外,《汉书》中的异文亦可以佐证:

(56)食其闻其将皆握齱好苛礼自用,不能听大度之言,食其乃自匿。(《郦食其传》)

“自匿”正对应《史记》中“自藏匿”,可进一步佐证“自”并非无义的词缀成分。

盛自

(57)自是充觉女盛自拂拭,说畅有异于常。(《世说新语·惑溺》第5条;[2]213;[3]19;[6]8;[15]71;[32]357)

诸多学者将句中“盛自”看作附加式。姚振武(1997:60)认为“自”有实义,在句中既是施事者,又是受事者。刘瑞明(1998:8)则指出:“不是要区别他人打扮或打扮别人。姚文言此例的‘自’既是施事者,又是受事者,应不妥。”

按:“自拂拭”即自我修饰,修饰自己,姚文所解甚确,刘文认为不是要区别他人打扮或打扮别人,故以为“自”无义,乃未明古汉语中“自”的用法。“自拂拭”搭配用例较少,但与其同义的“自修饰”则有诸多用例,可以比勘:

(58)初,霍去病微时,自祷神君,及见其形,自修饰,欲与去病交接。去病不肯,谓神君曰:“吾以神君精洁,故斋戒祈福,今欲淫,此非也。”(《史记·孝武本纪》张守节正义引《汉武故事》)

(59)屈原言已居家则以薜荔搏饰四壁,蕙草缚屋,乘船则以荪为楫棹,兰为旌旗,动以香洁自修饰也。(《楚辞·九歌·云中君》“荪桡兮兰旌”王逸注)

(60)是时海内新安,民得休息,皆乐吏职而劝农桑,风俗和同,人自修饰。(东晋袁宏《后汉纪》卷六)

(61)昔马援见公孙述,自修饰作边幅,知无大志,推羽之行。皆较然可见,而胡有疑也?(南朝梁萧绎《金楼子》卷四)

以上“自修饰”显然无法用词缀解释,而且亦不存在区别他人打扮或打扮别人。"自修饰"置于他词之后的用例同样如此：

（62）祭遵字弟孙，颍阳人。家富给而遵恶衣服，**不自修饰**，又好经学。（《后汉纪》卷一）

（63）梅**雅自修饰**，容状伟如，得诗大悦。（南宋阮阅《诗话总龟·前集》卷二七）

（64）晞贫有守，不干科举，而貌寝气寒，**不自修饰**。（南宋江少虞辑《宋朝事实类苑》卷四一）

我们再看以下两个用例：

（65）信美容仪，善骑射。正光末，与贺拔度等同斩卫可瑰，由是知名。后为葛荣所获。信既少年，**自修饰**服章，军中号为独孤郎。（《北史·独孤信传》）

（66）信既少年，**好自修饰**，服章有殊于众，军中号为独孤郎。"（《周书·独孤信传》）

二例同记一事，均用了"自修饰"，从语境看，亦没有区别或强调，但"自"显然不是词缀成分。

再看"自拂拭"用例：

（67）北海徐实婢兰，义熙中忽患赢黄，**而自拂拭**，有异于常。（《太平御览》卷七六五引《异苑》）

可以发现例（57）《世说》例及例（67）中的"自拂拭"与上举诸多"自修饰"无论是意义还是用法均无实质区别。

（三）此类结构的分析方法

"自"是义项众多的语言成分，用法灵活多样，也正因此，以"X＋自＋动词"形式呈现的结构并非全都属于本书所讨论的结构，因此，针对此类形式，客观理性地分析必不可少。具体操作时，可从以下几方面入手：

1.结合前后文语境判定

面对文例,首先应当结合上下文语境,看动词所表动作是否为主语自己亲自完成或施加于自己,如果结论是肯定的,基于“不轻言新义”的原则,“自”应当定性为有实义,而非词缀。我们看以下用例:

> (68)祖士少好财,阮遥集好屐,并**恒自**经营,同是一累,而未判其得失。……或有诣阮,见自吹火蜡屐,因叹曰:“未知一生当着几量屐?”神色闲畅。(《世说新语·雅量》第 15 条;[2]212;[17]675;[32]354)

多位学者将例中“恒自”定性为附加式合成词①。其实细读文句,不难看出,“自经营”指祖士少、阮遥集亲自经营料理赚钱与做屐之事,下文有人诣阮,见其“自吹火蜡屐”正是其“自经营”的体现,“恒自经营”正是本书所讨论的“X＋自＋动词”结构,“自”显然不是词缀。

> (69)(周处)闻里人相庆,始知为人情所患,有自改意。乃自吴寻二陆,平原不在,正见清河,具以情告,并云:“**欲自修改**,而年已蹉跎,终无所成。”(《世说新语·自新》第 1 条)

“欲自修改”为“X＋自＋双音动词”形式,“自”是否表自己、亲自呢? 前后文语境给了我们提示:此“欲自修改”正与前文“有自改意”相应,“自”显然指自己。

2.从文献中寻找相关例证加以考察

仅利用前后文语境加以判断,主观性很强,易产生争议。同时,由于时代差异,有些搭配依现代人语感“自”显得冗余,这类组合很容易误判。因此,有必要寻找相对客观的文献用例来考察“自”的性质。操作中可采取以下步骤:1)查找所考察组合中“自＋双音动词”的相对独立的用例,即“自”前没有修饰性成分的用例,然后加以类比,若用法相同,则可佐证“自”并非词缀成分。如“每自思惟”,通过考察独立使用的“自思惟”用例,可以发现用例极多,且用法

---

① 董志翘等(2019:401)的处理有所不同,其译文以“经常亲自”对译“恒自”,显然不再将“自”当作词缀。

与"每自思惟"中的"自思惟"并无不同,故可证实"每自思惟"之"自"并非词缀。2)独立使用的"自+双音动词"一般用例较少,如果过少或缺失,可以扩展考察意义相同或相近的"自+双音动词"组合。如《汉书》中有"具自陈道",独立使用的"自陈道"文献未见,而与之同义的"自陈说"则有诸多用例,考察之后加以类比,可以证实"具自陈道"之"自"亦指自己。3)"自+双音动词"结构多来自"自+单音动词",因此在考察独立使用的"自+双音动词"的基础上,有必要进而考察同义的"自+单音动词"结构,这可以增强判断的可靠性。如考察"深自藏匿",文献中单用的"自藏匿"用例很少,同义的"自隐藏""自隐匿"亦少见使用,而"自藏""自匿"等同义双音组合用例则极为常见,通过对比,可以发现"深自藏匿"中的"自藏匿"与"自藏""自匿"等的意义及用法并无根本不同,足证"自"有实义,而非词缀。

(四)诸家所举此类其他用例辨析

暗 自

(70)自觉武功比前高了许多,**暗自**欣慰。(梁羽生《七剑下天山》490页;[9]59;[14]188)

(71)心中感慨万分,**暗自**想道。(梁羽生《萍踪侠影》283页;[11]31)

有学者将"暗自"看作附加式合成词,不确。今"暗自"成词,但其来源于"暗+自+动词"组合,"自"与其后动词搭配表自己。有关此点,姚振武(1997:60)已有分析。今之"暗自"用例,"自"很多仍有自己义。上举"暗自欣慰"即如此,"自欣""自慰"乃文献常用搭配,"自欣慰"乃二者综合。"暗自想道"亦可如此解。

便 自

(72)譬若母人,一一生子,从数至于十人,其子尚小,母而得病,不能制护,无有视者。若母安隐无他,**便自**养长其子,令得生活,寒温燥湿,将护视之,是者即世间之示现。(东汉支娄迦谶译《般若道品经》卷五;[36]157;[12]30;[13]8;[32]352)

诸多学者将上例"便自"之"自"看作词缀或音节成分,我们以为不然。句

中"自"当表自己,母"自养长其子"与"母而得病不能制护"形成对照,"自"用以区别强调,用法十分典型。可比较以下用例:

(73)若亲里姊妹言:"取是小儿来,我**自养活**。"(东晋佛陀跋陀罗共法显译《摩诃僧祇律》卷三九)

(74)着经行道头而去,言:"沙门!此是汝子,汝**自养活**,我今舍去。"(南朝宋求那跋陀罗译《杂阿含经》卷三八)

在"自"能够以常义很好解释的情况下,而作他解,实无必要。

(75)母思闳,时往就视。母去**便自掩闭**,兄弟妻子莫得见也。(《后汉书·袁闳传》);[6]7)

此例"自"当与"掩闭"搭配,"自掩闭"即自己关闭,了解到"自"的用法及意义特点,便不会觉得"自"属多余。另外,后文言"兄弟妻子莫得见"其实也体现了用"自"以强调义。

不自

(76)臣与将军戮力而攻秦,将军战河北,臣战河南,然**不自**意能先入关破秦,得复见将军于此。(《史记·项羽本纪》);[3]17)

刘瑞明(1989:17)指出:"不自意,未料到。一般均释为自己未料到。如此,'自'置于'不'之后实不可解。"

按:"不自意"即自己未料到,从文意上看并无问题,且现代汉语也经常说"自己也没想到"。刘文所质疑者乃语序问题,而从上文诸多用例可以看出,副词修饰"自"的组合,一般均置于"自"之前,刘文认为"自"置于"不"之后不可解乃以今律古。"自意"多以否定式"不自意"的形式出现,如:

(77)至洛阳,见剧孟,喜曰:"七国反,吾乘传至此,**不自意**全。"(《史记·吴王濞传》)

(78)当二袁炎沸侵侮之际,陛下与臣寒心同忧,顾瞻京师,进受猛敌,常恐君臣俱陷虎口,诚**不自意**能全首领。(《三国志·魏书·武帝纪》裴松之注引《魏略》)

"不自意全"即我自己也没想到洛阳能保全。"诚不自意能全首领"即我自己实在没想到能保住性命。

（79）敬佛法众，弃捐众恶，**不自**放恣，终受吉祥。（西晋竺法护译《普曜经》卷七；[27]27）

龙国富（2010:27）认为："不自放恣"是对梵文 na duhseva（不要有恶意）的翻译，"不"作否定副词，"自"作音节成分，起凑足音节的作用。然而"不要有恶意"与"不自放恣"意义差别较大，二者并不存在明显对应，何以能得出"自"为音节成分呢？将"不自放恣"之"自"看作音节成分，显然忽视了佛典中"自放恣"这一惯常用法及其特定含义，请看以下用例：

（80）佛告逝心理家："人在世间，其有贪欲，**自放恣**者，即有五恶。……人能伏心，**不自放恣**者，即有五善。……**不自放恣**，有是五善，汝等自思惟之。"（西晋白法祖译《佛般泥洹经》卷上）

此例中"自放恣"与"不自放恣"对举，"自"显然不能看作音节成分，"自放恣"当归属于一个组合，义为放纵自己。人有贪欲，如果"自放恣"，就会产生诸"恶"。

（81）人在世间，好贪欲恣意者，有五消耗：一**自放恣**，财产日减。二**自放恣**，危身失道。三**自放恣**，众人不敬，死时有悔。四**自放恣**，丑名恶声，周闻天下。五**自放恣**，身死魂神堕三恶道，人能降心。（失译《般泥洹经》卷上）

此例是对上例的具体演说，列举了"自放恣"所带来的五种消耗（即五恶）。"自放恣"的用例还有很多，如：

（82）王曰："汝谓独可得不老？凡人已生，法皆当老，曼其强壮，常当为善，端身口心，奉行经戒，奈何**自放恣**？"（南朝宋慧简译《佛说阎罗王五天使者经》）

（83）有人不摄心，不能修福，**自放恣**随意造业。（姚秦鸠摩罗什译《大智度论》卷七五）

同义的"自恣"亦有大量用例：

（84）我复于后时见诸大神天，**自恣**五欲已，渐各命终。（姚秦佛陀耶舍共竺佛念译《佛说长阿含经》卷一〇）

（85）时，鸯伽王作是语已，入于一殿，名为妙色，在其中坐，经于七日，受五欲乐，放逸**自恣**纵情而住。（隋阇那崛多译《佛本行集经》卷四三）

这种用例的大量存在可以佐证将"自放恣"看作一个组合并无问题。

（86）居拒马河，将一老婢作食，妻子**不自**随从。（《魏书·卢景裕传》；[6]7）

（87）世尊**不自**亲称赞，总要诸多菩萨栽。（《敦煌变文集·妙法莲华经讲经文》；[10]461）

（88）世尊**不自**说之，遂问观音不谬。（《敦煌变文集·妙法莲华经讲经文》；[9]58；[10]461；[14]186）

（89）吊文曰：罪逆深重，**不自**死灭，攀慕号擗，不胜摧绝。（敦煌文书·伯3716《新集书仪》；[6]7）

例（86），"自随从"即跟着自己，同义的"自随"用例很多，可为佐证，如：

（90）诏天下系囚减死一等，勿笞，诣边戍；妻子**自随**，占著所在。（《后汉书·章帝纪》）

例（87），"自亲"为一词，同义复合，亲自义。详参"亲自"条。例（88），"不自说"即"自己不说"，不亲自说，故而有下文"遂问观音"，同义的"自说"文献十分常用。例（89），"自死灭"犹"自死"，亦即自杀而亡，可比较下例：

（91）伏流涕曰："臣三世衣食齐家，被任如此，革命不能**自死**，差见天地。"（《北史·傅伏传》）

（92）汉大司农田延年赃贿三千万，事觉**自死**。如此之流，何可胜记！（唐吴兢《贞观政要》卷六）

句中"自死"与"自死灭"意义无别。

（93）秋池**不自**冷，风叶共成喧。（唐李商隐《雨》；[6]7）

（94）短褐**不自**暖，高谈吐阳春。（北宋欧阳修《送孔生再游河北》；〔6〕7）

（95）屋日已朽蠹，我老**不自**还。（南宋陆游《修居室赋诗自警》；〔6〕7）

以上三例刘瑞明将"不自"看作附加式，我们以为可商。例（93），"自冷"指自己冷却。其用法可参下例：

（96）鲈鱼秋**自肥**，枫叶霜**自冷**。（元谢应芳《寄郎仲义二首》）

例（94），"自暖"指使自己暖和。可比较下例：

（97）炎炉聊**自暖**，浊酒仅能温。（北宋张耒《用欧阳文忠韵雪诗》）

此例"自暖"亦当指使自己暖和，相关用例如：

（98）月丛号耿耿，露叶泣溥溥。夜长不**自暖**，那忧公子寒。（北宋苏轼《题雍秀才画草虫八物·促织》）

此例"自暖"指自己暖和，以别于下句"公子寒"。

例（95），"自还"乃古汉语常用搭配，与"还"义相当，《汉书》中用例甚多，如：

（99）后呼韩邪单于身入称臣朝见，郅支以为呼韩邪破弱降汉，不能**自还**，即西收右地。（《汉书·陈汤传》）

（100）不幸壹为盗贼所污，遂行淫失，知其非礼，然不能**自还**。（《汉书·原涉传》）

此二例与例（95）用法类似。

常自

（101）九江太守武陵陈子威，生不识母，**常自**悲感。（东汉应劭《风俗通义》卷三；〔5〕67）

刘瑞明（1997：67）以"常自"为附加式，并指出："如果强解为独自悲感，即区别他人不悲感，便无必要；如果强解为独处时才悲感，显然不合情理。例只统言常悲感。"

按:如此解读,乃未明"自"与动词搭配的用法及古今汉语的差异,"自悲感"用例极少,但近义的"自悲"却有很多用例,在使用上并非必须强调或区别,如:

(102)春秋逴逴而日高兮,然惆怅而**自悲**。(《楚辞·九辩》)

(103)闵先嗣之中绝兮,心惶惑而**自悲**。(《楚辞·九叹·思古》)

例(103)句王逸章句亦可说明问题:"言己伤念先祖,乃从屈瑕<u>建立基功</u>,子孙世世承而继之,至于己身而当中绝,心为惶惑,**内自悲哀**也。"

(104)妾**自悲**有薄、史之亲,独不蒙外戚余恩。(《后汉纪》卷一四)

(105)(铿)三岁丧母,及有识,问母所在,左右告以早亡,便思慕蔬食。**自悲**不识母,常祈请幽冥,求一梦见。(《南史·宜都王铿传》)

例(105)与例(101)《风俗通义》例用法相当,足以说明"自"与"悲感"搭配并无问题。

(106)谢公夫人教儿,问太傅:"那得初不见君教儿?"答曰:"我**常自**教儿。"(《世说新语·德行》第36条;[2]211;[5]67;[6]6;[32]352;[18]40)

有诸学者将例中"自"看作词尾,姚振武(1993:148)提出不同看法:

刘孝标注:"按太尉刘子真,清洁有志操,行己以礼,而二子不才,并黩货致罪。子真坐免官。客曰:'子奚不训导之?'子真曰:'吾之行事,是其耳目所闻见,而不放效,岂严训所变邪?'安石之旨,同子真之意也。"太傅即谢安,字安石。"安石之旨,同子真意也",可见"常自教儿"就是常常身教之意,自为自身义甚明。

刘瑞明(1997:67)指出:

此条分明是颂夫人教儿的德行。常常教儿是太傅的强辩,他常教儿,夫人岂能不知而问。刘孝标注言刘子真二子不才致罪,有客问:"子奚不训导之?"答:"吾之行事,是其耳目所闻见,而不放效,岂严训所变邪?"分明也是强辞压理作辩。所以注言"安石之旨,同子真意也"。姚文却言"常自教儿"就是常常"身教"之意,"自"为自身义甚明。但与言教相对的身教不能换说成自教,自教是同他教对言的。可见"常自"为词,"自"非自身义,而是词尾甚明。

刘瑞明(1998:6—7)之后又指出:

> 按,身教与言教对言,"身"指实践,是身体力行意的简说。"自己教"中"自"是主语,"身教、言教"中,"身"和"言"都是状语,"身"并非代词自己义,而是活用为"用实践"义。姚先生为了否定词尾,便有意掩盖这个重要差别了。

我们认为,"常自教儿"从字面上看当解作常常亲自教儿,但"自教"的方式有多种,可以用言语,也可以用自身的行为。从刘孝标的注可以知道,此处当指用自身的行为教儿。刘文指与"言教"相对的"身教"不能换成"自教",事实上,无论是"言教"还是"身教",都属"自教",以与"他教"相别,故太傅言我常常亲自教儿并无问题。退一步说,即便将"自"看作无义成分,解作"我常教儿",又能是谁教呢? 难道还能是别人吗? 此处之所以用"自",不正是为了强调其以自身行为亲自教儿吗?

> (107)祖光禄少孤贫,性至孝,**常自**为母炊爨作食。(《世说新语·德行》第 26 条;[32]352)

> (108)桓道恭,玄之族也,时为贼曹参军,颇敢直言。**常自**带绛绵绳着腰中。(《世说新语·规箴》第 25 条;[2]212)

例(107),"自"解作"亲自"全无问题,如此正可体现其性至孝的特点,可比较下例:

> (109)革字次伯,齐国临淄人也。居家专心于孝养,不为修饰之行,务适亲意而已。尝自为母炊爨,不任妻子。(《后汉纪》卷十一)

句中"不任妻子"可为"自为母炊爨"之注脚,"自"显然指亲自。而此例与例(107)《世说》例并无不同。

例(108),"自带"亦亲自携带,姚振武(1993:148)、高云海(1998:317)已辨,刘瑞明(1998:6)亦确认其误。

（110）自从蚕蚁生，日日忧蚕冷。草室**常自**温，云髻未暇整。（北宋梅尧臣《和孙瑞叟蚕具十五首·蚕女》；[2]212；[3]17）

此例"自温"当指自己给蚕室加温，故而有下句"云髻未暇整"之言。

尝自

（111）高君孟颇知律令，**尝自**伏写书，著作署郎哀其老，欲代之，不肯，云："我躬自写，乃当十遍读。"（东汉桓谭《新论》；[32]352）

句中"自"显然指自己、亲自，下文"我躬自写"即与此相应。

长自

（112）仰悲轨迹，**长自**矜悼。（东晋孙绰《表哀诗序》；[32]352）

句中"自"当与"矜悼"搭配，"自"表自己。"自矜""自悼"文献极常用。"自矜悼"虽无独用之例，但与之义近的"自悼伤"则有用例，如：

（113）谭坐徙交州，幽而发愤，著《新言》二十篇。其《知难篇》，盖以**自悼伤**也。（《三国志·吴书·顾谭传》）

（114）须此道成，乃见月中夫人。无此徒劳**自悼伤**。（北宋张君房《云笈七签》卷二三）

诚自

（115）今呼天不闻，叩心无益，**诚自**伤痛。（《后汉书·张奂传》；[32]352）

（116）灵诞交言，遂相忿詈，诮房曰："使臣不能立节本朝，**诚自**惭恨。"（《南齐书·魏房传》；[32]353）

有学者以"诚自"为附加式，可商。例（115），"自伤痛"用例较少，但文献中独用的"自伤""自痛"十分常见，且义近的"自伤悼""自伤悲"等均有独立用例，可证"自伤痛"之"自"解作自己全无问题。例（116），"自惭""自恨"亦为古汉语常用搭配，独用的"自惭愧"等亦有用例。"诚自伤痛"及"诚自惭恨"均属前文所论"X＋自＋双音动词"四字结构（下文提及"四字结构"均指此）。另"诚自"后来成词表确实义，但非词"诚自"亦很常见，要区别对待。

重自

（117）惟当陈愚，**重自**披尽，惧以卑贱，未能采纳，愿明使君少垂详察，忖度其言。（《三国志·吴书·周鲂传》；[15]71）

有学者以"重自"为附加式，当误。句中"自"当与"披尽"搭配，"披尽"与"披陈""陈述""陈说"等义近，文献中"自陈""自陈说"等搭配很多，"自披尽"可参照理解。

此自

（118）兄文章已自行天下，多少无所在；且用思困人，亦不事复及以**此自**劳役。（《与兄平原书》之三；[9]57）

有学者将"此自"看作一词，并以"自"为词缀，显有误。句中"此"乃"以"之宾语，指作文，"自劳役"指使自己劳苦，"自"乃"劳役"之宾语。可比较以下二例：

（119）兄文虽复自相为作多少，然无不为高，体中不快，不足复以**自劳役**耳。（《与兄平原书》之三五）

（120）亦计此辈率是为人用之事，同出身情，无急以此**自劳役**，不如省子书之有益，遂又废焉。（东晋葛洪《抱朴子·外篇》卷五〇）

例（119）与例（118）用法相同："以"后省略了宾语"此"。例（120）用法亦同。

大自

（121）仁祖曰："近见高柔，**大自**敷奏，然未有所得。"（《世说新语·轻诋》第 13 条；[2]212；[32]353）

有学者以"大自"为附加式合成词，可商。"自"当与"敷奏"搭配，表自己，"自敷奏"犹"自陈奏"，与"自陈说""自陈结"等用法同，只是"敷奏"的对象为君王，可参看"方自"条下"自陈说"的论述。

都自

（122）得十余日，歘白昼见观世音，问李："何以不去？"具答："不能去。"又曰:"但起。"而锁即已脱地,于(是)径直归家。狱官及守防人,**都自**不觉。(南朝齐陆杲《系观世音应验记》第 20 条;[32]353)

有学者以"都自"为附加式,可商。"自"当与"不觉"搭配,可比较以下用例:

(123)我偶随父入山采药,居林下三年,我父常以药苗喈我。忽一日,**自不觉**变身为猿。(《太平广记》卷三六八)

(124)神伤**自不觉**,吊客问潸然。(北宋苏辙《孔毅父封君挽词二首》)

(125)出门来一脚高一脚低,**自不觉**鞋底儿着田地。(《全元杂剧·关汉卿〈诈妮子调风月〉》)

佛典中有"自不觉知"搭配,义同,如:

(126)妃及其余诸媅女等,**自不觉知**如是等声,又是诸天神力,隐没不令得闻。(隋阇那崛多译《佛本行集经》卷一九)

此例与例(122)《系观世音应验记》例用法相当,可佐证"自"之义实。文献中"自不觉"用例较少,与之同义的"不自觉"更常用。如:

(127)俗人之相于也,有利生亲,积亲生爱,积爱生是,积是生贤,情苟贤之,则**不自觉**心之亲之,口之誉之也。(东汉王符《潜夫论》卷八)

(128)前当生两儿,一儿先出,血出甚多,后儿不及生。母**不自觉**,旁人亦不寤,不复迎,遂不得生。(《三国志·魏书·方伎传·华佗》)

独自

(129)遣人谓城中曰:"房伯玉已降,汝南何**独自**取糜碎?"思忌令人对曰:"城中兵食犹多,未暇从汝小虏语也。"(《南齐书·魏房传》;[32]353)

有学者将句中"独自"看作附加式,可商。"自"表自己,如果用于强调而排除其他的语境中,即为独自,用"独"只是为了突显这一点,"独自"犹单单自己。我们看相关用例:

(130)巫马子谓子墨子曰:"子兼爱天下,未云利也;我不爱天下,未云贼也。功皆未至,子何**独自**是而非我哉?"(《墨子·耕柱》)

(131)己无邮人，我**独自**美，岂独无故？(《荀子·成相》)

(132)当王莽居摄篡弑之际，天下之士莫不竞襃称德美，作符命以求容媚，谭**独自**守，默然无言。(《后汉书·桓谭传》)

(133)时夫人言："王为相弃，**独自**得便，不念度我。"(三国吴康僧会译《六度集经》卷二)

例(129)《南齐书》例亦当如此用，"自取糜碎"犹今之"自取灭亡"，与之义近的"自取破灭、自取殄灭、自取诛灭、自取败灭、自取丧亡、自取祸灭、自取诛夷"等在汉魏六朝到唐代均有使用，可佐证其义。

早期的"独自"属松散组合，其倒序形式"自独"亦有用例，表自己单独，与"独自"义近，如：

(134)世尊**自独**执钵而行至女楼所，一日至三日，放金色光化诸天人，此女不悟。(东晋佛陀跋陀罗译《说观佛三昧海经》卷八)

(135)汝**自独**游往，何烦教他为？(南朝宋求那跋陀罗译《杂阿含经》卷九)

(136)其岁天下不熟，舜**自独**丰，得数百石谷来。(《敦煌变文集·舜子变》)

(137)丹霞有一宝，藏之岁月久。从来人不识，余**自独**防守。(《祖堂集》卷四)

"自"在特定语境中可仅表自己，故而"自"与"独"还可对应使用，意义相近，如：

(138)扁舟伊**独**往，斗酒君**自**适。(唐刘长卿《湖上遇郑田》)

(139)失意还**独**语，多愁只**自**知。(唐张籍《蓟北旅思》)

(140)登临**独**无语，风柳**自**摇春。(唐郑谷《望湘亭》)

(141)玉貌**自**宜双黛翠，桃花**独**笑一枝春。(唐贺兰遟《句》)

由于意义相近，"独自"在使用中逐渐凝固成词，与今之"独自"义同。但其意义与词组"独自"显然存在密切联系，故亦不当看作附加式。

多自

（142）兄文章已显一世，亦不足复**多自**困苦。（《与兄平原书》之二一；
[15]71）

有学者以"多自"为附加式，当误。句中"自"当与"困苦"搭配，"自困苦"犹
使自己困苦。其用法与"此自"条下"自劳役"用法同，可参看。

而自

（143）（汝等）乘是三乘，以无漏根、力、觉、道、禅定、解脱、三昧等，
而自娱乐，便得无量安隐快乐。（姚秦鸠摩罗什译《妙法莲华经》卷二；
[27]29）

龙国富先生（2010:29）指出："而自娱乐"译自梵文 ca mahatūmratim
anubhavisyatha，该梵文指"你们会非常快乐"，"而"译自梵文 ca，ca 是连接
词，"而"仍然起连接作用，"自"起凑足音节的作用。

按：从文句可知，"而自娱乐"与前句"以无漏根、力、觉、道、禅定、解脱、三
昧等"搭配，表以某种方法"使某人娱乐"，其句式与"你们会非常快乐"差别甚
大；再有"非常"亦无对应成分，何以能得出"自"为音节成分呢？细读文句，可
以发现，"你们会非常快乐"当对应后句"便得无量安隐快乐"，"便"乃连接成
分，"无量"与"非常"相应。至于"而自娱乐"，"自娱乐"即"娱乐自己""使自己
快乐"，乃佛典常用搭配，如：

（144）诸五婬欲**自娱乐**者，皆因迦尸拘萨罗人民。（东汉安世高译《佛
说婆罗门子命终爱念不离经》）

（145）有异道人，见如是，说行亦尔，其在殿舍自快，以五欲**自娱乐**。
（三国吴支谦译《佛说梵网六十二见经》）

（146）食已身即长大，譬如忉利天人，便往至浴池中，洗浴**自娱乐**。
（西晋法立共法炬译《大楼炭经》卷四）

以上三例"自娱乐"显然与上举例（43）《妙法莲华经》中"自娱乐"的意义及
用法相同。特别是例（145）《佛说梵网六十二见经》例，与《妙法莲华经》例句式
相近，均为"以……自娱乐"，更可佐证"而自娱乐"之"自"并非音节成分。另，

"自娱乐"亦与"自娱""自乐"同义,文献中亦有诸多用例,而现代汉语仍在使用"自娱自乐","自"显然不能看作音节成分。

(147)时彼城中,豪富长者,皆共聚集,诣泉水上,作唱伎乐,**而自娱**乐,为娑罗花会。(三国吴支谦《撰集百缘经》卷六;[36]157)

此例"而自娱乐"亦当以"自娱乐"搭配。

方自

(148)郑玄家奴婢皆读书。尝使一婢,不称旨,将挞之。**方自**陈说,玄怒,使人曳箸泥中。(《世说新语·文学》第3条;[2]212;[12]31;[13]8;[23]26;[18]210)

有学者将"方自"看作附加式合成词,我们以为不当。"自"当与"陈说"搭配,"自陈说"即"自陈",文献中尚有其他用例,如:

(149)弼**自陈说**良久,并遣至府检阅,方信。(《太平广记》卷三六〇)

(150)和**自陈说**,断计决分,守全孤弱。(《太平御览》卷四四一)

此二例"自陈说"置于主语之后,"自"复指主语,显然不能看作词缀。当"自"前为单音节修饰性词语时,"自陈说"的性质及意义并未改变,"自"仍指主语,可比较以下用例:

(151)衍、踦等惧死,**多自陈说**,惟范神色俨然,意气自若,顾呵之曰:"今日之事,何复纷纭!"(《晋书·石勒载记上》)

(152)云为军人所得,攸之召与语,声色甚厉,云容貌不变,**徐自陈说**。(《梁书·范云传》)

上举例(148)《世说新语》例亦如此用,指奴婢自我陈说,自我辩解。

甘自

(153)今朝**甘自**居穷巷,无限墙间得醉归。(北宋梅尧臣《依韵和李舍人旅中寒食感事》;[3]18)

按:"甘自居穷巷"即"自甘居穷巷","自居"乃常用搭配,"甘自X"亦属古

汉语正常语序,可比较以下用例:

> (154)悟拙**甘自足**,激清愧同波。(唐柳宗元《种术》)

> (155)谲谏**甘自守**,滞留愧难任。(唐韩愈《县斋读书》)

高自

> (156)李元礼风格秀整,**高自**标持,欲以天下名教是非为己任。(《世说新语·德行》第 4 条;[2]212)

按:"高自标持"义为"自视甚高","自"与"标持"搭配,其用法与"自标置"同,可参看下文"少自"条。

耕自

> (157)**耕自**不得粟,采彼北山葛。(三国魏应璩《杂诗》;[9]57)

有学者将"耕自"看作一词,并以"自"为词缀,显有误:"耕自不得粟",指自己耕种自己却不能得粟,故有下句"采彼北山葛"以充饥。

更自

> (158)装束既有日,已与家人辞。行行停出门,还坐**更自**思。(东晋陶渊明《拟古》;[32]354)

"自思"乃古汉语常用搭配,"自"乃自己义,现代汉语可不译。

> (159)出蜀万里,诗书门户之托不轻,窃惟节哀自强,以副故人亲友之望。君怀令叔远馆,时节方一归,去年丧母,丧女,丧媳妇,**更自**贫苦,然老人夫妇却粗安耳。(明叶盛《水东日记》卷二〇;[3]18;[4]459)

有学者以"更自"为附加式,可商。句中"自"与"贫苦"当作一搭配,"自贫苦"犹"自贫""自苦",与"更"构成四字结构。

故自

> (160)孙策欲渡江袭许,与于吉俱行。时大旱,所在燔厉,策催诸将士,使速引船,或**身自**早出督切。见将吏多在吉许,策因此激怒,言:"我为不如吉耶?而先趋附之。"便使收吉至,呵问之曰:"天旱不雨,道路艰涩,

不时得过，**故自**早出。而卿不同忧戚，安坐船中，作鬼物态，败吾部伍。今当相除。"(《搜神记》卷一；[2]213；[3]19；[9]57；[14]184)

此例诸多学者将"故自"看作附加式，肖旭(1998:319)认为"自"乃故义，"故自"为同义组合，我们以为均不确。"故自"之"自"乃承前文孙策"身自早出督切"而言，与"身自"义同，"亲自"义。

固自

(161)广时知之，**固自**辞于大将军。(《史记·李将军列传》；[9]56；[26]123)

(162)夫秦蚕食韩氏地，中绝不令相通，**固自**以为坐而受上党之地也。(《史记·赵世家》；[9]56)

有学者将此二例"固自"当作一词，并将"自"看作词缀，显误。(161)例"自辞"乃古汉语常用搭配，表自己亲自告辞，今译时可不必将"自己"译出。(162)例，"自以为"即自认为，今仍常用①。

顾自

(163)织女游河边，牵牛**顾自**叹。(《晋诗》卷一九《清商曲辞·月节折杨柳歌·七月歌》；[31]184)

有学者以"顾自"为附加式，可商。"自叹"乃古汉语常用搭配，当作一读，如：

(164)居三日，宋忠见贾谊于殿门外，乃相引屏语，相谓**自叹**曰："道高益安，势高益危……"(《史记·日者列传》)

(165)纸墨皆自营造，上每得永表启，辄执玩咨嗟，**自叹**供御者了不及也。(《南史·张永传》)

还自

(166)譬如画师自画鬼神像，**还自**复恐怖。譬如人未得道者，如是色声香味，坐是堕死生中不晓法。譬如木中火出，**还自**烧木，从观得黠**自烧**

---

① 此二例蒋宗许(1995:183)已将其排除于词缀例。

身。譬如幻师化作人,**还自**取幻师噉。(东汉支娄迦谶译《佛说遗日摩尼宝经》;[32]354)

有学者将句中三例"还自"看作附加式,可商。句中"自"均为自己义:画师自画鬼神像,反过来自己害怕;木中起火,反过来烧了树木自己,后句"自烧身","自"用法同,可以佐证;幻师化作人,反过来将幻师自己吃掉。如果将"还"去掉,语义更加显明。

(167)此不过欲补定支党,**还自**保护耳。(《三国志·魏书·王基传》;[22]78)

(168)是故上帝哀矜,降罚于莽,妻子颠殒,**还自**诛刈。(《后汉书·隗嚣传》;[22]78)

(169)天戒若曰:"诸怀爵禄而尊厚者,**还自**相害至灭亡也。"(《后汉书·五行志二》;[22]78)

(170)妇人惊觉,身贯三木,忽自离解。见门犹闭,阖司数重守之,谓无出理。**还自**穿着,有顷得眠,复梦向人曰:"何以不去?门自开也。"(南朝宋张演《续观世音应验记》第7条;[16]48,50;[28]60)

(171)忧喜更相接,乐极**还自**悲。(西晋傅玄《明月篇》;[22]78)

(172)抚心悼孤客,俯仰**还自**怜。(东晋杨方《合欢诗五首》之一;[22]78)

(173)知君**还自**洁,更为酌贪泉。(唐张祜《送徐彦夫南迁》;[22]78)

(174)孤立小心**还自**笑,梦魂潜绕御炉烟。(唐郑谷《早入谏院二首》之一;[22]78)

(175)从身火出,**还自**烧身。(东汉支娄迦谶译《阿阇世王经》卷下;[22]78)

(176)愚騃自兴火,**还自**危烧身。(三国吴支谦译《弊魔试目连经》;[22]78)

(177)志不得果,**还自**侵欺。(西晋竺法护译《生经》卷一;[22]78)

以上诸例,有学者将"还自"看作附加式,误。第(167)例,"自保护"犹保护自己;第(168)例"自诛刈"犹诛刈自身;第(169)例"自相害"犹害自己;第(170)例"自"当与"穿着"搭配,指自己戴上前"自离解"之三木,下例可以佐证:

（178）道荣心怪之，起视子乔，见其双械脱在脚后……道荣为说其所见，欢喜不可言。**自还**着械，不使人知。（南朝齐陆果《系观世音应验记》第 40 条）

此例"自还"与"还自"义同。

例（171）（172）（173）（174）"自悲、自怜、自洁、自笑"均为古文献常用搭配，当作一读，"自"指自己。第（175）（176）例，"自烧身"犹自烧自身，"自危烧身"指自己威胁到自己、烧到自己；第（177）例"自侵欺"犹自欺，可比较下例：

（179）如是说者，为**自侵欺**，亦欺于人。（北凉昙无谶译《大般涅槃经》卷四）

句中"自侵欺"与"欺于人"相对。

好自₁

（180）勤心养公姥，**好自**相扶将。（《孔雀东南飞》）；［3］18；［15］73；［24］45；［10］461；［14］181；［35］95；［23］26）

此例有诸多学者将"好自"看作附加式，姚振武（1997：60）则认为"'好自'即相当今语'好自为之'之'好自'，'自'表主动"。我们赞同姚先生的意见，"好自相扶将"犹言你自己要好好扶将公姥。诸家所疑乃语序问题，事实上此类语序本当如此。

（181）上座，何不**好自**庄严？（西晋安法钦译《阿育王传》卷五；［36］157）

有学者将"好自"之"自"看作音节成分，当属误解。可比较以下二例：

（182）有异道人，受人信施食，便沐浴以杂香涂身，**自庄严**，以镜自照。（三国吴支谦译《佛说梵网六十二见经》）

（183）尔时，孙陀利释种女闻天语已，欢喜踊跃，不能自胜，便**自庄严**。（东晋瞿昙僧伽提婆译《增壹阿含经》卷七）

"自庄严"乃佛典常用搭配，可独用，亦可置于单音词之后构成四字结构，但"自"表自己的性质并未改变。

(184)与君散两钱,当吐二升余脓血讫,快<u>自</u>养,一月可小起,**好自**将爱,一年便健。(《三国志·魏书·华佗传》;[3]19;[10]461)

(185)伏望居士善为将息,**好自**调和。(《敦煌变文集·维摩诘经讲经文》;[9]58;[14]186)

(186)烦你上复他老人家,叫他**好自**珍重。(梁羽生《萍踪侠影》P154;[11]30)

上举诸"好自"组合,"自"均表自己,第(184)例,"自养"即"自己调养",乃古汉语常用搭配,"自将爱"与"自养"义近,用法亦同。第(185)例"自调和"与"自养"亦义近,用法亦同。第(186)例情况稍有不同,"好自"融合度更高一些,但其明显来源于前几例的用法,且"自"仍有自己义的留存。

好自₂

(187)上好骑射,孙伏伽谏,以为:"天子居则九门,行则警跸,非欲苟自尊严,乃为社稷生民之计也。陛下**好自**走马射的以娱悦近臣,此乃少年为诸王时所为,非今日天子事业也。"(北宋司马光《资治通鉴·太宗贞观元年》;[3]19)

有学者以句中"好自"为附加式,显有误。"自走马射的",犹亲自骑马射箭。作为君王,喜欢骑马射箭并无问题,但亲自做则有问题,故孙伏伽进谏,同时指这种事"乃少年为诸王时所为,非今日天子事业也"。可比较以下用例:

(188)臣窃闻陛下**犹自走马射帖**,娱悦近臣,……此只是少年诸王之所务,岂得既为天子,今日犹行之乎?(《旧唐书·孙伏伽传》)

"犹"乃仍然义,"自走马射帖"同指亲自骑马射箭。

恒自

(189)孙绰赋《遂初》,筑室畎川,自言见止足之分。斋前种一株松,**恒自**手壅治之。(《世说新语·言语》第84条;[2]212;[15]71;[26]123;[32]354;[18]155)

(190)祖于时**恒自**使健儿鼓行劫钞,在事之人,亦容而不问。(《世说新语·任诞》第23条;[32]354;[18]838)

有学者认为句中"恒自"为附加式,当误。第(189)例,"自手"乃同义复合,亲自义,详见下文"手自"条。另南宋施宿《嘉泰会稽志》卷一九引此条,"自手"作"手自",亦可佐证当以"自手"为词,且"自手""手自"为同义组合。第(190)例,"自使"解作亲自派遣全无问题,董志翘等(2019:838)译此句即作"祖逖当时常常亲自派勇敢强健的青年公然去抢劫"。

(191)前庑后堂凉台暖室,东西厢庑数十梁间,唯后堂前拒阳未讫。时婆罗门**恒自**经营,指授众事。(西晋法炬共法立译《法句譬喻经》卷二;[32]354)

(192)旅情**恒自**苦,秋夜渐应长。(南朝梁鲍泉《秋日》;[32]354)

此二例"自"亦不当解作词缀,第(191)例"自经营"解作亲自经营、自己经营全无问题,文献中亦有独立使用的用例,如:

(193)适有事务,须**自经营**,不获侍坐,良增邑邑。(三国魏应璩《与满公琰书》)

(194)黄裳**自经营**伐蜀,以至成功,指授崇文,无不悬合。(《旧唐书·杜黄裳传》)

第(192)例,"自苦"乃文献常用搭配,"自"乃自己义,现代汉语可不译。

厚自

(195)念兄始出,既当劳思,严寒向隆,经途辗轲,既宜保德,为世何资。**厚自**珍爱。(三国吴陆景《与兄书》;[9]57;[14]184)

有学者将"厚自"看作附加式合成词,不确。句中"珍爱"乃珍重、保重义,"自"与其搭配,犹珍爱自己、自我保重,文献中同义的"自珍""自爱"搭配用例很多,如:

(196)袭九渊之神龙兮,沕渊潜以**自珍**。(《汉书·贾谊传》)

(197)一失不足伤,念子孰**自珍**。(唐杜甫《敬寄族弟唐十八使君》)

(198)臣少好相人,相人多矣,无如季相,愿季**自爱**。(《史记·高祖本纪》)

(199)违远日久,愿见之心甚于饥渴。冬寒,惟万倍**自爱**。(明方孝孺

《与讷斋先生书》)

另同义的"自珍重"亦有用例,如:

(200)望君**自珍重**,幽赏托瑶琴。(唐常衮《送薛县丞还家》)

忽自

(201)其妻念之,内自发心,**忽自**执笔,遂字(自)造书。(《敦煌变文集・韩朋赋》);[3]18;[6]8;[15]75;[9]58;[10]461)

有诸多学者将句中"忽自"看作附加式,我们以为不当。此例"自执笔、字(自)造书"乃承前"自发心",三个"自"均指自己。"自发心"乃佛典常用组合,用例极多,指自己主动发心,如:

(202)非众生请我发菩提心,行菩萨行,我**自发心**普为众生,欲令究竟得一切种智。(东晋佛驮跋陀罗译《大方广佛华严经》卷一一)

(203)若不能都请者,当于僧中请少多比丘明日食,汝等当知我**自发心**,非比丘尼作因缘,汝等明日来食噉冷食。(姚秦弗若多罗译《十诵律》卷一二)

(204)是中若有为求法故,或求福寿或**自发心**,或随他发心造于塔庙。(北宋天息灾译《一切如来大祕密王未曾有最上微妙大曼拏罗经》卷五)

例(201)《韩朋赋》例既强调自主发心,后突出强调亲自执笔、亲自造书,亦是很自然的事,在能以常义解释的情况下,实无需另作他解。

(205)随人黄犬挽前去,走到溪边**忽自**回。(南宋范成大《四时田园杂兴》);[3]18)

此例"自回"明显当作一个搭配,指人未呼唤狗自己回来,"自"之义很实在。

几自

(206)**几自**疑身外即战场,而忘其在一室中者。(清薛福成《观巴黎油画记》);[3]18)

按:"自疑"乃古汉语常用搭配,"自"表自己,如:

(207)薛公曰:"前年杀彭越,往年杀韩信,三人皆同功一体之人也。**自疑**祸及身,故反耳。"(《汉书·黥布传》)

(208)闻爽诛,**自疑**,亡入蜀。(《三国志·魏书·夏侯渊传》)

由于古今汉语的差异,"自疑"组合中"自"今可不译。

即自

(209)庄生知其意欲复得其金,曰:"若自入室取金。"长男**即自**入室取金持去,独自欢幸。(《史记·越王勾践世家》;[9]56)

有学者举此例,认为"即自"为附加式,理由是此例主语十分明确,完全没有必要用"自己"、"亲自"之类意思来进行强调,"自"亦应视作无义。我们以为此解显误,主语是否明确,并不能决定有没有必要用"自己""亲自"加以强调,表述正常的文句,哪个主语不明确呢?"自"有无实义,需要通过考察文句本身及其他文献用例加以验证。而此句无需借助它例,本身即能说明"自"之义实:"若自入室取金","自"置于代词"若"之后,义为"你自己到室内取金",此类表达现代汉语仍常使用,文义并无不妥。后句"即自入室"乃承前而言,庄生让长男自己入室取金,于是长男就依言自己入室取金持去,文从字顺。

(210)须达闻已,身毛皆竖,**即自**思惟。(《敦煌变文集·祇园因由记》;[9]58;[14]186)

"自思惟"乃佛典常用搭配,前文"忽自、每自"条已述,可参看。

极自

(211)母勿愁忧,我力自能淹王偈义,当得重谢,可以**极自**娱乐。(三国吴支谦译《义足经》;[36]157)

有学者以"极自"之"自"为音节成分,当误。"自娱乐"乃佛典常用搭配,详见上文"而自"条分析。

既自

(212)袁彦伯为谢安南司马,都下诸人送至濑乡。将别,**既自**凄惘,叹曰:"江山辽落,居然有万里之势。"(《世说新语·言语》第 83 条;[30]340;[2]212;[15]71;[32]355)

有诸多学者将"既自"看作附加式,我们以为不然。"凄惘"乃伤感怅惘义,这个词用例不多,但表此类情绪的词与表自己义的"自"搭配实属自然。详参下文"甚自"条下"自感伤"用例。

(213)论道理,固是去辄,使国人自拒蒯聩。以事情论之,晋人正主蒯聩,势足以压卫,圣人如何请于天子,请于方伯? 天子**既自**不奈何,方伯又是晋自做,如何得? (南宋黎靖德编《朱子语类》卷四三;[5]66)

有学者以"既自"为一词,"自"为词缀,可商。"自不奈何"指自己无可奈何,"自"指天子自己,以与下"方伯"相区别,"既"则与下文"又"相应。

皆自

(214)一切魔众叹未曾有,而**皆自**见坐宝莲华。(三国吴支谦译《佛说维摩诘经》卷上;[36]157;[12]30)

按:"自见"犹亲自见到、亲眼见到,乃文献常用搭配,此例如此解并无问题。

径自

(215)伏着白发魔女的独门轻功,**径自**冒险跃下。(梁羽生《七剑下天山》536 页;[9]59;[14]188)

有学者将"径自"看作附加式,当误。"径自"现代汉语中已成词,《现代汉语词典》(第 7 版)(2018:693)解作"表示自己直接行动"。从早期用例看,"自"表自己较明显,如:

(216)卫正色以为不可,**径自**驰车入护军营,收琇属吏,考问阴私,先奏琇所犯狼籍,然后言于毅。(《晋书·程卫传》)

(217)及闻敬宪寝疾,求假不许,遂**径自**还,亦矜而不问。(《北史·裴庄伯传》)

(218)宗嗣曰:"已焚券,何为复来?"吏不答,**径自**入厩中。(《太平广

记》卷四三六）

（219）不须饮酒**径自**醉，取书相和声琅琅。（南宋陆游《示儿》）

以上用例，"自驰""自还""自入""自醉"为文献中常用搭配，"自"均当与动词搭配表自己。元杂剧的一些用例能鲜明体现"自"之义：

（220）俺两个将家私都使的无了，问叔叔讨些使用，可不好那？来到门首，**径自过去**。（元高茂卿《翠红乡儿女两团圆》第二折）

（221）着我到任二公家求亲，可蚤来到门首也。无人报复，**径自进去**。（元王晔《桃花女破法嫁周公》第二折）

（222）不免送些盘缠与大姐使用去，此间是他门首，不必报复，**径自入去**。（元李寿卿《月明和尚度柳翠》楔子）

（223）奉师父法旨，着我请袁秀才来日法堂中听讲。可早来到僧房门首，我**自过去**。（元无名氏《龙济山野猿听经》第三折）

（224）自家扬州奴的便是，这是李家叔叔门首，俺们**自进去**。（元秦简夫《东堂老劝破家子》第四折）

（225）有韩大舍着人来请我，不知为甚么，我走一遭去。来到也，不要报复，我**自过去**。（元无名氏《赵匡义智娶符金锭》第二折）

（226）来到也，不索报覆，**自入去**见夫人。（元王实甫《崔莺莺待月西厢记》第三折）

以上用例，语境相似，或用"径自过去""径自进去""径自入去"，或直接用"自过去""自进去""自入去"，足见"自"非词缀。

竟自

（227）[杂]你看裴家姐姐，**竟自**扬鞭去了。[老旦]且自由他。（清洪昇《长生殿》第五出；[14]182）

此"竟自"与"径自"同义，"自"之性质亦当同。参上"径自"条。

久自

（228）明知边地苦，贱妾何能**久自**全？（东汉陈琳《饮马长城窟行》；[15]73；[9]57；[14]184）

有学者将"久自"看作附加式合成词,当误。"自全"即保全自己,乃古汉语常用搭配,如:

(229)陛下所为不乐,非以赵王年少,而戚夫人与吕后有隙,备万岁之后而赵王不能**自全**乎?(《汉书·周昌传》)

(230)若前不据关,退无所守,大众一散,何以**自全**?(《旧唐书·李密传》)

具自

(231)后汉使复至匈奴,常惠请其守者与俱,得夜见汉使,**具自**陈道。(《汉书·苏武传》;[9]57;[14]180)

有学者以"具自"为附加式,理由是"与俱"和"夜见"的都是常惠,"具陈道"者不可能是他人,故"自"字无义。

按:此推理实难成立,"自"与"陈道"搭配乃古汉语常见用法,有时有强调区别作用,有时此意味较弱,此乃古今汉语之差异,不可以今律古,"自"的使用,与"陈道"者确定与否亦无关系。"自陈道"即"自陈""自道",因前有修饰语"具",为了句式整齐,动词换用同义双音复合词"陈道"。可比较以下"自陈""自道"例:

(232)广国去时虽小,识其县名及姓,又常与其姊采桑堕,用为符信,上书**自陈**。(《史记·外戚世家》)

(233)明日,沛公从百余骑至鸿门谢羽,**自陈**"封秦府库,还军霸上以待大王,闭关以备他盗,不敢背德"。(《汉书·项籍传》)

(234)既至甘泉宫,会殿中,庆与廷尉范延寿语,时庆有章劾,**自道**:"行事以赎论,今尚书持我事来,当于此决。"(《汉书·翟方进传》)

(235)遵敕吏舁尸到,与语,讫,语吏云:"死人**自道**不烧死。"(《搜神记》卷一一)

可以发现,"自"的意义及功能并无区别。

(236)天子果以汤怀诈面欺,使使八辈簿责汤。**汤具自道**无此,不服。(《史记·酷吏传·张汤》;[13]7)

此例"自道"与例(232)至(235)诸"自道""自陈"同义,"自"显然不当定性为词缀。

遽自

(237)某年七十二,尚能拳欧数人。此辕门也,方六十岁,岂得**遽自**引退!(北宋沈括《梦溪笔谈》卷二三;[9]59;[14]187)

有学者以"遽自"为一词,并以"自"为词缀,当误。"自引退"乃文献常见搭配,指自己主动引退,如:

(238)其人惭责,**自引退**,郡中化之,皆和睦。(《后汉纪》卷十四)

(239)又元妃暴薨,道路籍籍,此于太子非令名也。愿公**自引退**,不然将及祸。(《北史·裴政传》)

空自

(240)终不得归汉,**空自**苦亡人之地,信义安所见乎?(《汉书·苏武传》;[24]45)

(241)桂芳徒自蠹,失爱在蛾眉。坐见芳时歇,憔悴**空自**嗤。(东晋王嘉《拾遗记》卷九;[9]58)

(242)塞上长城**空自**许,镜中衰鬓已先斑。(南宋陆游《书愤》;[35]95)

(243)汝今宜舍恶习邪见,勿为长夜自增苦恼,……负麻而归,**空自**疲劳,亲族不悦,长夜贫穷,自增忧苦也。(姚秦佛陀耶舍译《长阿含经》卷七;[36]158;[12]30)

有学者以"空自"为一词,"自"为词缀或音节成分,当误。第(240)例,"自苦"乃古文献常用搭配,《汉书·苏武传》"空自苦亡人之地"下文即有用例:

(244)独有女弟二人,两女一男,今复十余年,存亡不可知。人生如朝露,何久**自苦**如此!(《汉书·苏武传》)

二"自苦"很明显相承同义。

第(241)例,"自嗤"乃文献中常用搭配,指嘲笑自己,"自"意义较实在。第(242)例,"自许"义为自夸、自封,乃文献常用搭配。第(243)例,"自"当与"疲

劳"搭配,义为使自己疲劳,我们看以下二例:

(245)彼人亦如是,徒为**自疲劳**。(姚秦鸠摩罗什译《大庄严论经》卷二)

(246)汝**徒自疲劳**,不能见惑乱。(《大庄严论经》卷八)

两句均有"自疲劳",单看后例,估计很多人会将"徒自"看作一词,而两相比照,"自疲劳"显然为一搭配,二者并无不同。

良自

(247)一读已自怪,再寻**良自**疑。(唐韩愈《归彭城》;[32]355)

有学者以"良自"为一词,并以"自"为词缀,可商。"自疑"乃古汉语常用搭配,"自"表自己,参上文"几自"条。

聊自

(248)南金岂不重,**聊自**意所轻。(南朝宋颜延之《秋胡行》;[32]355)

有学者以"聊自"为一词,并将"自"看作词缀,或可商。句中"自意"乃名词性搭配,可解作"自己之心意"。

谩自

(249)籍福恶两人有郄,乃**谩自**好谢丞相曰:"魏其老且死,易忍。且待之。"(《史记·魏其武安侯列传》;[9]56;[13]7;[14]180)

有学者以"谩自"为附加式,其根据是《汉书》此内容作"乃谩好谢蚡",省去"自"字,显然是把这类"自"字视作无义而删去的。我们以为此解有误。异文差异可作参考,但不能得出必然性结论。"自"在句中常表突出、强调,省去只会影响表达效果,而不会影响文义,以《汉书》删去"自"而认定其无义,并进而定性为词缀显然不合理。上举用例,从前后文可知,田蚡让籍福向魏其要田,结果遭拒,且被灌夫大骂,籍福厌恶二人有郄,所以自作主张"谩自好谢丞相",即自己诈为好言以向丞相致歉,"自好谢"之"自"乃突出是籍福自己所为,而非他人授意,意义很实在。另外"自好谢"乃"自谢"之扩展,《史记》中"自谢"有诸多用例,可以比勘:

（250）且仪以前使负楚以商于之约，今秦楚大战，有恶，臣非面**自谢**楚不解。（《楚世家》）

（251）徐趋而坐，**自谢**曰："老臣病足，曾不能疾走，不得见久矣。窃自恕，而恐太后体之有所苦也，故愿望见太后。"（《赵世家》）

（252）民所上书皆以与相国，曰："君**自谢**民。"（《萧相国世家》）

"自好谢"与上举"自谢"并无实质差别，"自"显然不当看作词尾。

忙自

（253）阴大王见众妖捉不住，着了急，**忙自**起身，提了一把剑，向空中乱砍。（《后西游记》第二九回；[6]7）

有学者以"忙自"为一词，并将"自"看作词缀，当误。句中"自"与"起身"搭配，"自"乃自己、亲自义，以区别于"众妖"。"自起身"在明清小说中很常见，有独立使用者，亦有附于单音词后者，此举两例单用用例：

（254）亲家翁不等茶酒来赞礼，**自起身**谢了酒。（明凌濛初《二刻拍案惊奇》卷二五）

（255）凤生心中闷闷，且待到家再作区处，一面京中**自起身**，一面打发金家人先回报知，择日到家。（明抱瓮老人《今古奇观》卷六〇）

每自

（256）车骑**每自**目己坐曰："灵宝成人，当以此坐还之。"（《世说新语·夙惠》第7条；[2]212；[26]123）

按："自目"独用常用指自己品评自己，如：

（257）王大将军**自目**："高朗疏率，学通左氏。"（《世说新语·豪爽》第3条）

"自目己坐"则指自己评价自己的座位，如此理解并无问题。

莫自

（258）吕禄、吕产欲发乱关中，……各将兵居南北军，皆吕氏之人。列侯群臣**莫自**坚其命。（《史记·吕太后本纪》；[3]17）

有学者将"莫自"看作一词,并以"自"为词缀,并释此句作"群臣不坚奉吕氏之命"。按:此解不确,句中"莫"当为否定性无定代词,相当于"没有谁","其命"乃指列侯群臣之性命,"自坚"即自己坚信,"列侯群臣莫自坚其命"指列侯群臣没有谁坚信能自保性命。① "自坚"组合在《史记》中另有用例,如:

(259)今急先封雍齿以示群臣,群臣见雍齿封,则人人**自坚**矣。(《留侯世家》)

(260)齐王信之立,非君王之意,信亦不**自坚**。(《彭越传》)

"自坚"与"自必"义近,可比较以下二例:

(261)齐之事王,宜为上佼,而今乃抵罪,臣恐天下后事王者之不敢**自必**也。(《史记·赵世家》)

(262)今释此时,而**自必**于汉以击楚,且为智者固若此乎!(《史记·淮阴侯列传》)

"自"在句中均指自己,复指主语,由于古今汉语差异,翻译时可以不译,但其所指十分明确。

(263)庆之麾下悉着白袍,所向披靡。先是洛中谣曰:"名军大将**莫自**牢,千兵万马避白袍。"(《南史·陈庆之传》;[3]17)

(264)多贺来到,得无疲倦。他所敕使、所欲得者,**莫自**疑难。(东汉支娄迦谶《道行般若经》卷九;[27]27)

有学者将上举二例"莫自"看作一词,并以"自"为词缀或音节成分,可商。第(263)例,"自牢"当为一词,犹自防,自卫。如:

(265)出入须有兵卫,坐卧恒宜**自牢**也。今特给千兵,以充侍从。(《北史·卫玄传》)

第(264)例,"自疑难"在佛典中常以"莫自疑难"的形式出现,而"自疑""自

---

① 韩兆琦(2017:789)释"莫自坚其命"曰:"对自己的死活都心中无数。自坚:自保,自信。"

难"则多有单用用例,"自疑难"乃"自疑"与"自难"的组合。

(266)汝**莫自**困苦乃尔,我自与汝金银珍宝琦物,我自与五百婇女相随行,我亦欲自供养昙无竭菩萨,复欲闻经。(东汉支娄迦谶《道行般若经》卷九;[27]①)

有学者以"莫自"中"自"为音节成分,可商。我们看以下二例:

(267)汝善男子!**莫自困苦**其身。我亦欲往昙无竭菩萨所,共汝殖诸善根,为得如是微妙法,如汝所说故。(姚秦鸠摩罗什译《摩诃般若波罗蜜经》卷二七)

(268)我即下阁往问:"善男子!汝何因缘故,**自困苦**其身?"(姚秦鸠摩罗什译《摩诃般若波罗蜜经》卷二七)

此二句出同经同卷,意义相关,前句用"莫自困苦其身",后句用"自困苦其身",很明显,"莫"独立充当否定词,"自困苦"则为一个组合,"自"乃自己义。关于此,例(266)《道行般若经》例亦能看出端倪:句中前四个分句分别有"汝莫自""我自""我自""我亦欲自",相互比照,可以推定诸"自"功能相当,当指自己。

(269)有一男子居业贫匮,多乏财货,**躬自困苦**,劳功役力,周遍四方,而乃获宝。(姚秦竺佛念译《出曜经》卷四)

句中"躬自"乃同义复合,与"自"义同。此可佐证"自困苦"之"自"解作自己并无问题。

独立使用的"自困苦"用例较少,而同义的"自苦"用例则很常见,如:

(270)我今学道,而不克获,宜还归家,舍三法服,修于俗法,五乐自

---

① 此例龙国富文未直接举出,但他在文中提出(2010:27):"我们对后汉支娄迦谶译的《道行般若经》、吴支谦译的《大明度经》、前秦昙摩蜱与竺佛念译的《摩诃般若钞经》、西晋竺法护译的《正法华经》、姚秦鸠摩罗什译的《妙法莲花经》5 部译经进行了穷尽式调查,发现否定副词后面的'复'和'自'无一例外地都是音节成分,起与否定副词构成双音节的作用。"

娱,广施贫乏,修戒精进。何为**自苦**,乃至于斯?(姚秦竺佛念译《出曜经》卷六)

(271)二者不正思惟,**自苦**其身而求出离,过现未来皆受苦报。(唐地婆诃罗译《方广大庄严经》卷一一)

两相比照,可以发现"自苦"与"自困苦"在意义及用法上亦无区别,显然不能因为"自"前有了"莫"就将"自"另作解读。

乃自

(272)(霍去病)既壮大,**乃自**知父为霍中孺,……因跪曰:"去病不早自知为大人遗体也。"(《汉书·霍光传》;[9]57)

蒋宗许先生(1992:57)指出:

例(14)(即例272)前叙霍去病成人后才知道自己是霍中孺的私生子,如以"自知"连读,则于理不伦,若非旁人告知,自己又何从而知?因此,"自"只能属上为"乃"之词尾。后"早自"语是霍去病拜见生父霍中孺时的话,其理略同于上,亦以"自"附"早"后理解为宜。

按:"自知"乃陈述"自己知晓"这一事实,与是否为别人告知并不对立,可比较下例:

(273)四年夏,少帝**自知**非皇后子,出怨言,皇太后幽之永巷。(《汉书·高后纪》)

这个用例与《霍光传》例相似,"自知"用于此并无问题,而此例中的"自"显然无法解作词尾。"自知"乃古文献常用组合,《汉书》中即有20余例,如:

(274)项羽**自知**少助,食尽,韩信又进兵击楚,羽患之。(《高祖本纪上》)

(275)又方进为京兆尹时,陈咸为少府,在九卿高弟,陛下所**自知**也。(《杜业传》)

两相比勘,可以发现这些用例中的"自知"与例(272)《霍光传》例并无不同。再有,《霍光传》中后一"自知"明显承接前一"自知",二者显然当看作同一组合。

(276)到娄门时,航船已开,**乃自**唤一只小船,当日回家。(明抱瓮老人《今古奇观》卷一四;[3]19)

刘瑞明(1989)举此例,认为"乃自"为附加式,姚振武(1993:147)、高云海(1998:317)已有辨正,刘瑞明(1998:6)亦确认其误,故此不赘。

难自

(277)天生丽质**难自**弃,一朝选在君王侧。(唐白居易《长恨歌》;[3]19)

刘瑞明(1989)以"难自"为附加式,当误。句中"自弃"当作一个组合,今仍在使用,姚振武(1993:147)有辨,刘瑞明(1998:6)亦认为此例定性有误。

内自

(278)故人所善宾客皆分奉禄以给之,无有所余。诚**内自**克约而外从制。(《史记·平津侯主父列传》;[9]56)

蒋宗许(1992)将"内自"看作附加式,误,"自克约"指自我克制、生活节约。蒋宗许(2009:183)已将其排除于词缀例。

强自

(279)辛龙子运了一口气,**强自**支持。(梁羽生《七剑下天山》544页;[9]59;[14]188)

(280)恃着内功都有火候,**强自**运气冲关。(梁羽生《萍踪侠影》96页;[11]30)

有学者以"强自"为一词,并以"自"为词缀,可商。文献中的"强自"搭配很多,"自"多表自己,与其后动词搭配,如:

(281)会有妖贼沙门僧**强自称**为帝,土豪蔡伯龙起兵应之。(《梁书·陈庆之传》)

(282)吃着能几多,**强自萦**烦恼。(五代何光远《鉴诚录》卷一〇)

(283)还恁**强自开解**,重数归期。(南宋袁去华《风流子》)

(284)臣如此略具辨明者,只为因朝廷根勘,故难隐默,即非**强自文**

饰,苟求免过。(南宋李焘《续资治通鉴长编》卷二二二)

(285)几次想问警幻,只碍着宝玉在内,话到嘴边又**强自忍住**。(周汝昌《红楼真梦》第六回)

(286)庭参已毕,吴推官**强自排遣**,说道:"我们都是个须眉男子,往往制于妇人。"(清西周生《醒世姻缘》第九一回)

明清之际,"强自"有成词倾向,少许用例"自"义变虚或消失,如:

(287)宋江喝教抬起头来,那人**强自**抬头,吓得面无人色。(《古本水浒传》第七回)

(288)这义姑被暴家**强自**抢去,逼他成婚。(《续红楼梦新编》第一七回)

上举(279)例义较实,"强自支持"犹自己勉强支撑,文献中独立使用的"自支持"亦有用例,如:

(289)然大药难卒得办,当须且将御小者以**自支持**耳。(《抱朴子·内篇》卷四)

(290)家中事体,我**自支持**,总有缺乏,姑姊妹家,犹可假贷,不必忧虑。(明冯梦龙《醒世恒言》卷二五)

例(280),"自"义相对较虚,但仍有自己义的留存。

且自

(291)须弥不崩,月明续照,珠光不灭,头髻不落,伞盖今在,**且自**安寐,莫忧失盖。(东汉竺大力共康孟详译《修行本起经》卷下;[32]356)

有学者将"且自"看作一词,并以"自"为词缀,可商。句中"自"当与"安寐"搭配,佛典中虽无其他"自安寐"的用例,但"自安X"的搭配很多,如:"自安和、自安隐、自安坐、自安善、自安乐、自安住、自安心、自安忍、自安眠、自安处、自安止"等,此类搭配为佛典常用搭配,"自"通常均表自己。

勤自

(292)靖**勤自**陈释,而终不解。(《三国志·吴书·周鲂传》;[15]71;

[9]57；[14]184）

有学者以"勤自"为一词，并将"自"定性为词缀，可商。句中"自"当与"陈释"搭配，其用法与上文"方自"条下"自陈说"用法同，可参看。

却自

（293）颓然**却自**嫌疏放，旋了生涯一首诗。（南宋陆游《午寝》；[3]19）

按："自嫌"乃古汉语常用搭配，"自"指自己。可比较以下用例：

（294）**自嫌**身未老，已有住山心。（唐李端《题从叔沅林园》）

（295）**自嫌**习性犹残处，爱咏闲诗好听琴。（唐白居易《味道》）

任自

（296）**任自**腰围都瘦损，肯教欢意阑珊。（南宋石孝友《临江仙》；[30]340；[3]19）

有学者将"任自"看作一词，并将"自"定性为词缀，当误。"自腰围"显指自己的腰围，与后句"欢"相应。

善自

（297）唐高骈尝诲诸子曰："汝曹**善自**为谋。吾必不学俗物，死入四板片中，以累于汝矣。"（《太平广记》卷二八三；[32]356）

（298）你**善自**珍重，我去了。（梁羽生《萍踪侠影》155页；[11]31）

有学者以"善自"为附加式，当误。第（297）例，"自为谋"乃古文献常用搭配，义指为自己谋划，如：

（299）诸侯自为得师者王，得友者霸，得疑者存，**自为谋**而莫己若者亡。（《荀子·尧问》）

（300）王曰："申公巫臣为先王谋则忠，**自为谋**则不忠，是厚于先王而自薄也，何罪于先王？"（西汉刘向《新序》卷一）

另"善自为谋"最早出自《左传·桓公六年》："君子曰：'善自为谋。'"后代文献中常用之，带有典故性质，如：

(301)上笑曰:"卿可谓**善自为谋**矣。"(《南齐书·王僧虔传》)

第(298)例,"自"亦当与"珍重"搭配,"自珍重"犹自我保重。

深自

(302)叙情既毕,便**深自**陈结,丞相亦厚相酬纳。(《世说新语·言语》第 36 条;[2]212;[15]71;[32]356)

(303)丁晋公之逐,士大夫远嫌莫敢与之通声问。一日,忽有一书与执政。执政得之,不敢发,立具上闻。洎发之,乃表也,**深自**叙致,词颇哀切。(北宋沈括《梦溪笔谈》卷二二;[9]59;[14]187)

有学者以"深自"为附加式,可商。第(302)例,"自"当与"陈结"搭配,指自陈述并结纳,文献中意义相当且独用的"自陈""自纳"均有用例,另独用的"自陈说"、"自结纳"亦有诸多用例,"深自陈结"乃本书所说四字结构。第(303)例,《大词典》收"叙致",释为"叙述事理",于此难通。此"叙致"当为陈述义,"自"当与"叙致"搭配,指自我陈说,"深自叙致"亦为四字结构。

(304)韩生谢遣相工,通刺倪宽,结胶漆之交。尽筋力之敬,徒舍从宽,**深自**附纳之。(东汉王充《论衡·骨相》;[32]356)

(305)云以原流放,唯见此一人,当为致其义,**深自**谓佳。(《与兄平原书》之二〇;[13]9)

(306)今既分张,言集未日,无由复得动相规诲,宜**深自**砥砺,思而后行,开布诚心,厝怀平当,亲礼国士,友接佳流,识别贤愚,鉴察邪正,然后能尽君子之心,收小人之力。(《宋书·武三王传·刘义恭》;[32]356)

(307)时诸优婆塞,爱其容貌,心意错乱。时彼婢女左右侍从,见斯事已**深自**庆幸,叱叱而言:"我等今者所作甚善,能使众会注意乃尔。"(姚秦鸠摩罗什译《大庄严论经》卷四;[32]356)

以上诸例,亦有学者将"深自"定性为附加式,可商。第(304)例,"自"乃自己义,与"附纳"搭配,义同于"自附",而"自附"独用,文献十分常用。第(305)例,"自谓"即自以为,文献十分常用,显然当作一个搭配。第(306)例,"自"亦当与"砥砺"搭配,"自砥砺"指自我激励、激励自己;第(307)例,"自"当与"庆幸"搭配,今尚有"暗自庆幸"。

（308）道安闻语，由（犹）**身（深）自**怀疑惑。（《敦煌变文集·庐山远公话》；[3]19）

按：此句《敦煌变文校注》（黄征等 1997：267）校作"犹自深怀疑惑"，两解均可：依前"自怀疑惑"当作一个组合，"自"指自己，依后"犹自"当作一词，仍然义，详见本编十二"犹自"条。

甚自

（309）我时**甚自**雅奇，得与正士高行者会，便解颈百千珠璎以上之。（三国吴支谦译《维摩诘经》卷上；[36]158）

（310）我昔从佛闻如是法，见诸菩萨授记作佛，而我等不豫斯事，**甚自**感伤，失于如来无量知见。（姚秦鸠摩罗什译《妙法莲华经》卷二；[27]28）

此二例有学者将"甚自"之"自"看作无义的音节成分，我们以为可商。"雅奇"文献用例较少，因而相关搭配不多，但从文义看，"自"解作自己复指"我"并无问题。至于"感伤"，与"自"搭配乃属常用搭配，我们看以下用例：

（311）**亦自感伤**我受苦故，执我断者亦生忧感。……彼说不然异心起故，**谓自感伤**我受苦者。此但缘苦而**自感伤**，当于尔时不执有我。（唐玄奘译《阿毗达磨顺正理论》卷五五）

句中有 3 个"自感伤"用例，第一例前有"亦"，估计很多人会将"亦自"看作一词，然而通过后二例可以知道，"自"实与"感伤"搭配。

（312）书名越艳谁兴发，角动单于**自感伤**。（北宋秦观《次韵公辟州宅月夜偶成》）

（313）婆罗门见偷己物，叹惋彼人，又**自感伤**，忧愁懊恼，惆怅进路。（元魏吉迦夜共昙曜译《杂宝藏经》卷一〇）

第一例"自感伤"独立使用，第二例与"又"搭配，"自"的性质并未变化。

（314）朕获执牺牲珪币以事上帝宗庙，十四年于今，历日县长，以不敏不明而久抚临天下，朕**甚自**愧。（《史记·孝文本纪》；[9]56）

（315）今法有肉刑三，而奸不止，其咎安在？非乃朕德薄而教不明欤？

吾**甚自**愧。(《史记·孝文本纪》;[9]56)

蒋宗许先生(1992)将此二例中的"甚自"看作附加式,显误。句中"自愧"当作一读,乃常用搭配,今仍使用。蒋宗许(2009:183)已将其排除于词缀例。

(316)见已着貂蝉,**甚自**喜。(《梦溪笔谈》卷二一;[9]59)

"自喜"亦古汉语常用搭配,"甚"置于其前乃古汉语正常语序。

少自

(317)殷中军道韩太常曰:"康伯**少自**标置,居然是出群器。及其发言遣辞,往往有情致。"(《世说新语·赏誉》第 90 条;[2]213)

有学者以"少自"为附加式,误。"少"指年少之时,"自"与"标置"搭配,指自我标榜、自高其位。可比较下例:

(318)舅殷浩称之曰:"康伯能**自标置**,居然是出群之器。"(《晋书·韩伯传》)

此例与《世说新语》所记事同,一作"少自标置",一作"能自标置","自"显然与"标置"搭配。

(319)(训)质状魁梧,敏于辩论,多大言,**自标置**。(《新唐书·李训传》)

此例"自标置"独用,义同。与"自标置"义近者尚有"自标遇""自标举""自标榜""自标尚""自标显""自标持""自标树"等,此举二例:

(320)敷先设二床,去壁三四尺,二客就席,敷呼左右曰:"移我远客!"赳等失色而去。其**自标遇**如此。(《南史·张敷传》)

(321)淳叹陆、张、王学问无源,全用禅家宗旨,认形气之虚灵知觉为天理之妙,不由穷理格物,而欲径造上达之境,反托圣门以**自标榜**。(《宋史·陈淳传》)

殊自

(322)王本自有一往隽气,**殊自**轻之。(《世说新语·文学》第 36 条;

[2]212；[15]71；[12]30；[13]9；[32]357）

按："殊自轻之"犹王羲之自己很是轻视他，"自"解作自己并无问题，诸家所质疑者乃语序，事实上"程度副词＋自＋动词"乃古汉语常式。

庶自

（323）风漂附岸，地名鼻摩，登岸周旋，**庶自**苏息。（三国吴康僧会译《六度集经》卷四；[36]158；[10]461；[14]181）

有学者以"庶自"为一词，并将"自"看作音节成分或词缀，可商。"庶自苏息"乃四字结构，"自"当与"苏息"搭配，犹"自休息"，可比较下例：

（324）但当深信乐，以法**自苏息**。（南朝宋求那跋陀罗译《央掘魔罗经》卷一）

数自

（325）后二岁，大将军、骠骑将军大出击匈奴，广**数自**请行。（《史记·李将军列传》；[9]56；[13]7；[14]180）

有学者以"数自"为附加式，当误。"自请"乃古汉语常用搭配，《史记》即有诸多用例，如：

（326）尹夫人与邢夫人同时并幸，有诏不得相见。尹夫人**自请**武帝，愿望见邢夫人，帝许之。（《外戚世家》）

（327）尝入侍高后燕饮，高后令朱虚侯刘章为酒吏。章**自请**曰："臣，将种也，请得以军法行酒。"（《齐悼惠王世家》）

（328）文信侯叱曰："去！我**身自请**之而不肯，女焉能行之？"（《甘罗列传》）

（329）郑庄使视决河，**自请**治行五日。（《郑当时传》）

（330）有文学卒史王先生者，**自请**与太守俱："吾有益于君。"（《滑稽列传》）

这些用例与上举例（325）《李将军列传》例并无根本不同，我们不能因为"自"前有了"数"，就将它附于前而解作无义成分。再有，"请"既可委托别人，也可亲自施行，上举例（328）《甘罗列传》中体现得尤其明显。"自请"盖用以强调亲自请求。

另《汉书》中亦有一例"数自"连用的用例：

(331)凤辅政凡十一岁。阳朔三年秋,凤病,天子**数自临问**,亲执其手,涕泣曰:"将军病,如有不可言,平阿侯谭次将军矣。"(《元后传》)

此例中"自"亦表亲自,天子探视臣疾,一般派代表前去即可,而此用"自临问",乃强调天子是亲自前往。

速自

(332)争奈病夫难强饮,应须**速自**召车公。(唐崔璞《奉酬皮先辈霜菊见赠》;[30]340;[28]60)

有学者以"速自"为附加式,可商。文献中"速自"连用还有一些用例,"自"一般均与后之动词搭配。而"自召"乃文献常用搭配,"自"表自己,如此解并无问题。

随自

(333)到城找了半日,才知道是赵管刘宾。**随自**见了刘宾拜了拜,便问道:"事情如何?"(清蒲松龄《聊斋俚曲集》第二回;[6]7)

有学者以"随自"为一词,并将"自"看作词缀,可商。"随自"早期用例很少,明清有一些用例,多出自小说,与此例相近的用法中,"随"通常表随即,而"自"则指自己或亲自。如:

(334)持小刀镂开左肋,割肝一指,煎汤与姑饮讫,**随自**昏绝。(明汤显祖《古今律条公案》卷七)

(335)宇文化及既杀了各王,**随自**带甲兵直入宫来,要诛戮后妃,以绝其根。(明齐东野人《隋炀帝艳史》第四〇回)

(336)刘炎**随自**趋向前,把梦中曾与此小姐结为姻缘,备陈一遍,与细娘所言无异。(清吕熊《女仙外史》第四六回)

(337)**随自**往瓜洲,备具太牢牲醴,隔江遥祭雷将军,酹酒痛哭。(《女仙外史》第六二回)

(338)抚膺大恸,左右莫不挥泪! **随自**草表请革职待罪,怏然不乐。

（《女仙外史》第八六回）

（339）令伊妻携钱托童锦安带买蚊烟，是晚童锦安将蚊烟送至伊女房门，李笑分**随自**进房，声喊童锦安与女通奸。（《大清高宗纯皇帝实录》卷一三七四）

这些用例初一看"随自"似为一词，然而仔细阅读前后文，以及考察"自"与其后动词搭配在明清小说中的用法，即可发现"自"均可解作自己。以"自进房"为例，独用的用例很多，如：

（340）言罢，回身将街门关闭，**自进房**中去了。（《八贤传》第一五回）

（341）侍女移灯引至楼上，悟凡**自进房**中，与小姐闲谈去了，花春只在厢房坐下。（《空空幻》第六回）

（342）素臣呆了半晌，只得坐下。素文**自进房**去。（清夏敬渠《野叟曝言》第五五回）

它们与"随自进房"中的"自进房"并无区别。另外明清小说中还有"随自己"用例，与上举"随自"相当，如：

（343）**随自己**斟了一杯茶送过去。即将笔递上，将纸铺下。（清曹去晶《姑妄言》卷九）

（344）到了冬间，老爷觉得病重，**随自己**写了信，使人去接小姐的。（清张曜孙《续红楼梦未竟稿》第二回）

例（333）《聊斋俚曲集》例"自"亦可解作自己、亲自。另外，我们对明清小说作了一些考察，发现此类"自"使用十分普遍。

遂自

（345）虞翻十三比岂少，**遂自**惋恨形于书。（唐韩愈《赠刘师服》；[3]19）

（346）其妻念之，内自发心。忽自执笔，**遂字（自）**造书。（《敦煌变文集·韩朋赋》；[3]19）

有学者以"遂自"为附加式。可商。（345）例"遂自惋恨"属较典型的四字结构，"自惋恨"当为一搭配，文献中"自惋恨"用例虽少，但独用的"自惋"则有用例,且与之同义的"自叹"用例极多,"自恨"亦十分常见。(346)例,"字(自)造书"即亲自造书,如此解并无问题。

唐自

(347)汝今何故,舍家来此山林之中,既不修善则无利益,**唐自**疲苦?(三国吴支谦译《撰集百缘经》卷一〇;[36]158;[14]181;[32]357)

(348)大仙人! 汝**唐自**烦劳。(东晋瞿昙僧伽提婆译《中阿含经》卷一九;[32]357)

有学者举此二例,以"唐自"为附加式,可商:"唐自疲苦""唐自烦劳"即只会使自己疲苦、烦劳,其用法与上文"莫自"条下第(266)例"莫自困苦"同,可参看①。

徒自

(349)今视所作,不谓乃极,更不自信,恐年时间复损弃之,**徒自**困苦尔。(《与兄平原书》之一六;[15]71)

(350)取王家材,持用作舍,世尊复见,种种呵责:"**徒自**辛苦,用多事为?"(东晋佛陀跋陀罗共法显译《摩诃僧祇律》卷二;[36]158)

(351)若学无师者,**徒自**烦劳也。(北宋张君房《云笈七签》卷四四;[22]78)

(352)春尽风飒飒,兰凋木脩脩。王孙久为客,思君**徒自**忧。(南朝齐王融《思公子》;[31]184)

(353)猛将谋臣**徒自**贵,蛾眉一笑塞尘轻。(唐汪遵《昭君》;[3]18)

(354)且擅兵而别,多它利害,**徒自**损耳!(《资治通鉴·汉景帝前三年》;[22]78)

(355)今此田善熟,未收而行,**徒自**耗损。(《资治通鉴·晋武帝太元十年》;[22]78)

有学者以上举诸例中"徒自"之"自"为词缀或音节成分,可商。前三例,

---

① "自"有空、徒义(参本编第四类),"唐自"组合有同义复合的可能,但就上述用例来看,我们认为"自"乃自己义。下"徒自"同。

"徒"乃只义,"自"当与"困苦""辛苦""烦劳"搭配,指使自己困苦、辛苦、烦劳,"自"均表自己,文献中与之同义的"自苦"用例极多。详参前文"莫自"条(266)例下所论。第(352)、(353)例,"徒"亦只义,"自忧""自贵"乃文献中常用搭配。(354)例"自损"犹损害自己。(355)例与(354)例义近。

妄自

(356)不宜**妄自**菲薄,引喻失义,以塞忠谏之路也。(三国蜀诸葛亮《出师表》;[32]357)

(357)子阳井底蛙耳,而**妄自**尊大,不如专意东方。(《后汉书·马援传》;[32]357)

(358)乃复改易毡裘,**妄自**尊大。(《南齐书·曹虎传》;[32]357)

(359)或谓慧晓曰:"长史贵重,不宜**妄自**谦屈。"(《南齐书·陆慧晓传》;[32]357)

(360)非为称呼,盖利乎其中有物;**妄自**尊显,岂所谓大道无名。(《梦溪笔谈》卷二三;[9]59;[14]187)

有学者以"妄自"为一词,并以"自"为词缀,可商。以下以"妄自尊大"为例试加说明。"妄自尊大"今已成词,但从意义来说,"自"当与"尊大"组合,自己义,我们看以下用例:

(361)矜,谓**自尊大**也。(《礼记·表记》"不矜而庄",郑玄注)

(362)焉欲立威刑以**自尊大**,乃托以它事,杀州中豪强十余人,士民皆怨。(《后汉书·刘焉传》)

此二例"自尊大"独用。

(363)高祖以布先久为王,恐其意**自尊大**,故峻其礼,令布折服。(《汉书·黥布传》"出就舍,张御食饮从官如汉王居,布又大喜过望",颜师古注)

(364)**妄自尊大**也。(《汉书·南粤王传》"余善刻'武帝'玺自立,诈其民,为妄言",颜师古注)

此二例均出自颜师古注,我们显然不会因为后例"自尊大"前加了"妄",即认定"自"为词缀,因为就文义来说,二"自尊大"并无区别。

其他几例中"妄自菲薄""妄自谦屈""妄自尊显"均当如此分析。《现代汉语词典》(第 7 版)(2018:1355)未收"妄自",而收有"妄自菲薄""妄自尊大",分别释作"过分地看轻自己""狂妄地自高自大",均鲜明体现出"自"之自己义。

微自

(365)时方进新为丞相,陈咸内惧不安,乃令小冠杜子夏往观其意,**微自**解说。(《汉书·翟方进传》;[9]57;[14]181)

有学者认为此例叙陈咸遣杜子夏拜会翟方进,暗中为自己开脱,"微自解说"的主语是杜子夏,"自"附于副词"微"后,无义可言。按:以"暗中为自己开脱"释"微自解说","自己"正是"自"义的体现,"微自解说"者虽为杜子夏,但真正的主语乃"陈咸",是陈咸令杜子夏为己解说。"自解说"在《汉书》颜师古的注中有很多用例,如:

(366)自说,谓**自解说**也。(《韩信传》"通至自说,释弗诛",颜师古注)

(367)解,谓**自解说**也,若今言分疏。(《酷吏传·杨仆》"失期内顾,以道恶为解",颜师古注)

(368)**自解说**云为风不得至。(《郊祀志上》"船交海中,皆以风为解",颜师古注)

我们再看下面这个用例:

(369)皆**自解说**,遇风不至也。(《史记·封禅书》"船交海中,皆以风为解",司马贞索隐引顾野王云)

例(369)与(368)例所注对象相同,颜师古注"自解说"置于句首,"自"无法作他解,而司马贞索隐"自解说"前有一"皆"字,主词缀说者很可能会将"皆自"看作附加式,两相比照之后,可以发现二者并无区别。

务自

(370)会孝惠、高后时,天下初定,郡国诸侯各**务自**拊循其民。(《史记·吴王濞传》;[9]56—57;[13]7;[14]180)

有学者举此例,以"务自"为附加式,并指出:"务自拊循其民",说彼时诸侯竭力以安抚笼络百姓为事。"自"无义可释。

按:此例"务"乃动词,表从事、致力于,"自拊循其民"即亲自拊循其民,盖"拊循"之事既可通过手下人实行,亦可亲自去做,而后者显然效果更好,故此用"自"以示区别。《史记》中另有一例可证"自"之义实:

(371)士卒次舍井灶饮食问疾医药,**身自拊循**之。(《司马穰苴传》)

"身自拊循之"即亲自抚循,"身""自"同义连文。其他文献亦有相似用例,如:

(372)冠大冠,带长剑,躬案行士卒庐室,视其饮食居处,有疾病者**身自抚循**临问,加致医药,遇之甚有恩。(《汉书·盖宽饶传》)

(373)上悯伤之,临幸其家,入巷下车,拥经趋进,**躬自抚循**,赐以床帐衣服。(《后汉纪》卷九)

(374)世基劝帝赏格,**亲自抚循**,乃下诏停辽东事。(《北史·文苑传·虞世基》)

"抚循"即"拊循",而"躬自""身自"与"自"同义,可证"自拊循"中"自"表"亲自"并无问题。

咸自

(375)门生归,白郗曰:"王家诸郎,亦皆可嘉,闻来觅婿,**咸自矜持**。唯有一郎在东床上坦腹卧,如不闻。"(《世说新语·雅量》第19条;[2]211;[15]71)

有学者以"咸自"为附加式合成词,可商。句中"自"当为自己义,与"矜持"搭配,"自矜持"与"自持"义近,指自我克制,使自己庄重。我们看以下用例:

(376)揄颜色而**自矜持**也。(《文选·宋玉〈神女赋〉》"癞薄怒以**自持**兮,曾不可乎犯干",李善注)

此注一方面说明"自持"与"自矜持"义近,同时表明"自矜持"作为一个搭配并无问题。"自持"在《史记》亦有用例:

(377)宽为人温良,有廉智,**自持**,而善著书、书奏。(《儒林列传》)

与"自矜持"相近的还有"自矜严""自矜重":

(378)《说文》曰:"衽,衣衿也。"**自矜严**也。(《文选·宋玉〈神女赋〉》"奋长袖以正衽兮,立踯躅而不安",李善注)

(379)通晓**自矜重**,以狸毛为笔,覆以兔毫,管皆象犀,非是未尝书。(《新唐书·欧阳通传》)

例(375)"咸自矜持"中的"自矜持"与此诸组合意义均相近。

行自

(380)把臂还相泣,岂然吾与子。沾襟**行自**念,哀哉亦已矣。(隋王胄《酬陆常侍》;[31]184)

有学者将"行自"看作一词,并以"自"为词缀,可商。句中"行自念"当解作"亦自怜",乃化用魏文帝曹丕《又与吴质书》之例:"间者历览诸子之文,对之抆泪,既痛逝者,行自念也。"句中"自念"之"自"与"逝者"相对,指自己。

续自

(381)加司马懿先诛王凌,**续自**陨毙,其子幼弱,而专彼大任。(《三国志·吴书·诸葛恪传》;[32]358)

此例"续"指接着,"自陨毙"指司马懿自己死去,以区别于诛王凌,"自"指自己。

寻自

(382)精诚感应,使儿宫殿动摇不安。**寻自**观察,知从人中得生天上,及见父母在于冢间,抱我死尸,悲感哽咽,不能自止,感我宫殿动摇如是。(三国吴支谦《撰集百缘经》卷六;[36]159;[6]7)

(383)**寻自**观察,知在世间,受水牛身,蒙佛化度,得来生天。(三国吴支谦《撰集百缘经》卷六;[36]159)

有学者将"寻自"之"自"看作音节成分或词缀,当误。"自观察"与"自思惟"一样,为佛典常用搭配,有独用者,亦有附于单音词之后者,此举二例独用用例：

(384)恶鬼当知，我**自观察**，无天及人民、沙门、婆罗门、若人、非人，能持我两脚掷海南者。(东晋瞿昙僧伽提婆译《增壹阿含经》卷一四)

(385)有色、因色、系着色，**自观察**未生忧悲恼苦而生，已生而复增长广大。(南朝宋求那跋陀罗译《杂阿含经》卷二)

也自

(386)浑家初时也答应道该去，后来说到许多路程，恩爱夫妻，何忍分离？不觉两泪交流。兴哥**也自**割舍不得，两下凄惨一场，又丢开了。(明抱瓮老人《今古奇观》卷一七；[3]16)

(387)澹台镜明对云重殊无好感，但见他柔情似水，加意扶持，心中**也自**感动。(梁羽生《萍踪侠影》417页；[11]31)

有学者将"也自"看作附加式，可商。(386)例，"自"当指自己，与其妻相区别。"也自割舍不得"犹自己也割舍不得，此乃古汉语常见语序。(387)例，"自"当与"感动"搭配，亦解为自己，"自"与心理动词搭配表自己乃古汉语常用组合。

宜自

(388)非为称呼，盖利乎其中有物；妄自尊显，岂所谓大道无名。**宜自**退藏，无抵刑宪。(《梦溪笔谈》卷二三；[9]59；[14]187)

有学者以"宜自"为附加式，可商。"宜自退藏"为四字结构，"自退藏"即自己主动退隐，其用法与前"遽自"条下例(237)"自引退"相当，可参看。

已自

(389)行，子**已自**知矣。行，所以拘校上古神文、中古神文、下古神文者，或上古神文未及言之，中古神文言之，中古神文未及言之，下古神文言之也。(《太平经》卷九一；[32]358)

(390)一读**已自**怪，再寻良自疑。(唐韩愈《归彭城》；[32]358)

有学者以"已自"为附加式，可商。(389)例，"自知"乃古汉语常用搭配，"自"乃自己义，此亦当如此解。(390)例，"自怪"亦古汉语常用搭配，后句"自疑"亦如此,二"自"均当解为自己义。

亦自

(391)及高祖起沛,入至咸阳,陵**亦自**聚党数千人,居南阳,不肯从沛公。(《史记·陈丞相世家》;[9]56;[13]7;[14]180)

此例有学者将"亦自"看作一词。并将"自"定性为词缀,可商。从字面看,"自聚党"即亲自聚集党徒,文义并无问题。另《汉书》亦载有此事,其文作:

(392)(陵)以**自聚党**定南阳,汉王还击项籍,以兵属,从定天下,侯,五千户。(《高惠高后文功臣表》)

句中"自聚党"指自己所聚之党,充当介词"以"的宾语,很明显为一个组合,不当分开,正与《史记》"自聚党"相应。

(393)太极殿始成,王子敬时为谢公长史,谢送版,使王题之,王有不平色,语信云:"可掷着门外。"谢后见王,曰:"题之上殿何若? 昔魏朝韦诞诸人,**亦自**为也。"(《世说新语·方正》第 62 条;[2]212;[15]71;[12]30;[18]381)

有多位学者将句中"亦自"看作附加式合成词,我们认为可商。韦诞事唐张彦远《法书要录》卷一有载:"诞字仲将,京兆人,善楷书,汉魏宫馆宝器,皆是诞手写。魏明帝起凌云台,误先钉榜而未题。以笼盛诞,辘轳长絙引之,使就榜书之。榜去地二十五丈,诞甚危惧,乃掷其笔,比下焚之。仍诫子孙,绝此楷法,著之家令。"例(393)"自为"即指韦诞亲自悬梯而上以题榜,"自"用以突出,体现让王子敬题榜并无问题。"自为"表亲自做文献用例数不胜数,在能够以常义解释的情况下,不知诸家何以要以词缀解"自"。

(394)项还,少啖脯,又时啖面,亦不以为佳。**亦自**劳弊,散系转久,此亦难以求泰。(东晋王羲之《杂帖》;[6]7)

(395)当此之时,朕**亦自**危惧。(《梦溪笔谈》卷一二;[9]58;[14]187)

(396)瓦松自名昨叶何,成式**亦自**不识。(《梦溪笔谈》卷二二;[10]461)

(397)世固有有才而无德者,亦有有德而短于才者,夫子**亦自**以德与

力分言矣。(《朱子语类》卷四四;[5]66)

(398)人心固是无所不知,若未能如此,却只是想像。且如释氏说心,**亦自**谓无所不知。(《朱子语类》卷四五;[5]66)

有学者以上举"亦自"为附加式,可商。(394)例"自劳弊"即自己劳累疲弊。(395)例"自危""自惧"乃文献常用搭配,"自危惧"乃二者的综合。(396)例"亦自不识"即自己也不知道。(397)例"夫子亦自以德与力分言"即"夫子自己也以德与力分言",此语序乃古汉语常用语序,并无问题。(398)例"自谓"即"自称、自以为",乃古汉语常用搭配,《朱子语类》中亦有很多独用用例。

(399)佛皆使人得安隐,佛**亦自**行佛事。(东汉支娄迦谶《道行般若经》卷一〇;[27]28)

有学者据梵汉对勘,将"自"定性为音节成分,可商。"自行佛事"当指"亲自行佛事",佛典一般多描述他人行佛事,如:

(400)长者家室内外大小五百人众,皆从儿学,发摩诃衍意,悉**行佛事**。(三国吴康僧会译《六度集经》卷六)

(401)持此经者,即持佛身、即**行佛事**,当知是人即是诸佛所使、诸佛世尊衣之所覆、诸佛如来真实法子。(南朝宋昙无蜜多译《佛说观普贤菩萨行法经》)

例(399)《道行般若经》中为佛行佛事,故用"自"以突出。

益自

(402)年十三,始得从师学,家贫,**益自**刻厉。(《明史·杨继盛传》;[3]17)

按:"益自刻厉"乃四字结构,"自刻厉"当作一个组合。可比较以下用例:

(403)其**自刻厉**,冀必有以表于世,终发扬其先人之所遭。(北宋晁补之《鸡肋集》卷六六)

(404)攽字慧父,少疏俊,与兄敞同学,**自刻厉**,博读群书,遂偕中进士。(南宋王称《东都事略》卷七六)

(405)立之名建,幼颖悟,长知**自刻厉**,学古今文皆可观。(明程敏政辑《道一编》卷四)

用自

(406)儿闻是语,**用自**安隐,请诸沙门及婆罗门,数数向家而供养之。(三国吴支谦译《撰集百缘经》卷五;[36]159;[6]7)

有学者将"用自"看作一词,以"自"为词缀或音节成分,当误。句中"自"当与"安隐"搭配,佛典中常用,如:

(407)迦叶见佛来,起迎赞言:"大道人! 善来相见,**自安隐**乎?"(西晋竺法护译《普曜经》卷八)

(408)彼诸佛世尊,能随宜说法,自觉悟已,复为他说觉悟之法;自解脱已,复为他说解脱之法;**自安隐**已,复为他说安隐之法。(南朝宋施护译《佛说尼拘陀梵志经》卷下)

"自安稳"前亦可有其他副词性成分,如:

(409)以行八念,思惟四禅,精进不亏,心无差跌,**必自安隐**,至泥洹门。(东汉支曜译《佛说阿那律八念经》)

(410)是以智者,见有人行黑业法者受于大苦,**欲自安隐**,莫作莫乐一切诸欲,应须舍离。(隋阇那崛多译《佛本行集经》卷二三)

此类用例与独用之"自安隐"无别。

(411)又更问讯:"在此山中劳大勤苦,树木之间,甚难为止,**自安隐**不?"盲父母言:"蒙大王恩,**常自安隐**,我有孝子,字名曰睒,常取果蓏泉水无乏;我有草席,王可就坐,果蓏可食。睒行取水,正尔来还。"(姚秦圣坚译《佛说睒子经》)

这个用例更能说明问题,前问"自安隐不",后答以"常自安隐","自安隐"显然当为一个组合,而"常自"显然不能看作一个词。

(412)不惜我命,但念父母年老,两目复盲,一旦无我,无所依仰,以是懊憹,**用自**酷毒。(南朝梁宝唱《经律异相》卷一〇;[36]159)

此例"自"亦当与"酷毒"搭配,姚秦圣坚译《佛说睒子经》有异文作"以此懊恼自酷毒耳",可以佐证。

犹自

(413)先王有命,无得以罍樽与人。他物虽百巨万,**犹自**恣也。(《史记·梁孝王世家》);[3]17)

有学者指出:言别的东西即令值钱,还可以随便送人。"犹自"为词,不是"自恣"为意,"自"无实意。

按:"可以随便送人"即任由己意不受约束的送人,这正是"自恣"之义。"自恣"一词文献用例极多,《史记》中即另有 4 例,可资比勘:

(414)王后从官皆诸吕,擅权,微伺赵王,赵王不得**自恣**。(《吕太后本纪》)

(415)女主独居骄蹇,淫乱**自恣**,莫能禁也。(《外戚世家》)

(416)其言洸洋**自恣**以适己,故自王公大人不能器之。(《庄子列传》)

(417)汉数使使者风谕婴齐,婴齐尚乐擅杀生**自恣**,惧入见要用汉法,比内诸侯,固称病,遂不入见。(《南越传》)

这些用例中的"自恣"明显为一词,且与《梁孝王世家》中的用例义同,不知何以能得出"犹自"为词,而不是"自恣"为意。

(418)得地牡丹盛,晓添龙麝香。主人**犹自**惜,锦幕护春霜。(唐司空图《牡丹》;[30]340)

有学者以"犹自"为一词,并以"自"为词缀。按:"犹自"为词,文献常用①,但我们以为此例中"自惜"当为一个组合,"自"表自己。文献中"自惜"十分常用,我们看以下用例:

(419)言己**自惜**被服芳香,菲菲而盛。(《楚辞·九叹·愍命》"诚惜芳之菲菲兮,反以兹为腐也",王逸注)

(420)臣不敢**自惜**,诚恨奉职不称,以为朝廷羞。(《后汉书·来歙传》)

---

① 参本编第十二类"犹自"条。

又自

(421)西门庆道:"紧自他麻犯人,你**又自**作耍!"(明兰陵笑笑生《金瓶梅》第八回;[3]16)

有学者将"又自"看作附加式,可商。句中"自"当与"作耍"搭配,"自"乃自己义,下面这个用例可以佐证:

(422)口里指著说道:"我**自作耍子**,不值得便当真起来! 好不识人敬!"(《金瓶梅》第一回)

再自

(423)上时问人,仁曰:"上自察之。"然亦无所毁。以此景帝**再自**幸其家。(《史记·周文传》;[9]56;[13]7)

蒋宗许(1992;2004)将"再自"看作一词,并以"自"为词缀。按:"自幸"即亲自前往,东汉荀悦《前汉纪》卷九载有同事,可证"自幸"之义:"仁为人阴重不泄,衣敝不饰,甚见亲信。上自幸其家者再。"蒋宗许(2009:183)已将其排除于词缀例。

暂自

(424)昔齐桓一矜其功而叛者九国,曹操**暂自**骄伐而天下三分。(《三国志·蜀书·刘璋传》裴松之注引习凿齿语;[15]75)

有学者以"暂自"为附加式,不当。"自"当与"骄伐"搭配,"自骄伐"犹"自骄"、"自伐","自矜"亦与之同义,"自"还可与同义的双音词构成诸多搭配,如"自骄大、自骄矜、自骄恣、自骄慢、自骄纵、自骄贵、自骄慢、自骄怠、自骄逸、自矜伐、自矜迈、自矜负、自矜嗟、自矜重、自矜诞、自矜尚、自矜夸、自矜高、自矜诩、自矜遇、自矜纵、自矜大、自矜炫"等,史籍中有大量用例。

辄自

(425)王丞相与大将军尝共诣崇。丞相素不能饮,**辄自**勉强,至于沉醉。(《世说新语·汰侈》第1条;[15]71)

有学者以"辄自"为附加式,当误。"自"当与"勉强"搭配,"自勉强"与"自

强"义同,文献中"自强"十分常见,独用的"自勉强"亦有用例,如:

(426)言己知禹、汤不可得,则止己留连之心,改其忿恨,按慰己心,以**自勉强**也。(《楚辞·九章·抽思》"惩违改忿兮,抑心而**自强**",王逸注)

(427)陟意未许通壹,以壹数至门,故**自勉强**许通之。(《后汉书·赵壹传》"乃日往到门,陟**自强**许通",李贤注)

坐自

(428)吏道何其迫,窘然**坐自**拘。(西晋张华《答何劭》;[32]359)

(429)或谏像曰:"君三男两女,孙息盈前,当增益产业,何为**坐自**殚竭乎。"(《后汉书·方术传上·折像》;[32]359)

有学者以"空自、白白地"释"坐自",并以其为附加式,我们以为可商。(428)例"坐"当为致使义,"自拘"乃古汉语常用搭配,指自我拘束,如:

(430)攸以礼**自拘**,鲜有过事。(《晋书·齐王攸传》)

(431)洋少有文学,以礼度**自拘**,与王混俱以风范方正为当时所重。(《周书·柳洋传》)

例(429),"自"当与"殚竭"搭配,"自殚竭"犹使自己资财用尽,"自"之义比较实在。可比较以下二例:

(432)今天下孝子顺孙愿**自竭尽**以承其亲,外迫公事,内乏资财,是以孝心阙焉。(《汉书·武帝纪》)

(433)今不明死之无知,使民**自竭**以厚葬亲,与苏秦奸计同一败。(《论衡·薄葬》)

另:有学者还举有一组表亲自义的"X自"组合,认为"自"为词缀,栗学英(2008:77—79)有专文辨析,认为当为同义复合,我们亦倾向于同义复合的看法。为使行文完整,以下亦略作辨析:

躬自

(434)年数岁,所生母郭氏久婴痼疾,晨昏温清,和药捧膳,不阙一时,勤容戚颜,未尝暂改。恐仆役营疾懈倦,**躬自**执劳。(《宋书·谢瞻传附弟

矒》;[32]359)

(435)京产请矒至山舍讲书,倾资供待,子栖**躬自**屝屦,为矒生徒下食,其礼贤如此。(《南齐书·高逸传·杜京产》;[32]359)

(436)荣绪幼孤,**躬自**灌园,以供祭祀。(《南齐书·臧荣绪传》;[32]359)

"躬"有自己义,"自"表自己亦其常义,二者组合仍表此义,上古即有用例,如:

(437)兄弟不知,咥其笑矣。静言思之,**躬自**悼矣。(《诗经·卫风·氓》)

(438)子曰:"**躬自**厚而薄责于人,则远怨矣。"(《论语·卫灵公》)

(439)今复定河北,以义征伐,表善惩恶,**躬自**克薄以待士民,发号向应,望风而至。(《东观汉纪》卷一〇)

由"自己"义引申,"躬自"可表亲自义,如:

(440)李恂遭父母丧,六年**躬自**负土树柏,常住冢下。(《东观汉记》卷一六)

(441)高君颇知律令,尝自伏写书,著作署郎哀其老,欲代之,不肯,云:"我**躬自**写,乃当十遍读。"(东汉桓谭《新论》)

(442)朕幼而孤,皇太太后**躬自**养育,免于襁褓,教道以礼,至于成人,惠泽茂焉。(《汉书·郑崇传》)

(443)今明公为治,乃**躬自**校簿书,流汗竟日,不亦劳乎!(《三国志·蜀书·王元泰传》裴松之注引《襄阳记》)

例(434)至(436)即如此用。由于为同义组合,"躬自"亦有同义的倒序词"自躬"用例,如:

(444)江侯僧安,捷利而干。貌兼轻媚,体出多端。犹广庭之卉木,小苑之峰峦。道力草雄,圆转不穷。壮**自躬**之体格,疲逸少之遗风。(唐张彦远《法书要录》卷五)

此表"自己"。

(445)苍苍积空,谁见上帝之貌？茫茫累块,安识后稷之形？民**自躬**稼,社神何力？(南朝梁释僧佑《弘明论后序》)

(446)婆罗门言:"当于城外平治净处,郊祀四山、日月星宿,当得百头畜生、种种异类及一小儿,杀以祠天,王**自躬**将母跪拜请命,然后乃差。"(南朝梁宝唱《经律异相》卷二六)

(447)月氏国有王,名栴檀罽尼咤,闻罽宾国尊者阿罗汉字祇夜多,有大名称,思欲相见,即**自躬**驾,与诸臣从,往造彼国。(元魏吉迦夜共昙曜译《杂宝藏经》卷七)

(448)善来外甥！我无兄弟,复无子息,不**自躬**耕,衣食宁济？(唐义静《根本说一切有部毗奈耶》卷二五)

(449)焞口诵百氏,腹笥九经,先王遗言,闻诸师训,君子所养,得**自躬**行。(南宋徐梦莘《三朝北盟会编》卷一八五)

"躬自"用例很多,但用表自己及亲自义的"自躬"却很少见,究其原因,我们认为主要有以下几点:首先,"躬自"早在《诗经》及《论语》中即已出现,后代使用显然会受其影响;第二,"躬自"在后代文献中使用,很多是为了构成"X自＋双音动词"的四字结构,而"自躬"并不符合这个要求;第三,"自躬"很早即有用例,但用表亲自做,如:

(450)人君苟任臣而勿**自躬**,则臣皆事事矣。(《慎子·民杂》)

后代使用时,多模仿使用,这在中土文献表现得尤其明显,也正因此,单纯用表自己及亲自的用例也就很少了。

口自

(451)高宗欲以文季为江州,遣左右单景隽宣旨,文季**口自**陈让,称年老不愿外出,因问右执法有人未,景隽还,具言之。(《南齐书·沈文季传》;[32]359)

"口自"为亲自、亲口义,但并非附加式。先看一些"口自"用例:

(452)然尚书郎皆天下之选,材伎锋出,亦欲骋其能于万乘之前,宜如故事,令郎**口自**奏事,自处当。(三国魏甄毅《奏请令尚书郎奏事处当》)

此句前用"口自奏事",后用"自处当","自"显然同义。

(453)什以高世之量,冥心真境,既尽环中,又善方言。时手执胡文,**口自**宣译。（南朝梁僧祐《出三藏记集》卷八）

(454)外国法师拘摩罗耆婆,手执梵本,**口自**传译,昙晷笔受。（《出三藏记集》卷一一）

此二例,"口"与"手"对应,描述译经时的场景:手里拿着梵本,口中亲自翻译。"口"明显侧重于指身体器官,而亲自义则主要由"自"承担。

(455)龙女心亲献,阎王**口自**呈。（北宋释道原《景德传灯录》卷三〇）

此例"口自"解作"亲口"并无问题,但从诗句的对应看,"心亲"与"口自"对文,"自"与"亲"显然同义。

有些用例,"口自"的组合更加紧密,如上举(451)《南齐书》例,但我们显然无法将它们与上举相对松散的"口自"截然分开。

"口自"组合中,"自"主要用以突出自己亲自所为,不用"自"则无此功能,我们看以下用例:

(456)延寿自以身无功德,何以能久堪先人大国,数上书让减户邑,又因弟阳都侯彭祖**口陈**至诚。（《汉书·张延寿传》）

(457)书不足以深达至诚,故遣刘钧**口陈**肝胆。（《后汉书·窦融传》）

(458)濬谋伐吴,遣攀奉表诣台,**口陈**事机,诏再引见,乃令张华与攀筹量进讨之宜。（《晋书·何攀传》）

以上三例"口陈"均表请他人代为陈述自己的事情,而非亲自陈说[1],这与例(451)中"口自陈让"明显有别。

文献中意义相同的"自口"亦有用例,中土少用,佛典中稍多,如:

(459)事祖母以孝闻,其侍疾则泣涕侧息,日夜不解带,膳饮汤药,必**自口**尝。[2]（《三国志·蜀书·杨戏传》裴松之注引《华阳国志》）

---

[1]　"口陈"亦可表自己陈说,但此类代人陈述的用例的存在,说明"口"并未限定亲自所为。

[2]　此例或为"必自"组合,但"自口"解作亲口亦全无问题。

（460）佛**自口**宣，当速受之，持讽诵读，是佛法目普令流布。（西晋竺法护译《普曜经》卷八）

（461）时毘卢遮那转轮圣王，……即发道心，**自口**称言："希有世尊！愿我当来得作于佛，十号具足……"（隋闍那崛多译《佛本行集经》卷一）

（462）自现见法，证于诸通，即得断除一切诸结，**自口**唱言："生死已尽，得梵行报，所作者办，更不复受于后世有，自证自知。"（《佛本行集经》卷三六）

（463）尔时，善思怀抱婶母，闻其童子**自口**所说如此偈已，心生恐怖，身毛悉竖，支节战掉，不能自持。（隋闍那崛多译《善思童子经》卷上）

"口自"并非同义复合，"自"在使用中保持了其与动词搭配的使用特点，再加上"自口"主要用作介宾搭配，表从口中，这可能是表亲口义的"自口"用例较少的原因。

亲自

（464）（曹褒）在射声，营舍有停棺不葬百余所，褒**亲自**履行，问其意故。（《东观汉记》卷一八；[32]359）

（465）虏怀兼弱之威，挟广地之计，彊兵大众，**亲自**凌殄，旄鼓弥年，矢石不息。（《南齐书·魏虏传》；[32]359）

"亲"有亲自义，而"自"表亲自亦其常义，何以组合成词，"自"即成为词缀？于理实在难通。不仅如此，文献中"亲自"的同义倒序词"自亲"亦有用例，如：

（466）王者**自亲**祭社稷何？社者，土地之神也。土生万物，天下之所主也，尊重之，故自祭也。（东汉班固等《白虎通义》卷二）

（467）太后旁弄儿病在外舍，莽**自亲**候之。其欲得太后意如此。（《汉书·元后列传》）

（468）时，公孙渊降而复叛，权盛怒，欲**自亲**征。（《三国志·吴书·薛综传》）

（469）兵始进而关右大叛，太祖**自亲**征，仅乃平之，死者万计。（《三国志·魏书·卫觊传》裴松之注引《魏书》）

（470）尔时阿难**自亲**从佛，闻已无量空无之谊，当得成佛，授国土决。

（西晋竺法护译《正法华经》卷五）

（471）马不肯食，王**自亲**观见其不食，报掌马人曰："岂此智马先有病耶？"（唐义静《根本说一切有部毗奈耶》卷三二）

（472）王曰："可唤将来，我**自亲**问。"（唐义净译《根本说一切有部毗奈耶》卷四四）

这些用例无疑可以佐证"亲自"实为同义复合，而非附加式。

"自亲"还可用于副词后，如：

（473）迦留后时以信出家，诸谘问者日月更甚，乃至波斯匿王**亦自亲**诣，谘问国事，喜怒之声，转倍于前。（南朝宋佛陀什共竺道生等译《五分律》卷二）

（474）尔时天帝**复自亲**试，持俱胝金，至菩萨所。（唐菩提流志译《大宝积经》卷九五）

（475）世尊**不自亲**称赞，总要诸多菩萨裁。（《敦煌变文集·妙法莲华经讲经文》；[10]461）

相对"亲自"，"自亲"用例要少得多，或因如此，有学者将置于副词后的"自"看作后缀，如上举（475）《敦煌变文集·妙法莲华经讲经文》例蒋宗许（1994）即将"不自"看作附加式合成词。联系上举"自亲"用例，我们认为实属误解：上举副词后的"自亲"与独用的"自亲"并无区别，解作"亲自"全无问题，实无重新解读的必要。

身自

（476）每五日洗沐归谒亲，入子舍，窃问侍者，取亲中裙厕牏，**身自**浣洒。（《汉书·万石君传》；[32]359）

（477）死不得取代庸，**身自**逝。（《汉书·广陵厉王刘胥传》；[32]360）

（478）康性绝巧，能锻铁。家有盛柳树，乃激水以圈之，夏天甚清凉，恒居其下傲戏，乃**身自**锻。（《世说新语·简傲》第3条刘孝标注引《文士传》；[32]360）

（479）宝玄遣信谓佛护曰："**身自**还朝，君何意苦相断过？"（《南齐书·崔慧景传》；[32]360）

（480）每营买祭奠，**身自**看视，号泣不自持。（《南齐书·杜栖传》；［32］360）

（481）象与旧奴一人，微服潜行求尸，四十余日乃得，密瘗石头后岗，**身自**负土。（《南齐书·袁象传》；［32］360）

（482）莫看他破戒，**身自**牢住持。（《王梵志诗·寺内数个尼》；［32］360）

王云路先生以"亲自、本人"释"身自"，并将其定性为附加式。为了说明问题，她特举二例加以比较分析（2010：360）：

《王梵志诗》第57首："闻强造功德，喫著**自身**荣。"《王梵志诗》第280首："有钱不造福，甚是老愚痴。**自身**不吃著，保爱授妻儿。""自身"即自己，与"身自"表示的"亲自"义不同。由此可知，"自身"为并列式复音词，"身自"为附加式复音词。

按："亲自"与"本人"义有微别，"本人"实即"自己"，上举（477）《汉书·广陵厉王刘胥传》例、（479）《南齐书·崔慧景传》例及（482）《王梵志诗》例中之"身自"即当如此解，他例尚有：

（483）夫志、行、命，三者相须，所作好恶，**身自**当之。父作不善，子不代受，子作不善，父亦不受。善**自**获福，恶**自**受殃。（失译《般泥洹经》卷上）

此例"身自当之"与下文"自获福""自受殃"相应，"身自"与"自"同义，均指自己。

（484）遭岁饥，乏粮三日，乃匍匐而食井上李实之虫者，三咽而食视。**身自**织屦，妻擘纑以易衣食。（《太平御览》卷五〇七引皇甫士安《高士传》）

此例"身自"与"妻"相对，解作"自己"显然更加准确。

（485）公孙弘为丞相，起客馆，开阁延贤人，与参谋议。**身自**食脱粟饭一器，尽以俸禄与故人宾客。（《太平御览》卷四七五引《汉杂事》）

此例"身自"与"故人宾客"相对，"身自"只能解作自己。

（486）兄是长嫡，又能干家事。亡母未葬，小妹未嫁，自惟幼劣，生无所益，**身自**请死。（《旧唐书·陆南金传》）

此例"身自"与"兄"相对，亦当解作自己。

"自身"表自己很常见，王先生所举《王梵志诗》第 57 首、第 280 首用以证明与"身自"不同的二例"自身"即其例，其他尚有：

（487）贵为天子，富有四海，而德不谦，以亡其**自身**者，桀纣是也。（《韩诗外传》卷八）

（488）**自身**作罪自知非，莫怨他家妻及儿。（《敦煌变文集·太子成道经》）

（489）凡为长官，能清**自身**者甚易，清得僚吏者甚难。（《旧唐书·姚璹传》）

表自己义的"身自"与"自身"的用例，无疑可以证实"身自"实为同义复合。"自身"亦可表"亲自"，如：

（490）宪以单于不**自身**到，奏还其侍弟。（《后汉书·窦宪传》）

（491）以斯忠政十善明法，**自身**执行。重敕后妃，下逮贱妾，皆令尊奉，相率为善。（三国吴康僧会译《六度集经》卷三）

（492）王遣人澡浴梵志，具设肴馔，**自身**供养，叩头悔过曰："吾为人君，民饥者吾自饥，寒者即衣单，岂况怀道施德之士乎？"（《六度集经》卷五）

（493）言天子能躬行礼，则臣下必用礼，如此则礼行矣。"合父子"以下，悉自天子**自身**行之也。（《史记·乐书》"合父子之亲，明长幼之序，以敬四海之内。天子如此，则礼行矣"，张守节正义）

此亦进一步证明"身自"当非同义组合，而非附加式。

"亲自"与"自己"义紧密相关，有时很难将二者截然分开，上举有些用例用自己、亲自为释均可，正体现了二者的密切关系。

手自

（494）濬出，见雉翳故在，乃**手自**撤坏之。（《三国志·吴书·潘濬传》

裴松之注引《江表传》;[32]360)

（495）杜延载、沈勃、杜幼文、孙超，皆躬运矛铤，**手自**脔割。（《宋书·后废帝纪》;[32]360)

（496）太祖为领军，素好此学，送《春秋五经》，康之**手自**点定，并得论《礼记》十余条。（《南齐书·高逸传·臧荣绪》;[32]360)

（497）王第一所重夫人即便有娠，第二夫人亦皆有娠。王甚欢喜，**手自**供养，床卧饮食皆令细软。（失译《大方便佛报恩经》卷四;[14]181;[32]360)

"手"有亲自义（常表与"手"相关的动作，"手"实际上还有意义留存），"自"表亲自乃其常义，二者组合，理当为同义复合。文献中大量同义的倒序组合"自手"可佐证之，如：

（498）臣不胜愤懑，伏**自手**书，乞诣行在所，极陈至诚。（《后汉书·东平宪王苍传》）

（499）肃宗尝赐诸尚书剑，唯此三人特以宝剑，**自手**署其名曰："韩棱楚龙渊，郅寿蜀汉文，陈宠济南椎成。"（《后汉书·韩棱传》）

（500）弟子以坏盛麻油膏，净自洗浴，白氎缠头，**自手**然之。（三国吴康僧会译《六度集经》卷三）

（501）初超之入蜀，其庶妻董及子秋，留依张鲁。鲁败，曹公得之，以董赐阎圃，以秋付鲁，鲁**自手**杀之。（《三国志·蜀书·马超传》裴松之注引《典略》）

（502）时，毘纽迦旃延氏婆罗门尼遥见尊者优陀夷来，疾敷床座，请令就坐，设种种饮食，**自手**供养，丰美满足。（南朝宋求那跋陀罗译《杂阿含经》卷九）

（503）裁有闲暇，**自手**写书，寻览篇章，校定坟籍。（《宋书·刘穆之传》）

（504）官之大小，并帝**自手**注，量才叙效，咸得厥宜。（唐温大雅《大唐创业起居注》卷二）

（505）光后废昌邑王贺，立宣帝，光**自手**解取贺玺，扶令下殿。（元马端临《文献通考》卷一一五）

"自手"亦可用于副词之后,意义不变,如:

(506)文武官入贺,帝曰:"且莫相贺,当为诸官召而使之。"即**立自手**疏与突厥书,曰:"何所闻而来,何所见而去……"(《大唐创业起居注》卷一)

(507)**非自手**作及庄园禄赐所得,虽亲族礼遗,悉不许入门。(《北史·郑善果母传》)

二、"自"之各自义及相关误判例

(一)"自"有各自义

"自"有各自义,乃自己义之引申,当主语有多个个体时,与之搭配的"自"常用表此义,文献中用例颇多,如:

各守其位。(《庄子·渔父》"天子、诸侯、大夫、庶人,此四者自正,治之美也"王先谦集解"此四者**自正**")

人人**各自**以当天子之意。(《汉书·元帝纪》"于是言事者众,或进擢召见,人人**自**以得上意",颜师古注)

第一例以"各"注"自",第二例以"各自"注"自","自"表各自义甚明。

楚人**自**战其地,咸顾其家,**各**有散心,莫有斗志。(《战国策·中山策》)

三者皆亡,则民如麋鹿,**各**从其欲,家**自**为俗,父不能使子,君不能使臣,虽有城郭,名曰虚邑。(西汉董仲舒《春秋繁露》卷六)

同纪一朝之迹,而史臣不领专官,则人**自**为编,家**各**为说。(清章学诚《文史通义》卷七)

此三例"各""自"义同。

"各自"可同义组合,文献中用例极多,此举其二:

为闺门,闺门两扇,令可以**各自**闭也。(《墨子·备城门》)

孟尝君客无所择,皆善遇之。人人**各自**以为孟尝君亲己。(《史记·孟尝君列传》)

亦有同义倒序形式"自各",

其脩、浩、聘三人**自各**有《传》,成公英别见《张既传》,单固见《王凌传》),余习、宪二人列于《脩传》后也。(《三国志·魏书·王脩传》"初,脩识高柔于弱冠,异王基于幼童,终皆远至,世称其知人",裴松之注)

人有争讼者,辄丁宁晓以义理,不加绳劾,**自各**引咎而去。(《太平御览》卷二六八引《隋书》)

《太平御览》例今本《隋书》、《北史》作"各自",而《册府元龟》卷七〇三引同《御览》。

(二)诸家所举此类用例辨析

各自

(1)今寡人为君也,百姓**各自**以其心为心,是以痛之也。(西汉刘向《说苑》卷一;[32]353)

(2)物物**各自**异,种种在其中。(《孔雀东南飞》;[24]45)

(3)公常携兄子迈及外生周翼二小儿往食。乡人曰:"**各自**饥困,以君之贤,欲共济君耳,恐不能兼有所存。"(《世说新语·德行》第24条;[32]354)

(4)战已了首,须臾黄昏,**各自**至营。(《敦煌变文集·李陵变文》;[32]354)

上文已论"自"有各义,"各自"亦有同义倒序词"自各",故"各自"理当看作同义复合。

皆自

(5)今沘水、沱水,天下亦多,先儒**皆自**有解。(《梦溪笔谈》卷三;[9]58;[14]186)

有学者认为句中"皆自"为附加式,当误。"自有解"即各自有解,可比较以下诸例:

(6)即文九年"秋,八月,曹伯襄卒",冬,"葬曹共公";昭十八年"春,王三月,曹伯须卒","秋,葬曹平公"之属是也。其有卒葬在日月下者,不蒙日月矣。**其文各自有解**。"(《春秋公羊传注疏·庄公》卷八)

(7)谓《春秋》上下,大夫见执,例不举地,即下六年"秋,晋人执宋行人乐祈黎";七年秋,"齐人执卫行人北宫结"之属是也。若然,成十六年"九月,晋人执季孙行父,舍之于招丘",彼传**自有解**。(《春秋公羊传注疏·定公》卷二五)

(8)其亲迎时者,即庄二十四年"夏,公如齐逆女";庄二十七年冬,"莒庆来逆叔姬"之属是也。有不如此者,别见义,即文四年"夏,逆妇姜",成十四年"秋,叔孙侨如"之属是也。当文**自有解**,不能逆说也。(《春秋公羊传注疏·隐公》卷二)

(9)其书之也,卒月葬时,文九年"秋,八月,曹伯襄卒";冬,"葬曹共公"者是也。今卒日葬月者,正以敬老重恩故也。云云之说,当文**皆自有解**。(《春秋公羊传注疏·桓公》卷五)

此四例或"自有解"独用,或作"各自有解",或作"皆自有解","自有解"义并无不同,"自"均当解为"各自",而上举例(5)《梦溪笔谈》例与此数例用法并无不同。

(10)一国之人,**皆自**相亲,有如戚属,各各明惠。(《太平广记》卷三八三;[6]7)

有学者以"皆自"为附加式,当误。此例"自相亲"当属同一搭配,义为相互亲近,文献中用例很多,如:

(11)蝇蚊渐无况,日晚**自相亲**。(唐罗隐《秋霁后》)

(12)寂寂荒坟一水滨,芦洲绝岛**自相亲**。(唐罗隐《漂母冢》)

(13)深僻孤高无四邻,白云明月**自相亲**。(唐方干《宁国寺(新城县)》)

此三例"自相亲"与《广记》例义同。

(14)言美女众多,其貌齐同,姿态好善,**自相亲比**,承顺上意,久则相代也。(《楚辞·招魂》"容态好比,顺弥代些",王逸注)

此例"自相亲比"亦与"自相亲"义同。

"自相"乃古籍常用词,互相义,然"自"在其中所表何义呢? 观"自相"所出现语境,可以发现其主语一般指多个个体,或一个个体的多个方面,而这正是"自"表各义的主要特征,故我们以为"自"乃各自义①。可比较"自相"与"各相"用例:

(15)寻其视事日浅,未足昭见其职,既加严切,人不自保,**各相**顾望,无自安之心。(《后汉书·朱浮传》)

(16)时弘农太守尹安、振威将军宋始等四军并屯洛阳,**各相**疑阻,莫有固志。(《晋书·李矩传》)

(17)那十二人领了文字,结义为兄弟,誓有灾厄,**各相**救援。(《大宋宣和遗事·前集》)

此三例"各相"均指主语所指对象各自互相。

(18)备军在广陵,饥饿困败,吏士大小**自相**啖食,穷饿侵逼,欲还小沛,遂使吏请降布。(《三国志·蜀书·刘备传》"先主还小沛",裴松之注引《英雄记》)

(19)又从尔朱度律北拒义旗,合尔朱兆于阳平。兆与度律**自相**疑阻,退还。(《魏书·贾显智传》)

(20)父子兄弟**自相**救援,各顾其家,心一力齐,势不可离。(《金史·必兰阿鲁带传》)

此三例"自相"亦指主语所指对象各自互相。

(21)又北平侯张仓献《春秋左氏传》。郡国亦往往于山川得鼎彝,其

---

① 有学者指"自"乃"相"义,如徐仁甫(1981:357)、萧旭(2007:309)。其义源当为"自"之"各"义。

铭即前代之古文,**皆自**相似。虽叵复见远流,其详可得略说也。(东汉许慎《说文解字·叙》;[3]16)

此例有学者将"皆自"看作附加式,我们以为"自相似"即"各相似","自相"即"互相""各相",详见上文。

三、"自"之别、另义及相关误判例

(一)"自"有别、另义

"自"有别、另义,杨树达《词诠》卷六(1978:269)已发:"自,副词,今言'另自'、'别自'。"此义当来自"自"之自己义,强调自己,有别于其他,引申即为"别""另"①,如:

上曰:"吾**自**为掖廷令,非为将军也。"安世乃止,不敢复言。(《汉书·张汤传附张安世》)

刘备访世事于司马德操。德操曰:"儒生俗士岂识时务?识时务者在乎俊杰。此间**自**有伏龙、凤雏。"(《三国志·蜀书·诸葛亮传》裴松之注引《襄阳记》)

使君自有妇,罗敷**自**有夫。(《乐府诗集·相和歌辞·陌上桑》)②

常谓《左氏》辞义赡富,**自**是一家书,不主为经发。(《晋书·王接传》)

张说非也。越裳**自**是国名,非以袭衣裳始为称号。(《汉书·贾捐之传》"越裳氏重九译而献",颜师古注)

宜春,宫也,在长安城东南。说者乃以为在鄠,非也。在鄠者,**自**是宜春观耳,在长安城西,岂得言东游也?(《汉书·东方朔传》"南猎长杨,东游宜春",颜师古注)

---

① 有些用例似乎可用"自己"解释,正体现出其来源于"自己"义。现代汉语中有"另类"一词,即指与其他大众都不一样的举止,由此可以感知"自"与"另"的意义联系。

② 此三例中前二例为《词诠》所引例证,第三例为《大字典》所引例证。

以上用例中的"自"乃"别""另"义,"自"的这一义项在宋代文献中很常用,如:

> 马脑非石非玉,**自**是一类,有红白黑色三种,亦有纹如缠丝者。(北宋唐慎微《证和本草》卷四)

> 古跪**自**是一礼,与拜与伏,皆不相干。(南宋叶釐《爱日斋丛抄》卷一)

《梦溪笔谈》中尤多,如:

> 麋色在朱黄之间,似乎赭,极光莹,掬之粲泽,熠熠如赤珠。此**自**是一色,似赭非赭。(卷三)

> 近岁蔡君谟又以散笔作草书,谓之散草,或曰飞草。其法皆生于飞白,亦**自**成一家。(卷一八)

> 煌煌,所谓黄目也。视其文,仿佛有牙角口吻之象。或说黄目乃**自**是一物。(卷十九)

后二例"自"分别置于副词"亦""乃"之后,意义不变。《梦溪补笔谈》亦有用例:

> 栾荆特出唐人新附,**自**是一物,非古人所谓栾荆也。(卷下)

"自""别"同义,故可同义复合,"自别""别自"均有用例,如:

> 名曰禁钱,以给私养,**自别**为藏。(《汉书·百官公卿表上》颜师古注引应劭曰)

> 《汉书》旧无注解,唯服虔、应劭等各为音义,**自别**施行。(唐颜师古《汉书》叙例)

> 此杜延年**自别**一人,非下谏大夫也。(《汉书·昭帝纪》,唐颜师古注)

> 夫之昆弟无服,**自别**有义耳。非如徐邈之言出自恩纪者。(唐杜佑《通典》卷九二)

> 有翰林学士王著者,**自别**一人,非此人也。(南宋叶梦得《石林燕语》卷二)

此为"自别"例。

父钦,习《左氏春秋》,事黎阳贾护,与刘歆同时而**别自**名家。(《后汉书·陈元传》)

其富者则先入钱,贫者到官而后倍输,或因常侍、阿保**别自**通达。(《后汉书·崔烈传》)

毕,遣之曰:"适吾有密事,且出就馆。事了,**别自**相请。"(《三国志·吴书·周瑜传》裴松之注引《江表传》曰)

其敕从官及典围将校,自今已后,不听滥杀。其畋获皮肉,**别自**颁赏。(《魏书·高宗纪》)

公主曰:"君宜速去,我一妇人,临时易可藏隐,当**别自**为计矣。"(《旧唐书·柴绍传附平阳公主》)

此为"别自"例。

(二)诸家所举用例辨析

别自

(1)欲知闻道里,**别自**有仙歌。(隋刘斌《咏山》;[32]352)

(2)唯此一样光透,其他鉴虽至薄者皆莫能透。意古人**别自**有术。(《梦溪笔谈》卷一九;[9]59;[14]187)

如上文所述,"别自"显当定性为同义复合。

更自

(3)离形**更自**为鬼,立于人旁,虽[闻]人之言,已与形绝,安能复入身中,瞑目阖口乎?(《论衡·死伪》;[32]354)

有学者举此例,以"更自"为附加式,并释为"又,反而"。我们以为"更自"乃"别自、又别"义,"更""自"近义复合,相同用法的"更自"很常见,此再衍数例:

(4)然则所谓十日者,殆**更自**有他物,光质如日之状,居汤谷中水(水中),时缘据扶桑,禹、益见之,则纪十日。(《论衡·谈天》)

(5)及太和中,左延年改蘡《驺虞》、《伐檀》、《文王》三曲,**更自**作声节,

其名虽存,而声实异。(《晋书·乐志上》)

(6)兆与天光、度律**更自**信约,然后大会韩陵山。(《北史·尔朱荣传》)

(7)太祖曰:"枢密院舍宇不少,公**更自**兴造何也?"(《旧五代史·王峻传》)

(8)某中年多病,文思衰落,所记非工,殊不堪应命。文辞已如此,不欲**更自**缪书,亮不为罪。(北宋欧阳修《与李留后》)

(9)幸得有云一谷,**更自**有书万卷,著甚么来由。(宋无名氏《水调歌头》)

(10)戚氏者,卫之大夫孙文子,食于河上之邑曰戚,为姬姓之后,至后世失其所食邑,而**更自别**曰戚氏。(北宋曾巩《虞部郎中戚公墓志铭》)

例(10)"更自别"与"更自"义同。

"更自"亦有同义的倒序用法,如:

(11)且若自以金匮符命为新皇帝,变更正朔服制,亦当**自更**作玺,传之万世,何用此亡国不祥玺为,而欲求之?(《汉书·元后列传》)

(12)言当阳君、蒲将军皆属项羽,此**自更**有蒲将军。(《史记·项羽本纪》"项梁渡淮,黥布、蒲将军亦以兵属焉",裴骃集解引如淳曰)

此例"自更"与上举"自别"用法相同。

(13)闻丞相为写《申》、《韩》、《管子》、《六韬》一通已毕,未送,道亡,可**自更**求闻达。(《三国志·蜀书·先主传》裴松之注引《诸葛亮集》)

(14)必进军,今权当敛戍相避,须冬行地净,河冰合,**自更**取之。(《宋书·索虏列传》)

由于"自"处于"更"前,我们可能更习惯将其理解为自己,然将其与"更自"用法相比,可以发现二者并无根本不同。

仍自

(15)燕子单贫,造得一宅,乃被雀儿强夺,**仍自**更着恐吓。(《敦煌变文集·燕子赋》);[3]16;[9]58;[14]186)

有学者将"仍自"看作附加式。我们以为"仍自更"或为三字复合,"又别"

义:"仍"有又、且义,如北宋梅尧臣《周仲章通判润州》:"已免卑湿忧,**仍**离鸦鹏恶。"南宋李纲《乞修边备添置参谋编修官札子》:"欲望圣慈许臣辟置参谋官四员于职事官中,不拘官资,高下兼充;**仍**添置编修官二员,共措画条具,以时推行。"南宋杨万里《和谢张功父》:"老夫最爱嚼香雪,不但解醒**仍**涤热。""自更"组合亦有此种用法,参上"更自"条。

已自

(16)长子承**已自**封侯,少子休袭爵。(《三国志·吴书·张昭传》;[15]74)

(17)恪**已自**封侯,故弟融袭爵,摄兵业驻公安。(《三国志·吴书·诸葛瑾传》;[15]74;[12]30)

(18)常作二铁板,一板印刷,一板**已自**布字。(《梦溪笔谈》卷一八;[3]17;[9]58;[14]187)

有学者举此三例,将"已自"看作附加式,可商。三例中每一例都存在相对立、相区别的对应面,"自"当解作"别":第(16)例"长子"与"少子"相对;第(17)例"恪"与其弟相对;第(18)例"一板"与另"一板"相对。文献中有"已别"用例,可以比勘:

(19)玄入问计,安夷然无惧色,答曰:"**已别**有旨。"(《晋书·谢安传》)

(20)义旗云集,罪在元显,太傅**已别**有教,其解严息甲,以副义心。(《晋书·桓玄传》)

又自

(21)质是质实;直**又自**是一字。质,就性资上说;直,渐就事上说。(《朱子语类》卷四二;[5]66)

(22)博之与约,初学且只须作两途理会。一面博学,**又自**一面持敬守约,莫令两下相靠。(《朱子语类》卷三三;[5]66;[6]7)

(23)东坡说话固多不是,就他一套中间**又自**有精处。(《朱子语类》卷一二〇;[5]66)

刘瑞明(1997:66)在反驳姚振武(1993)时举有以上三例,认为"自"为词缀,他在分析第(21)例时说:"言又是一个意思。若言自然意,当说'自又是一字'。"分析第(22)例时说:"言一面和又一面,'自'难以讲成什么实义。"

按:上举"自"并非自然义,而是别、另义,其使用语境中常存在相对立、相区别的对立面,第(21)例,"直"与"质"相区别;第(22)例,"约"与"博"相对立;第(23)例,"他一套"与东坡所说其他话相区别。文献中有"又别"用例,可以比勘:

(24)宠果盛兵临河以拒隆,**又别**发轻骑三千袭其后,大破隆军。(《后汉书·彭宠传》)

(25)累月后,其狐复来,声音少异。家人笑曰:"此**又别**是一野狐矣。"(唐戴孚《广异记·李氏》)

四、"自"之空、徒义及相关误判例

(一)"自"有空、徒义

萧旭(2007:311)指"自"有徒、空、虚义,以下结合萧文加以阐发:

名不**徒**生,而誉不**自**长。(《墨子·修身》)

剑不**徒**断,车不**自**行,或使之也。(《吕氏春秋·用民》)

名不**徒**立,功不**自**成,国不**虚**存,必有贤者。(《吕氏春秋·谨听》)①

前二例"徒""自"对文,第三例"徒""自""虚"对文,三者义近,十分明显。"徒"有空义,《左传·襄公二十五年》"齐师徒归",杜预注:"徒,空也。"仔细体会,可以发现其表空义,并非指完全无所依凭,而是强调不借助于外物,不受外物干扰,与外物无关,这一点从现代仍在使用的"徒手"可以感知,唐柳宗元《设渔者对智伯》:"向之从鱼之大者,幸而啄食之。臣亦徒手得焉。""徒手"指空手,即只用手,而不凭借他物。"自"与"徒"相应,亦得义于此:"自"强调自己,同样是不凭借外物,不受外物干扰,与外物无关。后代文献二者对应使用者用

---

① 此三例引自萧旭(2007:311)。

例极多,如:

> 玄鹤**徒**翔舞,清角**自**浮沉。(南朝梁江淹《清思诗》)
>
> 去云目**徒**送,离琴手**自**挥。(隋江总《遇长安使寄裴尚书》)
>
> 别馆琴**徒**语,前洲鹤**自**群。(唐皎然《夏日题郑谷江上纳凉馆》)
>
> 壮心**徒**戚戚,逸足**自**駸駸。(唐韦庄《同旧韵》)

以上这些用例如果单看"自"所在句,可能会用其常义为释,但两句相对,可以发现情况并非如此:第一例,指玄鹤翔舞、清角浮沉对自己没什么影响,故"徒""自"均表空义;第二例,因裴尚书并不在此,故"离琴"只是空弹,"自"与"徒"亦均表空义;三、四例与一、二例相似。

"空"与"自"的对应同样大量存在,如:

> 转喉**空**婀娜,垂手**自**娉婷。(唐杜牧《分司东都寓居履道叨承川尹刘侍郎大夫恩知上四十韵》)
>
> 山河**空**远道,乡国**自**鸣砧。(唐周朴《秋深》)
>
> 映阶碧草**自**春色,隔叶黄鹂**空**好音。(唐杜甫《蜀相》)
>
> 庭闲花**自**落,门闭水**空**流。(唐丁仙芝《长宁公主旧山池》)

下面两组用例更能揭示二者义同:

> 桂殿花**空**落,桐园月**自**开。(唐张说《节义太子杨妃挽歌》)
>
> 过春花**自**落,竟晓月**空**明。(唐许浑《旅夜怀远客》)
>
> 芳树无人花**自**落,春山一路鸟**空**啼。(唐李华《春行寄兴》)
>
> 孤城尽日**空**花落,三户无人**自**鸟啼。(唐刘长卿《使次安陆寄友人》)

"虚"与"自"同样存在诸多对应用例,如:

> **虚**思黄金贵,**自**笑青云期。(唐杜甫《奉送魏六丈佑少府之交广》)
>
> 匣琴**虚**夜夜,手板**自**朝朝。(唐杜甫《西阁三度期大昌严明府同宿不到》)
>
> 天远眼**虚**穿,夜阑头**自**白。(唐吴融《题画柏》)

"独"亦可表无所依凭,故"空""徒"与"独"亦可对应使用,如:

不妆**空**散粉，无树**独**飘花。（唐李世民《望雪》）

独惭贤作砺，**空**喜福成田。（唐李峤《奉和幸大荐福寺应制》）

将军**空**有颂，刺史**独**留碑。（唐崔融《哭蒋詹事俨》）

慈母断肠妻**独**泣，寒云惨色水**空**流。（唐李嘉祐《伤歙州陈二使君》）

圣朝**徒**侧席，济上**独**遗贤。（唐岑参《送孟孺卿落第归济阳》）

故乡**徒**有路，春雁**独**归边。（唐李穆《三月三日寒食从刘八丈使君登迁仁楼眺望》）

伯牙响琴**徒**秘典，卞和泣玉**独**沾巾。（唐孙思邈《大唐大慈恩寺大师画赞》）

徒怀伐木唱，**独**敛向隅颦。（唐赵志集《秋日在县望雨仰赠郑司马》）①

"自"与"独"亦有对应用例，如：

江水**自**潺湲，行人**独**惆怅。（唐刘长卿《奉使新安，自桐庐县经严陵钓台，宿七里滩下，寄使院诸公》）

鸟倦**自**归飞，云闲**独**容依。（唐刘长卿《送薛据宰涉县》）

登临**独**无语，风柳**自**摇春。（唐郑谷《望湘亭》）

流灵**自**芜漫，芳草**独**葳蕤。（唐崔湜《责躬诗》）

（二）诸家所举此类用例辨析

诸家所举词缀例中，属此类者较多，多为表空义的语素与"自"组合，如：

空自

（1）芳袖幸时拂，龙门**空自**生。（南朝齐王融《咏琵琶》；[31]184）

（2）华树曜北林，芬芳**空自**宣。（南朝梁江淹《效阮公诗》；[31]184）

（3）知君不留眄，衔花**空自**飞。（南朝梁简文帝萧纲《咏蜂》；[32]355）

（4）含笑不终夜，香风**空自**停。（南朝陈陈叔宝《同管记陆琛七夕五

---

① 了解此点，南朝梁何逊《春暮喜晴酬袁户曹苦雨诗》"乡园不可见，江水**独**自清"一句，本集"独"作"徒"也就很容易理解了："独"与"徒"义相近，故可替换。

韵》;[32]355)

(5)朝朝唯落花,夜夜空明月。明月徒流光,落花**空自**芳。(隋杨素《赠薛内史》;[32]355)

(6)阁中帝子今何在,槛外长江**空自**流。(唐王勃《滕王阁》诗;[30]340)

(7)长檠八尺**空自**长,短檠二尺便且光。(唐韩愈《短灯檠歌》;[20]126)

(8)我见他自跌自推**空自**哽咽,无言低首感叹伤嗟。(元宫天挺《范张鸡黍》第二折;[3]18)①

(9)只笑那下路客人,**空自**一表人才,不识货物。(明冯梦龙《喻世明言·蒋兴哥重会珍珠衫》;[3]18)

(10)澹台灭明和那十八名随从……**空自**心焦。(梁羽生《萍踪侠影》601页;[11]31)

有学者举以上用例,将"空自"定性为附加式。

徒自

(11)春华谁不美? 卒伤秋落时;哽咽追自泣,鄙退岂所期? 桂芬**徒自**蠹,失爱在蛾眉。(《太平广记》卷二七二;[3]18;[9]58)

(12)远瞩既濡翰,**徒自**劳心目。(南朝梁简文帝萧纲《登城》;[32]357)

(13)秋风**徒自**急,无复白云歌。(南朝陈释洪偃《游故苑》;[32]357)

(14)三教同一体,**徒自**浪褒扬。一种沾贤圣,无弱亦无强。(《王梵志诗·道士头侧方》;[32]357)②

(15)君在天一方,寒衣**徒自**香。(唐王勃《秋夜长》;[30]340)

(16)云月**徒自**好,水中行路难。(唐陆龟蒙《相和歌辞·江南曲》;

---

① 此例中"空自"之"自"或当与前"自跌""自推"之"自"义同,可比较以下二例:元佚名《庞渭夜走马陵道》第二折:"我见他自推自跌自偃蹇,迷留没乱把双眉皱。"元佚名《黑旋风双献功》第二折:"我见他自推自撅自哽咽……也不知道你烦恼因甚些。"

② 此例"徒""自""浪"均表空义。

[22]77)

(17)无因轻羽扇,**徒自**仰仁风。(唐褚亮《和御史韦大夫喜霁之作》;
[22]77)

(18)白首纷如成底事,蠹鱼**徒自**老青编。(北宋杨时《和陈莹中自
警》;[14]181)

(19)勤苦啮枯骨,无味不充饱,**徒自**困牙齿,智者所不尝。(北凉昙无
谶译《佛所行赞》卷三;[36]158)

有学者举以上各例,将"徒自"看作附加式。

前文已论及"自"与"徒""空"义近,故我们不得不面对这样一个问题:"空
自""徒自"是同义复合还是附加式合成词。以下通过"徒""空""自""徒自""空
自"与"芳""香"的搭配用例加以比较分析:

(20)君结绶兮千里,惜瑶草之**徒芳**。(南朝梁江淹《别赋》)

(21)哀怨一罢曲,幽桂**徒芳**菲。(唐房元阳《送薛大入洛》)

(22)寄书不待面,兰苣**空芳**菲。(唐李颀《东京寄万楚》)

(23)兰佩**空芳**,娥眉谁妒,无言搔首。(南宋辛弃疾《水龙吟·再寿韩
南涧》)

(24)怜此皓然质,无人**自芳**馨。(唐白居易《白牡丹》)

(25)为问东山桂,无人何**自芳**。(唐宋之问《送姚侍御出使江东》)

(26)科斗书**空古**,栴檀钵**自香**。(唐秦系《秋日过僧惟则故院》)

(27)风迷戏蝶闲无绪,露裛幽花冷**自香**。(北宋晏殊《春阴》)

(28)山中殊未怿,杜若**空自芳**。(南朝齐王融《萧咨议西上夜集》)

(29)独有幽庭桂,年年**空自芳**。(唐崔翘《送友人使夷陵》)

(30)锦衾无**独**暖,罗衣**空自香**。(南朝梁沈约《古意》)

(31)荡子无消息,朱唇**徒自香**。(《玉台新咏·倡妇怨情十二韵》)

(32)青楼明镜昼无光,红帐罗衣**徒自香**。(唐崔液《代春闺》)

以上诸例,独用的"自芳""自香"与"空芳""徒芳"义同,"空自芳""空自香"
"徒自香"亦同义,很难想象"自"置于"空""徒"之后即成为词缀。

再看"空""徒""自""空自""徒自"与"流"的搭配:

(33)汉武玉堂人岂在,石家金谷水**空流**。(唐薛逢《悼古》)

(34)君去春山谁共游,鸟啼花落水**空流**。(唐刘商《送王永》)

(35)松上挂瓢枝几变,石间洗耳水**空流**。(唐钱起《谒许由庙》)

(36)故国遗墟在,登临想旧游。一朝人事变,千载水**空流**。(唐戎昱《云梦故城秋望》)

相似的"徒流"无用例,当与其为当时法律术语表徒流之刑有关。

(37)昔日人何处,终年水**自流**。(唐杜牧《经阖闾城》)

(38)霸国今何在,清泉长**自流**。(唐戴叔伦《京口怀古》)

(39)踏翻船子人何在,万古朱泾水**自流**。(唐德诚《船子和尚拨棹歌·诸祖赞颂·何山粹禅师》)

(40)岁岁寒塘侧,无人水**自流**。(唐权德舆《周平西墓》)

(41)渭水**自流**汀岛色,汉陵**空**长石苔纹。(唐刘沧《秋日登醴泉县楼》)

(42)采石花**空**发,乌江水**自流**。(唐韦庄《过当涂县》)

(43)云帆望远不相见,日暮长江**空自流**。(唐李白《送别》)

(44)惆怅离心远,沧江**空自流**。(唐刘长卿《送李补阙之上都》)

(45)古来全晋非无策,乱后清汾**空自流**。(金元好问《太原》)

(46)淇水**徒自流**,浮云不堪托。(唐高适《淇上酬薛三据,兼寄郭少府微》)

以上诸"空流""自流""空自流""徒自流"义均同,特别是例(33)"空流"例,例(37)(38)(39)"自流"例,与王锳所举例(6)《滕王阁》诗中之"空自流"用法完全相同,将"空自"看作词缀实难让人信服。

"徒自""空自"在用表"空""徒"义之前,就已经有很多组合,"自"常与其后的动词组合,表自己,此举"徒自"用例加以说明:

(47)且擅兵而别,多佗利害,未可知也,**徒自损**耳。(《史记·吴王濞传》)

(48)若排攄障风,探沙灌河,无所能御,**徒自尽**尔。(东汉王符《潜夫论》卷五)

(49)汉兴以来,相与同为编户齐民,而以财力相君长者,世无数焉。而清洁之士**徒自苦**于茨棘之间,无所益损于风俗也。(《后汉书·仲长统传》)

(50)帝今久疾,多异议,万一伺衅,稽部且乘机而作,是亦无成,**徒自驱除**耳。(《梁书·张弘策传》)

(51)天下愁恨怨苦,因大扰乱,竟不能挫伤一胡虏,**徒自穷极竭尽**而已。(唐魏征《群书治要》卷四四)

以上用例,"徒"表"只",解作"徒然"亦无问题。至于"自",则均与其后的动词搭配表自己。

由于"自"意义及用法的特殊性,加上"自"引申与"徒""空"义近,"徒自""空自"很容易被重新解读,这促进了它们成词,但由于其成词受词组形式的"徒自""空自"影响,故倒序形式少用①。即便如此,我们还是找到了一些"自徒"用例:

(52)时有学人问:"心珠不晓,己事未明,请师一照。"师云:"乾坤不掩,尔**自徒**迷。"(南宋赜藏编《古尊宿语录》卷三七)

(53)今"既"下"正明",既知无境,心自不生,岂得放心外缘后更除遣,岂非**自徒**劳耶?(北宋子璇录《起信论疏笔削记》卷一九)

(54)清明寒食须行乐。算人生、何时富贵,**自徒**萧索。(南宋韩淲《贺新郎》)

(55)七夕星河渡鹊桥,穿针姹女**自徒**劳。(清集云堂编《宗鉴法林》卷五四)

可比较以下"徒自劳"例:

(56)往事那堪问,此心**徒自劳**。(唐刘长卿《南楚怀古》)

(57)衰疾未能起,相思**徒自劳**。(唐李山甫《病中答刘书记见赠》)

第(52)至(55)例中的"自徒"解作"徒自"并无问题,但由于"自"所处位置,

---

① "自"表"空"义在诗歌中较多见,而表空义的"空自""徒自"直到唐宋都基本限于诗词等韵文中使用,散文中"空自""徒自"用例"自"多表自己。

我们似乎更习惯将有些"自"另作他解,这可能也是一般不用倒序的原因。另"空自"的倒序形式"自空"乃古籍常用组合,表"从空中",这自然会制约表空徒义的同义倒序形式的使用。

诸家所举此类词缀例还有:

唐自

(58)夫欲求道,当行清净行,汝贵俗垢,入我道中,**唐自**去就,何所长益?(西晋法炬共法立译《法句譬喻经》卷三;[36]158)

(59)我今饱足由此半饼,然前六饼**唐自**捐弃,设知半饼能充足者,应先食之。(南朝齐求那毗地译《百喻经》卷三;[3]18)

虚自

(60)狗咬枯骨头,**虚自**舐唇齿。(《寒山诗》169首;[3]18)

枉自

(61)多是自己莽撞了,**枉自**破了财物也罢。(明抱瓮老人《今古奇观》卷三九;[3]18)

(62)若我断不出此事,**枉自**聪明一世。(《今古奇观》卷三;[3]18;[14]182)

浪自

(63)汉家宗庙英灵在,定是寒儒**浪自**愁。① (北宋黄庭坚《次韵德孺惠贶秋字之句》;[3]18)

(64)江山有约未应疏,**浪自**忙中白却须。(南宋杨万里《送傅山人二绝句》;[3]18)②

漫自

(65)两家失国由妃子,落日行人**漫自**哀。③ (明张原《骊山》;[3]18;

---

① 此例"自"或当与"愁"搭配,"自愁"乃文献中常用搭配。下例中的"浪自"当为一词:《寒山诗》:"徒劳说三史,浪自看五经。"

② 此例"自"或当与"忙中"搭配,"自"乃于义。

③ 此例"自"或当与"哀"搭配,"自哀"乃文献中常用搭配。确定成词的"漫自"用例很少。

[14]181)

以上组合与"徒自""空自"义同,且产生较迟,用例较少,同时这些词主要用于诗词等韵文中,很明显是模仿"徒自""空自"而成词,文献中没有同义的倒序形式,实属自然。

另有一个用例因语境不充分,不能确定其用法,但从相关用例看,似当解作空、独义。

常自

(66)＊①妾家本住巫山云,巫山流水**常自**闻。王琴弹出转寥夐,直似当时梦中听。(《太平广记》卷二七三;[6]7)

有学者以"常自"为附加式,可商。"自闻"搭配,可表自己听。而诗词中,"自闻"搭配常表"独闻""空闻",如:

(67)故园离乱后,十载始逢君。长恨南熏奏,寻常**只自闻**。(唐贯休《淮上逢故人》)

(68)巴人峡里**自闻**猿,燕客水头空击筑。(唐刘长卿《山鹧鸪歌》)

(69)落花兼柳絮,无处不纷纷。远道空归去,流莺**独自闻**。(唐张乔《送友人往宜春》)

(70)雨中清泪无人见,月下幽香**只自闻**。(宋无名氏《鹧鸪天》)

(71)北窗络纬寒声急,明夜伤心**独自闻**。(北宋贺铸《汴上留别李智父》)

(72)秋城夜泊西风岸,落叶悲虫**独自闻**。(北宋张耒《元忠学士八兄来离京师远蒙追送许惠服丹法托》)

例(66)似当归于此类。

---

① "＊"表此例中"常自"之"自"可以常义为释,但因语境不足无法确定,下文同。

五、"自"之但、只义及相关误判例

(一)"自"有但、只义

"自"有但、只义,徐仁甫《广释词》(1981:356—357)已揭示,并举有多例,姚振武(1997:61)亦举有二例,而刘瑞明(1998)则全盘否定。

从上文可知,"自"有"徒""空""独"义,由此引申而有但、只义,十分自然,事实上,上举一些用例,即存在"空""只"两解的情况。

以下看姚振武所举二例:

> 文帝为太子,左右长御贺后曰:"将军拜太子,天下莫不欢喜,后当倾府藏赏赐。"后曰:"王<u>自</u>以丕年大,故用为嗣,我但当以免无教导之过为幸耳,亦何为当重赐遗乎!"(《三国志·魏书·后妃传·武宣卞皇后》)

> 内教多途,出家<u>自</u>是其一法耳。若能诚孝在心,仁惠为本,须达、流水,不必剃落须发;岂令罄井田而起塔庙,穷编户以为僧尼也?(北齐颜之推《颜氏家训·归心》)

刘瑞明(1998:4)认为:"其实只要坚持词的常义,不轻言新义,二例都是自然义,于句意毫无所碍。"我们认为,刘解实在牵强,仔细体会前后文,即可发现此二例解作"自然"明显不畅("自"表自然义的用法有其特定要求,详见本编第八类所述),而解作"只"则文从字顺,考虑到"自"具有引申出"但、只"义的语义依据,强加否定实无必要。

再看徐仁甫所举的一个用例:

> 中原莫道无麟凤,<u>自</u>是皇家结网疏。(唐陈陶《闲居杂兴五首》)

刘瑞明(1998:4)认为:"言自然是遗漏了人才,有感叹强调的语气,而'只是'的叙述便平淡了。"这种解释亦很牵强,前后两句并无自然推理关系:"自是皇家结网疏"是针对前句的解释,二句意谓不要说中原没有麟凤之才,只是因为皇家搜罗不力而遗漏人才罢了。"自是"显然当解作"只是"。

"自"表"只"义十分常见,此再举数例:

> 真度答书,盛陈朝廷风化惟新之美,知卿非无款心,**自**不能早决舍南耳。(《魏书·裴叔业传》)

> 一朝士戏曰:"此猪有语否?"对曰:"有之,人**自**不能谕也。"(唐高彦休《唐阙史》卷下)

> 忽闻饥乌一噪聚,瞥下云中争腐鼠。腾音砺吻相喧呼,仰天大吓疑鹓雏。……青鸟**自**爱玉山禾,仙禽**徒**贵华亭露。(唐刘禹锡《飞鸢操》)

诗文前句用《庄子·秋水》"鸱得腐鼠,鹓雏过之"之典故,此句指"青鸟""仙禽"并不在意腐鼠,而只爱玉山禾、只贵华亭露,"自""徒"对文,均为只义。

后代小说中"自"表只义亦很常见,我们在《金瓶梅》中即发现诸多用例,如:

> 你便就攥着头儿说:"别人不知道,**自**我晓的。"(七五回)

> 自家打滚撞头,鬓髻跺遍了,皇帝上位的叫,**自**是没打在我脸上罢了!(七五回)

> 是强汗世界,巴巴走来我这屋里,硬来叫他!没廉耻的货!**自**你是他老婆,别人不是他的老婆?(七五回)

> 西门庆**自**知淫人妻子,而不知死之将至。(七九回)

> 打发武松出门,自己寻思:"他家大娘子**自**交我发脱,又没和我则定价钱。"(八七回)

> 便道:"淫妇**自**说你伶俐,不知你心怎么生着?我试看一看!"(八七回)

(二)诸家所举此类用例辨析

但自

(1)诸禅德,**但自**无事,自然安乐。(南宋普济《五灯会元》卷一五;[3]16)

有学者将"但自"看作一词,并将"自"定性为词缀,我们不赞同这一看法。句中"无事"乃无为义,"但自"可看作同义复合,"只,只要"义,其他文献亦有相

似用法,如:

(2)却命小校安排,行者道:"列位盛情,不敢固却。**但自**做和尚,都是斋戒,恐荤素不便。"(明吴承恩《西游记》第六三回)

"但自"组合,更多表只是、只不过。如:

(3)至于问安期以长生之事,安期答之允当。始皇惺悟,信世间之必有仙道,既厚惠遗,又甘心欲学不死之事,**但自**无明师也,而为卢敖、徐福辈所欺弄,故不能得耳。(《抱朴子·内篇》卷一三)

(4)敬事鬼神,圣人维持世教之大端也。其义深,其功大,**但自**不可凿求,不可道破耳。(明吕坤《呻吟语》卷一)

(5)众人赶了一程,回来说道:"我们若赶上时,也把这个乌知府杀了。**但自**不知去向。"(明施耐庵《水浒传》第五〇回)

可比较同义的"但只"用例:

(6)三藏道:"悟空,你看便去看他,**但只**不可只管嘲他了。"(《西游记》第二三回)

(7)老孙画的这圈,强似那铜墙铁壁,凭他什么虎豹狼虫,妖魔鬼怪,俱莫敢近。**但只**不许你们走出圈外,只在中间稳坐,保你无虞。(《西游记》第五〇回)

"但自"还有只管义,如:

(8)国师道:"水虽大,幸喜得海口上那一座山还高,其实的抵挡得住。元帅**但自**宽心,高坐中军帐上。"(明罗懋登《三宝太监西洋记》第四三回)

同义的"但只"亦有相同用法,如:

(9)乃下令戒谕军中,各宜坚壁,勿与交战;若其请战,**但只**听之而已。(《杨家将》第一〇回)

且自

(10)无情休问,许多般事,**且自**访梅踏雪。(南宋辛弃疾《永遇乐·赋

梅雪》;[6]7)

(11)**且自**顺了他的性儿,我自有道理。(清文康《儿女英雄传》第二〇回;[6]7)

有学者以"且自"为附加式,可商。"且自"《大词典》释作"暂且;只管","只管"即"自"义之体现,可比较"且只"用例:

(12)我这几日身子不快,怎么连不连的眼跳,不知有甚么事来?**且只**静坐,听他便了。(《全元杂剧·石君宝〈鲁大夫秋胡戏妻〉》第二折)

(13)长者曰:"既足下国之将,吾争忍受此之名利?你**且只**隐吾宅中,今长安我探虚实。"(《全相平话五种·前汉书平话卷上》)

(14)酒中说起夏家之事,两人道:"八郎不要管别人家闲事,**且只**吃酒。"(明凌蒙初《二刻拍案惊奇》卷一六)

再看以下用例:

(15)师父不必挂念,少要心焦,**且自**放心前进,还你个功到自然成也。(《西游记》第三六回)

(16)夫人处有我在此,你**自**放心去罢。(《全元杂剧·白朴〈裴少俊墙头马上〉》第二折)

(17)我知道了。等他来时,我则说不下单客,回了他去,你**自**放心的睡。(《全元杂剧·无名氏〈朱砂担滴水浮沤记〉》第二折)

三句中"且自放心"与"自放心"语境相当,用法相同,"自"均表只管义。

六、"自"之开始义及相关误判例

(一)"自"有开始义

"自"表开始义,古已有之,《说文·王部》:"皇,大也。从自、王。自,始也。"清朱骏声《说文通训定声·履部》:"自之通训当为始。"普通文献中亦有用

例,如:

> 故法者,王之本也;刑者,爱之**自**也。(《韩非子·心度》)
>
> 知风之**自**,知微之显,可与入德也。(《礼记·中庸》)

此二例"自"指物之始,即物之源头。"自"的这种用法由其本义鼻引申而来,详参王挺斌(2023:95—97)。

> 三乘佛家滞义,支道林分判,使三乘炳然。诸人在下坐听,皆云可通。支下坐,**自**共说,正当得两,入三便乱。(《世说新语·文学》第 37 条)
>
> 豫章太守顾邵,是雍之子。邵在郡卒。雍盛集僚属,**自**围棋。外启信至,而无儿书,虽神气不变,而心了其故,以爪掐掌,血流沾褥。(《世说新语·雅量》第 1 条)

第一例"自共说"即始共说。第二例《世说新语笺注》(2019:387)释"自"为"正,正在"①,我们认为,"自围棋"解释为"刚开始围棋"似更合理。一来,"自"表始义更加常见;再有,顾雍从开始围棋一直到结束都不表现出失儿之痛,更可体现其雅量。

(二)诸家所举此类用例辨析

诸家所举词缀用例中,有二例或与此相关:

才自

(1)＊那猴儿**才自**变座土地庙哄我,我正要捣他窗棂,踢他门扇,他就纵一纵,又渺无踪迹。(《西游记》第六回;[6]7)

(2)＊他却怪我顽凶,我**才子(自)**闪他一闪,如今就去保他也。(《西游记》第一四回;[6]7)

有学者以"才自"为附加式,可商。此二例"才自"乃刚、始义,表时间,犹刚刚,主要用于《西游记》。此再举二例:

---

① 我们未发现明确的"自"表正在义的用例。

(3)那童子老大悫懒,师父既不吃,便该让我们,他就瞒着我们,**才自**在这隔壁房里,一家一个,咽啐咽啐的吃了出去。(第二四回)

(4)行者道:"忒卖法,忒卖法!**才自**若噙迟了些儿,你敢就不出来了。"(第五二回)

还可表方始义,如:

(5)又邀贾氏同去看看兰花,便到贾氏这边来,坐到午正,**才自**回去。(清魏秀仁《花月痕》第一三回)

"自"有始义,"才自"组合可看作近义复合,同义的"才始"有相似用例,如:

(6)孩童**才始**睡着,未得觉来,伏乞尊仙,莫生疲圈(倦)。(《敦煌变文集·太子成道变文》)

(7)**才始**送春归,又送君归去。(北宋王观《卜算子·送鲍浩然之浙东》)

(8)行者教令僧行闭目。行者作法,良久之间,**才始**开眼。(《大唐三藏取经诗话》卷上)

(9)顷年尝见州县有摄官,皆是牧守所自署置,政多苟且,不议久长,**才始**到官,已营生计,迎新送故,劳弊甚矣。(元马端临《文献通考》卷三九)

例(6)(7)表时间,刚刚义;例(8)(9)表方始义。

刚自

(10) ＊保柱**刚自**一怔,已给他冲到面前。(梁羽生《七剑下天山》130页;[9]59;[14]187)

有学者将"刚自"看作附加式,可商。例中"刚自"乃刚刚、刚始义,似始见于明清小说,且主要集中于《古本水浒传》及《广陵潮》,如:

(11)扈成胜了一阵,好不有兴,**刚自**收兵,栾廷玉已随后赶到,扈成禀说胜利情形,栾廷玉也自喜悦。(《古本水浒传》第五回)

(12)二人拔步就走,**刚自**拐弯过去,只见对面又有两人,杨雄、石秀直抢上前。(《古本水浒传》第三一回)

(13)**刚自**沉吟,早看见面前轿子已抬入一座高大洋房里,门头上隐隐露着几个大字,是大观楼安寓客商。(民国李涵秋《广陵潮》第二九回)

(14)说着就想撑起身子,谁知**刚自**撑起,倏又倒了。(《广陵潮》第四三回)

"自"有始义,"刚自"可看作同义复合。同义的"刚始"亦有用例,如:

(15)近日大哥至京,整理旧业,因得母亲凶问,**刚始**离京。(明冯梦龙《醒世恒言》第六回)

值得注意的是,"才自""刚自"产生较迟,且主要集中于特定文献,其产生或许与方言有关,其构词理据亦或另有他途。从我们目前的研究看,近代汉语中"自"的用法与中古差别较大,后续我们将继续研究。

七、"自"之本来义及相关误判例

(一)"自"有本来义

"自"有本来义,乃其常见用法,此义当由其开始义引申而来,文献中用例颇多,如:

人之死生**自**有长短,不在操行善恶也。(《论衡·问孔》)

支初作,改辙远之;数四交,不觉入其玄中。相王抚肩笑曰:"此**自**是其胜场,安可争锋!"(《世说新语·文学》第51条)

王僧恩轻林公,蓝田曰:"勿学汝兄,汝兄**自**不如伊。"(《世说新语·品藻》第64条)

月**自**于人无意,人被月明催老,今古共悠悠。(金段克己《水调歌头》)

(二)诸家所举此类用例辨析

诸家所举词缀用例中,有诸多属此类者,数量最多的是一些同义复合,如:

本自

(1)凡人禀性,身本自轻,气**本自**长,中于风湿,百病伤之,故身重气劣也。(《论衡·道虚》;[32]351)

(2)趺阳脉当伏,今反数,**本自**有热,消谷,小便数,今反不利,此欲作水。(东汉张仲景《金匮要略》卷中;[32]351)

(3)**本自**无教训,兼愧贵家子。(《玉台新咏·焦仲卿妻》;[3]17;[15]73;[24]45;[23]26;[35]95)

(4)燕赵佳人**本自**多,辽东少妇学春歌。(南朝梁元帝萧绎《燕歌行》;[4]458;[32]351)

(5)此我故妇,非有他过,家大人遇之实酷,**本自**相贵。(《搜神记》卷一一;[19]291)

(6)王**本自**有一往隽气,殊自轻之。后孙与支共载往王许,王都领域,不与交言。(《世说新语·文学》第36条;[2]213;[15]71;[32]352)

(7)擅宠无论贱,入爱不嫌微。智琼非俗物,罗敷**本自**稀。(北齐魏收《美女篇》;[32]351)

(8)俱飞蛱蝶元相逐,并蒂芙蓉**本自**双。(唐杜甫《进艇》;[20]126;[30]340)

(9)流水**本自**断人肠,坚冰旧来伤马骨。(隋卢思道《从军行》;[15]75)

(10)如来**本自**大慈悲,闻语惨地欸双眉。(《敦煌变文集·目连缘起》;[9]58;[14]186)

(11)有云:"白苏都向此留题,二老才名**本自**齐。"(清赵翼《西湖杂诗》之二;[3]17,[14]182)

以上用例"本自"表本来无异议,但诸家多将"自"看作"本"之后缀,主要原因是"本自"无倒序形式"自本"。这很让人疑惑,为此我们仔细考察了"本自"组合,发现了一些新的情况。

"本自"早期佛典中用例较多,如:

(12)视本法不自分别解身为空也,空弃空中之空,**本自**空、甫当来空、现在空。(东汉支娄迦谶译《佛说遗日摩尼宝经》)

（13）阿难与调达**本自**无怨，故不相害也。（三国吴康僧会《六度集经》卷一）

（14）譬如净帛**本自**净洁，在所染之五色鲜好。帛**本自**净，色本亦净，二物因缘故得明好。（西晋竺法护译《无极宝三昧经》卷下）

而佛典中同义的倒序词"自本"亦有用例，如：

（15）舍利弗！法轮**自本**清无所有，谁有断法轮者？（东晋祇多蜜译《佛说宝如来三昧经》卷下）

（16）究竟一相义，性**自本**虚寂，常想无起灭，有余及无余。（姚秦竺佛念译《菩萨从兜术天降神母胎说广普经》卷一）

（17）今诸法之法性**自本**空，空性亦空，空空自空，岂有诸法乎？（姚秦竺佛念译《菩萨璎珞经》卷四）

可比较以下二例：

（18）一切佛境界，诸法性**自**空。（北齐那连提耶舍译《大宝积经》卷七〇）

（19）善男子！一切诸法性**本自**空。（北凉昙无谶译《大般涅槃经》卷二六）

很明显"自本"与"自""本自"同义。

（20）本所味色，心则不念，心不分别，不住于心。**自本**爱色，今不复念亦不分别，亦于他身憎爱之色，心则不念，不念于他。（元魏瞿昙般若流支译《正法念处经》卷四五）

（21）**自本**无财可能舍，他财不取亦不求。（北宋施护等译《佛说一切如来真实摄大乘现证三昧大教王经》卷二六）

此二例很值得注意，"自本"既可理解为"本自"，也可理解自己本来，这可能正是"自本"作为"本自"的同义复合词用例较少的原因。

"自本"在佛典中还有另外一个用法值得注意：

（22）尔时婴儿承佛神力、**自本**善力，以偈报佛。（姚秦鸠摩罗什译《不

130

思议光菩萨所说经》）

（23）时彼龙王出欲见佛，其头已至佛世尊所，而尾犹尚在**自本**宫。（隋阇那崛多译《佛本行集经》卷三七）

（24）忽闻彼人染着五欲，作婬歌声。时王闻已，即复起发**自本**欲心。（《佛本行集经》卷五四）

（25）菩萨、声闻及受用具，与**自本**刹悉皆同等，然知彼此刹无杂乱。（唐实叉难陀译《大宝积经》卷五八）

（26）彼持法人，秽浊佛土，不复受生，除**自本**愿。（唐波罗颇蜜多罗译《宝星陀罗尼经》卷一〇）

（27）时阿㘑拏挐迦罗摩观彼菩萨所得之法如实无谬，尊重恭敬如**自本**师，即以最上香花珍果一心供养。（北宋法贤译《佛说众许摩诃帝经》卷六）

上举诸多用例中"自本"亦属同义复合，相当于"自己的"，在句中充当定语，相似的"本自"亦有用例，但较少见，如：

（28）我今当行，游历国土，初欲往到，**本自**生地，微妙之处，亦当如是。（《佛本行集经》卷五二）

（29）其诸威德一切天众，各复本心，愉跃安乐，各各持所**本自**器仗。（唐菩提流志译《一字佛顶轮王经》卷一）

（30）净其身、口、意已，行等慈，念诸善本，远诸所有，当有惭愧，以诸功德，**本自**庄饰。（西晋竺法护译《郁迦罗越问菩萨行经》）

"本自庄饰"佛典中常作"而自庄严（饰）"，"本自"似乎有误，而参考"自本"用法，则"本自"即"自""自己"义，并无不当。

佛典中"本自"倒序词"自本"的使用，可以佐证其当为同义复合。但有一点仍值得注意：中土文献中几未见到同义的"自本"使用，究其原因，主要有以下几点：首先，"自本"搭配，"自"常用作介词，而"本"则作名词表"根本"，充当"自"的宾语或作定语引入其他中心词。第二，当"自本"出现于句中时，由于"自"通常接于主语之后，很容易理解成自己。第三，"本自"在中土文献中早有用例，常表"本出于"，如：

（31）问安:"**本自**何为官?"对曰:"臣本诸生。"(《后汉纪》卷一〇)

（32）其先**本自**钜鹿,世有令名,为汉建功,俾侯三国,卿守将帅,爵位相承,以迄于君。(《武都太守耿勋碑》)

（33）若夫此论,必须同类,乃能为益,然则既斩之指,已洒之血,**本自**一体,非为殊族,何以既斩之而不可续,已洒之而不中服乎!(《抱朴子·内篇》卷三)

（34）握中有悬璧,**本自**荆山璆。(西晋刘琨《重赠卢谌》)

（35）元忠**本自**素流,有闻教义,人伦之誉,未以纵横许之。(《北齐书·李元忠传》)

（36）万寿**本自**书生,从容文雅,一旦从军,郁郁不得志。(《北史·孙万寿传》)

由于"自"有本义,上述组合很容易得到重新解读,这促进了"本自"成词,也正由于其成词受到非并列组合的"本自"影响,故而限制了同义倒序形式"自本"在中土文献中的使用。

固自

（37）或问谓:"夫子乐在其中,与颜子之不改者,又有间矣。"岂非谓颜子非乐于箪瓢,特不以是而改其心之所乐? 至于夫子,则随所寓而乐存焉。一曰"不改",一曰"亦在",文意**固自**不同否?(《朱子语类》卷三四;[5]66)

有学者将句中"固自"看作附加式,我们以为不然。此"固自"乃本来义,亦当属同义复合。可比较下例:

（38）大过"栋桡",是初、上二阴不能胜四阳之重,故有此象。九三是其重刚不中,自不能胜其任,亦有此象。两义**自不同**否?(《朱子语类》卷七一)

此二例句式相似,均出自《朱子语类》,一用"固自不同",一用"自不同","自"与"固自"显然同义。《朱子语类》中相似的"自不同"还有很多用例,如:

(39)"文武之道，未坠于地，在人。贤者识其大者，不贤者识其小者，莫不有文武之道焉。"圣人何事不理会，但是与人**自不同**。（卷一五）

(40)但古人作诗，体**自不同**，雅自是雅之体，风自是风之体。（卷八〇）

"自"显然不是词缀。

"固自"的这种用法较少，且产生迟，同时其倒序形式"自固"乃古汉语常用搭配，故同义倒序词未见使用十分自然。

素自

(41)永曜**素自**强健，了不知有此患，险戏之灾，遂不可救。（西晋陆云《吊陈永长书》；[15]71；[10]461）

(42)晋安**素自**强壮，且年时尚可，当延遐期，岂谓奄至，于此自毕，远近二三，惋愕不能已已。（东晋谢发《书》；[10]461）

有学者将二例中的"素自"定性为附加式，可商。"素自"用例较少，此再衍二例：

(43)羲之遂报书曰："吾**素自**无廊庙，直王丞相时果欲内吾，誓不许之，手迹犹存，由来尚矣，不于足下参政而方进退。"（《晋书·王羲之传》）

(44)尔时长者，**素自**殷富，尊者到家，财宝丰溢，殊胜于前。（元魏吉迦夜共昙曜译《杂宝藏经》卷一〇）

"素"有一向、平素义，此义与本来义相近，故古注有直接以"本"释之者，如《广雅·释诂三》："素，本也。"西汉司马迁《报任少卿书》"其素所蓄积也"，吕延济注："素，本也。"西晋潘尼《迎大驾》"军旅素未习"，李周翰注："素，本也。""素自"当属近义组合，可解释为"一向本"，解释为"本"亦无问题，可比较以下二"素本"用例：

(45)卿相郎署鼓言奕表，牵挽奕手与谈正理。**素本**浅学，假词于人，杜口不对。（唐释道宣《续高僧传》卷二四）

(46)武**素本**家贫，父亡，尚在浅土，欲将父骨迁葬是山。（五代何光远《鉴诫录》卷五）

《册府元龟》中有两例"自素"用例：

(47)王昕**自素**甚肥，遭丧后，遂终身赢瘠。（卷七五五）

(48)（何泽）既见从荣位望隆盛，帝又多病，**自素**与执政私憾，欲报仇于一时，即令婢宜子诣阙投匦上章。（卷九三八）

第一例，"自素"与"素自"用法相同，但《北齐书》《北史》记此内容"自"均作"体"；第二例，"自"似当解作"自己"，这其实也是"X 自"一般无"自 X"倒序词的原因。

另"素自"使用时，"本自"已经广泛使用，其构词当受其影响，且用例较少，故未见同义的倒序组合亦属自然。

幸自

(49)**幸自**枝条能树立，可烦萝蔓作交加。（唐韩愈《楸树二首》；[3]18）

(50)春来**幸自**长如线，可惜牵缠荡子心。（唐温庭筠《杂曲歌辞·杨柳枝》；[3]18）

(51)郴江**幸自**绕郴山，为谁流下潇湘去。（北宋秦观《踏莎行》；[30]340）

(52)**幸自**轻阴好片秋，如何余热未全休。（南宋杨万里《豫章江皋二绝句》；[3]18）

(53)此翁**幸自**偏盲，那堪右目生微翳。（南宋刘克庄《水龙吟·丁卯生日》；[3]18）

(54)时大臣闻此语已，即嫌王言："云何以此要材与比丘？**幸自**更有余材可以与之，而令此比丘研截要材持去。"（姚秦佛陀耶舍共竺佛念译《四分律》卷一；[36]158）

以上"幸自"均表本来义，有学者将"自"定性为词缀或音节成分，我们以为不然。

"幸"独用有本义，唐杜甫《曲江》之三："杜曲**幸**有桑麻田，故将移住南山边。"唐陆贽《论度支令京兆府折税市草事状》："比之抑征，固不同等。**幸**有旧制,足可遵行。"五代徐夤《蜀》:"君王**幸**是中山后,建国如何号蜀都。"北宋贺铸《望湘人》:"不解寄一字相思,**幸**有归来双燕。"南宋杨万里《赵达明大社四月一日招游西湖》:"娇云嫩日无风色,**幸**是湖船好放时。"而"自"表本来乃其常义,基于此,我们以为"幸自"当为同义复合,其同义的倒序组合"自幸"未见,主要原因如下:"幸自"产生较迟,当为模仿"本自"而造词;"自幸"乃古汉语常用搭配,"自"表自己、亲自,"幸"作动词,可表庆幸,亦常表帝王亲临,这自然会限制"自幸"其他用法的使用。

文献中还有一些"幸自"用例,"幸"表希望义,而"自"则表自己,如:

(55)**幸自思**之,信言不爽,有如皎日。(《宋书·殷琰传》)

(56)如是出家,与世同尘,今故诚约,**幸自开神**。(唐释道世《法苑珠林》卷四八)

(57)数夕后,梦一人被甲胄,前报曰:"金象将军使我语岑君,军城夜警,有喧诤者,蒙君见嘉,敢不敬命。君甚有厚禄,**幸自爱**也。"(《太平广记》卷三六九)

(58)滕因谓中令曰:"未识吾子,潞之中外一辞以盗跖待之。今观君才貌,贵人尔。**幸自爱**,无与非类同游处。"(北宋张齐贤《洛阳缙绅旧闻记》卷三)

这种现象值得注意,同样的组合,"自"在表希望义的"幸"之后表自己,而在表本来义的"幸"之后,则似乎无义,联系"自"有本来义,合理的解释就是"幸自"乃同义复合。

元(原)自

(59)天河**元自**白,江浦向来澄。(唐杜甫《江边星月》;[32]358)

(60)今日未弹心已乱,此心**元自**不由人。(《梦溪笔谈》卷一四;[9]58;[14]181)

(61)成败极知无定势,是非**元自**要徐观。(南宋陆游《次韵季长见示》;[3]17)

(62)刘郁芳是无极剑高手,武功**原自**不弱。(梁羽生《七剑下天山》474页;[9]59;[14]187)

"元自""原自"为同一词的不同写法,均表本来义。有学者举上述用例,将"自"定性为词缀,可商。"元(原)""自"均有本义,此不赘举。"元(原)自"亦当属同义复合,由于其产生于"本自"大量使用之后,时代较晚,当仿照"本自"而构词,故无同义的倒序词实属自然。

小结:上举诸组合,"本自"使用最早、用例最多,佛典中有较多同义的倒序形式"自本",可证其同义复合性质。"固自、素自、幸自、元(原)自"使用相对较迟,"素自""幸自"用例一直很少,"固自""元(原)自"宋代之前用例较少,明清之际用例稍多。由于它们是在"本自"影响下成词,且用例不多,另"固自""幸自"的倒序形式为古汉语常用词,再加上"自"的使用本有限制,故这些词没有同义的倒序形式。

诸家所举还有两个非同义复合的用例:

还自

(63)＊外国风俗,**还自**不同。提婆始来,义观之徒,莫不沐浴钻仰,此盖小乘法耳。(南朝梁僧佑《弘明集》卷一二;[15]71)

有学者将"自"看作"还"之后缀,但未解释"还自"之义。考察文献中"自不同"的用例,我们认为或当解作"本不同","自"乃本义;此句较难解者倒是"还"字,由于此句出现在范伯伦与生观二法师书信中的首句,他是在什么情况下说此句不甚清楚,故而"还"义较难确定。细品文句,"还"或当解作"又"。"还自不同"即"又本不同"。

长自

(64)＊蓬门**长自**寂,虚席视生埃。(南朝齐丘巨源《听邻妓》;[31]184;[32]352)

有学者认为"长自"为附加式。按:此例为诗句,前后文语境不足,我们以为句中"自"或当为本义,蓬门寂寞乃属情理之事,"自"用表本来于此正当,可比较以下二例:

(65)真空**本自**寂,假有聊相宣。(唐张九龄《冬中至玉泉山寺,属穷阴冰闭崖谷无色,及仲春行县复往焉,故有此作》)

（66）独游**自**寂寞，况此恨盈盈。（唐张籍《野寺后池寄友》）

"长自寂"难解者主要是语序，而诗歌中语序调整实属正常。

八、"自"之自然义及相关误判例

（一）"自"有自然义

"自"表自然乃其常义，从使用情况看自然义可分三类：

1.用于客观事理上存在因果推导关系的语境中

此用法当由其本来义引申而来，文献用例贯穿古今，如：

我无为而民**自**化，我好静而民**自**正。（《老子》五七章）

臣闻古之明君，错法而民无邪，举事而材**自**练，行赏而兵强，此三者治之本也。（《商君书·错法》）

裴令公目夏侯太初："肃肃如入廊庙中，不修敬而人**自**敬。"（《世说新语·赏誉》第8条）

而谷贵之际，千斛在市，物价**自**平。一市之价既平，一邦之食**自**足。（北宋苏轼《上神宗皇帝书》）

此类"自"所出现句式有较明显特色："自"前成分通常表某种行为、现象，"自"后成分则表自然能产生某种结果，前后文之间有事理上的因果推理关系。以第一例来说，"我无为"与"民化"、"我好静"与"民正"之间即有事理上的因果推理关系。

2.用于主观推测某事将来自然会发生或主观上决定必然做某事，与"必、定"相当

这种用法，是上举第一种用法的引申，姚振武（1993：144）将其独立出来，指"自"本有自然义，又有甚义，引申则有必、定义，而刘瑞明（1998：4）则加以反驳，他说：

自然义与必定义可同指,并非由前者引申出后者,并非"自"有"必"义,"不必、必定"就不能换成"不自、自定","甚"则与"必"风马牛不相及,可以断言以前不曾由前者引申为后者,以后也不会。姚文所举示的上述甚词,可有一个引申为定、必之义?

刘瑞明指"甚"义不能引申出必、定义,甚当(我们也不赞同"自"有甚义)。但以"不必、必定"不能换成"不自、自定"来否定"自"有必、定义,则属牵强,"自"有必、定义,不等于"自"与"必""定"在用法上完全等同。我们认为:"自"表"必、定"是否独立出来并不重要,关键是要知道此类"自"用法上的独特性:主要用于主观上认为未来必然会发生某事,可用"必、定"对译①。我们看以下用例:

夫秦下轵道则南阳动,劫韩包周则赵**自**销铄,据卫取淇则齐**必**入朝。(《战国策·赵策二》)②

佗闻其呻吟,驻车往视,语之曰:"向来道边有卖饼家蒜齑大酢,从取三升饮之,病**自**当去。"(《三国志·魏书·方伎传·华佗》)

即今克此一段,不知岁终云何守之? 想胜才弘之,**自**当有方耳。(东晋王羲之《杂帖》)

死了,料不要偿命,**自**有人不舍得你死。(明凌濛初《二刻拍案惊奇》卷九)

第一例"自""必"对文同义。第二、三例均用于推测未来必然会发生某事,故可用"必、定"为释,当然解作"自然"亦无不可。由此引申,"自"亦可指主观上决定必然做某事,如:

宫亭湖孤石庙,尝有估客至都,经其庙下,见二女子,云:"可为买两量丝履,**自**相厚报。"(《搜神记》卷四)

3.事物不受外力作用自然呈现出某种动作或状态,可译作自然、自动

此类用法虽然可用自然对译,但与前两类有显著不同:这种"自然"不是事

---

① 有时候主客观并无明显界限,故而很多情况下解作"自然"或"必、定"均可。
② 此义萧旭(2007:312)已揭,此例即引其文。

理上的推导,也不是对未来的推测,而是指事物不受外力作用自然呈现出某种动作或状态,从来源看,这种"自"或当来自"自"之自己义①。如:

> 君适不明,臣适为谏,二子之命,偶**自**不长。二偶三合,似若有之,其实**自然**,非他为也。(《论衡·偶会》)

> 此人乃苦存念观世音,念念相续,不觉枷械一时**自脱**。(南朝齐陆杲《系观世音应验记》第 30 条)

> 如机发矢直,涧曲湍回,**自然**之趣也。圆者规体,其势也**自转**;方者矩形,其势也**自**安。(南朝梁刘勰《文心雕龙》卷六)

(二)诸家所举此类用例辨析

"自"之自然义很常用,似乎不会误解,然细看诸家所举词缀例,仍有很多此类误判,以下根据上文所分三类分别加以辨析:

1.第一类用法用例辨析

便自

(1)这一条心路只是一直去,更无它歧;才分成两边,便不得。且如今做一事,一心在此做,一心又去计较功劳,这一件事定是不到头,不十分精致。若是做一事,只是做一事。要做这个,又要做那个,**便自**不得。(《朱子语类》卷四二;[5]66)

(2)才有一毫计较之心,便是人欲。若只循个天理做将去,德**便自**崇。才有人欲,便这里做得一两分,却那里缺了一两分,这德便消削了,如何得会崇。(《朱子语类》卷四二;[5]66)

(3)也只是刚直,闵子骞气象**便自**深厚,冉有子贡便都发见在外。(《朱子语类》卷三九;[5]65)

(4)凡人若能知所当为,而无为利之心,这意思**便自**高远。(《朱子语类》卷四二;[5]66)

(5)或问:"'不逆诈,不亿不信',如何又以先觉为贤?"曰:"聪明底人,

---

① 此用法与前二者差别较大,来源亦不同,因通常用"自然"为释,故合于此。

便自觉得。如目动言肆,便见得是将诱我。燕王告霍光反,汉昭帝便知得霍光不反。"(《朱子语类》卷四四;[5]66)

(6)其间亦有失却一两纸文字,只将他见在文字推究,**便自**互换见得出。(《朱子语类》卷四五;[5]66)

以上诸例,有学者将"便自"看作附加式。姚振武(1993)对"便自"做词缀有过讨论,并用《朱子语类》中异文证实"自"非词缀,刘瑞明(1997:65—66)曾专门辩驳:

姚文又用《朱子语类》的异文材料来论证"自"应属下而义实。如"闵子骞便自深厚。冉有、子贡气象便都发见在外"。姚文承认,仅从此句言,'自'字义虚。"大凡人有才,便自暴露,便自然有这般气象。闵子纯于孝,自然有闺闼气象。""当时如公西华、子贡自然能窥测圣人不可及处。""子贡、公西华亦自看得破。"姚文据后三例所谓异文,以为"便自"就是"便自然","亦自"就是"亦自然"义。

也让我举紧接在上引两段文字之前的另一段异文,"问闵子闇闇,冉有、子贡侃侃,二者气象。曰:'闵子闇闇,冉有、子贡便较粗了。侃侃,便有尽发见在外底气象。"却只言"便"而未言"自然""便自然"。"便自然"在《朱子语类》及其他文献中极少见。而"便自"及其他"△自"构词十分多见。按理说也会有"自然便"的说法,却也极少见。"便"与"自然"复说的都极少,就难说"便自"即便自然义。再作深究,当然义的"自然"似最早见于《三国志·魏书·吕布传》"远近自然畏服"句。《世说》共有"自然"五例,却无有用为当然义的。"自"字单用为自然义的有十六例,却无"便自然"。"便自"共五例,更难说是便自然义。张永言先生主编《世说新语辞典》"自"字释为助词,无实义的达五十七例,所示例句为"大自悔责""乃自佳""本自有一往俊气""殊自轻之""信自痴"。实际就是复缀的词尾。后世偶见的"便自然"更不能比证早时的"便自"。

我们可具体剖析《朱子语类》的"便自"。"如学字一般,从小便自晓得学字,后来只习教熟。"(7·2896)是说就知道,兼括天性自然知道和由人教而知两种事理。一定要局限为自然知道,显然不妥。"这一条心路只是一直去,更无他歧,才分成两边,便不得。……要做这个,又要做那个,便自不得。"(3·1093)"便自不得"与"便不得"同意。"凡人若能知所当为，而无利之心，这意思便自高远。才为些些小利害，讨些小便宜，这意思便卑下了。"(同上)"才有一毫计较之心，便是人欲。若只循个天理做将去，德便自崇。才有人欲，……这德便削了。如何得会崇？"(3·1094)"或问：'不逆诈，不亿不信，如何又以先觉为贤？'曰：'聪明底人，便自觉得。如目动言肆，便见得是将诱我。燕王告霍光反，汉昭帝便知得霍光不反。……便是它聪明见得，岂非贤乎！若当时便把霍光杀了，安得为贤！'"(3·1134)便见得、便知道、便是见得、便杀了，四处都有自然知道或自己知道之类的事理，却偏偏未说出。"便自觉得"，也是如此。"某尝因当官，见两家争产，各将文字出拖照。其间亦有失却处一两纸文字，只将它见在文字推究，便自互换见得出。若是都无文字，只臆度说，两家所竞须有一曲一直，便不得。"(3·1152)也是"便自见得出"与"便不得见出"对言。

针对刘先生的论述，我们有以下几点看法：

第一，异文只是佐证，不是必然，"自"有无实义关键还是看"自"的功能及句中能否表达此功能；第二，"便自然"搭配少见，不能排除"便自"之"自"表自然义，事实上，由于"便自"为双音结构，二者搭配显然比"便自然"更合韵律要求，另正如刘文所说，早期"自然"较少用表当然义，如此不用"便自然"实属正常，但"自"表自然义则很常见，"便自"组合表"便自然"自然是情理之中的事情；第三，"便自"属松散组合，不能将所有的"便自"例都解作"便自然"，要结合语境具体分析。如刘文所举"从小便自晓得学字"，这个"自"当为已经义，详参后文论述。

细察文意，我们认为上举"便自"之"自"均表自然义，以下具体分析：第(1)例，可以发现"要做这个，又要做那个"与"不得"之间有事理上的因果关系，故"自"解作自然并无问题。另《朱子语类》中有诸多同样用法的"自不得"用例，可证将"自"看作词缀不当，如：

(7)只是初间读得，似不与自家相关；后来看熟，见许多说话须着如此做，不如此做**自不得**。（卷一四）

(8)今看来，《诚意》"如恶恶臭，如好好色"，只是苦切定要如此，不如此**自不得**。（卷一六）

(9)颜子此处无他,只是看得道理分明。且如当怒而怒,到不当怒处,要迁**自不得**。不是处便见得,自是不会贰。(卷三〇)

以上用例显然不能用词缀来定性"自","自"乃自然义,"自不得"即自然不得。"自不得"前也可有副词性成分,如:

(10)见得这道理,合用恁地,便**自不得**不恁地。(卷二二)

(11)以德报怨,非独说道无以报德,只是以德报怨,也**自不得**。(卷二四)

可比较以下这个用例:

(12)人须是穷理,见得这个道理合当用恁地,我**自不得**不恁地。(卷二二)

这个用例与例(10)句式几乎相同,一用"便",一不用,显然不能因为加了副词,"自"便成为词缀。

第(2)例,从文句可知,"循个天理做将去"与德之崇显然有事理上的因果关系,"自"解作自然全无问题。《朱子语类》中的以下两个用例亦可证实这一点:

(13)当思"先事后得",如何可以崇德。盖不可有二心。一心在事,则德**自崇**矣。(卷四二)

(14)"利用安身"亦疑与"崇德"不相关,然而动作得其理,则德**自崇**。天下万事万变,无不有感通往来之理。(卷七六)

"德便自崇"与此二例"则德自崇"显然同义,"自崇"即自然会高尚。

第(3)例,"刚直"与闵子骞气象深厚之间有事理上的因果推理关系;第(4)例,从文句可知,"人若能知所当为,而无为利之心"自然会产生意思高远这样的结果;第(5)例,一个人"聪明",自然会觉察得到,二者之间有事理上的因果推理关系;第(6)例,"将他见在文字推究"自然能得出"互换见得出"这一结果。以上"自"均表自然。

"便自"的这种用法早有用例,如:

（15）简文入华林园，顾谓左右曰："会心处不必在远，翳然林水，**便自**有濠、濮间想也。"（《世说新语·言语》第 61 条；[15]71；[32]352）

（16）王怀祖免丧，正可当尚书，投老可得为仆射。更望会稽，**便自**邈然。（《世说新语·仇隙》第 5 条刘孝标注引《中兴书》；[32]352）

（17）白高祖曰："谢方明可谓名家驹。直置**便自**是台鼎人，无论复有才用。"（《宋书·谢方明传》；[32]352）

（18）譬如诸天同金钵食，其福多者，举手自净。如是，舍利弗！若人意清净者，**便自**见诸佛佛国清净。（三国吴支谦译《佛说维摩诘经》卷上；[36]157）

第（15）例，"翳然林水"这一情形的出现，自然会让人产生"濠、濮间想"这一结果，"自"显然是自然义；第（16）例，王羲之素轻王怀祖，因而指其"更望会稽"，便自然没什么希望；第（17）例，谢方明为名家驹，故而"直置"便自然是台鼎人。第（18）例，"人意清净"这一前提，自然能引起"见到诸佛佛国清净"这样的结果，此"自"与前句"举手自净"之"自"义同。

另："便"亦常用于表事理上的前后相承，这一点与"自"的功能相近，故而文献中单用"便""自"，亦或"便自"连用，均可表达事理上的因果相承。也正因此，《朱子语类》常可见到"便自""便""自"前后呼应的用法。

都自

（19）诲二赋佳，久不复作文，又不复视文章，**都自**无次第。（《与兄平原书》之一五；[15]71）

（20）既无藻伟体，**都自**不似事。（《与兄平原书》之二一；[3]16）

（21）拘让之美，本出人情。若大官必让，便与诣阙章表不异。例既如此，谓**都自**非疑。（《南齐书·谢朓传》；[32]353）

有学者举此三例，将"都自"看作附加式，可商。第（19）例，"不复作文""不复视文章"与"无次第"之间亦存在因果推理关系，二"自"均自然义。第（20）例，"无藻伟体"与"不似事"之间有明显的因果推理关系；第（21）例，"例既如此"与"非疑"之间有明显的推理关系，"自非疑"解作"自然不必怀疑"全无问题。此句影响理解的倒是"谓都"，若"都"用作副词，"谓"似嫌多余。另将三例中"都"去掉，可以发现文句完全可通，此亦可证"自"并非无义成分。

即自

(22)有人笑我诗,我诗合典雅。……忽遇明眼人,**即自**流天下。(《寒山诗》303 首;[3]19)

有学者将"即自"看作附加式,我们以为不然。从文句可知,遇到"明眼人"与其诗"流天下"有事理上的因果关系,"即自"与前举诸"便自"用法同,"自"亦当为自然义。

稍自

(23)化宜以渐。不可疾责,诚存不扰,藏疾纳污,实增崇旷,务详宽简,则**稍自**归淳。(《南齐书·顾宪之传》;[32]356)

有学者将"稍自"释作渐渐,并将"自"定性为词缀,可商。"诚存不扰,藏疾纳污,实增崇旷,务详宽简"等行为,则民自然会渐渐"归淳",二者之间存在事理上的因果关系,"自"解作自然全无问题。

亦自

(24)问:"'善人为邦百年',又'教民七年',又'必世后仁',与'可也,三年有成'之义,如何?"曰:"此须有圣人作用,方得如此。今大概**亦自**可见。惟明道文集中一策答得甚详,与今人答策专是谩策题者甚别。试读之,可见。"(《朱子语类》卷四三;[5]66)

有学者认为上例"亦自"为附加式,当属误解。"自可见"在《朱子语类》中极常见,如:

(25)"三分天下有其二",天命人心归之,**自可见**其德之盛了。(卷三五)

(26)且如"公与夫人如齐",必竟是理会甚事,**自可见**。(卷八三)

(27)又须要问未出门、使民时是如何。这又何用问,这**自可见**。(卷一七)

(28)"直""宽",但曰"而温""而栗",至"刚""简",则曰"无虐""无傲",观其言,意**自可见**。(卷八四)

上举用例,"自可见"或独用,或前用代词"这",名词"意","自可见"都表自

然可见,当它前面有副词时,"自"亦有此类用法,如:

(29)昔之灵如彼,今之灵如此,**亦自可见**。(卷三)

(30)"忠恕违道不远"与"夫子之道忠恕",只消看他上下文,**便自可
见**。(卷二七)

(31)四端先后互发,岂不是曲?孟子云"知皆扩而充之",**则自可见**。
(卷六四)

再看例(24),"今大概亦自可见",谓现在大致情况也自然可见,"自"实不
必另作他解。

(32)但是有这般见识,有这般心胸,积累做将去,亦须有效。且如而
今宽刑薄赋,民**亦自**能兴起而不陷于刑。(《朱子语类》卷四三;[5]66)

此例亦有学者将"亦自"看作附加式。从文句中可知,"今宽刑薄赋"与
"(民)兴起而不陷于刑"之间有事理上的因果关系,"自"理当解作自然。

2.第二类用法用例辨析

必自

(33)公曰:"不然,观其情貌,**必自**不凡。吾当试之。"(《世说新语·雅
量》第 39 条;[2]212;[15]71;[17]675)

(34)物有相似者,**必自**是一类。(《梦溪笔谈》卷二一;[9]59;[14]
187)

(35)谢公道豫章:"若遇七贤,**必自**把臂入林。"(《世说新语·赏誉》第
97 条;[2]212;[3]17;[13]8;[18]535)

有学者举以上用例,认为"必自"为附加式,我们以为不当。上举(33)(34)
例表主观推测,(35)例表主观决定必然做某事。前文已论"自"单用有此类用
法,而上举"必自"用例亦用于此类语境,何以就得出"自"不表义的结论呢?不
仅如此,同义的倒序组合"自必"亦有用例,可佐证"自"有实义,如:

(36)推斯以言,父**自必**臣天位之君,而子**自必**尊天性之父。(唐杜佑
《通典》卷六七)

145

(37)谯乔答曰:"先商之时,**自必**有禖氏被除之祀,位在南郊,盖亦以玄鸟至之日。"(《太平御览》卷五二九引《五经异义》)

当自

(38)然凡文与正讳相犯,**当自**可避;其有同音异字,不可悉然。(《颜氏家训·风操》;[32]353)

有学者将"当自"看作附加式,可商。"当自"犹"当必",表推测,《颜氏家训》还有一个用例:

(39)父兄不可常依,乡国不可常保,一旦流离,无人庇荫,**当自**求诸身耳。(《勉学》)

此类用法的"当自"用例较少,而其倒序形式"自当"则较常见,如:

(40)赤眉无谷,**自当**来降。(《东观汉记》卷八)

(41)坚诸将请攻之,坚曰:"须吾平晋,**自当**面缚。舍之,以劝事君者。"(《北史·薛辩传》)

定自

(42)婆罗门言:"我不用余,欲得王身与我作奴,及王夫人为我作婢。若能尔者,便随我去。"王甚欢悦,报言:"大善! 今我身者,**定自**可得,愿属道人,供给使令。"(三国吴康僧会译《六度集经》卷二;[36]157)

有学者将句中"定自"看作附加式,我们以为不然。联系前后文可以发现,"定自可得"阐述情理上的自然,故"定自"解作"自然"更加合理,由此也可看出"自"在其中所起的作用。

(43)**定自**惩伐檀,亦已验惟尘。(南朝宋谢灵运《北亭与吏民别诗》;[31]183)

(44)人言荆江狭,荆江**定自**阔。(南朝宋鲍照《吴歌》;[31]184;[32]353)

(45)徒闻殊(珠)可弄,**定自**乏明珰。(南朝梁武帝萧衍《戏作诗》;[31]184)

(46)看花言可插,**定自**非春梅。(南朝梁简文帝萧纲《同刘谘议咏春雪》;[32]353)

(47)虽言梦蝴蝶,**定自**非庄周。(北周庾信《拟咏怀诗》;[32]353)

(48)若使逋仙及见之,**定自**成愁绝。(南宋姜夔《卜算子》;[30]340)

此六例"定自"均用于推测,表必定。他例尚有:

(49)高明在上,**定自**有知,不可谓神冥昧难信。(《北齐书·樊逊传》)

(50)红莲相倚浑如醉,白鸟无言**定自**愁。(南宋辛弃疾《鹧鸪天》)

"定自"的同义倒序形式"自定"未见,主要原因在于古汉语常用"自定"表自己确定,"定"作动词。再有"定自"的用量并不多,且主要用于诗歌类韵文中。

会自

(51)徒教斧柯烂,**会自**不凌虚。(南朝陈阴铿《游始兴道馆》;[31]184;[32]355)

(52)平生燕颔相,**会自**得封侯。(南朝陈徐陵《出自蓟北门行》;[32]355)

有学者将此二例中的"会自"解为终究,并定性为附加式。我们以为"会自"与"应自"同义,用表推测,必定义。

行自

(53)柏年今已枭禽,乌奴频被摧破,计其余烬,**行自**消夷。(南朝齐肖巘《与沙州刺史杨广香书》;[12]31;[13]9;[32]358)

有学者将句中"行自"看作附加式,可商。"行自"犹将必,"行自消夷"乃基于"柏年今已枭禽,乌奴频被摧破"而作出的推测,义指"其余烬"将必定会消亡。

(54)挽铎已流唱,歌童**行自**喧。眷言千载后,谁将游九原。(北周王褒《送观宁侯葬》;[32]358)

此例为诗歌,解读较困难,我们以为"行自"或亦可解为"将必",表对未来

147

的推测。"挽铎已流唱"表丧事结束,"歌童行自喧"则借歌童必将重新唱起歌来,以表生活将必回归于常态,全句用以表达人死如灯灭的思想。

要自

(55)道州手札适复至,纸长**要自**三过读。(唐杜甫《暮秋枉裴道州手札,率尔遣兴,寄近呈苏涣侍御》;[20]126;[30]340;[2]211;[28]60)

(56)咒虽百种作了,凤凰**要自**难谩。(《敦煌变文集·燕子赋》;[3]18)

有学者将"要自"看作附加式,可商。例(55)"要自"义为必要、自然要;例(56)"要自"乃必定义,"自"在句中仍表推测。"要自"的这类用法很少,但"自要"却很常见,如:

(57)不独别君须强饮,穷愁**自要**醉如泥。(唐白居易《北楼送客归上都》)

(58)镜机冲漠非吾事,**自要**青云识五侯。(唐李咸用《夏日别余秀才》)

(59)无事不妨长好饮,著书**自要**且穷愁。(北宋苏轼《行宿泗间见徐州张天骥次旧韵》)

应自

(60)别梦回、忆得霜柑分我,**应自**有、浓香噀手。(南宋陈三聘《宜男草》;[30]340;[3]18)

有学者将例中"应自"看作附加式,可商。"应自"亦用表推测,必定义,文献用例较少,但"自应"却很常见,如:

(61)瀑流还响谷,猿啼**自应**虚。(唐李世民《赋得夏首启节》)

(62)果若人言,**自应**年少,曳紫鸣珂游帝乡。(南宋陈人杰《沁园春·庚子岁自寿》)

终自

(63)又时人谓谯周无当世才,少归敬者,唯戏重之,常称曰:"吾等后世,**终自**不如此长儿也。"(《三国志·蜀书·杨戏传》;[25]188;[15]71;[10]461;[14]181)

(64)微诚君不爱,**终自**直如弦。(南朝梁吴均《从军行》;[32]359)

（65）顾看草玄者，功名**终自**微。（南朝梁吴均《结客少年场》；[32]359）

（66）白龟报主，**终自**无期；黄雀谢恩，竟知何日。（北周庾信《谢赵王赉白罗袍裤启》；[3]17；[10]461）

（67）但信楮藏**终自**售，岂知碗脱本无橅。（北宋苏轼《次韵王郎见庆生日并寄茶》；[3]17）

有学者将"自"看作"终"之后缀，当误。此五例均表推测，若不用"自"，则意义有别，以例（63）为例，"终不如"通常缺少推测义，而"终自不如"则表最终一定比不上。可比较以下用例：

（68）昔者四方未定，常以德义为心。旋以海内无虞，渐加骄奢自溢。所以功业虽盛，**终不如**往初。（唐吴兢《贞观政要》卷五）

（69）可以布裹之，埋于南墙下深三尺，满百日又堪用。依前服之，然**终不如**新者。（唐孙思邈《千金翼方》卷二二）

竟自

（70）天地沸一镬，**竟自**烹妖孽。（唐司空图《华下》；[30]340；[3]18）

有学者将"竟自"看作附加式，可商。此"竟自"当与上举"终自"义同，终必义。

判自

（71）腰肢本独绝，眉眼特惊人。**判自**无相比，还来有洛神。（《玉台新咏·赐丽人》；[15]71）

（72）斜月知何照，幽林**判自**芳。（唐韦应物《同李二过亡友郑子故第》；[14]181）①

有学者举此二例，认为"自"乃"判"之后缀，《大词典》举上《玉台新咏》例及唐张鷟《游仙窟》例"元来不相识，判自断知闻"，释"判自"为"原来、本自"。

按：解"判自"为原来、本自，当误，"判"并无本来义。徐仁甫《广释词》

---

①　此例"自"乃空义，为论述需要，移于此处。

(1981:567)举例(71),认为"判"乃决、断义,表确定语气,当属正解。"判自"组合,当解为"定自","判自无相比"是在前两句描写基础上的推测。至于例(72),"判"用法同,但"自"当为空独义,详见本编第四类论述。《游仙窟》例,我们以为"判"或当释为分别,此诗上文引十娘言:"儿与少府,平生未展,邂逅新交,未尽欢娱,忽嗟别离,人生聚散,知复如何!"后承此而咏"元来不相识,判自断知闻","元来不相识"对应"儿与少府,平生未展","判自断知闻"则对应"忽嗟别离",指分离必然会断掉音讯。

3. 第三类用法用例辨析

常自

(73)＊司马太傅府多名士,一时俊异。庾文康云:"见子嵩在其中,**常自神王**。"(《世说新语·赏誉》第33条;[2]212;[5]67;[6]7;[15]71;[32]352)

此例有诸多学者以"常自"为一词,"自"为词尾。《世说新语笺注》(2019:494)译作"看到庾子嵩在这些人当中,常常使人精神旺盛"。如此解读或不确,《太平御览》卷二四九引臧荣绪《晋书》:"庾敳,字子嵩,参太傅军事,从子亮少时见敳在太傅府,僚佐多名士,皆一世秀异。敳处其中,常自神王①。"可见"神王"者乃庾敳,而非他使别人神旺。我们认为,此例中"自"乃自然义,"常自神王"即常常在没有外部影响下自然地精神旺盛。

而自

(74)所散天衣,住虚空中,**而自回转**。诸天伎乐百千万种,于虚空中一时俱作,雨众天华。(姚秦鸠摩罗什译《妙法莲华经》卷二;[27]29)

龙国富先生(2010:29)指出:"而自回转"译自梵文 bhrāmayanti,bhrāma 指"回转","而"的作用是连接两个状态或动作,表示两者的关联,"而回转"是三个音节,加上"自"就凑足了四音节,形成佛经四字格形式。

按:从对应来看,"而"是译经时的添加成分,依据前后文义将其定性为表关联,甚是恰当。但针对同样是添加成分的"自",却不加考察地将其定性为音

---

① "神王",四部丛刊本、嘉庆仿宋刻本引作"袖手",此从四库本。

节成分,显然欠妥。事实上,稍读文句,即可发现"自回转"当解作自然旋转、自动旋转,如此正可体现"天衣"奇异之处。后世解此经者,亦多如此解,如:

(75)经云"而自回转"者,表闻身子得记,法性**自然而转**,因果依正自他悉转。(唐天台沙门湛然述《法华文句记》卷六)

(76)"而自回转",**自于空中周回旋转**。(南宋释闻达《妙法莲华经句解》卷二)

另外,同经异译也能为我们的看法提供支持:

(77)时天帝释、梵忍迹天,及余无数亿千天子,各各取衣供养世尊,以天华、香意华、大意华散于佛上,诸天衣物悉在虚空罗列而住,天上伎乐**自然**而鸣,天上大声**自然**雷震,普雨天华。(西晋竺法护译《正法华经》卷二)

此经未译"回转",但后二句"自然而鸣""自然雷震"正用"自然"体现其奇异之处,可以推知《妙法莲华经》翻译时添加表"自然"义之"自",全无问题。

还自

(78)春华谁不美,辛伤秋落时。突烟**还自**低,鄙退岂所期。(东晋王嘉《拾遗记》卷九;[3]16;[9]58)

有学者将句中"还自"看作附加式,并将"徒自""空自"同样处理,我们以为或可商榷。句中"自低"当指不加外力自动变低,用以类比"鄙退"非人力所能影响。文献中相似的"自低"用例较常见,如:

(79)秦楼不见吹箫女,空余上苑风光。粉英含蕊**自低昂**。(五代李煜《临江仙·秦楼不见吹箫女》)

(80)无人慰幽寂,庭柳**自低垂**。(北宋王禹偁《春日官舍偶题》)

忽自

(81)吴尔时缚甚急,兼埋在土中,不觉**忽自**得脱,因尔而走。(南朝齐陆杲《系观世音应验记》第50条;[16]163;[28]60)

有学者将句中"忽自"看作附加式,可商。"忽自得脱"当指其缚未经外力而自动得以解脱,如此正可体现观世音之神奇。这种用法的"自"在《观世音应

验记三种》中很常见,如:

(82)试自奋动,手发拭然**自解**。(南朝宋张演《续观世音应验记》第 1 条)

(83)眠觉,便见两脚锁械**自脱**床上。(南朝齐陆杲《系观世音应验记》第 24 条)

(84)得七日,即锁械**自脱**。(《系观世音应验记》第 32 条)

"自"前添加副词"忽",并不影响"自"之义,可比较以下二例:

(85)妇人惊觉,身贯三木,**忽自离解**。(《续观世音应验记》第 7 条)

(86)既遭厄难,心益存至。一夜,锁缚**忽自解脱**,径得判去。(《系观世音应验记》第 29 条)

皆自

(87)东主有常科,悔叛还者,**皆自**原罪。(《三国志·吴书·周鲂传》;[15]71)

有学者举此例,将"自"看作"皆"之后缀。我们以为"自"当解作自然、自动义,"自原罪"指不须官家赦免这种外力而自然原罪、自动原罪。

偶自

(88)宋人父子,前**偶自**以风寒发盲,围解之后,盲**偶自**愈。世见父子修善,又用二白犊祭,宋、楚相攻,独不乘城,围解之后,父子皆视,则谓修善之报,获鬼神之祐矣。(《论衡·福虚》;[32]355)

有学者以偶然、恰好释"偶自",并以"自"为词缀,可商。句中二"偶自"均当指偶然自然地,其中第二个"偶自"意义更明,第一个因插入"以风寒"三字,容易让人将"偶自"看作一词,其实文章想表达的是宋人"发盲"与"愈"同是否"修善"及"获鬼神之祐"无关。《论衡》中相关的用法还有很多,如:

(89)君适不明,臣适为谗,二子之命,**偶自**不长。二偶三合,似若有之,其实**自然**,非他为也。(《偶会》)

此例"偶自"之"自"即后文"其实自然"之"自然"。

（90）夫天地合气,人偶**自**生也;犹夫妇合气,子则**自生**也。夫妇合气,非当时欲得生子,情欲动而合,合而生子矣。（《物势》）

此例"人偶自生"与"子则自生"相应,"自"均指"自然"。

适自

（91）丈夫有短寿之相,娶必得早寡之妻;早寡之妻,嫁亦遇夭折之夫也。世曰:"男女早死者,夫贼妻,妻害夫。"非相贼害,命自然也。使火燃,以水沃之,可谓水贼火。火适自灭,水适自覆,各各自败,不为相贼。今男女之早夭,非水沃火之比,**适自**灭覆之类也。（《论衡·偶会》;[32]357）

有学者以"适自"为附加式,可商。这从上文描述可以知道:"火适自灭,水适自覆",指火正好自己灭掉,水正好自己翻覆,下文"自败"即指此,以区别于以水沃火,"男女之早夭"与"水沃火"不同,而同于"火适自灭,水适自覆","适自灭覆"显然指自然灭覆。

悉自

（92）求愿已讫,四方云雾,即有风来,吹除粪秽,及余不净,**悉自**去。（元魏惠觉译《贤愚经》卷九;[6]7）

有学者举此例,认为"自除去"不能说"风自己除去",故以"悉自"为附加式。按:"自除去"当指"余不净"不凭人力而自动除去。可比较下例:

（93）尊者受之,因谓:"虽然,汝属宜正念依佛,使僧威仪**自然而成**,不须工为。"仙众如其言,而须发果**自除去**,袈裟生体。（南宋释契嵩《传法正宗记》卷二）

句中"自除去"与前"自然而成"照应,指须发不经人为自动除去。

续自

（94）太阴为病,脉弱,其人**续自**便利,设当行大黄、芍药者,宜减之,以其人胃气弱易动故也。（东汉张仲景《伤寒论》上编;[32]358）

（95）风水恶风,一身悉肿,脉浮不渴,**续自**汗出,无大热,越婢汤主之。（东汉张仲景《金匮要略》卷中;[32]358）

此二例有学者将"续自"看作附加式,可商。先看第(94)例,此句出自《伤寒论》上编"辨太阴病脉证并治",在此句之前尚有一句与此有关,其文作:"太阴之为病,腹满而吐,食不下,**自利**益甚,时腹**自痛**,若下之,必胸下结硬。""其人续自便利"即承此句而言,"自便利"与"自利"相应,"自痛"之"自"用法亦同,"自便利""自痛"当指没有其他外在因素影响而自然便利、自然疼痛,"自"并非词缀。元朱震亨《丹溪手镜》卷上"腹满并痛三十二"引此文时,将二句合一,其文作:"太阴腹满,吐,食不下,**自利**,时腹**自痛**,忌下。下之胸下结硬,脉弱,**自便利**,虽用下,宜减之。"此亦可证"自便利"当作一读。医书中"自便利"少用,但"自利"却很常见,此举《伤寒论》中另外三例:

(96)**自利**不渴者,属太阴,以其脏有寒故也,当温之,宜服四逆辈。(上编)

(97)少阴病,欲吐不吐,心烦但欲寐,五六日,**自利**而渴者,属少阴也,虚故引水自救。(上编)

(98)少阴病,脉微细沉,但欲卧,汗出不烦,自欲吐。至五六日,**自利**,复烦躁,不得卧寐者死。(上编)

这些用例亦可佐证"续自便利"之"自"并非词缀。

再看例(95),《金匮要略》中有很多"自汗出"的用例,互作比较,即可发现"自"非后缀:

(99)盛人脉涩小,短气,**自汗出**,历节痛,不可屈伸,此皆饮酒汗出当风所致。(卷上)

(100)黄疸腹满,小便不利而赤,**自汗出**,此为表和里实,当下之,宜大黄滑石汤。(卷中)

(101)肠痈者,小腹肿痞,按之即痛如淋,小便自调,时时发热,**自汗出**,复恶寒,其脉迟紧者,脓未成,可下之,当有血。(卷中)

而《伤寒论》中的用例则鲜明揭示了"自汗出"之义:

(102)脉浮数者,法当汗出而愈。若下之,身重心悸者,不可**发汗**,当**自汗出**乃解。所以然者,尺中脉微,此里虚,须表里实,津液自和,便**自汗出**愈。(上编)

"自汗出"与"发汗"相对,"发汗"指借助外在手段使汗出,而"自汗出"则指不借助其他手段汗自然出来。

总自

(103)重门关锁难开得,振锡之声**总自**通。(《敦煌变文集·目连缘起》;[9]58;[14]186)

有学者以"总自"为附加式,我们以为:"自"乃自动、自然义,盖虽然重门关锁难以打开,但振锡之声却总可以自动通报。

另有一例比较特别:

极自

(104)是七宝树转共相成,种种各自异行,行行自相值,茎茎自相准,枝枝自相值,叶叶自相向,华华自相望,**极自**软好,实实自相当。(西晋竺法护译《无量清净平等觉经》;[36]158)

有学者举此例,以"极自"为附加式。按:此例似有些问题,"极自软好"置于句中,使句式不协,三国吴支谦译《佛说阿弥陀三耶三佛萨楼佛檀过度人道经》卷上亦有相似内容,即无此四字。不过《无量清净平等觉经》中尚有另外"极自软好"用例,如:

(105)华皆自散无量清净佛及诸菩萨、阿罗汉上。华适堕地,华皆厚四寸,**极自软好**无比。华小萎,则自然乱风吹萎华,悉自然去。则复四方复自然乱风起,吹七宝树,七宝树皆复自作五音声;乱风吹华,悉复自然散无量清净佛及诸菩萨、阿罗汉上;华堕地则自然乱风复吹萎华,悉自然去。则复四方自然乱风起,吹七宝树、华,如是者四反。(卷二)

(106)华都自然合为一华,华正团圆,周匝各适等。华转倍前,**极自软好**,转胜于前华好。(卷二)

"极自"是不是附加式呢? 从文句看似乎只能如此解,然而同经异译给了我们不同的理解。

(107)其国地皆自然七宝,其一宝者白银,二宝者黄金,三宝者水精,四宝者琉璃,五宝者珊瑚,六宝者琥珀,七宝者车渠,是为七宝。皆以自共为地,旷荡甚大无极。皆自相参,转相入中,各自焜煌参明,**极自软好**,甚姝无比。(三国吴支谦译《佛说阿弥陀三耶三佛萨楼佛檀过度人道经》卷上)

可比较下例:

(108)其国地皆自然七宝:其一宝者名白银,二宝者名黄金,三宝者水精,四宝者琉璃,五宝者珊瑚,六宝者虎珀,七宝者车𤦲。是七宝皆以自共为地,旷荡甚大无极;皆自相参转相入中,各自焜煌,参光极明,**自然软甚**,姝好无比。(东汉支娄迦谶译《佛说无量清净平等觉经》卷一)

两相比照,"自"当对应"自然",乃自然义。看似不太合理,然综观上下文,可以发现二经中"极自软好"前后相关文字均出现大量"自然"(见上文举例),另外尚有其他证据:

(109)第三愿,使某作佛时,令我国土,自然七宝,纵广甚大,旷荡无极,**极自软好**。(唐释道世《法苑珠林》卷三四)

此例宋、元、明本"极自"均作"自然"。

小结:"自"表自然义的用法可细分为三类,1.推理某事自然会发生,此类句式一般由两部分构成,前一部分与"自"所引出的后一部分之间有事理上的因果关系。2.推测某事在未来必然会发生,常与情态动词"必、定、要、应"等连用。此用法与前一用法有时并不能截然分开,故我们未将其独立为一个义项。3.表事物不受外力作用自然呈现出某种动作或状态,可用自动、自然对译。

九、"自"之实义及相关误判例

(一)"自"有实义

"自"表实义,在中古口语性文献中用例较多,主要分为两类:

1.对客观情况的真实性表示肯定

通常列举一些事实，以"自"确认某种情况确实存在，"自"可译作确实。我们看以下用例：

> 知郡荒，吾前东，周旋五千里，所在皆尔，可叹。江东**自**有大顿势，不知何方以救其弊？（东晋王羲之《杂帖》）

> 忽动小行多，昼夜十三四起，所去多。又风不差，脚更肿，转欲书疏，**自**不可已，惟绝叹于人理耳。（东晋王献之《杂帖》）

> 愚谓常侍便可连于《尚书传》下，书定**自**难。云少作书，至今不能令成，日见其不易。前数卷为时有佳语，近来意亦殊已莫莫，犹当一定之，恐不全。（《与兄平原书》之一三）

第一例，本"知郡荒"，后"前东，周旋五千里"，发现所在皆如此，因而更加确定江东确实有大顿势，"自"乃确实义。第二例，前文所述之病症使得欲书疏实不可已。第三例，"书定自难"即"定书实难"，后文乃列举定书实难之事证。

> 王、刘听林公讲，王语刘曰："向高坐者，故是凶物。"复更听，王又曰："**自**是钵釪后王、何人也。"（《世说新语·赏誉》第110条）

> 刘尹道桓公："鬓如反猬皮，眉如紫石棱，**自**是孙仲谋、司马宣王一流人。"（《世说新语·容止》第27条）

> 有济尼者，并游张、谢二家。人问其优劣，答曰："王夫人神情散朗，**故**有林下风气。顾家妇清心玉映，**自**是闺房之秀。"（《世说新语·贤媛》第30条）

> 王子敬语王孝伯曰："羊叔子**自**复佳耳，然亦何与人事！故不如铜雀台上妓。"（《世说新语·言语》第86条）

第一例，王、刘听林公讲之后，确认其确实是"钵釪后王、何人也"。《高僧传》卷四有此内容，其文作"实缅钵之王何也"，"实""自"同义。第二例，"自"亦实义，《世说新语笺注》（2019：706）译此句作"确实是孙仲谋（权）、司马宣王（懿）一类的人"。第三例，"故""自"对文，均为确实义，"顾家妇清心玉映"乃确认之根据。第四例，"自"亦确实义，《世说新语笺注》（2019：156）译此句作"羊叔子（祜）确实出类拔萃"。

2.揭示实际与表象的不同

常用于存在转折或对立义的句子中,揭示事实,"自"可译作"实际上"。如:

> 卫君长是萧祖周妇兄,谢公问孙僧奴:"君家道卫君长云何?"孙曰:"云是世业人。"谢曰:"殊不尔,卫<u>自</u>是理义人。"(《世说新语·品藻》第69条)

> 弓箭手虽名应募,**实**不离家,有事则暂时应用,无事则终岁在田。虽或轮次上番,<u>自</u>亦不妨农事。(南宋李焘《续资治通鉴长编》卷三九七)

第一例,"自是理义人"是在否定他人看法基础上揭示真实情况,"自"乃实义。第二例,"自"与"实"对应义同,"轮次上番"本应妨害家事,实际却并非如此。

自之"实"义徐仁甫(1981:361)、萧旭(2007:308—309)已揭示,姚振武(1993)赞同徐仁甫的观点,而刘瑞明先生(1994:458)则持反对意见,认为徐仁甫论证有问题,且有些用例可用常义"自然""本来"为释。我们看其中两个用例[①]:

> 树头树底觅残红,一片西飞一片东。<u>自</u>是桃花贪结子,错教人恨五更风。(唐王建《宫词》)

> <u>自</u>是君身有仙骨,世人那得知其故。惜君只欲苦死留,富贵何如草头露?(唐杜甫《送孔巢父谢病归游江东,兼呈李白》)

以上二例用"本是"释"自是"确无问题,但细细体会文义,我们以为解作"实"更加准确:第一例是在人们误恨五更风的情形下,揭示真实情况。第二例指明世人不知其故,故而揭示真实情况,二例均存在表象与事实的对立。可比较"实是"用例:

> 真成物外奇稀物,**实**是人间断绝人。(唐张文成《游仙窟诗·咏崔五嫂》)

---

① 徐仁甫文所引都为诗歌,理解上存在局限性,故我们仅选择两例比较确定的加以分析。

"自"有实义,乃由其本来义引申而来:揭示事物的本来面貌,或对本已存在的事实加以确认,即为实际、确实。上举用例有些可用"本"对译,这体现出二者的关联。"自"有"实"义还有其他佐证:"固""故"都有本义,均引申有实义(详见下文),"自"亦有本义,引申出实义当属自然①。

(二)诸家所举此类用例辨析

诸家所举用例中,有很多属此类,犹以同义复合为多,如:

故自②

(1)张公语云云,兄文**故自**楚,须作文,为思昔所识文,乃视兄作诔,又令结使说音耳。(《与兄平原书》之一五;[12]30;[13]8)

(2)谢曾无惧色,敛笏对曰:"乐彦辅有言:'岂以五男易一女?'"太傅善其对,因举酒劝之曰:"**故自**佳!**故自**佳!"(《世说新语·言语》第100条;[30]340;[2]212;[15]71;[32]354)

(3)孙兴公、许玄度共在白楼亭,共商略先往名达。林公既非所关,听讫云:"二贤**故自**有才情。"(《世说新语·赏誉》第119条;[2]212;[14]181)

(4)时恭尝行散至京口谢堂,于时清露晨流,新桐初引,恭目之曰:"王大**故自**濯濯。"(《世说新语·赏誉》第153条;[32]354)

(5)诸君莫轻道,仁祖企脚北窗下弹琵琶,**故自**有天际真人想。(《世说新语·容止》第32条;[2]212)

(6)王丞相拜司空,桓廷尉作两髻,葛群,策杖,路边窥之,叹曰:"人言阿龙超,阿龙**故自**超。"不觉至台门。(《世说新语·企羡》第1条;[19]291;[32]354)

有学者举以上诸例,认为"故自"为附加式,可商。上举用例多出自《世说

---

① 《大词典》"固"之确实义下,引《孟子·梁惠王上》例:"然则小固不可以敌大,寡固不可以敌众,弱固不可以敌强。"此例以"实"释"固"没有问题,解作"本"亦很顺畅,由此可见"本"与"实"的密切关系。

② 为了说明问题,此特将用例较多的"故自""固自""正自"提前,其他依音序排列。

新语》,《世说新语》中"自"单用表确实义有很多用例(见前文),"故"表确实义亦较常见,二者组合在一起仍表确实,理应看作同义复合。事实上,上举用例中,无论单用"故",还是单用"自"均无问题,何以二者组合在一起,"自"就成了词缀呢?

诸家否认其为同义复合,当与文献中无同义倒序组合"自故"用例有关。究其原因,主要是因为"故自"的使用范围、使用时间及用量均十分有限:表确实义的"故自"基本限于魏晋南北朝时期的南朝文献中,用例很少①,且主要集中于《世说新语》及陆云书信。这样的使用情况无同义倒序组合实属自然。

固自

(7)王敬伦风姿似父,作侍中,加授桓公,公服从大门入。桓公望之,曰:"大奴**固自**有凤毛。"(《世说新语·容止》第 28 条;[2]212;[15]71;[17]676)

(8)光闻杀士开,抚掌大笑曰:"龙子作事,**固自**不似凡人。"(《北齐书·武成十二王传·南阳王绰》;[32]354)

(9)今仅记网师园中有一联云:"风风雨雨……"语涉纤巧,而状艳冶之景,如在目前,**固自**妙丽无匹也。(清梁章钜《楹联丛话》;[3]17)

有学者举此三例,将"固自"看作附加式②,可商。"固"有确实义,刘淇《助字辨略》卷四引《孟子·梁惠王上》"百姓皆以王为爱也,臣固知王之不忍也",释曰:"固,信也,实也。"他例如《孟子·梁惠王上》:"然则小固不可以敌大,寡固不可以敌众,弱固不可以敌强。""固自"当为同义复合,由于文献用例较少,且其倒序形式"自固"乃文献常用组合,指巩固自身的地位,确保自己的安全,故无同义倒序形式。

正自

(10)兵真凶事,生来初不见习,顷观之,**正自**使人意恶。羊肠转时极佳,……恐此**正自**取好耳,说之不能工,愿兄试一说之……**正自**似急水中山石间……(《与兄平原书》之六;[15]74)

---

① 我们利用汉籍检索系统(四)检索了宋前文献,仅发现 10 余个用例。

② 王云路先生(2010:354)释"固自"为固然、本来,从义看,解作确实似更合理。

(11)王右军与谢公诣阮公,至门语谢:"故当共推主人。"谢曰:"推人**正自**难。"(《世说新语·方正》第 61 条;[2]212)

(12)王神意闲畅,谢公倾目。还谓刘夫人曰:"向见阿瓜,故自未易有。虽不相关,**正自**使人不能已已。"(《世说新语·赏誉》第 147 条;[5]65)

(13)王卫军云:"酒**正自**引人着胜地。"(《世说新语·任诞》第 48 条;[18]860)

有学者举上述诸例,以"正自"为附加式,可商。"正"有确实义,《世说新语》有例,《赏誉》第 73 条:"庾稚恭与桓温书,称:'刘道生日夕在事,大小殊快。义怀通乐既佳,且足作友,**正**实良器。推此与君同济艰不者也。'"此例"正""实"同义复合,"正"亦实义。《任诞》第 35 条:"王光禄云:'酒,**正**使人人自远。'"上举"正自"当属同义复合。以下我们通过"自难"搭配考察"正自难"的性质:

(14)彦伯已入,殊足顿兴往之气。故知捶挞**自难**为人,冀小却当复差耳。(《世说新语·品藻》第 79 条)

(15)如贲之例,皆不满志,任之则不逊,致之则怨,**自难**信也,非我弃之。(《北史·卢贲传》)

以上二例"自难"均表"实难"。

(16)肃惶惧忘讳,对曰:"向有醉胡乘马驰入,甚呵御之,而不可与语。"勒笑曰:"胡人**正自难**与言。"(《晋书·石勒载记下》)

(17)昕曰:"楼罗,楼罗,**实自难**解。时唱染干,似道我辈。"(《北史·王昕传》)

以上二例"正自难""实自难"及上举例(11)《世说新语》例"正自难"均表确实难,它们与上举(14)(15)二例中独用的"自难"并无实质区别。

(18)辛勤艺宿麦,所望明年熟。一饱**正自**艰,五穷故相逐。(南宋陆游《十二月十八日夜风雨大作》;[3]17)

此例"正自","正"表实义,"自"更倾向于表本、已,由于诗句的局限性,较难确定其义。

表确实义的"正自"未见同义的倒序组合,但"自正"在文献中很常见,"正"常作动词,多表自然变端正或使自己正。

诚自

(19)又启:"今者散职中**诚自**有人,然刘讷才志,内外非称。"(西晋山涛《启事》;[15]71;[12]30;[13]8)

(20)白珪**诚自**白,不如雪光妍。(南朝宋鲍照《咏白雪》;[32]353)

(21)沧池**诚自**广,蓬山一何峻。(南朝梁刘孝绰《侍宴饯张惠绍应诏诗》;[4]458;[32]353)

有学者举此数例,以"诚自"为附加式。按:"诚""自"均有实义,上举诸例"诚自"亦表确实义,看作同义复合更加合理。另文献中"诚自"搭配用例很多,但在散文中"自"多表自己,如:

(22)鲔曰:"大司徒被害时,鲔与其谋,**诚自知**罪深,故不敢降。"(《后汉纪》卷三)

(23)所以越典诡常,伪通于吴,**诚自念**穷迫,报效未立,而为天威督罚所加,长恐奄忽不得自洗。(《三国志·魏书·公孙度传》裴松之注引《魏略》)

端自

(24)底事流落江南,水仙兄弟,**端自**难优劣。(南宋赵师侠《酹江月》;[30]340)

有学者将"端自"看作附加式,可商。上例"端自"乃确实义,"端"独用亦有确实义,如南宋葛胜仲《临江仙》:"郊外黄埃**端**可厌,归来移病香闺。"明周履靖《锦笺记·赐婚》:"下官**端**为淑娘姻事,历尽无数间关。""端自"亦当看作同义复合,它主要用于宋代诗词中,用例不多。

良自

(25)人生**良自**剧,天道与何人。(南朝宋鲍照《代蒿里行》;[32]355)

(26)涉江**良自**远,托意在无穷。(隋辛德源《芙蓉花》;[32]355)

此二例有学者释"良自"作确实,并认定为附加式,可商。"良"有确实义,《史记·赵世家》:"诸将以为赵氏孤儿**良**已死,皆喜。"《古诗十九首》之七:"**良**无磐石固,虚名复何益。"上举二例"良自"亦确实义,看作同义复合更加合理。"良自"的此类用法十分少见,唐诗中有一些"良自"搭配,"自"多与其后动词组合表自己。

实自

(27)有作文唯尚多而家多猪羊之徒,作《蝉赋》二千余言,《隐士赋》三千余言,既无藻伟体,都自不似事。文章**实自**不当多。(《与兄平原书》之二一;[2]212;[3]17;[12]31;[14]181;[23]26)

(28)去后,语胡儿曰:"子敬**实自**清立,但人为尔多矜咳,殊足损其自然。"(《世说新语·忿狷》第6条;[15]71;[32]357)

(29)上谓王奂曰:"奂于释氏,**实自**专至。其在镇或以此妨务,卿相见言次及之,勿道吾意也。"(《南齐书·王奂传》;[32]357)

(30)尝有鲜卑聚语,崔昂戏问昕曰:"颇解此不?"昕曰:"楼罗,楼罗,**实自**难解。时唱染干,似道我辈。"(《北史·王昕传》;[17]675)

(31)如我今者,**实自**无情。云何乃能服此子药?(失译《大方便佛报恩经》卷三;[36]158)

(32)佛言:"婆罗门!今在我法中出家为道,诸婆罗门得无嫌责汝耶?"答曰:"唯然!蒙佛大恩,出家修道,**实自**为彼诸婆罗门所见嫌责。"(姚秦佛陀耶舍共竺佛念译《佛说长阿含经》卷六;[32]357)

有学者举以上诸例,将"实自"看作附加式,可商。"实""自"均有确实义,以上用例"实自"亦表确实,看作同义复合显然更加合理。"实自"的用例较多,其倒序形式"自实"常用表自我证实,"实"作动词,这可能是表确实义的"自实"无用例的原因。

信自

(33)寻得李宠劝封禅草,**信自**有才,颇多烦长耳。(《与兄平原书》之二七;[15]71)

(34)人言扬州乐,扬州**信自**乐。(《晋诗》卷一九《清商曲辞·翳乐》;[4]458;[31]184)

(35)谢中郎是王蓝田女婿,尝着白纶巾,肩舆径至扬州听事见王,直言曰:"人言君侯痴,君侯**信自**痴。"(《世说新语·简傲》第 10 条;[2]212;[32]358)

有学者举此三例,将"信自"看作附加式,可商。"信"单用有确实义,如《左传·昭公元年》:"女自房观之,曰:'子皙**信**美矣。'"唐柳宗元《游石角过小岭至长乌村》:"为农**信**可乐,居宠真虚荣。"诸家所举三例"信自"均表确实义,理当看作同义复合。表确实义的"信自"亦无同义的倒序组合,究其原因,盖因"自信"乃文献常用词,表相信自己。

真自

(36)独眠**真自**难,重衾犹觉寒。(南朝梁刘孝威《邺县遇见人织率尔寄妇》;[31]184;[32]359)

有学者将句中"真自"解作真的、确实,并以其为附加式,可商。"真""自"均有实义,"真自"看作同义复合更加合理。另"真自"主要用于唐宋诗词中,散文少见,且"真自"用例有很多"自"与其后动词搭配表自己。

除了同义复合外,还有其他一些被误解的用例,如:

都自

(37)又古今兄文所未得与校者,亦惟兄所道数都赋耳。其余虽有小胜负,大**都自**皆为雌耳。(《与兄平原书》之一九;[6]7)

有学者认为例中"自"乃"都"之后缀,当误。"大都"当为一词,大多义,文献用例颇多,如:

(38)上下何如?仆上下**大都**蒙恩,得书至之。(东晋王珉《杂帖》)
(39)刲胡叶,煮三沸汤。待冷,接取清者,溲曲。以相着为限,**大都**欲小刚,勿令太泽。搔令可团便止。(北魏贾思勰《齐民要术》卷七)

至于"自",从前后文语境看,当为"实"义:表面上"有小胜负",而实则大都"皆为雌","自"用以揭示真实情况。

164

复自

（40）支谓谢曰："君一往奔诣，故**复自**佳耳。"（《世说新语·文学》第55条；[2]212）

有学者将句中"复自"看作以"自"为词缀的复合词，可商。句中"复"当为更义①，"自"乃确实义，"故"表原因，"故复自佳"即"所以确实更好"，"君一往奔诣"则为得出此结论的根据。"复自佳"语序有些异常，其通常语序当作"自复佳"，如：

（41）张公文无他异，正自情省无烦长，作文正尔**自复佳**。（《与兄平原书》之二一）

（42）王子敬语王孝伯曰："羊叔子**自复佳**耳，然亦何与人事！故不如铜雀台上妓。"②（《世说新语·言语》第86条）

（43）问长生之道，母曰："贱荣乐卑，**自复佳**尔。养性之道，理身之要，在不怠耳。"（《太平御览》卷六六一引《尚书帝验期》）

此三例"自复佳"义稍别：第一例义为"自然还不错"；第二、三例义为"确实还不错"。

乃自

（44）王逸少作会稽，初至，支道林在焉。孙兴公谓王曰："支道林拔新领异，胸怀所及，**乃自**佳，卿欲见不？"（《世说新语·文学》第36条；[30]340；[2]212；[15]71；[13]8；[18]246）

（45）子敬与子猷书，道："兄伯萧索寡会，遇酒则酣畅忘反，**乃自**可矜。"（《世说新语·赏誉》第151条；[2]212；[18]564）

（46）刘尹云："人言江彪田舍，江**乃自**田宅屯。"（《世说新语·品藻》第56条；[2]212；[18]610）

有学者举上述用例，认为"乃自"表确实义，"自"为词缀。刘瑞明（1989：212）同时指出："'乃'之意表强调肯定，'乃自'即确实义，'自'为词尾。王力主

---

① 详参下编第十二类"故复"条论述。

② 此二例中"复"当表委婉语气，参下编第十七类"自复"条。

编《古代汉语》244页言:古代汉语判断句的谓语前面常用副词'乃'加强肯定。'乃'是对谓语的肯定,'自'附缀于'乃'。"

按:古汉语判断句前确实常用"乃"加强语气,但"乃"当对译作就是、便是,而非确实。上举(44)(45)例,"自"所引成分都是在列举某些事实后对某种情况的确认,(46)例直接对前句情况加以确认,这正是"自"表确实义功能的体现。三例中,"乃"表论断,"自"为确实义,《世说新语笺注》(2019:610)译"乃自田宅屯"作"确实是耕种盖房子","确实是"对应"乃自",甚当。如果去掉"自"单用"乃"引出,文句所要表达的确认语气显然要弱得多。

却自

(47)道夫因言欧阳公文平淡。曰:"虽平淡,其中**却自**美丽,有好处,有不可及处,却不是闒茸无意思。"(《朱子语类》卷一三九;[5]67;[6]7)

(48)此身忘世浑容易,使世相忘**却自**难。(南宋辛弃疾《鹧鸪天》;[30]340;[3]19)

有学者将"自"定性为"却"之后缀,我们以为不然。上举二例均存在转折,"自"当为实义,以揭示真实情况。以下通过与"却自美丽"义近的"却自好"为例加以说明。

我们先看《朱子语类》中的一个用例:

(49)《易》是荆公旧作,**却自好**。三经义(《诗》《书》《周礼》)是后来作底,却不好。(卷七八)

此例"却自好"与"却自美丽"义近,且二句语境亦相似,"自"的用法应当相同。句中后有"却不好","却自好"与之相对,似乎"不好"对"好","自"看作"却"之后缀十分合理。然而还有另外一种思路:此句前后都有"却",二者明显相应,"自好"与"不好"相应,"自"当为副词,从文义看解作"实"正合理。

"自好"到底该如何解呢? 我们考察了《朱子语类》中的用例,发现"自好"乃书中常用搭配,其中就有很多表"实好"者,如:

(50)"但上文先言'以责人之心责己',则连下句亦未害。"曰:"上句**自好**,下句**自不好**。盖才说恕己,便已不是。"(卷一六)

（51）初问罗先生学《春秋》，觉说得**自好**。后看胡文定《春秋》，方知其说有未安处。（卷一〇三）

（52）先生初亦欲与经营，包显道因言："祸福已定，徒尔劳扰。"先生嘉之，且云："显道说得**自好**，未知当局如何。"（卷一〇七）

此三例"自好"表确实好。

（53）明道爱举"圣人以此斋戒，以神明其德夫"一句，虽不是本文意思，要之意思**自好**。（卷七五）

（54）问张子"贞胜"之说。曰："此虽非经意，然其说**自好**，便只行得他底说，有甚不可？"（卷七六）

此二例用于转折句中，揭示真实情况。上举例（47）（49）"却自美丽""却自好"即此类用法。我们再比较一下"却"与"实"的搭配，以体会"却自"之义：

（55）自欺，非是心有所慊。外面虽为善事，其中**却实**不然，乃自欺也。（《朱子语类》卷一六）

（56）择之讲论精密，务求至当，似未为过，但其间**却实**不免有轻视前辈之心。（南宋朱熹《晦庵先生朱文公文集》卷四五）

（57）此可更问子约看如何，然渠此书，**却实**自成一家之言，亦不为无益于世。（《晦庵先生朱文公文集》卷五四）

亦自

（58）宜以手向盆旁接使极薄，皆急火逐沸熟煮。非直光白可爱，**亦自**滑美殊常。（北魏贾思勰《齐民要术》卷九；[32]358）

有学者将"亦自"看作附加式，可商。句中"亦自"与"非直"搭配使用，相类用例较多，如：

（59）窃闻出家闲旷，犹若虚空；在俗笼樊，比于牢狱。**非但**经有明文，**亦自**世间共见。（南朝陈徐陵《谏仁山深法师罢道书》）

（60）节下若从卿言，**非唯**斩壮士，**亦自**无以平贼。（《南史·王广传》）

（61）且著述之人，密书纵能直笔，人莫知之。**何止**物生横议，**亦自**异端互起。（《北史·柳虬传》）

(62)乘兹困穷,或致骚动,便恐南走越,北走胡,**非唯**流逆齐人,**亦自**搅乱殊俗。(《旧唐书·崔融传》)

可比较以下用例:

(63)豫章内史丘仲孚,重试大邦,责以后效,**非直**悔吝云亡,**实亦**政绩克举。(《梁书·丘仲孚传》)

(64)若萧衍克就,上下同心,**非直**后图之难,**实亦**扬境危逼。(《魏书·源怀传》)

(65)微躯所惜,一朝亦尽,**非唯**仰尘国纪,**实亦**俯畏友朋。(《宋书·王弘传》)

(66)吾羁旅南人,恩非旧结,……不谓婴此重疾,有心莫遂。**非唯**仰愧国灵,**实亦**俯惭后土。(《魏书·王慧龙传》)

(67)陛下远拟周汉,为国家无穷之计,**岂惟**臣等赖之,**实亦**宗庙四海之庆。(《晋书·刘曜载记》)

(68)今修和亲,兼婚姻之好,**岂但**分灾共患而已,**实亦**永安之福也。(《晋书·姚兴载记下》)

这些用例为"实亦"与"非直""非唯"等搭配使用,句式关系与前举"亦自"的搭配的用法相同,"实亦"与"亦实"意义上并无区别,"亦自"解作"亦实"全无问题。

(69)而家门颇有不同,所见互称长短;然其阡陌,**亦自**可知。(《颜氏家训·风操》;[32]358)

(70)中原惟洛阳得天地之中,语音最正,然谓"弦"为"玄"、谓"玄"为"弦",谓"犬"为"遣"、谓"遣"为"犬"之类,**亦自**不少。(南宋陆游《老学庵笔记》卷六;[2]212;[3]16;[17]676)

此二例"亦自"用于转折句后半句,用以揭示表象之下的真实情况,相似用例较多,如:

(71)是时,天下旱蝗,晋人苦兵,乃遣开封府军将张晖假供奉官聘于契丹,奉表称臣,以修和好。德光语不逊,然契丹**亦自**厌兵。(《新五

代史·契丹传》)

(72)周谏议湛善射弩,十发十中的,隔屋射亦然。尝谓予曰:"其法虽由审固,然**亦自**有神用。今以架服弩,施箭其上,往往不中。至于用神之专,无不向的,非神用而何?"(北宋范镇《东斋记事》卷二)

(73)粘罕南来时,桧在中司,以抗议请存赵氏,为粘罕所执而去,天下高之。然粘罕**亦自**喜其为人,置之军中,试之以事。(南宋宇文懋昭《大金国志》卷十三)

"亦自"即"亦实"。可比较以下用例:

(74)若此自强,虽不足谓美,然始终庶几无大旷,**自亦**蒙鄙之分所竭之至也。(北宋曾巩《代上张学士启》)

(75)而言或过中,引义非是,朕虽曲为含忍,在尔**自亦**难安。(南宋徐自明《宋宰辅编年录》卷一〇)

(76)吕蒙正曰:"昔陈平佐汉之功虽高,然以多用阴谋,**自亦**悔之。"(南宋李焘《续资治通鉴长编》卷三四)

(77)且事有疑似,犹指以为过。或陛下大阙失,近臣虽不言,**自亦**传闻四方,为圣政之累,何可忽也!(《续资治通鉴长编》卷一一九)

(78)熙河一路开创未久,凡百用度,锱铢较计,尚未易供亿。其缘防城器具,虽为粗恶之物,极塞所直,**自亦**不少。若于御贼施用,未是要急,诚为枉费。(《续资治通鉴长编》卷三四四)

以上用例"自亦"亦用于转折句中揭示实情,"自亦"与"亦自"义同,"自"乃"实"义,而这种倒序的用法无疑表明"自"并非词缀。

(79)且今河扫稍桩之类,纳时数目不足,及私行盗窃,比之他司官物,最不齐整。及其觉知欠少,或托以火烛,或诿以河决,虽有官司,无由稽考。今以免夫钱付之,类亦如此矣。兼访闻河上人夫,**自亦**难得,名为和雇,实多抑配。(《续资治通鉴长编》卷四四四)

此例用法与上举数例同,"自亦"即"实亦",而北宋苏辙《栾城集》卷四六有此句,"自亦"作"亦自"。

相似用法的"亦实""实亦"亦有用例,可以比堪:

(80)西土之人，宗服令德，解仇崇好，以顺风化。万里雍穆，如乐之和。虽为国家威灵感应，**亦实**士燮堪事之效也。（东汉孔融《与韦休甫书》）

(81)虽云疾恶情深，**亦实**好善未笃。（北宋王溥《唐会要》卷五三）

(82)老苏门只就《孟子》学作文，不理会他道理，然其文**亦实**是好。（元马端临《文献通考》卷二三五）

(83)司空奕世忠良，今日复建殊效，相与虽则君臣，**实亦**义同兄弟，宜共立盟约以敦情契。（《北齐书·高乾传》）

(84)其二以为虽不得地，**实亦**无损，猖狂力屈，稍复求和，中国厌兵，势无不许。（北宋苏辙《栾城集》卷三九）

"实亦""亦实"功能亦相同。

(85)固是。圣人全不曾说这话与人，这处无形无影，**亦自**难说。所谓"敬鬼神而远之"，只恁地说。（《朱子语类》卷三四；[5]66）

此例有学者将"自"看作"亦"之后缀，可商。我们看《朱子语类》中的几个例句：

(86)又问："'变化'二字，旧见本义云：'变者，化之渐；化者，变之成。'夜来听得说此二字，乃谓'化是渐化，变是顿变'，似少不同。"曰："如此等字，**自是难说**。"（卷七一）

(87)曰："仁者，生之理而动之机也。惟其运转流通，无所间断，故谓之心，故能贯通四者。"曰："这**自是难说**，他自活。今若恁地看得来，只见得一边，只见得他用处，不见他体了。"（卷九五）

(88)禘者，祭其祖之所自出，而以祖配之。盖无庙而祭于祖庙，所以难以答或人。固是鲁禘非礼，然事体大，**自是难说**。若主祭者须是极其诚意，方可感格。（卷二五）

以上三例"自是难说"无论是语境还是意义均与"亦自难说"同，"自是难说"之"自"显然无法以词缀为释，可佐证"亦自难说"之"自"亦不当以词缀为解。而细细体会前后文义，"自"解作"实"正合文义。

(89)《茂曹碑》皆自是蔡氏碑之上者,比视蔡氏数十碑,殊多不及,言**亦自**清美,愚以无疑不存。(《与兄平原书》之一一;[13]9)

细细体会文义,我们认为句中"自"亦当为实义。

小结:"自"之实义来自其本来义,用以表达对某些本已存在的事实的确认,有时很难与本来义区别开。与表确义的语素同义复合,使其本来义得以凸显。同义复合未见同义的倒序组合,主要原因有三:1.这些组合无论是使用时间还是使用范围都有很大限制,其中很多用例主要用于唐宋诗词中;2.除少数几个组合外,这些组合大多使用量非常少;3."X自"组合中,"X"一般都有动词用法,当"自"置于"X"之前时,通常会作别解,有些"自X"组合在文献中还十分常见。

十、"自"之即、乃义

(一)"自"有即、乃义

"自"表即、乃义裴学海(2004)、江蓝生(1988)已发,刘瑞明(1998)则加以反驳,我们先看裴学海(2004:696)所举例:

> 乃与之万户之邑。智伯大悦,因索地于赵,弗与,因围晋阳。韩、魏反之外,赵氏应之内,智氏**自**亡。(《韩非子·说林上》)

刘瑞明(1998:3)认为"自亡"当解作"自然灭亡",并指《战国策》作"赵氏遂亡"是另一种措句,不能证实"自"乃即、就义。单看"智氏自亡"四字,解作"自然灭亡"似乎没问题,但联系前后文,可以发现,此句乃阐述事实,并不符合表自然义的用法,解作"自然"显有不当,而解作"乃""即"则文义顺畅。

再看江蓝生(1988:289)所举例:

> 兰香降时,硕问祷祀何如。香曰:"消魔**自**可愈疾,淫祀无益。"香以药为消魔。(《搜神记》卷一)

刘瑞明(1998:3)认为此例亦当解作"自然可愈疾",然仔细阅读前后文,显有问题:"消魔自可愈疾"乃是兰香对"祷祀何如"的回答,如此,"自"解作自然显然不通,而解作"乃、便"则文从字顺。

> 宋国初建,参军高篡启云:"欲量作东西堂床六尺五寸,并用银度钉,未敢辄专。"宋武手答云:"床不须局脚,直脚**自**足;钉不须银度,铁钉而已。"(南朝梁殷芸《小说》卷一)

刘瑞明(1998:3)认为"直脚自足"解作"直脚自然可以了"。然看此句前后文,"直脚自足"乃宋武回答高篡之言,将"自"解作"自然"明显不畅,而解作"即、就"则文从字顺。

> 二子委甑,窃听客语,炊忘箸算,饭落釜,成糜而进。客去,太丘将责之,具言其故,且诵客语无遗。太丘曰:"如此,但糜**自**可,何必饭耶?"(南朝梁殷芸《小说》卷四)

刘瑞明(1998:3)指"但糜自可"当解作"自然可以了"。就此句来说,"自"解作自然同样不顺,而解作"即、就"则文意顺畅。

"自"表即、乃义,当由自然义引申而来,二者的共同点在于,均存在事理上的因果关系,但"自然"主要表事理上推测,而"即、乃"则主要表承接,得出结论。

(二)诸家所举此类用例辨析

诸家所举用例中有一例属此类误判:

即自

(1)时王告曰:"可小停住,吾体疲极,欲小止息。"时,长生太子**即自**停住,使王懈息。(东晋瞿昙僧伽提婆译《增壹阿含经》卷一六;[36]157)

有学者将"自"看作音节成分,我们以为"即自"当解作同义复合,表承接。下面二例可以佐证:

(2)昔有放牛人,在大泽中,见有金色华光明善好,**自即**生念:「佛去此不远当取供养。(姚秦三藏法师鸠摩罗什译《众经撰杂譬喻》卷上)

（3）以头指向前申之，指一切病**即**差，指一切鬼魅**自**伏，指江海面**自即**竭。（失译《阿咤婆拘鬼神大将上佛陀罗尼经》）

例（2）"自即"乃"即自"倒序词，意义相同。例（3）"即""自""自即"对应使用，明显同义。

十一、"自"之已经义及相关误判例

（一）"自"有已经义

"自"有"已经"义，王锳（1986：338—339）、江蓝生（1988：289）、董志翘等（1994：672—673）、萧旭（2007：310）等已发，且举有诸多用例，而刘瑞明（1998）则全面否定，我们先看王锳先生所举的几个用例：

> 边地遥无极，征人去不还。秋容凋翠羽，别泪损红颜。望断流星驿，心驰明月关。薰砧何处在，杨柳**自**堪攀。（唐杨炯《折杨柳》）

刘瑞明（1998：2）言："言我自然可折杨柳寄托思念，但征人又在何方呢？"我们以为刘解有误，此诗实言丈夫出征久不还，转眼又到一年春光时，杨柳已经可以攀折用于送别，但丈夫又在哪里呢？"杨柳自堪攀"主语为"杨柳"，而非为我，因攀柳送别常在春季，非随时可折，故用"自堪攀"。相较而言，解"自"作"已"显然更加顺畅。

> 忆昨秋风起，君曾叹逐臣。何言芳草日，**自**作九泉人。（唐耿湋《哭鞠象》）

刘瑞明（1998：2）言："'自'与'君'对言：你自己作了九泉人。"我们以为刘解十分牵强：首先，"君"与"自"二句并非整齐的对应句式，指二字对言，于理难通；其次，这首诗以作者的口吻写出，故而称对方为"君"，后句若解为"自己"理所当然指作者，而非对方；第三，前句已经指明"君"，后句再用"自"，实显累赘。"自"解作"已"显然更加合理。

余卉才分影,新蒲**自**作丛。(唐朱庆馀《泛溪》)

刘瑞明(1998:2)言:"'自'即自然义,指成丛是本性,并非对比此前不成丛。"刘解显失客观,此例"才"与"自"对文,显然指时间,解作"已"正合文义。"新蒲"刚生出时,稀稀疏疏,现在已经成丛,表明其长势旺盛。

回首去年时节,开口笑,真难得。史君今郡更,**自**成行客。(南宋叶梦得《满江红·重阳赏菊,时予已除代》)

刘瑞明(1998:2)言:"书中把'已'字另体字印刷,表示'自'与'已'照应而同,句言作者已成行客。此误,据全词之意,作者虽除代尚未赴任。句实言去年史君调任现职,自然成了行客,才有重阳相会。"

按:刘解实误,此词言"史君今郡更",而予所除代者即史君,因史君要离任,故言"自成行客",即已成行客。词中明言"今郡更",何以会有去年调任现职之说。

开元遗曲**自**凄凉,况近秋天调是商。(唐白居易《嵩阳观夜奏霓裳》)
波神**自**厌荒淫主,勾践楼船稳帖来。(唐陆龟蒙《和袭美馆娃宫怀古五绝》)

刘瑞明(1998:2)指"自凄凉"义为本凄凉。同时指出:"言神灵本来厌或自然厌荒淫君主。两例若言'已',则对比出曾不凄凉、曾不厌恶,违事理和文意。"

按:刘文以为释"自"为"已"则对比出曾不凄凉、曾不厌恶,显然误解文义,以"开元遗曲自凄凉,况近秋天调是商"例来说,释"自"作"已"只是说这种情况已经存在,在此基础上,若出现后一情况会更加凄凉。比较两种释义,可以发现,刘以"本"释"自"于义顺畅,而王锳先生以"已"释"自"亦无问题,这其实体现出"自"之已经义来源于本来义的事实,董志翘等(1994:673)指出:"因为某一事实本来如此,则其动作行为已经发生并持续到目前。故从动作行为已经发生这一义素即可引申出'已经'义。"

再看江蓝生先生(1988:289)所举用例:

明旦,其父母老,在堂上,忽**复**不见;举家惶怖,不知所在。开妆器,忽然见父母在泽壶中,不知何由得出。复往请之,其人云:"君当更作千人饮食,以饴百姓穷者,乃当得出。"既作,其父母**自**在床上也。(东晋荀氏《灵鬼志》(出《古小说钩沉》))

刘瑞明(1998:3)指出:"实言本在床上,对此出所谓被置入泽壶只是幻术所产生的幻觉。如讲成'已在',倒意味着真的两次移位,幻术反成为真实。"

按:刘文所驳显属牵强,首先,前言其父母在堂上,而非床上,"本在床上"如何说起? 第二,此乃志怪小说,此类情节实属自然,何以得出其父母被置入泽壶是幻术所产生的幻觉? 综合前后文语境,"自"解作已经显然更加合理。

"自"有"已"义还有其他证据:

王及公主皆**自**伏辜。(《汉书·昭帝纪》)

杨树达《汉书窥管》(2006:66):"'自'疑'目'字形近之误,'目'与'已'同,上文'皆已伏诛'句法正同。"按:《汉书》所记之内容引用者甚多,此处内容未见引作"已"者,当我们知道"自"有"已"义,即可知道"自"并非误字。

既出,欢然言曰:"江左**自**有管夷吾,此复何忧?"(《世说新语·言语》第36条)

此条下刘孝标注引《语林》曰:"温公既见丞相,便游乐不住,曰:'**既**见管仲,天下事无复忧。'""自""既"义同,皆为已义。①

"自"表已义还有其他用例,如:

谢仁祖年八岁,谢豫章将送客,尔时语已神悟,**自**参上流。诸人咸共叹之曰:"年少一坐之颜回。"(《世说新语·言语》第46条)

褚因视王,王曰:"国**自**有周公。"(《世说新语·言语》第54条)

风景宛然人**自**改,却经门巷马频嘶。(唐温庭筠《经李征君故居》)

此尤无稽,则唐人**自**不能晓此义。(南宋洪迈《容斋四笔》卷九)②

---

① 此例取自萧旭(2007:310)。

② 后二例引自董志翘等(1994:673)。

(二)诸家所举此类用例辨析

诸家所举词缀例中有很多属此类,有同义复合者,如:

既自

(1)及臣所在,**既自**多马,加诸羌胡常以三四月中美草时驱马来出,隐度今者可得三千余匹。陛下出军,当投此时,多将骑士来就马耳。(《三国志·吴书·胡综传》;[32]355)

(2)谢后粗难,因自叙其意,作万余语,才峰秀逸。**既自**难干,加意气拟托,萧然自得,四坐莫不厌心。(《世说新语·文学》第55条;[2]212)

有学者将"自"看作"既"之后缀,可商。此二例"既自"可对译作"已经",亦可对译作"本已","自"有"本""已"义,"既自"看作近义复合显然更加合适,我们无法认定"自"不表义。

另文献中还有"自既"用例,如:

(3)臣每读其书,未尝不抚心长叹。伏惟陛下,**自既**得百济,欲取高丽,须内外同心,上下齐奋,举无遗策,始可成功。(北宋王钦若《册府元龟》卷三六六)

《旧唐书》此内容无"自"字。

(4)臣谓鄂特凌骨乃篡国之贼,**自既**得志,肆行暴虐,诛不附己者,始与夏贼合谋寇边,赖天诛挫其贼锋,擒获酋首,故俯然效顺。(南宋李焘《续资治通鉴长编》卷四四四)

此类用例"自既"解作"已经"并无问题,但由于"自"处于主语位置,故更习惯于解作自己。

已自

(5)兄文章**已自**行天下,多少无所在;且用思困人,亦不事复及以此自劳役。(《与兄平原书》之三;[15]74;[14]181)

(6)路次林中,露一尸,**已自**臭烂,鸟来食之,辄见一小儿,长三尺,驱

鸟。(南朝梁吴均《续齐谐记》;[15]71)

(7)卿**已自**取妇,密著室中炊爨,而言吾为之炊邪?(《搜神后记》卷五;[19]291)

(8)高栋层轩**已自**凉,秋风此日洒衣裳。(唐杜甫《七月一日》;[20]126;[30]340)

(9)问:"吾友年几何?"对云:"三十七。"曰:"**已自**过时。若于此因循,便因循了。昔人读书,二十四五时须已立得一门庭。"(《朱子语类》卷一一八;[5]66)

有学者将上举"已自"看作附加式,可商。"自"有已义,"已自"自然有同义复合的可能,而同义的倒序组合"自已"的存在可佐证这种看法:

(10)如其辞列,则与风闻符同。超宗罪**自已**彰,宜附常准。(《南齐书·谢超宗传》)

(11)希有清净智慧人,善顺于诸世间法,**自已**该通一切论,复更来入我学堂。(隋阇那崛多译《佛本行集经》卷一一)

(12)佛言:"妙吉祥!汝**自已**得微尘等三摩地门,何故问于如来?"①(北宋法天译《大方广总持宝光明经》卷一)

我们再补充佛典中的两个"已自"用例,以作比较:

(13)我于往昔,在尼连禅河侧,**已自**许汝,以四部众未具足故,所以至今;今已具足,却后三月当般涅槃。(东晋释法显译《大般涅槃经》卷上)

(14)世尊今者四大不和,接对来久,**已自**增恶。若复与此外道相见,必有言论,容致损剧。(《大般涅槃经》卷下)

以上"已自""自已"均已经义,且多用于这样的语境:前一句说某种情况已经存在,后一句表若出现后一情况会更进一步。部分用例可用"本已"对译,体现了"自"来自"本来"义的事实。

其他被定性为词缀的"已自"用例尚有:

---

① 此类用例很容易将"自"解作自己,但仔细体会,发现解作已经并无问题。

(15)如今官府五日一比,兄弟张千**已自**打死。小的又累死,也是冤枉。(明抱瓮老人《今古奇观》卷一三;[3]17)

(16)便是叔叔卧病,不敢移动,夜来**已自**身故,待断七了搬出去。(明施耐庵《水浒传》卷五二;[3]17)

(17)大妖桑乾的毒剑往下一扫,剑锋**已自**沾衣。(梁羽生《七剑下天山》622页;[9]59;[14]188)

句中"已自"皆当看作同义复合。

另有其他一些非同义复合搭配,如:

便自

(18)如学字一般,从小儿**便自**晓得,后来只习教熟。(《朱子语类》卷一二〇;[5]66)

刘瑞明将例中"便自"定性为附加式,同时指出(1997:66):"是说就知道,兼括天性自然知道和由人教而知两种事理,一定要局限为自然知道,显然不妥。"刘先生所说甚是,但"自"非自然义,亦非词缀,而当解作已经,如此用法的"便自"搭配非常多,诸家多将其定性为附加式,如:

(19)荀中郎在京口,登北固望海云:"虽未睹三山,**便自**使人有凌云意。若秦、汉之君,必当褰裳濡足。"(《世说新语·言语》第74条;[30]340;[32]352)

(20)庾太尉风仪伟长,不轻举止,时人皆以为假。亮有大儿数岁,雅重之质,**便自**如此,人知是天性。(《世说新语·雅量》第17条;[2]213)

(21)正尔在群形之中,**便自**知非常之器。(《世说新语·容止》第5条刘注引《嵇康别传》;[14]181)

(22)孝武山陵夕,王孝伯入临,告其诸弟曰:"虽榱桷惟新,**便自**有《黍离》之哀!"(《世说新语·伤逝》第17条;[2]213)

(23)就中今时后生,才入众来,**便自**端然拱手,受他别人供养。(南宋赜藏编《古尊宿语录》卷四一;[3]19)

(24)周四见有许多东西,**便自**口软了。(明凌濛初《初刻拍案惊奇》卷一一;[3]19)

（25）尔时彼人未经几时**便自**贫穷。（东晋瞿昙僧伽提婆译《增壹阿含经》卷六；[36]157）

以上用例中"便自"之"自"均为已经义，由于二者为松散组合，且"便"只起连接作用，故删去"便"，并不影响文义的表达，由此也可看出"自"并非无义的附加成分。

先自

（26）沁水田园**先自**多，齐城楼观更无过。（唐上官婉儿《游长宁公主流杯池》；[3]19）

有学者将"先自"看作附加式，可商。我们看以下用例：

（27）开元遗曲**自**凄凉，况近秋天调是商。（唐白居易《嵩阳观夜奏霓裳》）

此句与（26）例句式相当：前句表明某种情况已经存在，而后句则在前句基础上更进一层。"自凄凉"之"自"解作"已"，"先自多"之"自"自然也应如此解①。诸家所举"先自"用例尚有：

（28）**先自**亡之，故无知者。（《国语·晋语一》"吾岂知纣之善否哉"韦昭注；[3]19）

（29）庾郎**先自**吟愁赋，凄凄更闻私语。（南宋姜夔《齐天乐》；[30]340）

（30）自己却**先自**噗哧一声笑了出来。（梁羽生《七剑下天山》60页；[9]59；[14]187）

（31）她迫不及待，酒未三巡，已**先自**走出。（梁羽生《萍踪侠影》480页；[11]31）

以上用例，"自"解作"已"文义顺畅，全无问题，"先""自"意义相关联，并列组合。（31）例有些特殊，"先自"前有"已"，文义似有重复，这当是后期"先自"已经成词，部分义素钝化的原因。另，我们在文献中还找到一些"自先"

---

① 即便依刘瑞明解"自"作本，"先自"亦可解作"先本"，"自"亦非词缀。

用例：

(32)丑时，水手一人**自先**沉病，将临死。未死之前，缠裹其身，载艇送弃山边。(日圆仁《入唐求法巡礼行记》卷二)

(33)卜部**自先**久疾，晚头下舶。(《入唐求法巡礼行记》卷二)

(34)日落林西鸟未知，**自先**飞上最高枝。(唐吴融《莺》)

(35)今议方未决，中道召还，则是使贼知朝廷意在必和，**自先**弛备。(北宋欧阳修《论乞令宣抚使韩琦等经略陕西札子(庆历三年)》)

(36)臣伏见国家每出诏令，常患官吏不能遵行，不知患在朝廷**自先**坏法。朝廷不能自信，则谁肯信而行之？(北宋欧阳修《论吕夷简仆人受官札子(庆历三年)》)

这些"自先"均可解作"已先"，有些用例可能会出于习惯将"自"解作"自己"，但从文义来看，解作"已先"显然更加顺畅。

也自

(37)不上一年，使得光光荡荡了。又要分了爹妈的这半分，**也自**没有了。(《初刻拍案惊奇》卷三五；[3]16)

有学者将"也自"定性为附加式，从文义看，句中"也自"解为"也已"全无问题。

亦自

(38)此事五代时已尝有之，予**亦自**两见如此。(《梦溪笔谈》卷二一；[10]461)

有学者将"亦自"看作附加式，可商。句中"自"可解作已经，"余亦自两见"指我也已经两次见到。

早自

(39)桂栋本曾宿，虹梁**早自**窥。(南朝梁简文帝《双燕》；[3]19)

(40)雪满江头，怪一枝不耐，不漏微阳。诗人越样眼浅，**早自**成章。(南宋陈亮《汉宫春·见早梅呈吕一郎中郑四六监岳》；[2]213)

有学者举此二例,以"早自"为附加式,可商。(39)例,"自"与"曾"对文义近,"自"解作"已"全无问题。(40)例"自"解作"已"亦无问题。

十二、"自"之仍、尚义及相关误判例

(一)"自"有仍、尚义

"自"有"仍、尚"义,江蓝生(1988:288－289)、董志翘等(1994:673)、萧旭(2007:306－307)等已发,刘瑞明不赞同"自"有此义,并针对江蓝生所举三例一一反驳:

> 夜半后,见东壁正白,如开门明。呼问左右,左右莫见。因起自往手扪摸之,壁**自**如故。还床,复见。心大怖恐。(《搜神记》卷三)
>
> 诞殊不信,试为视之,封题如故。诞曰:"小人故妄言,膏**自**如故。"
> (《搜神记》卷一七)

刘瑞明(1998:2)认为第一例"言本来如故,指始终未有变动。若换说成仍如故,则专指扪摸之时。此前如有变动后再复原状,也可说仍如故。二者有细微不同,本如故的表述于义为长"。第二例"与上例全同"。

按:细读原文,我们认为刘瑞明的分析十分牵强:此二例言"壁自如故""膏自如故"都有特定的前提:第一例是在乔玄"见东壁正白,如开门明",即以为壁上有门的前提下,"自往手扪摸之",结果发现"壁自如故",即仍如故,没有变化。第二例,前文言给使告诉朱诞其膏已经动过,朱诞不信,"试为视之",发现"封题如故",故而有"自如故"之言,"自如故"显然当解作"仍如故"。如果将"自如故"解作本来如故,置于文中,语意明显不畅,"本来"作为副词通常有两种用法:(1)表原先、先前;(2)表按道理就该这样(可参《八百词》1999:70)。上举用例显然不符合这样的情境。

> 广定往视,女故坐冢中,见其父母,犹识之,甚喜。而父母犹初恐其鬼也,父下入就之,乃知其不死。问之从何得食,女言粮初尽时甚饥,见冢角

有一物,伸颈吞气,试效之,转不复饥,日月为之,以至于今。父母去时所留衣被,**自**在冢中。不行往来,衣服不败,故不寒冻。(《异闻记》)

刘瑞明(1998:2)指出:"如此引例,言衣被仍在冢中,非原文之意。引例苟简。'……衣被,自在冢中,不行往来,衣服不破,故不冻寒',言独自在冢中,不另到别处去。这一层是解说女儿未死也未转他处因而'故坐冢中'的原因。"

按:此例刘文所释亦存在明显问题,"父母去时所留衣被,自在冢中,不行往来,衣服不败,故不寒冻","自在冢中"紧承"父母去时所留衣被",其主语显然是"衣被",若将"自"解作自己,"父母去时所留衣被"则无法处置。若以"衣被"为后文"衣服不败"之主语,则"衣服"多余。我们以为"自在冢中"之后当作句号,"父母去时所留衣被,自在冢中"乃交待墓中所见,"自在冢中"即仍在冢中,而后句则承此解释为什么未受寒冻。

刘先生为了否定"自"有仍、尚义,极力想用常义"本来""自己"为释,而不顾文意不顺。其实"自"有"仍、尚"义并不难解,此义乃由其"本来"义引申而来,董志翘等(1994:673)指出:"因为某一事实本来如此,则其动作行为已经发生并且持续到目前。……从'持续到目前'这一义素即可引出'仍然'义。"同有"本来"义的"故"亦有仍、尚义,可为佐证。

"自"表仍、尚义文献用例很多,如:

盐渎严昕与数人共候佗,适至,佗谓昕曰:"君身中佳否?"昕曰:"**自**如常。"佗曰:"君有急病见于面,莫多饮酒。"(《三国志·魏书·方伎传·华佗》)

武皇帝庙乐未称,其议定庙乐及舞,舞者所执,缀兆之制,声哥之诗,务令详备。乐官**自**如故为太乐。(《宋书·乐志》)

刘尹与桓宣武共听讲《礼记》。桓云:"时有入心处,便觉咫尺玄门。"刘曰:"此未关至极,**自**是金华殿之语。"(《世说新语·言语》64条)①

是时天下又多此比,皆礼之所及。宜定新礼,**自**如旧经。(《晋书·礼志中》)

---

① 《世说新语笺注》(2019:135)译此句作:"这还没有涉及最精妙境界,仍然属金华殿上为帝王讲解的老生常谈。"

古墙犹竹色，虚阁自松声。（唐杜甫《滕王亭子》）

十年结子知谁在？自向庭中种荔枝。（唐白居易《种荔枝》）①

(二)诸家所举此类用例辨析

诸家所举词缀例有很多属此类，如：

想自

(1)频频书想至，阴寒，**想自**胜常。（东晋王羲之《杂帖》；[15]71；[9]57；[10]461；[12]31；[13]9；[14]184）

(2)时去苒苒，岁行复半，悲此推移，终然何及。渐已欲热，**想自**如常。（西晋陆云《与杨彦明书》之一；[9]57；[10]461；[13]9；[14]184）

有学者举此二例，将"自"看作动词"想"的后缀，显有不当。"想"表希望，乃魏晋时期书信常用词。"如常"常用以表身体状况，是一种比较理想的状态，如：

(3)此雨过，得十日告，知君**如常**，吴兴转胜，甚慰。（王羲之《杂帖》）

(4)想亲亲悉**如常**。敬豫何当来耶？道祖故未善差，恒在尚书，不见来多日。（东晋郗愔《杂帖》）

"自如常"即仍如常，常搭配使用，如：

(5)妇人月经一月再来者，经来，其脉欲**自如常**。（西晋王熙《脉经》卷九）

(6)敦顿首顿首，蜡节忽过，岁暮感悼伤悲，今邑邑，想**自如常**。（东晋王敦《书》）

上举《三国志·魏书·方伎传·华佗》例之"自如常"亦为此种用法。"想自如常""想自胜常"即希望某人仍如常、仍胜常，乃美好的祝愿、期望。

诸家所举更多的是表仍、尚义的副词与"自"组合而成的用例，如：

---

① 此二例引自董志翘等(1994:674)。

犹自

(7)陈皇后废处长门宫,窦太主以宿恩**犹自**亲近。(《汉武故事》,出《古小说钩沉》;[19]291)

(8)春宵**犹自**长,春心非一伤。(南朝梁刘孝绰《春宵诗》;[15]71;[12]30;[13]9;[32]358)

(9)一双白鱼不受钓,三寸黄甘**犹自**青。(唐杜甫《即事》;[20]126)

(10)共来百越文身地,**犹自**音书滞一乡。(唐柳宗元《登柳州城楼寄漳汀封连四州》;[20]126)

(11)朝云暮雨长相接,**犹自**君王恨见稀。(唐李商隐《楚宫》;[25]189;[23]26)

(12)使君见和尚去后,心内**由(犹)自**有疑,遂书壁为记。(《敦煌变文集·韩擒虎话本》;[9]58;[14]186)

(13)更见老人腰背曲,驱驱**犹自**为妻儿。(《敦煌变文集·破魔变文》;[32]358)

(14)马尾胡琴随汉车,曲声**犹自**怨单于。(《梦溪笔谈》卷五;[9]58;[14]187)

(15)众人……劝他吃了一碗茶,**犹自**索鼻涕,弹眼泪,伤心不止。(明吴敬梓《儒林外史》第三回;[3]17)

(16)但临死挣扎,**犹自**十分厉害。(梁羽生《七剑下天山》537页;[9]59;[14]188)

(17)只见于谦的书房,灯火**犹自**明亮。(梁羽生《萍踪侠影》305页;[11]31)

(18)是时彼石无有情念,**犹自**能持,渐渐堕地。(符秦僧伽跋澄等译《僧伽罗刹所集经》卷下;[36]159)

此数例"犹自"均仍然义。

(19)芳岁**犹自**可,日夜望君归。(南朝宋鲍照《绍古辞七首》之四;[32]358)

(20)周穆王、秦始皇、汉武帝,富有四海,贵为天子,不知纪极,**犹自**败累,况士庶乎?(《颜氏家训·止足》;[19]291;[17]675)

(21)王见怒蜗(蛙)，**犹自**下马抱之。我等亦须努力，身强力健，王见我等，还如怒蜗(蛙)相似。(《敦煌变文集·伍子胥变文》；[9]58；[14]186)

(22)释老**犹自**去，何况迷愚人。(《王梵志诗·玉髓长生术》；[32]358)

(23)释迦**犹自**入涅槃，岂有凡夫得长在。(《敦煌曲校录·十二时》；[32]358)

此数例"犹自"乃尚且义，为仍然义之引申。

"犹""自"均有仍、尚义，而上举"犹自"组合亦表此义，故看作同义复合理所当然。不过我们也不得不面对这样一个语言事实："犹自"缺少同义的倒序形式"自犹"。也正因此，有学者(刘瑞明 1997)认为此类组合不能看作同义复合。为此我们考察了"犹自"的用法，发现其在表仍然、尚且义前，已经有很多用例，但"自"一般与其后的动词搭配，表自己，如：

(24)其知憯于蛎虿之尾，鲜规之兽，莫得安其性命之情者，而**犹自以为**圣人，不可耻乎？(《庄子·天运》)

(25)言己虽乘云龙，**犹自抑案**，弭节徐行，高抗志行，邈邈而远，莫能逮及。(《楚辞·离骚》"抑志而弭节兮，神高驰之邈邈"，王逸注)

(26)言彭祖进雉羹于尧，尧飨食之以寿考。彭祖至八百岁，**犹自悔**不寿，恨枕高而唾远也。(《楚辞·天问》"受寿永多，夫何久长"，王逸注)

(27)言愿设陈己行，终无过恶，虽身没名灭，**犹自乐**不改易也。(《楚辞·哀命》"虽灭没之自乐"，王逸注)

(28)陛下以皇太后故，不忍诛废，臣**犹自知**当远流放，又重自念。(《汉书·元后传》)

(29)而龟兹王白英**犹自疑**未下，勇开以恩信，白英乃率姑墨、温宿自缚诣勇降。(《后汉书·班勇传》)

(30)帝王之贵，**犹自卑降**以敬事之。(《抱朴子·内篇》卷一四)

佛典中亦如此，如：

(31)假令**犹自思念**，何用为食？(东汉安玄译《法镜经》)

(32)弟子五百，皆有儒德，体好布施，**犹自护身**。(三国吴康僧会译

《六度集经》卷三）

（33）如来六年在道树下难行苦行，日食麻米，**犹自支持**，况今须史，岂不能耶？（东晋法显译《佛说大般泥洹经》卷一）①

不仅如此，"犹自"用表仍然义后，上述用法仍然并行，如：

（34）比见关东人与崔、卢为婚，**犹自矜伐**，公代为帝戚，不亦贵乎！（《旧唐书·窦威传》）

（35）臣窃闻陛下**犹自走马**射帖，娱悦近臣，此乃无禁乘危，窃为陛下有所不取也。（《旧唐书·孙伏伽传》）

（36）复有二法，菩萨虽信解深法，**犹自毁伤**，而不能得无生法忍。（姚秦鸠摩罗什译《维摩诘所说经》卷下）

（37）往昔菩萨，以一鸽故，**犹自屠割**，不惜身肉。（元魏慧觉等译《贤愚经》卷四）

从意义上看，上举用例中的"自"表自己大多并非必须，再加上韵律的作用，当"自"引申出仍、尚义时，此类组合很容易会重新解读，"犹自"因而成词实属自然②。由于表仍、尚义的"犹自"是在松散组合"犹自"的影响下成词，这与同义语素的自由组合有所不同，故而未见倒序词的使用是十分自然的事。

另"犹自"倒序之后，一般构成"自＋犹＋动词"结构，"自"通常会解读作自己，这应当也是"犹自"不见倒序词的原因。

尚自

（38）皇帝闻语，喜不自身（胜）："皇后**上（尚）自**贮颜，寡人饮了，也莫端正？"（《敦煌变文集·韩擒虎话本》）;[9]58;[14]186)

（39）帝王**尚自**降他，况复凡流下庶？（《敦煌变文集·韩擒虎话本》;

---

① 此三例均属前文所谈的四字结构，"自思念"乃佛典常用搭配；"自护身"即"护自身"，与"护他人身"相对；"自支持"亦佛典常用搭配，指自我支持，支持自身。若以今人看来，"犹自"很容易被看作一词。

② 蒋宗许（1995）在谈词尾"自"形成时，即认为意义虚及韵律是主要原因。事实上，这些因素对成词确实能发挥重要作用，而当"自"的意义与它前面的语素意义相同时，无疑更可促进其成词。

[9]58;[12]31;[13]9;[14]181)

（40）此个老人前后听法来一年，**尚自**不会《涅槃经》中之义理，何况卒悟众生？闻者如何得会？（《敦煌变文集·庐山远公话》;[3]19）

（41）一身**尚自**有余，何要你许多天女！（《敦煌变文集·维摩诘经讲经文》;[17]:675）

（42）盖此何但是仁，除是圣人方做得。然尧舜犹病，**尚自**做不彻。（《朱子语类》卷三三;[5]66）

"尚自"犹"尚且"，乃仍、尚义之引申，表仍然义的"尚自"亦有用例，如：

（43）到得汉初有天下，**尚自**有古意。王公至佐吏，以班职之高下，所谓万石、千石、百石，亦是以穀粟制禄。（元马端临《文献通考》卷九）

诸家所举例中亦有此类用例，如：

（44）一摘使瓜好，再摘令瓜稀。三摘**尚自**可，摘绝抱蔓归。（唐李贤《杂歌谣辞·黄台瓜辞》;[20]126;[30]340）

（45）到了天蒙背后，天蒙**尚自**懵然不知。（梁羽生《七剑下天山》490页;[9]59;[14]188）

（46）自己以一对一，**尚自**处在下风。（梁羽生《萍踪侠影》130页;[11]30）

"尚自"在用作尚且、仍然义前，亦有"尚＋自"的松散组合，"自"表自己，只是用量较少;"尚自"的使用时间较"犹自"为迟，其产生当受到"犹自"的影响;另其倒序形式"自尚"乃古汉语常用组合，义同自高、自负①，这些都是"尚自"未见同义倒序词的原因。

还自

（47）转想幼年间事，**还自**隐隐记得。（《初刻拍案惊奇》卷三五;

---

① "自尚"还有如下用法：东晋法显译《佛说杂藏经》:"死至之时，无一随去，身自尚弃，何况余物！"隋智顗述《修习止观坐禅法要》:"彼人威仪相貌如是，自尚无道，何能教我?"由于"自"紧接于主语后，或直接处于主语位，"自"均解作自己，这亦是"尚自"同义倒序词缺失的原因。

〔3〕17)

"还自"亦仍然义,产生较迟。早期"还自"连用用例很多,"还"多作动词表返回,"自"作介词,后接处所名词。表仍然义的"还自"当受"犹自"的影响类推构成,另"自"置于"还"之前,很容易被解读为自己,这些都限制了表仍然义的"自还"的使用。

兀自、犹兀(古)自

(48)见他宅舍鲜净,便即**兀自**占着。(《敦煌变文集·燕子赋》;〔9〕58;〔14〕186)

(49)梅子青青又带黄,**兀自**未归来。(南宋朱秋娘《采桑子·闺怨集句》);〔30〕340)

(50)郝飞凤……赶了过来,也**兀自**镇压不住。(梁羽生《七剑下天山》276页;〔9〕59;〔14〕187)

(51)另一名钦差吓得神智昏乱,**兀自**叫道:"反了!反了!"(梁羽生《萍踪侠影》楔子;〔11〕30)

(52)脚趔趄难支吾荒冗冗,眼朦胧**犹兀自**醉醺醺。(元孙仲章《河南府张鼎头巾》第四折;〔3〕17)

(53)迎门儿拜母亲,**犹兀自**醉醺醺。(《小张屠》第四折;〔14〕182)

(54)淫词儿早则休,简帖儿从今罢。**犹古自**参不透风流调法。(元王实甫《西厢记》第三本第三折;〔3〕17;〔14〕182)

有学者举上述用例,将"兀自""犹兀(古)自"定性为附加式,可商。"兀"有"仍、尚"义,唐杜甫《壮游》:"黑貂宁免弊,斑鬓兀称觞。"元无名氏《包待制智赚合同文字》第四折:"俺父亲尚兀是他亲兄弟,却教俺乱棒胡敲忍下的,也要想个人心天理终难昧。""兀自"、"犹兀(古)自"亦表仍然义,当属同义复合。它们产生较迟,当受"犹自"、"尚自"影响而类推成词,且主要用于元代以后,无同义倒序词乃属自然。

小结:从诸家所举例看,与仍尚义的"自"组合而被定性为附加式者,基本都属同义复合,有学者以无同义倒序词从而认为"自"为词缀,我们不赞同这种观点。通过考察可以知道,此类组合的产生有其特殊性(见"犹自"条下所论),且"自"与这些语素搭配会造成语义分歧,因而无同义倒序实属自然。另一方面,引起争议的除了"想自"(这个组合明显不当看作一词),其他都可以看作同义复合,这也提提醒我们,"自"或许并不是无义的附加成分。

十三、"自"之"从"义及相关误判例

(一)"自"有从义

"自"可用作介词,表从义,乃其常见用法,当由其"始"义引申而来,如:

> 自天子达于庶人,非直为观美也,然后尽于人心。(《孟子·公孙丑下》)
> 初辅幼主,政自己出,天下想闻其风采。(《汉书·霍光传》)

(二)诸家所举此类用例辨析

诸家所举用例中有一例属此类:

不自

(1)张敬夫曰:"圣人、君子以学言,善人、有恒者以质言。"愚谓有恒者之与圣人,高下固悬绝矣,然未有**不自**有恒而能至于圣者也。(《朱子语类》卷四;[5]66)

有学者以"不自"为附加式,可商。此例"自"当为从义,与下文"至"搭配,表通过"有恒"而达到"圣"。

十四、"自"之虽然、即使义及相关误判例

(一)"自"有虽然、即使义

"自"有虽然、即使义,论之者甚多,如吴昌莹(1983:140)、杨树达(1978:

189

270）、裴学海（2004：695）、徐仁甫（1981：355）、杨伯峻（1981：268）、王叔岷（2007：407）、萧旭（2007：306）等，其例如：

自是有德者以不知也，而况有道者乎？（《庄子·列御寇》）

其言洸洋自恣以适己，故**自**王公大人不能器之。（《史记·老子传》）

高祖不修文学，而性明达，好谋能听，**自**监门戍卒，见之如旧。（《汉书·高祖纪下》）

异哉，此人之教子也！若由此业，**自**致卿相，亦不愿汝曹为之。（《颜氏家训·教子》）

师父，我**自**持斋，却不曾断酒。（《西游记》第一九回）

"自"有虽义得到诸家认可，但其来源似与"自"之固有义项无关。

（二）诸家所举此类用例辨析

诸家所举词缀例有两个组合与此相关：

虽自

（1）王朗、袁术，**虽自**诈伪，皆基浅根微。（前燕慕容廆《与陶侃笺》；[12]30）

（2）但某乙**虽自**年幼，也览亡父兵书，若逢引龙出水阵，须排五虎拟山阵。（《敦煌变文集·韩擒虎话本》；[3]19；[9]58；[14]181）

此二例"虽自"与"虽"同义，有学者将"自"定性为词缀，刘瑞明虽认同"自"有虽义，但仍坚持"自"为词缀，他说（1998：5）："'自'确有'本来、虽然'二义，但'本自、元自、虽自'三词仍不是同义复合，因为没有'自本、自元、自虽'的异形同义词。"我们检索文献，发现同义的"自虽"用例虽少，但并非没有①：

（3）今之所以知古，后之所以知今，不可口传，必凭诸史。**自虽**二帝三王之盛，若不存纪录，则名氏年代，不闻于兹，功德事业，无可称道焉。（唐

---

① 佛典中有很多"自虽"，但多表"自己虽然"，如唐般若译《大乘理趣六波罗蜜多经》卷五："设复有人，自虽虚诳憎诳语人，见实语者心亦欢喜。"文献中"虽自"用例亦很多，"自"同样多表"自己"。

韩愈《进顺宗皇帝实录表状》)

（4）夫以近世风俗之流靡，**自虽**士大夫之才势足以进取，而朝廷尝奖之以礼义者，晚节末路，往往怵而为奸，况又其素所成立，无高人之意，而朝廷固已挤之于廉耻之外，限其进取者乎？（北宋王安石《上仁宗皇帝言事书》)

（5）故人得私其智力，以逐于利而穷其欲。**自虽**蛮夷湖海山谷之聚，大农富工豪贾之家，往往能广其宫室，高其楼观，以与通邑大都之有力者争无穷之侈。（北宋王安石《抚州通判厅见山阁记》)

以上三例"自虽"均与"虽"同义，可佐证"虽自"当为同义复合，而非附加结构。

此自

（6）诲《九愍》如所敕，**此自**未定，然云意自谓故当是近所作上。（《与兄平原书》之二〇；[9]57；[14]184)

有学者举此例，以"此自"为词，"自"为词缀，可商。从句义看，此"自"与"然"搭配表转折，解作"虽"于义正当。

十五、"自"之表论断用法及相关误判例

（一）"自"有表论断的用法

"自"有表论断的用法，与"是"相当，文献中有诸多"自""是"构成的异文，可证其义，如：

> 本**自**南山松，今为宫殿梁。（西晋刘琨《古辞》)
> 支法存者，本**自**胡人，生长广州，妙善医术，遂成巨富。（《太平广记》卷一一九）①

---

① "本自"可同义复合，这里的用例虽有异文，但也不能排除同义复合的可能。

观彼龙睡不动,吾军之龙甚**自**踊跃,即攻之。(《太平广记》卷八二)

第一例,"本自",四库本北宋李昉《太平御览》卷九五四、四库本南宋潘自牧《记纂渊海》卷六一、四库本明冯惟讷《古诗纪》引作"本是"。第二例,"本自",《法苑珠林》卷七七作"本是"。第三例,"甚自",四库本《渚宫旧事》作"甚是"。

向见阿瓜,故自未易有。虽不相关,正**是**使人不能已已。(《世说新语·赏誉》第 147 条)

褒曰:"彼既以道术自命,容**是**先知。"(《太平广记》卷八二)

第一例,"正是",南宋陈思《小字录》引作"正自"。第二例,"容是",四库本唐余知古《渚宫旧事》作"容自"。他例尚有:

元英曰:"侯景为国立效,师云击之。何也?"法和曰:"正**自**如此。"(《北齐书·陆法和传》)

妇人云:"我**自**秦人,随蒙恬筑长城。恬多使妇人,我等不胜其弊,逃窜至此。"(《太平广记》卷六二)

第一例,"正自",清雍正六年刻本《骈字类编》作"正是"。第二例,"我自",道藏本南宋陈葆光《三洞群仙录》作"我是"。

"自"表"是"义的来源有两种可能,一是由"即、乃"义引申而来,另有可能为音近而通,我们更倾向于后者。

(二)诸家所举此类用例辨析

本自

(1)**本自**江海人,忠义感君子。(《宋书·谢灵运传》;[3]17)

(2)文帝尝令东阿王七步中作诗,不成者行大法。应声便为诗曰:"煮豆持作羹,漉菽以为汁。萁在釜下然,豆在釜中泣。**本自**同根生,相煎何太急!"(《世说新语·文学》66 条;[2]213)

有学者举此二例,以"自"为词缀,可商。此二例"本自"均当为"本是"义,第(1)例,"本自",四库本明何良俊《何氏语林》卷一〇、粤雅堂丛书本洪亮吉《北江诗话》卷三引作"本是"。第(2)例,"本自",四部丛刊本《六臣注文选》卷六〇、四库本《太平御览》卷六〇〇引均作"本是"。

都自

(3)＊融与吏部尚书何戢善,往诣戢,误通尚书刘澄。融下车入门,乃曰:"非是。"至户外,望澄,又曰:"非是。"既造席,视澄曰:"**都自**非是。"乃去。其为异如此。(《南齐书·张融传》;[32]353)

句中"都自"或可解作"都是"。

正(政)自

(4)然卿供给人士,及使役吏人,论者亦谓大任,意在世中,**政自**不得不小俯仰同异,卿复为意。(东晋王羲之《杂帖》;[15]71;[12]31;[13]9)

(5)张公文无他异,**正自**情省无烦长,作文正尔自复佳。(《与兄平原书》卷二一;[10]464;[5]65)

(6)风景不殊,**正自**有山河之异。(《世说新语·言语》31条;[19]291;[2]211;[3]17;[15]71)

(7)道壹道人好整饰音辞,从都下还东山,经吴中。已而会雪下,未甚寒,诸道人问在道所经。壹公曰:"风霜固所不论,乃先集其惨澹;郊邑**正自**飘瞥,林岫便已皓然。"(《世说新语·言语》93条;[2]211;[32]358;[18]162)①

(8)臣慨然曰:"君以此试,顷来始乃有称之者。"言常人**正自**患知之使过,不知使负实。(《世说新语·赏誉》第46条;[32]359)

(9)王子敬语谢公:"公故萧洒。"谢曰:"身不萧洒。君道身最得,身**正自**调畅。"(《世说新语·赏誉》148条;[2]212)

(10)盖时有屈伸,**正自**不得不尔。(南宋洪迈《容斋四笔》卷三;[3]17)

---

① 王云路(2010:358)释"正自"作"正,恰恰",董志翘等(2019:162)释"正自"为"正在",这样解读无法体现雪之速,雪之奇,因为雪花正飘,林岫便已皓然实属正常,林岫显然不会等雪停之后才会皓然。

有学者举上述用例,以"正自"为附加式,可商。以上"正自""政自"均为只是义,"自"可以"是"对译。另"自"有"只"义,"正自"似亦可看作同义复合,但从文献用例看,"正自"与"正"存在差异:和"只"义有关的"正自"均表只是,而"正"独用,有解作"只"但不可解作"只是"的用法,如:南朝宋刘义庆《世说新语·自新》第1条:"乃自吴寻二陆,平原不在,正见清河。"《北齐书·神武帝纪上》:"此正可统三千骑以还,堪代我主众者,唯贺六浑耳。"

甚自

(11)然此文**甚自**难,事同又相似,益不古,皆新绮,用此已自为洋洋耳。(《与兄平原书》之二一;[15]71;[4]459;[12]30;[23]26)

此例有学者将"甚自"定性为附加式,可商。"甚自"可解作"甚是",这种用法亦有其他用例,如:

(12)妙本一气,通生万物,**甚自**简易,其唯道乎!(《庄子·在宥》"一而不可不易者,道也",成玄英疏)

(13)齐侯迹尔往来,心无真实,至于迎待楚使,**甚自**殷勤,所请事情,未达依允。(《庄子·人间事》"齐之待使者,盖将甚敬而不急",成玄英疏)

殊自、乃自

(14)有人诣谢公别,谢公流涕,人了不悲。既去,左右曰:"客**殊自**密云。"谢公曰:"非徒密云,**乃自**早雷。"(东晋裴启《语林》,出《古小说钩沉》;[19]291)

上例中"殊自""乃自"之"自"均可解作"是",明冯梦龙《古今谭概·雅浪部二十六》引上文"乃自"即作"乃是"。

十六、引文有误例

诸家所举用例中,还存在一些可能存在错误的用例,如:

(1)只见弄盏传杯,传杯处,**蓦自**里话儿唧哝。(清洪昇《长生殿》第六出;[14]182)

有学者以"蓦自"为附加式,可商。"蓦地""蓦地里"乃近代汉语常用词,而"蓦自里"仅见此例,实为可疑。蒲松龄《聊斋小曲·五更合欢曲》亦有此段文字,其文作"蓦自语儿唧哝","自语"搭配,语义顺畅。

(2)**偶自**一日,欲往经营。(《敦煌变文集·目连缘起》;[9]58;[10]461;[14]186)

有学者将"偶自"看作词,并以"自"为词缀,误。此句"自"乃"因"之误录,《敦煌变文校注》(1997:1017)注三:"因,原卷作'囙',即'因'之俗字。"

附:"自"词义引申图示

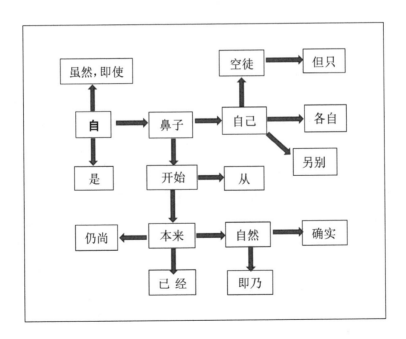

上编小结

本编我们总共搜罗到诸家定性为词缀或音节成分的"自"的用例 449 例①,其中 2 例或存在文字讹误,实际归属"自"诸类用法者 447 例。在认真分析研究的基础上,我们将这些用例归入"自"的 15 个义项:这 15 个义项中,自己、亲自义,开始义,本来义,自然义,从义为大家普遍接受,其他义项多有学者提及,但存在争议。我们在文中对这些存在争议的义项进行了详细论证,考察了它们的语义来源,同时列举大量独用例证、采用多种方法加以证实。在考辨义项的同时,认真分析了这些义项的使用特色,以帮助具体文例中"自"义的判定。在给这些用例归类时,尽量建立在考证的基础上,避免通过语感定性。

综观研究结果,有以下几点值得注意:

1. 诸家所举文例中,有 194 例属"自"之最常用义项"自己、亲自"义,占总文例的 43.4%。55 例属另一不存在争议的常用义项"自然、自动"义,占总文例的 12.3%。二者合计接近总文例的 56%。这表明"自"是否为词缀的争议主流不是"自"的新义,而是其常用义。从我们的研究看,这些本属"自"的常用用法而被错误定性为词缀,主要原因有以下几点:第一,对这些常用义的使用特色了解不够,未明古今用法差异;第二,多凭语感定性,缺少必要考证;第三,受限于音步切分;第四,拘泥于"自"为词缀的主观认识。

2. 剩余 198 例中,属同义复合者 133 例,占诸家所举总文例的 29.8%,占剩余用例的 67.2%。其中,本来义用例 26 例,23 例为同义复合;空、徒义用例 28 例,27 例为同义复合;仍尚义用例 35 例,33 例为同义复合;确实义用例 43 例,30 例为同义复合。"X 自"是同义复合还是附加式结构,是导致争议的另一个重要原因。诸家将此类组合中的"自"归入词缀,主要有两个原因:第一,否认"自"具有"X 自"组合中的"X"义;第二,"X 自"缺少同义倒序词。从我们的

① 诸家在研究专书词缀时,常举几个例子,然后笼统说有多少例,故实际上的用例应当更多。本书没有考察未举出作例证的用例,由于诸家所举一般来说都是比较典型的用例,故不会影响结论。

考察看，"自"表空徒、仍尚、确实等义有充分的文献证据，且得义理据清晰，因此这些义项比较可信；就倒序词来看，有些组合实有同义的倒序组合用例，只是之前研究未能发现，另有一些缺少同义倒序组合，细致分析，可以发现常有其特定原因，主要有：第一，倒序组合"自 X"为古文献另有他义的常用搭配；第二，"自 X"置于文句中，由于"X"通常为副词，或独用时可作动词、名词，当"自"置于它的前面，通常可解作自己或介词从，这种强大的认知习惯，亦影响到倒序词的使用；第三，很多同义组合用例很少，或使用有一定限制，或受他词影响而类推构词，这类组合没有同义的倒序词实属自然。总体而言，以大量可以解为同义复合的用例来证实"自"为词缀，缺少说服力。

3. 诸家所举文例中，有少数我们无法得出"自"表何义，但并未将其归入词缀用例。之所以如此，是因为当我们将确定的非词缀用例去掉之后，发现暂时无法释义的用例实在太少，根本不足以证实"自"有词缀用法。

4. 中古文献中"X 自"组合通常存在多解，而且多解的"X 自"用例一般较多，也正因此，确定"自"在句中为何义，通常要紧密结合上下文，这其实反映了这样一个语言事实："X 自"组合多未成词，即便是同义复合，亦多属临时性组合。这其实并不难理解：如果这些组合真的是语言中能自由使用的词语，怎么可能有那么多的同形的异义组合在同时代文献中使用。

5. 近代汉语中"自"仍然十分活跃，很多中古尚未成词的"X 自"组合在近代汉语中有成词倾向，一些白话性质较强或带有方言色彩的明清文献，出现了用法独特的"自"，以及之前未有的"X 自"组合，"自"是否存在记音现象，这些组合是何种性质，需要专门系统地研究。本编涉及一些近现代的"X 自"组合，我们仅作了简单归类分析，不当之处难以避免，这将是今后的研究课题，也期望能有更多的学者参与其中。

下编　词缀"复"考辨

我们共搜得诸家所举"复"充当词缀的用例 394 例,通过仔细分析,我们认为这些"复"共涉及其 17 种用法。需要说明的是,诸家所举"复"除少数用例意义较实外,主要为虚词,表特定的语法功能,这些功能有些比较接近,但如果不加区别,很容易引起误解,故本编不以义项归类,而是仿照《八百词》,以功能分类,分别加以分析。

一、作动词,表返回、回复、回应等

(一)"复"作动词的常见用法

1.返回,乃其本义

《说文·彳部》:"复,往来也。"段注:"《辵部》曰'返,还也','还,复也',皆训往而仍来。""复"的本义为返回,文献用例很多,此举其三:

> 昭王南征而不**复**,寡人是问。(《左传·僖公四年》)
> 有无言而不酬兮,又何往而不**复**?(《文选·张衡〈思玄赋〉》)
> 嵇中散语赵景真:"卿瞳子白黑分明,有白起之风,恨量小狭。"赵云:"尺表能审玑衡之度,寸管能测**往复**之气;何必在大,但问识如何耳!"(《世说新语·言语》第 15 条)

2.归还、偿还

由其本义引申而来：人之"复"为返回，物之"复"则为归还、偿还，如：

南容三**复**白圭，孔子以其兄之子妻之。(《论语·先进》)

贰师将军李广利捐五万之师，靡亿万之费，经四年之劳，而廑获骏马三十匹，虽斩宛王母鼓之首，犹不足以**复**费。(《汉书·陈汤传》)

武王崩，周公居摄七年，**复**政退老，出入百岁矣。(《论衡·逢遇》)

3.恢复

从位移的角度看，"复"指回到出发点，从事物的角度看，则指恢复到之前的状况，故由其本义引申，"复"有恢复义，此举二例：

凡我同盟，各**复**旧职。(《左传·定公元年》)

唯王丞相愀然变色曰："当共戮力王室，**克复**神州，何至作楚囚相对？"(《世说新语·言语》第 31 条)

4.报复、报答

将别人对自己的恶或善返还到他人身上，即报复、报答，如：

故越王将**复**吴而试其教，燔台而鼓之。(《韩非子·内储说上》)

单于宜上书献此地，直断阏之，省两都尉士卒数百人，以**复**天子厚恩。(《汉书·匈奴传下》)

买臣乞其夫钱，令葬。悉召见故人与饮食诸尝有恩者，皆**报复**焉。(《汉书·朱买臣传》)

5.重复，反复

返回乃前往这一动作的重复，故又可引申指其他动作的重复，这一义项乃后文其他诸多义项及功能的源头。其例如：

举一隅不以三隅反，则不**复**也。(《论语·述而》)

然而莫能**复**其处，不可谓善射。(《韩非子·外储说左上》)

是故**复**之而不足，则吟咏以肆志；吟咏之不足，则寄言以广意。(三国

魏稽康《琴赋》)

《大字典》将"复(復)"的这一义项归于"複"之下,实不必要,"复(復)"由返回义即可引申出此义,而且作动词,由返回义引申而来的可能性更大。

6.回复,答复

"复"可用于对人言语、书信方面的回复、答复,如:

> 管仲会国用,三分之二在宾客,其一在国,管仲惧而**复**之。(《管子•中匡》)

此例尹知章注:"复,白也。"

> 先生又见客,是以王辞而不**复**,何为无以应哉!(《文选•司马相如〈子虚赋〉》)

此例李善注引司马彪曰:"复,答也。"

> 简文语嘉宾:"刘尹语末后亦小异,**回复**其言,亦乃无过。"(《世说新语•赏誉》第118条)

> 诲余以义,**复**我以诚。终日以语,无非德声。(唐韩愈《祭穆员外文》)

(二)诸家所举此类用例辨析

"复"做动词,意义实在,一般不会出现误解,但也存在一些例外,如:

聊复

(1)(班固)永平中为郎,典校秘书,专笃志于博学,以著述为业。或讥以无功,又感东方朔、杨雄自谕以不遭苏、张、范、蔡之时,曾不折之以正道,明君子之所守,故**聊复**应焉。(《汉书•叙传》;[1]47;[2]215)

有学者将句中"聊复"看作一词,"复"为词缀,可商。从文句可知,"聊复应"乃针对"或讥以无功"而作的回应,"复"有回复、回应义,见上文,"复应"组合,解作"回应"完全可通。刘瑞明先生(1987:47)分析此句时说:"文章为应讥者作,'讥'与'应讥'均独一无二,故此'复'字义仍虚"。此看法专注于"复"的

虚词用法,却忽略了其实义用法。《汉书》有一例可佐证之:

（2）宝前失车骑将军,与红阳侯有郤,自恐见危。时淳于长方贵幸,友宝,宝亦欲附之。始视事而长以稚季托宝,故宝穷,无以**复应**文。（《孙宝传》）

不复

（3）侯生谓公子曰:"臣所过屠者朱亥,此子贤者,世莫能知,故隐屠间耳。"公子往数请之,朱亥故**不复**谢。（《史记·信陵君列传》;[24]45）

有学者将例中"不复"看作附加式,可商。此处"复谢"当针对公子数请之的回拜,"复"解作回报义并无问题。

（4）忽闻人扣门,手把蟠桃枝。问我此蟠桃,缘何结子迟? 但笑**不复**答,问者当自推。（北宋梅尧臣《郭之美忽过,云往河北谒欧阳永叔、沈子山》;[1]47）

此例亦有学者将"不复"看作一词,并认定"复"为词缀。我们认为:"复答"可解作"答复、回复",此种用法的"复答"在其他文献亦有用例,如:

（5）多造金带,遗岭南首领,其人**复答**以宝物,武皆纳之,由是致富。（《北史·权武传》）

此例"复答"犹"回报","答"义与上诗例小别,但"复"表"回复"义甚明。另北宋苏轼有《赵郎中见和戏复答之》《子玉家宴用前韵见寄复答之》,南宋叶梦得《定风波》副题曰"鲁卿见和,复答之"。"复答"均"回复"义。

时复

（6）孙恩乱后饥荒,县令庾肃之迎出县南废头里,为立小宅,临溪有山水之玩。**时复**还石山精庐,与诸孤兄子共釜庾之资,困不改节。（《宋书·隐逸传·沈道虔》;[34]101）

有学者以"时复"为一词,并将"复"看作词缀,我们以为可商。"复"有"返回"义,"复""还"组合表"返回",实属自然。他例如:

（7）楚昭王畏吴,自郢徙此,后**复还**郢。（《汉书·地理志上》）

(8)父去里所,**复还**,曰:"孺子可教矣。后五日平明,与我期此。"(《汉书·张良传》)

(9)关羽新破,诸为恶者藏窜观望。今徙其善者,既伤其意,将令去者不敢**复还**。(《晋书·高祖宣帝纪》)

二、表已发生动作的重复

(一)"复"有表已发生动作重复的功能,可用"又"对译

"复"有重复义,引申可表其他动作的重复,这是"复"用作副词的常见用法。"复"表动作状态的重复根据情况不同可分不同小类,本类所论者通常表重复的动作已经发生,"复"一般可用"又"对译。这种用法与《八百词》(1999:633)"又"第一义类 a)用法相应①。我们看相关用例:

秋,诸侯**复**伐郑。宋公使来乞师,公辞之。(《左传·隐公四年》)

郑县人有得车轭者,而不知其名,问人曰:"此何种也?"对曰:"此车轭也。"俄**又复**得一。(《韩非子·外储说左上》)

后产子,捐于猪溷中,猪以口气嘘之,不死;复徙置马栏中,欲使马藉杀之,马**复**以口气嘘之,不死。(《论衡·吉验》)

苦相折挫,王遂大屈。许复执王理,王执许理,更相覆疏;王**复**屈。(《世说新语·文学》38 条)

第一例,前文有诸侯于夏天"伐郑"之语,"复伐郑"即承此而言;第二例"又复"同义复合,"又复得一"承前文"郑县人有得车轭者"而言;第三例"马复以口气嘘之"承前"猪以口气嘘之",此例主语不同;第四例,"王复屈"承前"王遂大屈"而言。

---

① 可比较《八百词》(1999:633)所举用例:这个人昨天来过,今天**又**来了|他去年犯过这种病,今年**又**犯了|哥哥猜错了,弟弟**又**猜错了。

上举用例前后文存在照应,能在文中明确找到重复的动词。而有些文句,如语录或书信,由于语境有限,可能无法找到重复的成分,这就需要我们根据常识做出相应的推理,如:

足下小大佳也,诸疾苦忧劳非一,如何?**复**得都下近问不?(东晋王羲之《杂帖》)

复委笃,恐无兴理,诸人书亦云尔也。忧之怛怛,得停,乃公私大计也。(王羲之《杂帖》)

此二例均出自王羲之所写书信,"复得都下近问不"及"复委笃"无与其照应的前文,但"复"之义比较明显,均表动作又一次出现,"复得都下近问不"暗示之前曾得到"都下问","复委笃"暗示之前曾委笃。

这样的用例提示我们,判断"复"的意义,有时不能拘泥于文句本身,而需要做适当的推理。

(二)诸家所举此类用例辨析

诸家所举充当词缀的用例中,有很多属此类用法:

常复

(1)若复乘于,贤善象车,所在游**得**,若干种宝。**常复**获逮,上妙璎珞,数百千人,悉共发意。(西晋竺法护译《正法华经》卷八;[27]27)

有学者将"常复"看作音节成分,可商。此句前有"所在游得,若干种宝","常复获逮,上妙璎珞"承此而言,表"得"这一动作的重复。

合复

(2)夫续为劫,王人所得,腰断其命,共妇生埋。人贪我身有妙璎珞,开冢取之,并将我去。复经少时,王伺捉得,断贼伴命,**合复**埋之。埋之不固,夜虎发食,因复得出。(南朝梁宝唱《经律异相》卷七;[36]150)

有学者释"合复"为"一起,一块儿",并以"复"为音节成分,当误。从上文不难发现,在"合复埋之"之前,曾发生过"共妇生埋"之事,也就是说,此"埋"乃再次发生,故用"复"实属自然,至于"合",乃埋之方式,"合复埋之"犹合在一起又埋了她。下文"因复得出"之"复"亦承上文"开冢取之"而言,表再次出来。

忽复

（3）明月皎夜光,促织鸣东壁。玉衡指孟冬,众星何历历。白露沾野草,时节**忽复**易。(《古诗十九首》之七;[7]300;[14]191)

有学者将"忽复"解作附加式,可商。句中"忽"当为形容词,指时节运行迅速,其用法当源自于《楚辞》,如:

（4）日月**忽**其不淹兮,春与秋其代序。(《离骚》)

（5）欲少留此灵琐兮,日**忽忽**其将暮。(《离骚》)

（6）春秋**忽**其不淹兮,奚久留此故居?(《远游》)

（7）岁**忽忽**而遒尽兮,老冉冉而愈弛。(《九辩》)

（8）时迟迟其日进兮,年**忽忽**而日度。(《九叹》)

"忽复"的此类用法后代文献亦有很多用例,如:

（9）岁往月来,**忽复**九月九日。(唐徐坚《初学记》卷四引魏文帝《九日与钟繇书》)

（10）日月不处,**忽复**十年,犬马之齿,已逾知命。(《宋书·雷次宗传》)

（11）予来夏口,**忽复**三年。(唐刘禹锡《为鄂州李大夫祭柳员外文》)

（12）闲居澹无味,**忽复**四时周。(唐韦应物《答崔主簿问,兼简温上人》)

（13）板桥匆遽攀违,**忽复**旬浃,气节遂尔寒凝,伏惟台候万福。(北宋欧阳修《与韩忠献王稚圭四十五通》之二十)

我们知道,一年四季,时节不停变易,年复一年,不断重复,故"时节忽复易"表转眼间时节又变了,从意义上讲并无问题。"复"用于此类句式中,主要表时光消逝之速。以下用例可体现"复"的功能:

（14）别来频甲子,**倏忽又**春华。(唐杜甫《春归》)

（15）年光何太急,**倏忽又**青春。(唐杜牧《春怀》)

（16）一年惟腊在,**忽忽又**将央。(唐吕从庆《冬尽》)

(17)一年十二月,**倏忽又**临头。(南宋赜藏编《古尊宿语录》卷一三)

(18)**倏忽又**是五月,时节交参总别。(《古尊宿语录》卷四四)

(19)**忽忽又**见新春,惟乞为国爱重,以副中外瞻倚之望。(北宋欧阳修《与韩忠献王稚圭四十五通》之四一)

句中"又"与"复"功能相同。

渐复

(20)宋豫章胡庇之,尝为武昌郡丞,元嘉二十六年入廨,便有鬼在焉。中宵胧月,户牖小开,有人倚立户外,状似小儿。户闭,便闻人行,如著木屐声,看则无所见。**如此甚数**。二十八年二月,举家悉得时病,……庇之迎祭酒上章,施符驱逐,**渐复**歇绝。(南朝梁任昉《述异记》,出《古小说钩沉》;[32]344)

有学者将"渐复"定性为附加式,或可商。从上文可知,鬼于元嘉二十六年即有,中间时发时歇,故文中言"如此甚数";二十八年复发,乃请祭酒上章,既而"渐复歇绝"。因之前反复发歇,此用"复歇绝",实属正常。

聊复

(21)前登城门,意有怀,作《登台赋》,极未能成;而崔君苗作之,**聊复**成前意,不能令佳,而嬴瘁累日,犹云逾前二赋。(《与兄平原书》之一五;[7]298)

(22)云久绝音于文章,由前日见教之后而作文解愁,**聊复**作数篇,为复欲有所为以忘忧。(《与兄平原书》之二一;[7]298)

(23)一日视伯喈《祖德颂》,亦以述作宜褒扬祖考为先,**聊复**作此颂,今送之,愿兄为损益之。(《与兄平原书》之二七;[7]298)

有学者将此三例中的"聊复"看作附加式,不当。此三句"复"表动作行为的重复,十分明显:第(21)例,"复成前意"承"前登城门,意有怀"而言;第(22)例,"久绝音于文章"表明陆云之前作文,而中间中断,后因"前日见教"而"复作数篇",明显指"作文"再次发生;第(23)例,"复作此颂"乃承前"视伯喈《祖德颂》"而言,表"作此颂"之事再次发生。此三例中"复"的功能还可通过去掉"聊"的方法加以验证。

(24)啸傲东轩下,**聊复**得此生。(东晋陶渊明《饮酒二十首》之七;[1]47)

有学者举此例,以"聊复"为附加式,可商。南宋阮阅《诗话总龟·后集》卷六:"东坡云:'秋菊有佳色,裛露掇其英。泛此忘忧物,远我遗世情。一觞虽独进,杯尽壶自倾。日入群动息,归鸟趋林鸣。笑傲东轩下,聊复得此生。'靖节以无事为得此生,则见役于物者,非失此生耶!"从这段材料可知:陶渊明实际上经历了"得此生——失此生——复得此生"的历程,未做官之前,不被俗事所扰,不为外物所役,为"得此生",后进入官场,为"失此生",现采菊东篱,啸傲东轩,摆脱俗物,为"复得此生"。南宋陆游《雨晴》中的两句亦可帮助理解:"亦知老健终难恃,且**复**萧然得此生。"此例所述与陶渊明诗相近,"老健难恃",此生必了,而"萧然"则可复得此生。

乃复

(25)至明帝始复制佩,而汉末又亡绝。魏侍中王粲识其形,**乃复**造焉。今之佩,粲所制也。(《宋书·礼志五》;[34]102)

有学者认为"乃复"表出乎意料,竟然义,并将其定性为附加式,显误。从此句上文可知,早期有佩,五霸之后废,至汉明帝时始复制,至汉末又亡绝,而到魏,侍中王粲又重造,"乃"表事理顺承,犹于是,而"复"显然指动作的重复。

时复

(26)昔雀离寺,有一长老比丘,得阿罗汉道,将一沙弥,**时复**来下,入城游观,衣钵大重,令沙弥担随从其后。沙弥于道中便作是念……。(姚秦鸠摩罗什译《众经撰杂譬喻》卷上;[36]152)

有学者以"时不时"释"时复",并以"复"为音节成分,此解似有问题。从下文"衣钵大重,令沙弥担随从其后。沙弥于道中便作是念"来看,"时"并非表时常,而是特指一次,据此我们以为:这里"时"当指一时,"复"或当指"又",指事情再次发生。此长老未得罗汉道前,与沙弥来入城中当为常事,而此次是其得罗汉道之后再次带沙弥入城,故而用"复"以表动作状态的重复。

始复

(27)餐霞卧旧壑,散发谢远游。山蝉号枯桑,**始复**知天秋。(唐李白《江上秋怀》;[20]74;[21]107;[17]180)

有学者将"始复"之"复"看作语助或词缀,我们以为似可另解:"始"表"才","复"表"又",四季不停循环往复,"始复知天秋"犹"才知道又是秋天了","复"在表达动作重复的同时,亦用表时间飞逝。其用法可参上文"忽复"。

适复

(28)我所以不语者,追忆过世所更吉凶、安危、成败,恐复与会,故结舌不语至十三岁,冀以静默,免瑕脱秽,出度尘劳,永辞于俗,不与厄会。**适复**念欲闭口不语,而当为王所见生埋,恐王后时,复得是殃,一入地狱,无有出期。(失译《太子慕魄经》;[36]152)

有学者释"适复"为刚刚,并以"复"为音节成分,当误。"适复欲闭口不语"乃承之前一直闭口不语而言,文中"我所以不语者""故结舌不语至十三岁"表明了这一点,"复"表动作、行为的重复十分显明。

为复

(29)文章既自可美,且解愁忘忧,但作之不工,烦劳而弃力,故久绝意耳。在此悲思,视书不能解。前作二篇,后**为复**欲有所作以慰,小思虑便大顿极,不知何以乃尔。(《与兄平原书》之一五;[7]299)

(30)云久绝音于文章,由前日见教之后而作文解愁,聊复作数篇,**为复**欲有所为以忘忧。(《与兄平原书》之二二;[7]299)

有学者将"为复"看作附加式,我们不赞同这种观点:第(29)例,文章可以解愁忘忧,陆云之前曾作文,后"久绝意耳",即长时间中断,"前作二篇"亦表明之前曾作过,而"后为复欲有所作"指后来为了安慰自己(因作文可解愁忘忧)又想作文,"为"表目的,"复"则表动作的重复。第(30)例,第一个"复"承前"久绝音于文章"表动作的重复,第二个"复"功能相同,作文可解愁,故复作文,为了忘记忧愁又想有所作。此二例"复"相对难解,主要因为其语序与今表达有异。

行复

(31)钦明去书不悉,彦先来,得书以为慰。时去荐荏,岁**行复**半,悲此推移,终然何及。(西晋陆云《与杨彦明书》之一;[7]298;[17]180)

有学者认为例中"行"表将义,"行复"为附加式,可商。首先,"行"是否表"将"义,存疑,从文义看,或当解作动词,表运行,"岁""月""年"等与"行"及相类动词搭配很常见,如:

(32)日月之**行**,则有冬有夏。(《书·洪范》)

(33)岁**往**月来,忽复九月九日。(唐徐坚《初学记》卷四引魏文帝《九日与钟繇书》)

(34)岁**往**年徂,率无可纪。(北齐魏收《为侯景叛移梁朝文》)

至于"复",当为"又"义,其用法与上举"忽复""已复"表时间运行的用法相似,"岁行复半"犹时间又过去了半年。可比较以下用例:

(35)得七月十三日告,藉之等近日遣王秋书,不言**月行复半**,念汝独思,不可堪居,奈何奈何!(东晋王廙《书》)

句中"月行复半"指又过去了半月。

(36)岁月易得,别来**行复**四年。(三国魏曹丕《又与吴质书》;[1]46;[12]31;[13]9;[26]123)

此例"行"可解作"将"①,"复"同样当解作"又",以表时间飞逝。"别来行复四年"即别来又将四年。

寻复

(37)晋改曰中书侍郎,员四人。晋江左初,改中书侍郎曰通事郎,**寻复**为中书侍郎。(《宋书·百官志下》;[34]101)

有学者将句中"寻复"看作附加式,显误。句中"复"当指动作状态的重复:

---

① 王云路(2010:347)指"行"有旋即义,这里的"行"亦可如此解。

中书侍郎改通事郎,又改为中书侍郎①。

已复

（38）目连从定意起,至犯戒比丘前,而数之曰:"汝为沙门,奉戒为本,戒犹人之头首;沙门戒行,宜令清白,如水如玉。此如来之座,贤圣之会,度世者之聚,清净道德者之所集处。此座犹如栴檀之林,卿以伊兰臭秽,乱于真正。"目连手自引其弟子出。……世尊犹复默然。目连怪之,四向观察,见座上,向比丘**已复**在座,目连重勒之曰:"卿为弃人,何为不自引罪秽,重坐此座为?"（西晋竺法护译《法海经》;[36]154)

（39）若在三涂,截断其头,死而复生。……尔时大王仰语树神:"我过去已来于此树下,曾以九百九十九头以用布施,今舍此头,便当满千。舍此头已,于檀便具,汝莫遮我无上道心。"……道中有人自问消息,知毘摩羡王**已复**命终,失于所望,及劳度差命终,皆堕阿鼻泥犁。（南朝梁宝唱《经律异相》卷一四;[36]154)

有学者举此二例,释"已复"为已经,并认为"复"不表义,为音节成分,我们以为不然。（38）例,前文指出:"'此如来之座,贤圣之会,度世者之聚,清净道德者之所集处,此座犹如栴檀之林,卿以伊兰臭秽,乱于真正。'目连手自引其弟子出",可见此比丘之前曾经在座,"已复在座"承此而言,"复"表动作、状态的重复十分显明,下文"重坐此座为"之"重坐",亦可佐证"复"之义。（39）例,从前文可知,毘摩羡王之前已布施九百九十九头,不停地死而复生,此"已复命终"乃承其之前多次命终而言,"复"表动作的重复亦甚明。

（40）（群蛮)每见庆之军,辄畏惧曰:"苍头公**已复**来矣。"（《宋书·沈庆之传》;[34]101)

（41）帝乃怒,使人驱下殿,愿徐去无异容。以旧恩,少日中,**已复**召入。（《南齐书·虞愿传》;[29]7)

有学者将此二例"已复"看作附加式,并以"已经"为释,显有误。（40）例,群蛮之前曾大败于庆之军,因而之后每见之,则曰"苍头公已复来",此"复"明

显指动作的重复。另外,句中"已"解作已经于义难通,《大字典》《大词典》均收有"已"表又义的用法,如此"已复"当为同义复合。(41)例,"已复"同样为"又"义,帝使人驱虞愿,表明先曾召入,而驱出后再召入,自然是"召"这一动作的重复。

(42)周子居常云:"吾时月不见黄叔度,则鄙吝之心**已复**生矣。"(《世说新语·德行》第 2 条;[2]213)

此例为语录体,前后文语境简略,文句未直接提及周子居生"鄙吝之心",这可能是学者们将"复"定性为词缀的主要原因。事实上,针对此类语境简略的文句,细致分析仍能得到较确定的线索:1.周子居时常见到黄叔度;2.周子居不见黄叔度则生鄙吝之心,而见到他则可去除。据此两点,可以知道,其鄙吝之心实随着见与不见黄叔度而不断产生和消失。如此,时月不见,则其鄙吝之心又生实为自然,"复"解作"又"表动作重复完全可通。①《世说新语笺注》(2019:4)释此句作"庸俗贪吝的念头就又萌生了"②,正得其宜。

(43)前丝断缠绵,意欲结交情。春蚕易感化,丝子**已复**生。(《乐府诗集·子夜歌》;[1]46)

此例为诗句,前后文语境不够充分,文句理解亦相对困难,这影响到"已复"的理解。但细读前文还是能感知"已复"之义:此诗前文描写与郎相亲相爱,之后分别,终未成匹,本谓情丝已断,然而又再次见到,"春蚕易感化,丝子已复生"正用以比喻情丝复生,"复"表行为状态的重复。

(44)故人赏我趣,挈壶相与至。班荆坐松下,数斟**已复**醉。(东晋陶渊明《饮酒二十首》之一四;[1]46)

此例亦出自诗歌,语境不完整,但"已复"之义可以推知:文句中"故人""班荆"均指与其志趣相投的朋友,陶渊明好酒,可以推知饮醉至醉之事之前定然多次发生,故此用"已复醉"表又已醉十分自然。

---

① 这一点和笔者的经历很相似,笔者读书时常会懈怠,每次见到老师,受其教导,则会精神大振,但几天之后,又会恢复到之前的状态。

② 此例《大字典》《大词典》均释"已"作"又",如此则"已复"乃同义复合。

（45）自矿但尔，**已复**经时。（西晋陆云《与陆典书》之一；[7]299）

（46）荣木，念将老也。日月推迁，**已复**九夏。（东晋陶渊明《荣木》；[29]7）

（47）适见三阳日，寒蝉**已复**鸣。感时为欢叹，白髮绿鬓生。（《宋诗》卷九《清商曲辞·子夜四时歌·冬歌》；[31]183）

（48）乔客他乡人，三春不得归。愿看杨柳树，**已复**藏班骓。（《陈诗》卷九《清商曲辞·黄督》；[32]345）

此四例出自书信及诗歌，缺少翔实语境，且理解相对困难，但"已复"之义不难推知：（45）例，"自矿但尔，已复经时"或当指"自从上次离别，转眼又过去了一段时间"①。王献之《杂帖》中的一个用例也可帮助理解"已复"之义："想久达，不得君问，以复经月，悬情岂可言。顷更寒不适，颇有时气，君须各可耳。""不得君问，以复经月"犹"没得到你的消息，又已经一个月了"，"复"解作"又"，同样强调时间之速之久。（46）例，乃借年年循环的四季，以表时光推移，"已复九夏"犹又已到了夏天。（47）例，"寒蝉已复鸣"指寒蝉又已鸣叫，借此表时间的流逝。（48）例，"已复藏班骓"指杨柳又已长出可以掩藏毛色青白相杂的骏马的叶子，乃借年年循环枯荣的杨柳树表达又是一年春来到。四例中的"复"，从功能上看，均表动作状态的重复，而从表达效果上看，则能凸显时光飞逝。

因复

（49）夫续为劫，王人所得，腰断其命，共妲生埋。人贪我身有妙璎珞，**开冢取之**，并将我去。复经少时，王伺捉得，断贼伴命，合复埋之。埋之不固，夜虎发食，**因复**得出。（南朝梁宝唱《经律异相》卷七；[36]154）

有学者以"于是，因此"释"因复"，并认为"复"为音节成分，当误。前文"开冢取之，并将我去"表明前已"得出"，此"因复得出"乃承此而言，"复"很明显表动作的重复。

则复

（50）是时大爱道瞿昙弥，行到佛所，稽首作礼，却住一面，叉手白佛

---

① 本人愚钝，"自矿但尔"之义不敢确定，但陆云《与戴季甫书》信首有"旷远以来，忽逾年载"，两相比照，义当相近。

言:"我闻女人精进,可得沙门四道,愿得受佛法律。我以居家有信,欲<u>出</u><u>家为道</u>。"佛言:"且止,瞿昙弥! 无乐以女人入我法律。服法衣者,当尽寿清净究畅梵行。"瞿昙弥**则复**求哀,如是至三,佛不肯听。便前作礼,绕佛而去。(东汉昙果共康孟详译《中本起经》卷下;[36]154)

有学者释"则复"作"立刻",并以"复"为音节成分,当误。从前文可知,瞿昙弥叉手白佛,乃请求佛允许她出家为道,并被佛拒绝,于是,瞿昙弥"则复求哀","则"为便即义,"复"则表求哀这一动作再次发生,"复"之义非常明显。

诸家所举用例中,还有一类因语境不明,无法得出确切结论,但以常义可以解释:

皆复

(51)＊人问王长史江彪兄弟群从,王答曰:"诸江**皆复**足自生活。"(《世说新语・赏誉》第127条;[1]47;[2]213;[19]69;[17]180;[12]30;[29]6;[18]551)

此例有诸多学者将"皆复"看作附加式,并以"复"为词缀。我们以为:从字面看,将此句译作"江氏诸人又都足以自立了"并无问题。诸家之所以将"复"看作词缀,最主要的原因是文句中找不到"复"如此解的根据。问题是此例缺少充分的上下文语境,他人是在何种情况下问这个问题,王长史回答之语又有何背景全然不知,我们如何能够确定"复"一定不表义呢?①

为复

(52)＊诲前二赋佳,视之行已复不如初。昔文自无可成,藏之甚密,而**为复**漏显,世欲为益者,岂有谓之不善而不为怀?(《与兄平原书》之二二;[7]299)

此句为书信,关于"漏显"之事前后文未提,但"为复漏显"表"又被泄漏"、"被再次泄漏"并无不可。

另有一个用例,文句可能存在讹误:

---

① 《太平御览》卷四四七引此句作"诸江皆能自生活",不用"复"字,但并不能得出"复"不表义的结论,因为"复"本身就不是表义的必需成分。

然复

(53)＊尔时,世尊告诸比丘:"犹如山河、石壁、百草、五谷,皆依于地而得长大,**然复**此地最尊、最上。此亦如是。诸善道品之法,住不放逸之地,使诸善法而得长大。"(东晋瞿昙僧伽提婆译《增壹阿含经》卷一八;[36]151)

有学者以"然而"释"然复",并将"复"看作音节成分。按:此例文意不完,似有脱文,"犹如"当有所承,而本句缺,《增壹阿含经》中有诸多此类句式,可以比勘:

(54)尔时,世尊告诸比丘:"若有一人出现于世,尔时天及人民便蒙光泽,便有信心于戒、闻、施、智慧,**犹如**秋时月光盛满而无尘秽,普有所照。此亦如是。若多萨阿竭、阿罗呵、三耶三佛出现世间,天及人民便蒙光泽,有信心于戒、闻、施、智慧,如月盛满,普照一切。"(卷三)

(55)尔时,世尊告诸比丘:"汝等当思惟无常想,广布无常想,已思惟、广布无常想,尽断欲界爱,色界、无色界爱,亦断无明、憍慢。**犹如**以火烧焚草木,永尽无余,亦无遗迹。此亦如是,若修无常想,尽断欲爱、色爱、无色爱,无明、憍慢永无有余。"(卷三一)

此二例与上举第一例句式相似,而第一例所缺之内容,可能正是"然复"难解的关键,《增壹阿含经》亦有同样句式的"然复"用例,可比较:

(56)诸有众生,二足、四足、众多足者,有色、无色,有想、无想,至尼维先天上,如来于中,最尊、最上,无能及者。由牛得乳,由乳得酪,由酪得酥,由酥得醍醐,**然复**醍醐于中,最尊、最上,无能及者。此亦如是,诸有众生,二足、四足、众多足者,有色、无色,有想、无想,至尼维先天上,如来于中,最尊、最上,无能及者。(卷一二)

(57)有漏、无漏,有为、无为,无欲、无染,灭尽、涅槃;然涅槃法于诸法中,最尊、最上,无能及者。由牛得乳,由乳得酪,由酪得酥,由酥得醍醐;**然复**醍醐于中,最尊、最上,无能及者。此亦如是,所谓诸法,有漏、无漏,有为、无为,无欲、无染,灭尽、涅槃;然涅槃法,于诸法中,最尊、最上,无能及者。(卷一二)

(58)众生之中,如来众僧于此众中,最、最上,无能及者。由牛得乳,由乳得酪,由酪得酥,由酥得醍醐,**然复**醍醐于中,最尊、最上,无能及者。此亦如是,所谓圣众者,大众大聚者,有形之类,众生之中,如来众僧于此众中,最尊、最上,无能及者。(卷一二)

此三例句式与上举第(53)例同,"然复"所引"最尊最上"是在前句"最尊最上"基础上的重复,"复"乃"又"义,其表动作状态的重复功能显而易见。

基于此,我们认为,例(53)中"然复"或亦当如此解。

三、表未实现的或经常性的动作、状态的重复或继续

(一)"复"可表未实现或经常性的动作状态的重复或继续

此类用法与《八百词》(1999:642)"再"所举第一类 a)用法相当①。如:

蔡女为桓公妻,桓公与之乘舟,夫人荡舟,桓公大惧,禁之不止,怒而出之。乃且**复**召之,因复更嫁之。(《韩非子·外储说左上》)

若夫冶者用铜为柈杆,柈杆虽已成器,犹可**复**烁,柈可得为尊,尊不可为簠。(《论衡·无形》)

及之郡,至富阳,慨然叹曰:"看此山川形势,当**复**出一孙伯符!"(《世说新语·黜免》第9条)

(二)诸家所举此类用例辨析

此类用法亦为"复"之常见用法,一般不易出错,然而诸家所举词缀用例仍有较多属此类者,如:

---

① 可比较《八百词》(1999:642)所举用例:去过了还可以**再**去。|这次失败了,下次**再**来。|别急,**再**坐一会儿。|我还能**再**见到你吗?

重复

(1)答少时诗,亦未为妙,省之如不悲苦,无恻然伤心言,今**重复**精之。(《与兄平原书》之四;[7]298)

有学者指此"重复"与今义别,犹言"重新""再","复"不为义。按:"重新"和"再"即表动作重复,乃"复"之常见用法,"重复"当为同义复合,文献中有同义的倒序词"复重",可为佐证,如:

(2)须史子胥至,阖间出鲙而食,不知其臭,王**复重**为之,其味如故。(东汉赵晔《吴越春秋》卷二)

此例"复重"亦表再一次,重新。

当复

(3)此上句,先帝弃天下日也。便以周年。吾茕茕,**当复**何时壹得叙人子情邪?(《宋书·礼志二》;[34]102)

(4)安帝延光三年,中谒者宣诵上书言当用甲寅元,河南梁丰云**当复**用《太初》。(《宋书·律历志中》;[34]102)

(5)文殊师利言:"**当复**自责,我前世时行不清净,毁身口意,婬怒愚痴,兴心为害,放诞诔诣,多求无厌,积累恶业,诽谤轻调,毁佛法众,不孝父母,蔑于尊长。"(西晋竺法护译《佛说文殊悔过经》;[36]149)

(6)是时,三十三天见此昼度树已生罗网,不久当生电节。尔时,三十三天见已,复怀欢喜:"此树今日已生电节,不久**当复**开敷。"(东晋瞿昙僧伽提婆译《增壹阿含经》卷三三;[36]150)

有学者举此四例,认为"当复"为附加式,或以"复"为音节成分,可商。第(3)例,先帝弃天下之前,可以叙人子之情,而弃世之后,则无法再叙此情,"当复何时壹得叙人子情邪"义为何时能够再叙一次人子之情呢,"复"表动作重复的同时,还兼有加强反问语气的功能。第(4)例,太初历之前曾经使用,故而此言"复用太初"。第(5)例,"当复自责","当"表应当,"复"则表"自责"的延续,此句前文"文殊师利即答如来齐光照耀菩萨"之内容,均为文殊师利教导如来齐光照耀菩萨忏悔自责,此"复自责"乃承此而言。第(6)例,"复"表"开敷"这一动作的重复,这从其前文亦能明显看出:"尔时,世尊告诸比丘:'三十三天昼度树,本纵广五十由旬,高百由旬,东、西、南、北荫覆五十由旬,三十三天在彼四月自相娱乐。比丘当知,或有是时,彼昼度树华叶凋落,萎黄在地。'尔时,诸天见此瑞应,普怀欢喜,欣情内发:'此树不久当更生华实。'"

"当复开敷"即承此树之前"华叶凋落"而言,与"当更生华实"义同。

顿复

（7）如圣人先知,周公当知天已许之,无为**顿复**卜三龟知。(《论衡·知实》;[32]343)

有学者将例中"顿复"看作附加式,可商。此句可能存在讹衍,黄晖(1996:1094)指出:"疑'顿'字衍。或'须'字之误。原无'为'字。'知'上又脱'乃'字。《死伪篇》述此事云:'不能知三王许己与否,须占三龟,乃知其实。'故此文谓若圣人先知,则无须复卜三龟乃知也。"

若原文如此,则"复"当表动作的重复:原已知,不必再通过卜三龟而知。

故复

（8）中兴以后,其旧制诞章,粲然弘备。自兹以降,又有异同。**故复**撰次云尔。(《宋书·礼志三》;[34]102)

（9）晋立《服制令》,辨定众仪,徐广《车服注》,略明事目,并行于今者也。**故复**叙列,以通数代典事。(《宋书·礼志五》;[34]102)

有学者举此二例,认为"故复"为附加式,误。第(8)例,从前文可知,司马迁、班固等已作礼志,因后有变,故要再次撰写,"复"很明显表动作行为的重复。第(9)例用法同,"复"亦再义。

若复

（10）扬州根本所系,不可假人。前者以授王谧,事出权道,岂是始终大计必宜若此而已哉。今**若复**以他授,便应受制于人。(《宋书·刘穆之传》;[34]102)

（11）质欲仍攻东城,义宣党颜乐之说义宣曰:"质**若复**拔东城,则大功尽归之矣。"(《宋书·臧质传》;[34]102)

有学者举此二例,以"若复"为附加式,显有误:第(10)例,"今若复以他授"

216

乃承"前者以授王谧"而言,表动作的重复;第(11)例,之前质已攻下西垒,"若复拔东城"乃承此而言,表动作的重复。

希复

(12)时上年六十余,发不白,更有少容,服食辟谷,**希复**幸女子矣。(《汉武故事》,出《古小说钩沉》;[32]345)

有学者将"希复"看作附加式,可商。从常理可知,汉武可幸女子乃之前已存之事,后由于年老而丧失此能力,故"服食辟谷",以期能再幸女子,"复"表"幸女子"之事再次发生,义甚显明。

且复

(13)长当从此别,**且复**立斯须。(《汉诗》卷一二《古诗·李陵录别诗》;[31]183)

有学者以"且复"为附加式,可商。句中"复"当指"立"这一动作的继续,"且复立斯须"犹姑且再站立片刻。

(14)吾爱此子,特复倍余,不忍显露,违逆其意。若来索宝,小避行来;若其急索,**且复**与之。(元魏慧觉译《贤愚经》卷九;[36]151)

有学者以"姑且"释句中"且复",并以"复"为音节成分,可商。从前文可知,此前太子为了布施穷困乏短之人,已多次向典藏臣索宝,典藏臣与之财物亦非止一次,此"且复与之"即承此而言,"复"显然表"与之"这一动作的重复。

(15)自笑堂堂汉使,得似洋洋河水,依旧只流东。**且复**穹庐拜,会向藁街逢。(南宋陈亮《水调歌头·送章德茂大卿使虏》;[1]47;[14]189)

此例为诗歌,语境不足,有学者将"且复"看作附加式,可商。《送章德茂大卿使虏》一词乃叙宋派章德茂前往金庭贺金主生辰,由于宋朝国势积弱,之前一直忍让,可以推知"拜穹庐"事时常发生。词中"且复穹庐拜,会向藁街逢"义为"姑且再向金人拜一拜,但将来一定把金人抓回",以表目前处于弱势的情况下,暂且再让一让,终将发愤图强,战而胜之,获彼王之头悬于藁街。①

遂复

(16)**久不作文**,多不悦泽,兄为小润色之,可成佳物,愿必留思。四言五言非所长,颇能作赋,为欲作十篇许小者,以为一分生于愁思,**遂复**文。(《与兄平原书》之三;[7]299)

(17)伏念惟忧,瘆如疾首,不知何理,可以自安。但成旨已决,涣汗难反,加臣懦劣,少无此志,进不能抗言陈辞,以死自固;退不能重玺置冰,鲜食为瘵。祇畏天威,**遂复**俯仰。(《宋书·王弘传》;[34]101)

(18)仇耻既雪,四海清荡,所愿反身草泽,以终余年。恩遇不遗,**遂复**僶俯,即目所忝,已为优渥。(《宋书·刘敬宣传》;[34]101)

有学者举上述诸例,认为"遂复"为附加式,我们以为不当:第(16)例,"遂复文"承前"久不作文",表动作行为再次发生。第(17)例,从文中可知,王弘是一个"懦劣"而不能"抗言陈辞,以死自固"的人,如此之人,与时"俯仰"乃其常态。此次虽"冒表闻",但由于"成旨已决",再加上其"懦劣"的本性,于是再次与时俯仰。第(18)例,刘敬宣之前曾付出努力而使"仇耻既雪,四海清荡",本打算"反身草泽,以终余年",又因"恩遇不遗",故而"遂复僶俯",即再次努力。

(19)犹如磨镜,洗治平铁,稍稍令细,**遂复**发明;稍稍习行六度无极,积功累德不可计劫,自致得佛,开度十方。(西晋竺法护译《修行道地经》卷七;[36]153)

有学者以"于是"释"遂复",并以"复"为音节成分,可商。我们先看两则关于磨镜的文例:东汉安世高译《佛说阿含正行经》:"譬如人有镜,不明不见形,磨去其垢,即自见形。人已去贪婬瞋恚愚痴,譬如磨镜。"唐宗密述《大方广圆觉修多罗了义经略疏注》卷上之一:"譬如磨镜,垢尽明现。虽云磨镜,却是磨尘。所言修道,只是遣妄。夫镜性本明,非从外得,尘复则隐,磨之则显。"由此

---

① 刘瑞明先生(1987:47)指出:"冯沅君等编《中国历代诗歌选》特注其句为:'姑且再朝拜一次。'把虚义的'复'落实为副词,倒使诗意拘谨失真了。"其实联系诗歌的创作背景,"复"解作"再"显然更合适。

二文可知,所谓磨镜,乃因镜上生垢,使其不明,而通过磨治,则可使其重新发明,如此"遂复发明"即"于是再次变亮","复"乃承镜本明亮而变暗,表"发明"这一动作的再次出现。

行复

(20)彦先相说,疾患渐欲增废,深为怛然。行向衰,笃疾来应,百年之望,虽未必此为疑,然亲亲所以相恤之一感耳。想勤服药,**行复**向佳耳。(西晋陆云《与杨彦明书》之四;[7]298)

此例前有"行向衰",后有"行复向佳",两相比照,"复"显然是一个独立成分,而非"行"之缀。就文义来说,此"复"当为再义,表动作行为的重复:人由健康向衰,通过服药,再向佳,即重新变得健康。

王羲之《杂帖》中还有几个"行复"用例,"复"均可用"再"为释:

(21)君顷复以何散怀,铁云秋当解褐,**行复**分张,想君比尔快为乐。

(22)适书至也,知足下明还,**行复**克面。

(23)夫人遂善平康也。足下各可不?冀**行复**面。

(24)得书知问。吾夜来腹痛,不堪见卿,甚恨。想**行复**来。修龄来经日,今在上虞,月末当去。

第(21)例,"行复分张"犹"将再次分别";第(22)例,"行复克面"犹将能再次见面,第(23)例,"冀行复面"犹希望再次见面;第(24)例"想行复来"犹希望再来。此几例均出自书信,缺少足够的前后文语境,因而语义不是十分明晰,以下两个相近时代的用例则语义清楚得多:

(25)与君散两钱,当吐二升余脓血讫,快自养,一月可小起,好自将爱,一年便健。十八岁当一小发,服此散,亦**行复**差。(《三国志·魏书·华佗传》;[32]345)

此例"复"承前次病差,即"快自养,一月可小起,好自将爱,一年便健"而言,"复"表"再"义十分明晰。

(26)麻姑自说:"接待以来,已见东海三为桑田。向到蓬莱,水又浅于往昔会时略半也,岂将复还为陵陆乎?"方平笑曰:"圣人皆言海中**行复**扬

尘也。"(东晋葛洪《神仙传》卷三)

此例"行复"与"将复还"义同,乃承前"东海三为桑田"而言,"复"表"再"义亦十分明显。

(27)陆展染鬓发,欲以媚侧室。青青不解久,星星**行复**出。(南朝宋何长瑜《嘲府僚》;[31]182)

有学者将"行复"看作附加式,可商。句中"星星"指白发,"复"表"再",指动作的再次发生:从前文可知,陆展之前发已白,为媚侧室而将鬓发染黑,白发不久将再次出现,"星星行复出"即指此。

欲复

(28)索度是淫鬼,无缘在此中,故不可作颂。愁邑忽**欲复**作文,临时辄自云佳,小久报不能视,为此故息意。(《与兄平原书》之一六;[7]298)

有学者以"欲复"为附加式,当误。从字面看,"复作文"可指再作文、重新作文,如果用于之前曾作文,而中途停止的语境,完全可通。就此句来说,因其为书信,语境不够完整,但综观《与兄平原书》,陆云不止一次说到久不作文,如:

(29)**久不作文**,多不悦泽,兄为小润色之,可成佳物,愿必留思。(之三)

(30)诲二赋佳,久**不复作文**,又不复视文章,都自无次第。(之一五)

(31)久**不复作文**,了无复次第。真玄昔屡闻周侯至论,前比霖雨,此下人亦作《愁霖赋》,好丑见教,又因人见督。(之二六)

基于此,"复"解作"再"表动作的重复显然更加合适。

愿复

(32)是儿以一钵食,……乃发阿耨多罗三耶三菩心。其子见父母,前为作礼而誉言:"我今入菩萨法,用一切故**愿复**发意。所以者何? 难值佛故。"(东汉支娄迦谶译《阿阇世王经》卷上;[36]154)

(33)于是甚理家白众祐言:"要者众祐! 如来以敷演居家开士者家善

恶之地,亦布施、持戒、忍辱、精进、思惟、智慧,于是大道当所施行。要者众祐!去家修道开士者之所施行,**愿复**几微现之为善。"(东汉安玄译《法镜经》;[36]154)

有学者以"愿意,希望"释"愿复",并以"复"为音节成分,可商。(32)例,此儿之前已"发阿耨多罗三耶三菩心",此处言"愿复发意"乃承此而言,因难值佛故,所以愿意再次发意,"复"表动作行为的重复。(33)例,如来前已为居家开士者敷演善恶之地,现希望为"去家修道开士者"再次"现之为善","复"明显指动作再次发生。

足复

(34)兄文虽复自相为作多少,然无不为高,体中不快,**不足复**以自劳役耳。(《与兄平原书》之三五;[7]299)

有学者以"足复"为附加式,当误。句中"不足"明显当作一读,"复"犹"再",与"不足"搭配,表事情不值得再做,"不足复以自劳役"义为"不值得再因为作文这事让自己辛苦"。可比较以下用例:

(35)兄文章已自行天下,多少无所在,且用思困人,**亦不事复**及以此自劳役。(《与兄平原书》之三)

(36)兄文章已显一世,**亦不足复**多自困苦,适欲白兄。(《与兄平原书》之二一)

二例所表义与"不足复以自劳役耳"相同,均为陆云劝其兄不要再作文以使自己重历劳苦。

自复

(37)君苗文天才中亦少尔,然**自复**能作文,云唯见其《登台赋》及诗颂,作《愁霖赋》极佳,颇仿云。(《与兄平原书》之二九;[7]299)

有学者举此例,认为"自"为介词,"复"乃词缀,可商。从字面看,"复能作文"通常表由于某种原因,长时间不作文,而后重新能够作文。《与兄平原书》中即多次提及其不复作文之事,见上文"欲复"条。

如此,"然自复能作文"当解作"然而自从我重新能够作文","复"表动作行

221

为的重复。另外,"自"作为介词,其后通常要紧跟宾语,插入一个不表义的"复"实在匪夷所思,从诸家所举用例来看,亦未见其他"介词＋词缀"的用法,"自复"作介词,亦未见其他用例。

以下三例语境不足,难以确定其义,但可以表未发生动作的重复为释:

必复

(38)＊云今意视文,乃好清省,欲无以尚,意之至此,乃出自然。张公在者必罢,**必复**以此见调,不知《九愍》不多,不当小减。(《与兄平原书》之一一;[7]298;[13]8)

有学者将"必复"看作附加式,可商:此例由于前后文语境不足,难以断定"复"有无实义,但从字面义看,"必复以此见调"解作必然会再次拿这来嘲弄我并无问题。从文中可知,他与张公较熟,之前曾被其所调是完全可能的事。其他文献中"必复"之"复"义较实者并不少见,如:

(39)南方远夷之地,平常无所供为,犹数反叛……今以穷迫,欲往依恃,恐**必复**反叛,一也。(《三国志·蜀书·谯周传》)

(40)谓诸将曰:"二虏耻无功而归,**必复重**至,宜于柳城左右设伏以待之。"(《晋书·慕容皝载记》)

第一例,前已数叛,"必复反叛"指一定会再次反叛,表动作的重复;第二例,"复重"同义连文,表动作的重复,"必复重至"义为一定会再次到来。

当复

(41)＊彦伯已入,殊足顿兴往之气。故知捶挞自难为人,冀小却**当复**差耳。(《世说新语·品藻》第79条;[2]214;[10]464;[29]6;[18]624)

有学者将例中"当复"定性为附加式,然此句义当为何,尚存争议。刘瑞明解"当复"作"必定",蒋宗许认为许绍早《世说译注》译作"这样就会好一些呀"深得"当复"之义,《世说新语笺注》释"当复"作"将要",并释全句作"希望稍后将减少杖刑",三家所解显然不同。对于文义尚未弄清的词语,将其定性为词缀显然不合适。事实上就此句来说,"复"并非无义可释:"小却"义为稍后、稍过一段时间,"差"即"瘥",指病愈,就此句来说,前文交代其"殊足顿兴往之气",相当于受到很大打击,故"差"指其从打击中恢复过来,而"复"则用于动作状态的重复,全句可译作"希望他稍后能重新好起来"。

(42)＊来月必欲就到家,而得其问,云尚多溪毒,**当复**小却耳。(东晋王羲之《杂帖》;[32]343)

此句为书信,语境亦不足,难下定论。但不能排除"复"表动作行为再次发生的可能:从第一句"来月必欲就到家"看,其人或许不止一次要回家,但一直未能成行,而现在已经确定来月到家,却得到他的消息,说尚多溪毒,将再次"小却"。"小却"指时间稍微推后。

四、表动作不重复或不继续

(一)"复"可与否定词搭配,表动作不重复或不延续

表动作和状态重复或延续的"复",还经常与否定词搭配,表不重复或不继续下去,此类用法的核心是动词所表动作之前是否存在,至于动作的施事和受事,则可以改变。我们看以下用例:

魏王惭曰:"固非寡人之志也,客请**勿复**言。"(《吕氏春秋·审应览》)

王公摄其次曰:"后面未期,亦欲尽所怀,愿公**勿复**谈。"(《世说新语·规箴》第 14 条)

此二例表同一人不重复做同一事。

又诏:"池籞未御幸者,假与贫民。郡国宫馆,**勿复**修治。"(《汉书·宣帝纪》)

韦仲将能书。魏明帝起殿,欲安榜,使仲将登梯题之。既下,头鬓皓然,因敕儿孙:"**勿复**学书。"(《世说新语·巧艺》第 3 条)

此二例表不同的人不重复做同一事。

此类结构判断时,不能拘泥于上下文,有些可能需要作适当推理,如《汉

书·宣帝纪》例,作为一个王朝修治郡国宫馆乃属再正常不过的事,也就是说"修治"一事文中虽未明说,但显然存在,故用"勿复"。

此类用法与《八百词》(1999:643)"再"之第四类 a)用法相当①。

(二)"复"与否定词的具体搭配用法兼及诸家所举用例辨析

否定词与"复"搭配,常见组合有"不复、非复、莫复、勿复、无复、未复"等,诸家所举附加式用例中,这些用例都有,以下逐一分析。

不复

"不复"用法比较单一,主要表动作、状态不再持续、不再发生,如:

(1)子其勉之,吾**不复**见子矣。(《左传·成公十六年》)

(2)蚡言于上曰:"江河之决皆天事,未易以人力强塞,强塞之未必应天。"而望气用数者亦以为然,是以久**不复**塞也。(《汉书·沟洫志》)

(3)若他人为蛇所中,左取三口涎以吹之,即愈**不复**痛。(《抱朴子·内篇》卷一七)

(4)攸素有德业,言行无玷,闻之哀恨终身,遂**不复**畜妾。(《世说新语·德行》第 28 条)

诸家所举词缀用例中,有较多此类用例:

(5)刘尹、王长史同坐,长史酒酣起舞。刘尹曰:"阿奴今日**不复**减向子期。"(《世说新语·品藻》44 条;[25]139;[2]214;[17]181;[14]189)

有诸多学者将句中"不复"看作附加式,刘瑞明(1989:214)指出:"前例(即此例)不仅不对比往日减于向子期,而且按事理要讳言这种对比。"按:此例语境较简,但文意明显暗含刘尹之前一直认为阿奴比向子期差的事实,"今日"这一时间正体现了这一点。"不复"表比向子期差不再延续,解作"不再"全无问题。另据余嘉锡(2007:367),刘尹称王长史"阿奴",盖体现刘恢放诞自恣,且示亲昵于蒙,在此种情形之下,他说出"不复减向子期"实属正常。

---

① 可比较《八百词》(1999:643)所举用例:唱了一个,不**再**唱了。|他走了之后没**再**来。

（6）苏峻乱，诸庾逃散。庾冰时为吴郡，单身奔亡。民吏皆去，唯郡卒独以小船载冰出钱塘口，蘧篨覆之。时峻赏募觅冰，属所在搜检甚急。卒舍船市渚，因饮酒醉还，舞棹向船曰："何处觅庾吴郡？此中便是。"冰大惶怖，然不敢动。监司见船小装狭，谓卒狂醉，都**不复**疑。（《世说新语·任诞》第 30 条；[1]47；[2]214；[10]462）

句中"不复"，有过充分的讨论。刘瑞明（1989:214）首先提出"不复"为附加式，他认为"都不复疑"为"一直不疑，非是由疑转为不疑"。姚振武（1993:145）提出了不同看法，他认为："前言'搜检甚急'，这当然是四处怀疑，后面的'都不复疑'与此相续，'复'显然是'又、再'之义。"蒋宗许（1994:462）针对姚文加以反驳，他认为：

> 前言搜检甚急，的确是到处搜查怀疑，然而却不能因此而肯定小船也在被怀疑之列。一是文前并无交代，二是"船小装狭"，根本不具备藏人的起码条件。至于郡卒的狂呼乱叫，是其用心极细，唯恐万一有个闪失，所以有意让人们注意小船。正因为船小装狭，任何人都不会把它与"藏人"特别是一个封疆大吏匿身其中联系起来，因而监司"谓卒狂醉，都不复疑"。都不复疑，犹言简直不怀疑。

按：监司四处搜人，故而怀疑乃是必然，此"不复疑"即承此而言，讨论中纠结于此船是不是之前也被怀疑实无必要，也难有结论：试想如果此小船完全不可能被怀疑，郡卒何以要做那些行为，换句话说，郡卒之所以要那么做，不正是要打消监司的疑虑吗？而有了郡卒的这些行为之后，监司自然不会再怀疑了，这正是"都不复疑"之义。

另，"不复"表动作不再重复或延续，主要强调动作相同，至于动作的施事及受事是否一致，并没有必然要求。就此例来说，小船之前是否为怀疑对象并不重要，关键是"怀疑"这一动作是否存在，而这一点姚、蒋二先生并无不同，刘先生认为"一直不疑"，当指不疑此小船，而非"怀疑"这一动作本身。

（7）太祖下邺，文帝先入袁尚府，见妇人被发垢面垂涕，立绍妻刘后。文帝问，知是熙妻，使令揽发，以袖拭面，姿貌绝伦。既过，刘谓甄曰："**不复**死矣。"遂纳之，有子。（《世说新语·惑溺》第 1 条刘注引《世语》；[2]

214;[10]462)

此例"不复"亦经过讨论。刘瑞明(1989:214)首先提出"复"为词缀,姚振武(1993:145)提出不同看法:"邺城破,袁尚府的人都面临被杀的危险,'不复死矣'即与此相接续。"蒋宗许(1994:462)反驳说:

> 例21(即上例)是说,袁绍妻刘氏与其媳甄氏俩在邺城陷落时生死未卜;曹丕对甄氏"使令揽发,以袖拭面"后,刘氏断定曹丕必重甄色而纳之;于是她死意顿消,庆幸而喜告其媳云"不复死矣"。"不复死矣"犹言不会死了、不得死了。"死"与"不死"是前后两种截然不同的心态,若"不复死矣"是"不再死了",则情味何有?《三国志·魏书·后妃传》裴松之注引《世语》此语作"不忧死矣",正可作上文旁证。忧死者,未被当权者"纳之"前而死于乱兵,不忧死者,谓已为曹丕所纳。

按:蒋先生的分析比较到位,也为正确解读"不复死"提供了线索:当曹操破邺时,作为袁绍之妻自然知道必死,故一直处于"忧死"的状态,此即蒋文所说"纳之"之前;而当甄氏被文帝看中,死亡的威胁不再存在,故不用再"忧死"。"不复死"正承"纳之"之前一直担忧死亡、一直存在死亡威胁而言。"不复死矣"不能解作"不再死了",而若将"不复"看作附加式直接解作"不死了"显然也不合理。蒋文在翻译时解作"不会死了",而解作"不再会死了"同样无问题。

(8)譬如男子行万里,天中天!若数万里者,到大空泽中,是人遥想见牧牛者、若牧羊者、若见界、若见庐舍、若见丛树,作是想念:"如见郡,如见县,如见聚落。"若欲见闻,作是想,稍稍前行,且欲近之,**不复**畏盗贼。菩萨摩诃萨得深般若波罗蜜者亦如是,天中天!今受决**不复**久,亦不畏当堕阿罗汉、辟支佛道地。(东汉支娄迦谶译《道行般若经》卷四;[36]149)

有学者将例中二"不复"看作一词,并将"复"定性为音节成分,可商。第一个"不复"明显表"不再":人畏盗贼乃为常事,文中所说男子正是如此:他在大空泽中"遥想见""作是想念",正是想借此去除恐惧。而做了这些之后,之前的恐惧不再延续,即"不复畏盗贼"。第二个"不复",初看"复"似乎无法解释,但回看此句前文,有这样一段记载:"如是,天中天!菩萨摩诃萨得闻深般若波罗蜜者,是菩萨摩诃萨学已来<u>大久远</u>,今受决<u>不复久</u>,其功德欲成满。""不复久"

之"久"即对应"大久远",句义为:得闻深般若波罗蜜的菩萨摩诃萨学习它已经历了很长时间,今受决不再需要很长时间,就可以功德圆满。上举例(8)中"今受决不复久"亦当如此解。

"不复久"文献常用,均表不再久,我们看以下两个用例:

(9)言己年岁衰老,死日将至,不得处国朝,辅政治,而与麋鹿同坑,鸟兽为伍,将坠陷坑阱,**不复久**也。(《楚辞·七谏》"死日将至兮,与麋鹿同坑",王逸注)

(10)刘氏谓石堪曰:"皇祚之灭**不复久**矣,王将何以图之?"(《晋书·石勒载记》)

第(9)例,健康情况下,一般人都会认为可以活很长时间,而"年岁衰老,死日将至"时,则生命不再长久,"不复久"即此义。第(10)例,在正常的认知中,政权会长久延续,由于石勒死,石季龙夺权,刘氏才会有"皇祚之灭不复久"之言。

(11)昔阿恕伽王见一七岁沙弥,将至屏处而为作礼,语沙弥言:"莫向人道我礼汝。"时沙弥前有一澡瓶,沙弥即入其中。从澡瓶中复还来出而语言:"王慎莫向人道。"沙弥入澡瓶中,复还来出。王即语沙弥言:"我当现向人说,**不复**得隐。"(西晋安法钦译《阿育王传》卷七;[36]149)

(12)若如来灭后后五百岁中,若有女人闻是经典,如说修行,于此命终,即往安乐世界,阿弥陀佛、大菩萨众,围绕住处,生莲华中宝座之上**不复**为贪欲所恼,亦复不为瞋恚愚痴所恼,亦复不为憍慢嫉妒诸垢所恼,得菩萨神通、无生法忍。(姚秦鸠摩罗什译《妙法莲华经》卷六;[27]26)①

有学者将此二例中的"不复"解作不,同时认为"复"为音节成分,我们不赞同这种观点:第(11)例,沙弥反复要求王"莫向人道",表明王一直都在隐瞒,"不复得隐"即承此而言,表"隐瞒"这一动作不再延续。第(12)例,佛教认为一般人皆有贪嗔恚痴等众欲,而这些正是所苦之因,对于女人来说,更是如此。句中,女人在如来灭后后五百岁中,闻是经典,如说修行,则可断掉之前所有的

---

① 句中两处"复不"或当作"不复",其中第二处"复不"有异文作"不复"。

烦恼,也就是说,这些烦恼将不再持续,"不复"显然为"不再"义。

(13)桑落之战,藩舰被烧,全铠入水潜行三十许步,方得登岸。义军既迫,**不复**得西,乃还家。(《宋书·胡藩传》;[34]101)

(14)谓:"至尊既已公除,至三月竟,**不复**有除释之义。"其余同朱膺之议。(《宋书·礼志二》;[34]101)

(15)法荣曰:"领军比日殆**不复**食,夜亦不眠,常言收已在门,不保俄顷。"(《宋书·蔡廓传》;[34]102)

有学者将此三例"不复"定性为附加式,不当。第(13)例,在义军未迫之前,完全可以西回,而当"义军既迫"之后,这种可能不再延续。第(14)例,至尊未公除,自然需要除释,而"既已公除",除释不再需要,"不复"亦"不再"义。第(15)例,"食"乃每日均做之事,当王玄谟听到其大将已诛的消息,由于担心恐惧,不会再吃饭,"不复食"即指此。

(16)靖康之难,钦宗幸虏营。虏人欲得其文,钦宗不得已,为诏从臣孙觌为之。阴翼觌不奉诏,得以为解。而觌**不复**辞,一挥立就。(南宋朱熹《记孙觌事》;[1]47)

(17)伏念微臣,初来有志,诵诗书,力学躬耕修己,**不复**贪荣利。(明高明《琵琶记》第一六出;[14]189)

第(16)例,文中提到,虏人本想得钦宗降表,而钦宗并未同意,此即一辞,而觌之后接受,即"辞"这一动作不再延续,"不复辞"即表此。(17)例,"贪荣利"乃人之常态,蔡邕立志之前亦当如此,故其立志不再贪荣利并非不可说通。

(18)诲二赋佳,久**不复**作文,又**不复**视文章,都自无次第。(《与兄平原书》之一五;[7]298)

(19)久**不复**作文,了无复次第。(《与兄平原书》之二三;[7]298)

此二例"不复"表动作不再持续很明显:陆云之前作了很多文章,看了很多文章,后来很长一段时间未作、未看,即"久不复作文""不复视文章"。

(20)*《感逝赋》愈前,恐故当小不?然一至**不复**灭。(《与兄平原书》

之一〇;[7]298)

(21)＊《九悲》多好语,可耽咏,但小不韵耳;皆已行天下,天下人归高如此,亦可**不复**更耳。(《与兄平原书》之一八;[7]298)

此二例为书信,前后文语境不充分,句义不甚明了。(20)例,"一至不复灭"当指一产生便不再消失;(21)例,"亦可不复更"犹"也可以不再修改"。如此解读,完全可通。

非复

"非复"主要包括两种用法,一种用表意义更进一层,见本编第十类,此不赘;一种表之前所具有的动作、状态不再延续,又可分两类:

1.后跟谓词性成分,"非复"犹不再。如:

(22)臣禹犬马之齿八十一,血气衰竭,耳目不聪明,**非复**能有补益,所谓素餐尸禄洿朝之臣也。(《汉书·贡禹传》)

(23)传田丰以既失前几,不宜便行,谏绍曰:"曹操既破刘备,则许下**非复**空虚。"(《后汉书·袁绍传》)

2.后跟体词性成分,"非复"犹不再是。如:

(24)手握王爵,口含天宪,**非复**掖廷永巷之职,闺牖房闼之任也。(《后汉书·宦者传》)

(25)及离乱之后,朝市迁革,铨衡选举,**非复**曩者之亲。(《颜氏家训·勉学》)

诸家所举词缀用例中有此类用例,如:

(26)一朝恃容色,**非复**守空房。(南朝梁王训《奉和率尔有咏》;[31]183)

有学者将"非复"看作附加式,可商。此"非复"即不再,指之前"守空房"之事不再延续。

(27)宋时,有诸生远学。其父母燃火夜作,儿忽至前,叹息曰:"今我但魂尔,**非复**生人。"(《搜神后记》卷三;[19]69)

有学者将例中"非复"看作附加式,不确。此诸生之前显为生人,而今日因病亡故,故不再是生人,"非复"犹"不再是",很明显表"是生人"这一状态不再持续。

(28)桓玄败后,殷仲文还为大司马咨议,意似二三,**非复**往日。(《世说新语·黜免》第8条;[1]47)

有学者将"非复"看作附加式,当误。按:《世说新语》此条下刘注引《晋安帝纪》:"桓玄败,殷仲文归京师,高祖以其卫从二后,且以大信宣令,引为镇军长史。自以名辈先达,位遇至重,而后来谢混之徒,皆畴昔之所附也。今比肩同列,常快然自失。后果徙信安。"从中可知,桓玄败后,殷仲文虽得任用,但与之前所附者同列,因此常"快然自失","非复往日"即针对这种改变而言,表往日之状态不再延续。

(29)而事有诡变,隆敝代起。昏作役苦,故稸人去而从商,商子事逸,末业流而浸广。泉货所通,**非复**始造之意。(《宋书·孔琳之传》;[34]102)

(30)臧质少无美行,弟所具悉,凭恃末戚,并有微勤,承乏推迁,遂超伦伍,藉西楚强力,图济其私。凶谋若果,恐**非复**池中物。(《宋书·武二王传》;[34]102)

(31)劭虽所行失道,未必便亡社稷,南面之日,**非复**我及汝事。汝儿子多,将来遇此不幸尔。(《宋书·刘劭传》;[34]102)

(32)上惋叹弥日,谓潘淑妃曰:"太子图富贵,更是一理。虎头复如此,**非复**思虑所及。"(《宋书·刘劭传》;[17]181)

(33)吾观礼经,圣人之教:箕帚匕箸,咳唾唯诺,执烛沃盥,皆有节文,亦为至矣。但既残缺,**非复**全书;其有所不载,及世事变改者,学达君子,自为节度,相承行之,故世号士大夫风操。(《颜氏家训·风操》;[29]7)

例(29),从"非复始造之意"即可知"始造之意"与现今不同,也就是说始造之意不再延续,"复"显然不是词缀。例(30),从文句可知,在凶谋未果之前,臧质一直为"池中物",而"凶谋若果"则会发生变化,其为"池中物"这一状态将不再延续,"复"之功能亦很清楚。例(31),从文句可知,南面之前,乃我及汝事,而南面之日起,不再如此。例(32),从文句可知,"太子图富贵"而行巫蛊之事,尚可理解,属思虑所及之事,而虎头(即太子弟浚)也行此事,则难以理解,不再是思虑所能及之事。例(33),未残缺前乃为全书,"既残缺","全书"自然不再持续。

莫复

主要有三种用法,其中一种"复"表比较,见本编第十一类,此不赘,另两种如下:

1."莫"为无定代词,"莫复"犹没有谁再,如:

(34)延寿恩信周遍二十四县,**莫复**以辞讼自言者。(《汉书·韩延寿传》)

(35)暠、承以首举大奸,而相随受罪,臣恐沮伤州县纠发之意,更共饰匿,**莫复**尽心。(《后汉书·种皓传》)

(36)衡少有虚名,若一朝杀之,则天下游士,**莫复**拟足于荆楚者也。(《抱朴子·外篇》卷四七)

2."莫"为否定副词,"莫复"犹不要再,如:

(37)若一服谵语止者,更**莫复**服。(东汉张仲景《伤寒论》上编)

(38)哀声适讫,天神下曰:"明士乃尔,**莫复**哀号。"(三国吴康僧会译《六度集经》卷七)

诸家所举词缀用例中,有一个用例属此类:

(39)不须此人,勿强将来,以冷水洒面,令得醒悟,**莫复**与语。(姚秦鸠摩罗什译《妙法莲华经》卷二;[27]26)

有学者据梵汉对勘将"莫复"之"复"定性音节成分,可商。从前文可知,使者前捉穷子时,穷子曾称怨大唤,故对话理所当然,此承前言,要求大家"莫复与语",即"不要再和他说话",实属自然,"莫复"表之前的动作不再发生。

未复

"未复"主要表之前发生的事未再发生:

(40)卫太子废后,**未复**立太子。(《史记·外戚世家》)

231

(41)粹以虏攻虎牢,**未复**南向,若便摄军舍项城,则淮西诸郡,无所凭依。(《宋书·索虏传》)

(42)中宫仆刺列车舆朽败,自昔旧都,礼物颇异,迁京已来,**未复更**造。请集礼官,以裁其制。(《魏书·礼志四》)

诸家所举词缀例中有一例属此类:

(43)戴会稽如是便发,分别恨然。一得名士,唯当有此君耳。失分重劳,令人叹息。善得日夕真家人。若思望之清才后类,一时之彦,善并得接。九月中可得达。东礼衡阳长沙甚快。东人近**未复**有见叙者,公进屈久,恒为邑闾党。(西晋陆云《与杨彦明书》之六;[7]299)

有学者举此例,以"未复"为附加式,我们以为可商。此例为书信,前后文语境不足,但从句中时间词"近"来看,之前当有"见叙"者,"未复有"犹"没有再",指"见叙"之事没有再发生。

无复

主要有以下几种用法:

1."无"用同"勿","无复"即"勿复",义为"不要再",如:

(44)为人君而杀其民以自活也,其谁以我为君乎?是寡人之命固尽已,子**无复**言矣。(《吕氏春秋·季夏季》)

(45)太上庙主宜瘗园,孝惠皇帝为穆,主迁于太祖庙,寝园皆**无复**修。(《汉书·韦玄成传》)

2."无"用同"不","无复"犹"不复",义为"不再",如:

(46)帝曰:"吏奉法,律不可枉也,更道它所欲。"王**无复**言。(《后汉书·赵憙传》)

(47)又如庭中之花,虽则色香俱美,一朝色萎香灭,**无复**可爱。(南宋原妙《高峰大师语录》卷下)

3."无"作动词,没有义,"无复"后接名词,犹"不再有",如:

(48)王若能持功守威,省攻伐之心,而肥仁义之诚,使**无复**后患,三王

不足四,五伯不足六也。(《战国策·秦策四》)

(49)昔高祖任萧何于关中,**无复**西顾之忧,所以得专精山东,终成大业。(《后汉书·寇恂传》)

诸家所举附加式用例中,有诸多"无复"用例,以下选择部分详论,另外一些根据用例类别分类作简单说明:

(50)时夏月,暴雨卒至,舫至狭小,而又大漏,殆**无复**坐处。王曰:"胡威之清,何以过此!"即启用为吴兴郡。(《世说新语·德行》第 27 条;[2] 214;[29]6;[18]31)

诸多学者将句中"复"看作词缀,可商。针对此类用例,我们只需要看一看此船之前是否"有坐处"即可,答案显然是肯定的,而且从文句可知,即便是下暴雨而又大漏的情况下,也只是"**殆**无复坐处"。

(51)庾意甚不以为好,因陈东亭《经酒垆下赋》,读毕,都不下赏裁,直云:"君乃复作裴氏学!"于此《语林》遂废。今时有者,皆是先写,**无复**谢语。(《世说新语·轻诋》第 24 条;[2]214)

从文句可知,原先通行的《语林》有很多谢安的话,而当谢安指所谓谢语实为裴之自言之后,原标有谢安语的《语林》不再通行,今之通行的《语林》不再有谢安的话。《世说新语笺注》(2019:957)此句译作"再也没有谢安的话","再"即"复"义之体现。

(52)久不复作文,了**无复**次第。(《与兄平原书》之二六;[7]299)

(53)真玄昔屡闻周侯至论,前比霖雨,此下人亦作《愁霖赋》,好丑见教,又因人见督;自愁惨,又了**无复**意。(《与兄平原书》之二六;[7]299)

例(52),为书信之首,缺少前后文语境,但"无复"之义可以推知:陆云乃文学名家,作文乃为常态,有次第亦属自然,后"久不复作文",自然不再有次第,"不复"及"无复"均表之前的动作或状态不再延续。

例(53),"无复意"指不再有意,我们看以下几例:

(54)比日忧驰**无复**意,不审尊体云何?(东晋王献之《杂帖》)

（55）未久什公寻复致变，自尔丧戎相寻，**无复意**事，遂忘弃之。（唐道宣《广弘明集》卷一八）

（56）老向人间**无复意**，逝将从此谒清都。（南宋陆游《十日夜月中马上作》）

从这些用例可以看出，"无复意（事）"都是在某种情况下出现，换句话说，当这些事不曾发生时，有"意"乃为常态，而这些事发生之后，"意"不再继续拥有，"无复"显然指动作或状态不再持续。上举《与兄平原书》例与此三例用法并无不同。

（57）舟人不惯，误堕洄澓中。游舞涛波，垂欲沉没。荣**无复**计，唯至心呼观世音。（南朝梁王琰《冥祥记》；[19]69）

"无复计"常用以表达处于绝境再也想不出办法，而在此之前，自然经历过千方百计、想方设法的过程，以上举《冥祥记》为例，舟人误堕水中，定然会采取种种措施摆脱困境，直到"垂欲沉没"之时，再也想不出办法，此即"无复计"，"复"犹"再"。可比较以下诸"无复计"用例：

（58）琬闻胡去，惶扰**无复计**，呼褚灵嗣等谋之，并不知所出，唯云更集兵力，加赏五阶，或云三阶者。（《宋书·邓琬传》）

（59）桓玄闻一军起，便忧悴**无复计**。（《太平御览》卷四四三引沈约《宋书》曰）

此二例用法同。

（60）是时曹爽辅政，识者虑有危机。晏有重名，与魏姻戚，内虽怀忧，而**无复**退也。（《世说新语·规箴》第6条"何晏邓飏令管辂作卦"刘孝标注引《名士传》；[1]47）

有学者以"无复"为附加式，可商。我们先看下面这个用例：

（61）镇恶抚慰士卒曰："卿诸人并家在江南，此是长安城北门外，去家万里，而舫乘衣粮，并已逐流去，岂复有求生之计邪！唯宜死战，可以立大功。不然，则无遗类矣。"乃身先士卒。众亦知**无复**退路，莫不腾踊争先，

泓众一时奔溃,即陷长安城。(《宋书·王镇恶传》)

一般情况下,士卒有诸多求生之路,而王镇恶所带士卒求生之路已经丧失,"无复退路"即表除奋力一搏之外,求生之路不再存在。此句前后文语境比较完备,"复"之义较容易感知,而上举例(60)《世说新语》刘注例,亦当如此解,曹爽辅政,存有危机,一般人都有退路,而何晏由于有重名,且与魏为姻戚,因此退路被堵死,也就是说退路由于他身份的特殊而不再存在,"复"显然不当解作词缀。

(62)长沙尝问乐令,乐令神色自若,徐答曰:"岂以五男易一女?"由是释然,**无复**疑虑。(《世说新语·言语》第 25 条;[18]93)

(63)初,荧惑入太微,寻废海西。简文登阼,复入太微,帝恶之。时郗超为中书,在直。引超入曰:"天命修短,故非所计,政当**无复**近日事不?"(《世说新语·言语》第 59 条;[32]345)

(64)唯有临海一客姓任及数胡人为未洽。公因便还到过任边,云:"君出,临海便**无复**人。"(《世说新语·政事》第 12 条;[25]238;[14]189)

(65)既见妇,即欲出。妇料其此出,**无复**入理,便捉裾停之。(《世说新语·贤媛》第 6 条;[18]764)

(66)卜筮者,圣人之业也;但近世**无复**佳师,多不能中。(《颜氏家训·杂艺》;[29]7)

例(62),文中虽未明言长沙所问之事,但从乐令的回答可以知道长沙对乐令存在怀疑,而乐令的回答则消除了他的疑虑,"无复疑虑"即不再有疑虑。《世说新语笺注》(2019:93)释此句作"不再猜忌",得其本真,但将"复"看作词缀,则不合理。例(63),"近事日"即指前文"寻废海西"之事,"无复近日事"即不再有废海西这类事,"无复"表动作不再延续十分明显。例(64),"君出,临海便无复人"清楚地表明任君未出之时临海有人的事实,而其出之后,有人之事不再延续,"复"显然不当看作无义的词缀。例(65),许允在桓范的劝说下已入新房,若此次出去,不会有再入的可能,"复"显然表"入"这一动作再次发生。例(66),文句特别提及"近世无复佳师",表明之前"佳师"的存在。

(67)忆我少壮时,无乐自欣豫。猛志逸四海,骞翮思远翥。荏苒岁月

颣,此心稍已去。值欢**无复**娱,每每多忧虑。(东晋陶渊明《杂诗十二首》之五;[32]345)

(68)我实幽居士,**无复**东西缘。(东晋陶渊明《答庞参军》;[1]47)

(69)闻欢去北征,相送直渎浦。只有泪可出,**无复**情可吐。(南朝宋孝武帝刘骏《丁督护歌》;[31]183)

(70)题名**无复**迹,何处验龟长。(北周王褒《送刘中书葬》;[31]183)

(71)秋风徒自急,**无复**白云歌。(南朝陈释洪偃《游故苑》;[32]345)

例(67),首句有"忆我少壮时,无乐自欣豫",可见之前欣乐乃为常态,而后因情况变化,即便"值欢"也不再有快乐。例(68),乃陶渊明描写自己隐居之后的闲适,他最初入世为官,故而有"东西缘",后乃隐居,成为幽居士,"东西缘"不再拥有。例(69),其与欢之间有情可吐属必然,而这次由于过于伤心,只是流泪,无法吐情,"无复"表"吐情"不再发生。例(70),既为题名,"有迹"乃属自然,此处用"无复"指"迹"不再存在。例(71),全诗描写作者重游故苑,物是人非,满怀怅望与辛酸,往昔生活于此的欢愉不再拥有,"无复白云歌"即指此。

(72)譬若男子欲见大海,天中天!便行之大海,**若见树有树想,若见山有山想**,当知大海尚远。稍稍前行,不见树亦无树想,不见山亦无山想,心亦念知大海且至。亦不久,于中道**无复**有树亦无树想,**无复**山亦无山想。是男子尚未见大海,是应且欲为至,是菩萨摩诃萨当作是知。(圣本"无复山"作"无复有山";东汉支娄迦谶译《道行般若经》卷四;[36]153;[14]188)

(73)"其人于后因自苦自忧故,便断为彼女爱念、染着。若彼女人故与他语,共相问讯,往来止宿,其人于后,身心宁当复生苦恼,极忧慼耶?"比丘答曰:"不也。世尊!所以者何?其人于女**无复**爱念、染着之情,若彼女人故与他语,共相问讯,往来止宿,若使其人因此身心复生苦恼,极忧慼者,是处不然。"(东晋僧伽提婆译《中阿含经》卷四;[36]153)

(74)时诸比丘,皆阿罗汉,诸漏已尽,**无复**烦恼,心得自在。(姚秦鸠摩罗什译《小品般若波罗蜜经》卷九;[27]26)

236

例（72），"于中道无复有树亦无树想，无复山亦无山想"，乃承前"若见树有树想，若见山有山想""不见树亦无树想，不见山亦无山想"，"复"表不再延续之义很明显。例（73），此例前文有"断为彼女爱念、染着"，可见于女"爱念、染着"乃之前之状态，此"无复"指此种状态不再延续，"复"之义很实在。例（74），根据梵汉对译，"无复烦恼"译自梵文nisklesa，nis是否定词，指没有，nisklesa即"没有烦恼"的意思，故有学者将例中"复"定性为音节成分。我们有不同看法：佛教认为是人皆有烦恼，出家修行，去除烦恼即为目的之一，故诸比丘在成阿罗汉之前有烦恼是显然的事，正是由于得"阿罗汉，诸漏已尽"，故烦恼不再持续，译经用"无复烦恼"正表此义，怎能因为梵文中没有与"复"对应的成分即认定"复"是音节成分呢？

（75）王若能持功守威，省攻伐之心而肥仁义之诚，使**无复**后患，三王不足四，五伯不足六也。（《战国策·秦策四》；[29]7）

（76）卓自屯留毕圭苑中，悉烧宫庙官府居家，二百里内**无复**孑遗。（《后汉书·董卓传》；[29]7）

（77）今二至二分，各据其正，则至之前后，**无复**差异。（《宋书·律历志下》；[34]102）

（78）或传循已平京师，遣道覆上为刺史，江汉士庶感焚书之恩，**无复**贰志。（《宋书·宗室传·临川烈武王道规》；[34]102）

（79）宅上种少竹，春月夜有盗其笋者，原平偶起见之，盗者奔走坠沟。原平自以不能广施，至使此人颠沛，乃于所植竹处沟上立小桥，令足通行，又采笋置篱外。邻曲惭愧，**无复**取者。（《宋书·孝义传·郭原平》；[34]102）

例（75），"能持功守威，省攻伐之心而肥仁义之诚"是无后患实现的条件，这一条件目前只是假设，"后患"自然一直存在。例（76），在"悉烧宫庙官府居家"之前，这些事物均在，自然是有"孑遗"。例（77），二至二分未据正之前一直存在差异，而据正之后，差异不再存在。例（78），江汉士庶之前一直怀有贰志，而"感焚书之恩"是他们改变的原因，"贰志"因此不再延续。例（79），"春月夜有盗其笋者"表明之前已有盗者，而当原平"于所植竹处沟上立小桥，令足通行，又采笋置篱外"之后，盗者不再出现，"无复取者"即指此。

勿复

(80)新妇谓府吏:**勿复**重纷纭。(《孔雀东南飞》;[1]47;[7]300;[24]45)

(81)外请杀车中牛祭神。真长答曰:"丘之祷久矣,**勿复**为烦。"(《世说新语·德行》第35条;[2]214;[18]40)

(82)第一萨薄闻天女语已,勅其部众:"卿等**勿复**严驾欲得还去,莫信前天所说,此是虚妄耳。此间快乐,五欲无乏,阎浮勤苦,正欲求此,今已得之,何缘复去?"(东汉康孟祥译《兴起行经》卷上;[36]153)

(83)是时,世尊明日清旦,手擎此恶龙,往诣迦叶,语迦叶曰:"此是恶龙,极为凶暴,今以降之。"尔时,迦叶见恶龙已,便怀恐怖,白世尊曰:"止!止!沙门!**勿复**来前,龙备相害。"(东晋瞿昙僧伽提婆译《增壹阿含经》卷一五;[36]153)

以上用例,有学者将"勿复"之"复"看作词缀或音节成分,我们不赞同这种观点:

例(80),"纷纭"犹纷争,指争论驱妇之事,从前文可知,此事已多次发生,另句中"重纷纭"之"重"亦表明此乃重复发生之事,"复"与"重"同义,"勿复"显然表"不要再继续纷纭"。例(81),"为烦"指"杀车中牛祭神"之类祷请之事,而在此之前,"丘之祷久矣(指我也像孔子一样,祈祷很久了)",故"杀车中牛祭神"实为之前行为的重复,"勿复"即要求不要再做此类事,《世说新语笺注》(2019:40)译文作"不要再费事",却将"复"定性为词缀,似不妥当。

例(82),前文虽未明说"严驾还去",但却有较明显的线索,我们看下面这段文字:

是时,于虚空中,有天女慈愍此辈贾客,欲使从心所愿,多得财宝,无为还归,便于空中,语众贾人曰:"此间虽有财宝、五乐、婇女、衣被、饮食,不足久住,当早还去。何以故?却后七日,此地皆当没水。"语讫化去。复有魔天女,意欲使此贾客于此没尽,不得还归,于空中告曰:"卿等不足严驾欲还去,此间快乐,极可娱乐。此地初无水至,设当有水至此,此之众宝、饮食、衣被、婇女、五乐,何由而有?前天所说,水当没此,皆是虚妄,不足信之。"说已化去。

从中可以知道,先有天女告知贾人此地虽好,但七日后将被水淹没,众贾人听说此言,自然要严驾离开,文中虽未明说,但为情理之事;之后,又有魔天女欲使贾人没于此,故谎称此地将被水淹没乃是虚妄之言,并告众贾人"不足严驾","不足严驾"四字,亦表明众贾人已经严驾准备离开。如此一来,第一萨薄听闻魔天女语,让大家"勿复严驾",即不要再继续严驾而欲离开,实属自然。

例(83),前文言"世尊明日清旦,手擎此恶龙,往诣迦叶",两个"止",表明之前世尊一直在往迦叶跟前走,而"勿复来前"即要求对方不要继续往前走了。

(84)愿听陵计,**勿复**有云。(《汉书·苏武传》;[24]45)

(85)臣事君犹子事父也。子为父死,无所恨,愿**勿复**再言。(《汉书·苏武列传》;[24]45)

(86)弃捐**勿复**道,努力加餐饭。(《古诗十九首》之一;[26]123)

(87)鳏寡孤独不能自存者,人谷五斛。逋租宿债**勿复**收。(《宋书·武帝本纪下》;[34]102)

(88)从今以往,**勿复**相思! 相思与君绝。(《宋书·乐志四》;[34]102)

(89)观于后宫,察诸婇女不净之想,自骂己身,坐身患害,**勿复**贪身,莫念是意。(西晋竺法护译《普曜经》卷四;[27]26)

此数例"勿复","复"之义十分明了:例(84),李陵希望苏武听从自己的建议,不要再说什么,"复"表"云"这一动作的继续;例(85),苏武要求李陵不要再说劝降之言;例(86),前文一直在"道",此言"弃捐勿复道",即抛开不要继续说下去了;例(87),"逋租宿债"正常情况下自然要收取,而现在针对"鳏寡孤独不能自存者",要求不要再收取。例(88),"从今以往勿复相思",表明"相思"之前一直发生,自今时起则不再延续。例(89),"坐身患害"即为贪身而致之害,表明"贪身"之前已有,此因认识到其危害,故让人不要再贪身。

(90)＊知汝颇欲念学,今因还车致副书,可案录受之。当别置一宅中,**勿复**以借人。(西晋杜预《与子耽书》;[11]28)

此例为书信,前后文语境不足,但从情理可推知,杜预之所以要特别嘱咐其子不以书借人，或许正是因为前有借书与人之事，"勿复以借人"解作"不要再把书借给别人"并无问题。

五、表两事相同

(一)"复"有表两事相同的用法，与"也"相当

"复"的此类用法的实质是文句所述事情的重复。这种用法与《八百词》(1999:595)"也"第一类 a)用法相当①。如：

> 匈奴之北，地之边陲，北上视天，天**复**高北下南。(《论衡·说日》)
>
> 谓凤皇有种，赤乌**复**有类乎？(《论衡·讲瑞》)
>
> 阮宣子论鬼神有无者，或以人死有鬼，宣子独以为无，曰："今见鬼者，云着生时衣服，若人死有鬼，衣服**复**有鬼邪？"(《世说新语·方正》第22条)
>
> 贺曰："身被征作礼官，不关此事。"群小叩头曰："若府君**复**不见治，便无所诉。"(《世说新语·规箴》第13条)
>
> 公徐云："诸君少住，老子于此处兴**复**不浅。"因便据胡床，与诸人咏谑，竟坐甚得任乐。(《世说新语·容止》第24条)②

(二)诸家所举此类用例辨析

诸家所举词缀例中，有诸多用例属此类，如：

---

① 可比较《八百词》(1999:595)所举用例：你去北京参观访问，我们**也**去北京参观访问。｜风停了，雨**也**住了。

② 张万起(1993:208)认为此例中的"复"在句中只起强调作用，我们以为不然，董志翘等(2019:704)释此句作"老夫对这方面兴趣也不浅"，"也"即"复"义之体现。

必复

（1）从雒阳北顾，极正在北。东海之上，去雒阳三千里，视极亦在北。推此以度，从流沙之地视极，亦**必复**在北焉。（《论衡·谈天》；[32]343）

此例"亦必复在北"承前"极正在北""视极亦在北"而言，显然指两事相同。问题在于，句中"亦""复"均可表此功能，如何确定"复"不表义，而为词缀呢？事实上根据"亦在北"的搭配次序，表两事相同，"复在北"似更合理。

我们的看法是，此类用例可能属当时表达上的一种特殊语序：在意义相近的两个词之间插入另一个成分，并不改变各自的功能，文献中相似用例还有一些，如：

（2）然义兴前后辞让，不妄受一赐，今**亦必复**不受。（《太平御览》卷八二八引刘超《让表》）

（3）故每篇有序，敷畅厥义，即《书》序、《诗》小序。降逮《史》、《汉》，以记事为宗，至于表志杂传，**亦时复**立序。（唐刘知几《史通》卷四）

第（2）例"亦必复不受"显然承前"不妄受"而言，表两事相同；第（3）例用法相当，"亦""复"之间插入"时"，"亦时复立序"犹也时常立序。

时复①

（4）明旦，桓宣武语人曰："昨夜听殷、王清言甚佳，仁祖亦不寂寞，我亦**时复**造心，顾看两王掾，辄翣如生母狗馨。"（《世说新语·文学》第22条；[2]213）

此例"亦时复造心"乃承前"仁祖不寂寞"而言，表两事相同，"亦""复"功能相当，其用法可参看上"必复"条。

方复

（5）何必横南渡，**方复**似牵牛。（南朝陈阴铿《渡岸桥》；[31]182）

有学者以"方复"为附加式，可商。句中"似牵牛"之"似"即表两事相同，"复"即此功能。

---

① 此例与上例用法相当，为了方便理解，特列于此，而未按音序排列。

皆复

(6)佛告阿难:"无量清净佛作佛已来凡十八劫,所居国名须摩提,正在西方,去是阎浮利地界千亿万须弥山佛国。其国地皆自然七宝:其一宝者名白银,二宝者名黄金,三宝者水精,四宝者琉璃,五宝者珊瑚,六宝者虎珀,七宝者车。……无量清净佛所可教授讲堂、精舍,**皆复**自然七宝——金、银、水精、琉璃、白玉、虎珀、车——……其宅舍,皆悉各有七宝楼观栏楯。"(西晋竺法护译《无量清净平等觉经》卷一;[36]150)

有学者以"皆,都"释"皆复",并以"复"为音节成分。按:"皆复自然七宝"乃承前"其国地皆自然七宝"而言,表两事相同,故而用"复"。由于二文相隔稍远,易让人忽视。但从下文所列七宝仅标名目,而上文则一一举出,可以看出二者的照应。

可复

(7)五音之家,商家不宜南向门,则人禀金之性者,**可复**不宜南向坐、南行步乎?(《论衡·诘术》;[32]344)

"可复不宜南向坐、南行步"乃承前"商家不宜南向门"而言,表两事相同,"可复"犹"难道也"。全句义为:如果五音之家的商家不宜南向开门,那么属金性的人,难道也不能南向坐、南行步吗?(商属金,南属火,二者相克)

聊复

(8)七月七日,北阮盛晒衣,皆纱罗锦绮。仲容以竿挂大布犊鼻裈于中庭。人或怪之,答曰:"未能免俗,**聊复**尔耳!"(《世说新语·任诞》第10条;[1]47;[2]214;[29]6;[18]828①)

有诸多学者将句中"复"定性为词缀,可商。"复"之义从前后文可明显看出:北阮富,七月七日盛晒纱罗锦绮之服,而阮咸虽穷,也将自己的大布犊鼻裈晒于中庭,其所做实模仿北阮,"聊复尔耳"即指此,"复"用指阮咸与北阮所做事相同。

---

① 《世说新语笺注》(2019:828)未明言"复"为词缀,但释"聊复"为姑且。

"复尔"搭配文献用例很多,多表两事相同,或表动作状态的重复,如:

(9)子浑,字长成,有父风。少慕通达,不饰小节。籍谓曰:"仲容已豫吾此流,汝不得**复尔**!"(《晋书·阮浑传》)

(10)周文闻而异之,赐书曰:"昔李将军亲有此事,公今**复尔**,可谓世载其德矣。"(《北史·李远传》)

(11)罗君章曾在人家,主人令与坐上客共语。答曰:"相识已多,不烦**复尔**。"(《世说新语·方正》第56条)

另:"未能免俗"其实也能佐证"聊复尔耳"之义:所谓"未能免俗",通常指别人做某事,自己也从俗跟着做。

(12)余备托作者之末,**聊复**用心焉。(西晋陆机《遂志赋序》;[7]300)

(13)姐妹中皆随便,或有一扇的,或有一字的,或有一画的,或有一诗的,**聊复**应景而已。(清曹雪芹《红楼梦》六二回;[14]189)

第(12)例,乃《遂志赋》之序,此句前文列举诸家作诗以明道述志,而他是在前人基础上,复作此类赋,"聊复用心"即指此,"复"表两事相同,可译作"也"。第(13)例,从前文可知,宝玉、宝琴生日,之前已经有张道士、几处僧尼庙的和尚姑子、家中常走的男女、王子胜、薛姨妈等应景式的送了一些礼物,而此处姐妹们亦应景式送礼,故用"复"。"聊复应景而已"犹"也姑且应景罢了"。①

行复

(14)探怀中钱持授交,入门见孤儿,啼索其母抱,徘徊空舍中,**行复**尔耳,弃置勿复道!(《汉乐府·妇病行》;[7]300;[14]190;[17]181)

(15)寄言生存子,此路**行复**即。(南朝宋范晔《临终诗》;[31]182)

有学者认为句中"行复"为附加式,可商。第(14)例,"行复尔"组合中,"尔"为代词,一般代指已经发生的事或行为,而"行"表将来,二者组合指这种行为将来也会发生,故而用"复"表两事相同,十分自然。有学者翻译此句即

---

① 另清乾隆五十六年活字印本"聊复"作"聊为"。

作:"还是不要说了,也许用不了多久,孩子和我一样会死去。""行复尔"指孩子不久也会这样,十分顺畅。可参看上"聊复"条对"复尔"的论述。第(15)例,"此路"指死亡之路,作者作为正走在死亡之路上的将死之人,寄言"生存子",你们也将走上这条路。"复"亦表两事相同。

乃复

(16)蛾,蚍蜉也。蚍蜉之子,微虫耳。时术蚍蜉之所为,其功**乃复**成大垤也。(《礼记·学记》"蛾子时术之"郑玄注;[1]48;[2]215)

有学者将"乃复"之"复"看作词缀,可商。此句中"复"当为"也"义,表两事相同。句中虽未提"成大垤",但蚍蜉之子"时术蚍蜉之所为"一句其实暗含着这样的预设。

遂复

(17)后说太傅事不实,而有人于谢坐叙其黄公酒垆,司徒王珣为之赋,谢公加以与王不平,乃云:"君**遂复**作裴郎学。"(《世说新语·轻诋》第24条"君乃复作裴氏学"刘孝标注引《续晋阳秋》;[1]48)

有学者指"遂复"与《世说新语》中的"乃复"均为附加式,我们以为不当。从《世说新语》及刘注可知:庾道季告诉谢安,裴启作《语林》时,其中有二处谢安语,而谢安言自己并未说,均为裴氏自己所编造。庾道季又对其陈述王珣《经酒垆下赋》,谢安不加评价,只是说:"君乃复作裴郎学!"义即"你竟然也做起了裴氏的学问"(或指其亦像裴氏一样自为辞而标以他人所说)。其实此例可以更加简单地解读:裴氏作裴氏学,而另有人亦作裴氏学,自然两事相同。

悉复

(18)时五部僧每出分卫,而**罗旬蝓所在之部以空钵还**。佛勅比丘分以施之,如是非一。目连念言:"是比丘僧自不得食,余人何故**悉复**还?"(南朝梁宝唱《经律异相》卷一六;[36]153)

有学者以"悉复"之"复"为音节成分,可商。从"罗旬蝓所在之部以空钵还"可知罗旬蝓和他所在之部的其他人均空钵还,目连所念言即指:罗旬蝓"自不得食"而空钵还,为什么其他人也会像他一样空钵还。"复"表两事相同甚明。

亦复

（19）伯牛有疾，**亦复**颜回之类，俱不幸也。（《论衡·幸偶》；[32]345）

（20）一昨得安西六日书，无他，无所大说，故不复付送。《让都督表》**亦复**常言耳，如兄子书道蒿自必果，今复与书督之。（东晋王羲之《杂帖》；[13]9）

（21）云作虽时有一佳语，见兄作又欲成贫俭家，无缘当致兄此谦辞，又云**亦复**不以苟自退耳。（《与兄平原书》之五；[7]298）

（22）蔡氏所长，唯铭颂耳。铭之善者，**亦复**数篇，其余平平耳。（《与兄平原书》之一九；[7]298）

（23）作书犹差易，赞叙**亦复**无几。（《与兄平原书》之二四；[7]298）

（24）此家勤勤难违之，**亦复**毒此雨，忧邑聊作之，因以言哀思，又作《喜霁》。（《与兄平原书》之二六；[7]298）

（25）人**亦复**云，曹不可用者，音自难得正。（《与兄平原书》之二九；[7]298）

（26）孙盛为庾公记室参军，从猎，将其二儿俱行。庾公不知，忽于猎场见齐庄，时年七八岁。庾谓曰："君**亦复**来邪？"（《世说新语·言语》第49条；[29]6）

（27）王笑曰："卿辈意，**亦复**可败邪？"（《世说新语·排调》第4条；[2]214；[12]30；[26]123）

（28）适王子猷来，太傅使共语。子猷直孰视良久，回语太傅云："**亦复**竟不异人！"宏大惭而退。（《世说新语·轻诋》第29条；[1]47；[2]214）

（29）常谓人曰："人生何事须聚蓄，一身之外，**亦复**何须？子孙若不才，我聚彼散；若能自立，则不如一经。"（《南齐书·良政传·裴昭明》；[32]346）

（30）去来今现在，一切诸缘觉，**亦复**不能知，如来举足事。（东晋佛驮跋陀罗译《大方广佛华严经》卷四四；[27]28）

以上诸"亦复"例均表两事相同，解作"也"，当无争议，但将"复"看作后缀，则可商榷：其一，"复"表"也"乃其常义，文献中单用即有多例。诸"亦复"例，单用"复"完全可通，何以认定"复"不表义呢？其二，"亦复"有同义倒序词"复亦"，中土文献少用，而佛典则较多见，如：

（31）又，族姓子！道如真迹。何谓真迹？计如道者，色**复亦**如，无本不退；又如道者，痛、想、行、识**亦复**无本而不退转；又如道者，地、水、火、风其种**亦**如而不退转。（西晋竺法护译《大哀经》卷三）

（32）毒意一起，不避亲疏，亦能杀人，**复亦**自杀。（唐释道世《法苑珠林》卷二三）

（33）第三会**复亦**来，如前被打头，额左角疮是。（唐释道世《法苑珠林》卷四二）

（34）君弟**复亦**进士，佐汴宋，得疾。（唐韩愈《故幽州节度判官赠给事中清河张君墓志铭》）

此诸例"复亦"均与"亦复"同义，而例（31）"复亦""亦复""亦"并用，更可证"亦复"看作同义复合全无问题。

又复

（35）梁、赵二王亦是皇子，属尊位齐，在豫章王常侍之下，**又复**不通。盖书家指疏时事，不必存其班次。（《宋书·蔡廓传》；[34]102）

此例"又复"乃同义复合，表两事相同，显然不当看作词缀。

辄复

（36）《鸿范》曰："星有好风，星有好雨。日月之行，则有冬有夏。月之从星，则有风雨。"夫星与日月同精，日月不从星，星**辄复**变。明日月行有常度，不得从星之好恶也。（《论衡·感虚》；[32]346）

（37）桓舍入内，奕**辄复**随去。后至奕醉，温往主许避之。主曰："君无狂司马，我何由得相见？"（《世说新语·简傲》第8条；[2]213）

有学者将二例中"辄复"看作附加式，我们以为可商：（36）例，据《鸿范》，"月之从星，则有风雨"，此为一种变化；由于"星与日月同精"，"日月不从星，星辄复变"，义指日月不从星，星也会发生变化，同样会有风雨①，"复"表两事相同。（37）例，桓入内，谢奕也跟着入内，"复"很明显表两事相同。《世说新语笺

---

① 黄晖（1996：232）指"星辄复变"未闻其说。从文义看，"星"或有误，此句所表义当与上文"则有风雨"相类，指天气变化。

注》(2019:873)译此句作"谢奕总是又跟进去",将"又"换作"也"似更顺畅。

另有一些用例因语境限定无法确定:

不复

(38)＊精卫衔微石,将以填沧海。刑天舞干戚,猛志故常在。同物既无虑,化去**不复**悔。(东晋陶渊明《读山海经》;[26]123)

有学者将句中"不复"看作附加式。此句出自诗文,诗文在写法上有其特殊性,就此句来说,我们以为,"同物既无虑,化去不复悔"一句中,"同物"与"化去"对应,分别指"精卫"及"刑天",有学者释"同物"曰:精卫既然淹死,而化为鸟,就和其他的鸟相同。释"化去"曰:"刑天已被杀死,化为异物。""既"当与"复"相对应,而"无虑"则与"不悔"相对应,"化去不复悔"犹"化去也不会后悔","复"表两事相同,与"既"呼应。由于诗句在语序上存在一些调整,故而造成理解困难。

聊复

(39)＊殷洪远答孙兴公诗云:"**聊复**放一曲。"刘真长笑其语拙,问曰:"君欲云那放?"(《世说新语·排调》第37条;[2]214;[18]912)

此例语境不足,但从此诗为"答孙兴公诗"来看,"复"表两事相同并非不可。"聊复放一曲"即"姑且也放一曲"。

且复

(40)＊袅袅桑柘叶,萋萋柳垂荣。急节谢流水,羁心摇悬旌。挥涕**且复**去,恻怆何时平。(唐李白《古风二十二》;[20]73)

有学者举此例,认为"且复"组合中,"复"不为义,只起语助作用。初读此诗,确实难寻"复"义,但诗歌语言因其语境及表达的需要,有时很难理解,因而需要深入考察。此例即如此:此诗前段描写因物而引起归情,又因时节快速流逝,归情更加难以抑制,按理说,在此情愫之下,离开此地、回返家乡应当是十分快乐的事,然而诗中所展现的却是"挥涕且复去",即与归情一样的伤感。有学者分析后两句时说:梁苑虽好,终须一归,是归也不舍,留也无奈,恻怆的心怀何时能平静。如此,"挥涕且复去"所表达的似乎是"离去也很伤感"。

另,"且复"在文献中用例很多,"复"所表义一般都很明晰,此类诗歌中用例是语境或书写的特殊性造成理解困难,还是"复"本身不表义,值得思考。

甚复

(41)＊省诸赋,皆有高言绝典,不可复言。顷有事,复不大快,凡得再三视耳。其未精,仓卒未能为之次第。省《述思赋》,流深情至言,实为清妙,恐故复未得为兄赋之最。兄文自为雄,非累日精拔,卒不可得言。《文赋》甚有辞,绮语颇多,文适多体便欲不清,不审兄呼尔不?《咏德颂》**甚复**尽美,省之恻然。《扇赋》腹中愈首尾,发头一而不快,言乌云龙见,如有不体。(《与兄平原书》之九;[7]298;[10]463;[12]30;[14]189)

(42)＊顷作颂及吴事,有怆然,且公传未成,诸人所作,多不尽理,兄作之公私并叙,且又非常业。从云,兄来作之,今略已成,**甚复**可借。(《与兄平原书》之二六;[7]298)

蒋宗许(1990)将此二例定性为词缀,姚振武(1993:146)依据《与兄平原书》《祠堂赞》甚已尽美"例之"已"表甚,推定"复"亦为"甚"义,"甚复"为同义复词;蒋宗许(1994:463)后加以辩驳,他认同"甚复"表"甚",但认为仅凭孤证难以得出"复"同"已"且同于"甚"的结论。

此二例出自书信,语境不够充分,且文句较难理解。我们利用汉籍检索系统(四)及 cbeta 佛典电子语料,检得四个"甚复"用例(另有几个用例属重复用法):

(43)是过积祸之人,自致无门户后世,天**甚复**伤之,故使复有遗腹子,未知男女。(《太平经》卷一一四)

(44)非欲之所处者,着欲之人心意有在,犹人堕罪,闭在牢狱,官不决断,遂经年岁,望欲求出,良难得矣。姪洪之人亦复如是,痴心所裹闭在欲狱,不遭无漏圣叡之药,欲得免济,**甚复**难克也。(姚秦竺佛念译《出曜经》卷二六)

(45)王即将领二十万众,到树提伽家游看。南门直入,门中有一童子,颜容端正,肉色瑶悦,**甚复**可爱。(南朝宋求那跋陀罗译《佛说树提伽经》)

(46)诸佛兴出世,玄远**甚难值**,人生在世间,**亦甚难得遇**。诸人咸同

志,俱信乐听经,于亿百千劫,**甚复**不可遭。(唐菩提流志等译《大宝积经》卷九)

例(43),"复"表累积,相当于"又",与下"复有遗腹子"之"复"用法同,"天甚复伤之"犹老天又狠狠地伤害了他;例(44),"甚复难克"承前"良难得矣"而言,犹"亦甚难克","复"表两事相同;例(45),"复"乃承前文"白氎""九色之华"的出现而言,"甚复可爱"即"亦甚可爱","复"亦表两事相同①;例(46),"甚复不可遭"与"亦甚难得遇"义同,前承"甚难值","复"明显用表两事相同。

以上四例"甚复"依现代汉语语序,均当解作"复甚","复"义较实。文献中其他程度副词与"复"搭配亦可置于"复"之前,如:

(47)其言专商鞅、韩非之语也,指意放荡,**颇复**诙谐,辞数万言,终不见用。(《汉书·东方朔传》)

(48)时大军征荆州,遇疾疫,唯遣将军张喜单将千骑,过领汝南兵以解围,**颇复**疾疫。(《三国志·魏书·蒋济传》)

例(47),前文提及东方朔"与枚皋、郭舍人俱在左右,诙啁而已",此处"颇复诙谐"承此而言,"颇复"犹"亦甚","复"表两事相同。例(48),"颇复疾疫"承前"遇疾疫",亦表两事相同。

其他副词也可置于程度副词之后,如:

(49)云天竺诸国,敢豫学者之流,无不玩味斯论,以为喉衿。其染翰申释者,**甚亦**不少。(南朝梁僧祐《出三藏记集》卷一一)

(50)去夏桓冲送死,一拟云消,回讨郧城,俘馘万计,斯诚陛下神算之奇,**颇亦**愚臣忘死之效。(《晋书·慕容垂载记》)

此二例"甚亦""颇亦"与"亦甚""亦颇"同义。

(51)《祠堂赞》**甚已**尽美,不与昔同,既此不容多说,又皆一事,非兄亦不可得。(《与兄平原书》之二〇)

---

① 此例《经律异相》卷三六引用时于"童子"、"童女"未用"甚复",而在后"瓜果"时使用;《法苑珠林》卷五六引用时于"童子"未用"甚复",而于"童女"时使用。

(52)收年十五,**颇已**属文。(《北齐书·魏收传》)

例(51),蒋宗许、姚振武均将"甚已"解作"甚",并认为"已"乃"甚"义。此例位于书信之首,无前后文语境,难定其义,文献未见其他"甚已"表"甚"的用例,我们以为此"甚已"或当为"已甚"义,"已"表已经,"甚已尽美"犹"已经很完美了"。例(52),"颇已"显然与"已颇"义同。

结合文献中其他"甚复"用例,以及"程度副词+复"用同"复+程度副词",我们认为例(41)"甚复尽美"似亦可解作"复甚尽美":前文高度评价了诸多赋,此相承言《咏德颂》亦甚尽美,似并无不可;例(42),"甚复可借"乃承"兄作之公私并叙,且又非常业"而言,"复"似亦表两事相同。①

六、表动作或状态持续不变

(一)"复"可表动作或状态持续不变,与"还、仍然"相当

"复"的这种用法来自其表动作、状态重复。当某一动作一直持续,如果我们以后一时间点来看,它与之前是相同的,这其实也是动作状态的重复,只是这个动作中间不曾间断而已,或者说,这只是一种特殊的动作、状态的重复。此类"复"可用"仍然,还"对译,其用法与《八百词》(1999:252)中"还"所列第一义类 a)用法相当②。如:

故攻社之义,至今**复**行之。(《论衡·顺鼓》)

宣洁行廉约,韩豫章遗绢百匹,不受。减五十匹,**复**不受。(《世说新语·德行》第 38 条)

司马悫,因曳踬坠地。踬还坐,举止如常,颜色不变,**复**戏如故。(《世说新语·雅量》第 9 条)

---

① 本人愚钝,实未甚明了此例之义,故仅作推测,不敢妄下结论。

② 可比较《八百词》(1999:252)用例:他**还**在图书馆。|老赵**还**没回来。|他们的英雄事亦至今**还**在人们中间传诵着。

今者诸天充满虚空，皆是我昔为王之时，以诸善法教化所成。其于今日**复**在此城，见般涅槃，当令其获般涅槃果。（东晋法显译《大般涅槃经》卷下）

此类"复"常用于转折或让步关系句中，表动作或状态不因某种情况而改变，如：

公刘虽在戎狄之间，**复**修后稷之业，务耕种，行地宜，自漆、沮渡渭取材用。（《史记·周本纪》）

元和改从《四分》，《四分》虽密于《太初》，**复**不正，皆不可用。（《后汉书·律历志中》）

啸傲虽开口，幽忧**复**满膺。（唐元稹《纪怀，赠李六户曹、崔二十功曹五十韵》）

花开虽有明年期，**复**愁明年还暂时。（唐白居易《隔浦莲》）

(二)诸家所举此类用例辨析

"复"表动作或状态的延续，为其常义，一般来说不太容易误解，然而各家所举用例中属此类者并不少见，如：

故复

(1)《二祖颂》甚为高伟。云作虽时有一佳语，见兄作又欲成贫俭家，无缘当致兄此谦辞。又云亦复不以苟自退耳，然意**故复**谓之"微多民不辍叹"一句，谓可省。（《与兄平原书》之五；[7]298）

(2)省《述思赋》，流深情至言，实为清妙，恐**故复**未得为兄赋之最。（《与兄平原书》之九；[7]298；[12]30；[13]8）

(3)景猷有蔡氏文四十余卷，小者六七纸，大者数十纸，文章亦足为然。然其可贵者，**故复**是常所文耳。（《与兄平原书》之三二；[7]298；[10]463）

(4)礼毕，酒酣，帝曰："卿**故复**忆竹马之好不？"靓曰："臣不能吞炭漆身，今日复睹圣颜。"因涕泗百行。（《世说新语·方正》第10条；[18]325）

"故"可表动作状态的延续，仍然义，如《抱朴子·内篇》卷三："江淮间居人为儿时,以龟枝床,至后老死,家人移床,而龟**故**生。"唐杜甫《漫兴》:"熟知茅斋绝低小,江上燕子**故**来频。"《新唐书·李百药传》:"帝顾其名谓虞世基曰:'是子**故**在,宜斥丑处。'乃授建安郡丞。"上举(1)至(4)例"故复"均表此义,有学者将"复"看作词缀,我们以为不当:如前所述,"复"表动作或状态持续不变乃其常义,上举"故复"用例与单用"复"并无不同;另文献中亦有同义倒序词"复故"用例,只是很少,如:

(5)还取尸,霍然不见。四布行索,获其王矣。佥然为礼,**复故**供养。① (三国吴康僧会译《六度集经》卷六)

聊复

(6)五百弟子,金言佛神。迦叶内伏,恡惜名称,**聊复**贡高:"大道人实神。虽尔,未如我已得阿罗汉也!"(东汉昙果共康孟详译《中本起经》卷上;[36]151;[32]344)

有学者释"聊复"为"姑且、暂且",并以"复"为音节成分或词缀。我们以为"聊复"之"复"乃仍然义,表动作、状态的持续。这从前文对迦叶的描述可以看出:"有梵志,姓迦叶氏,字郁俾罗,年百二十,名声高远,世人奉仰,修治火祠,昼夜不懈。好学弟子,有五百人。迦叶二弟,宗师其兄,谓为得道。各有弟子,皆居下流。迦叶自念:'吾名日高,国内注仰,术浅易穷,穷则名颓,当作良策,全国大望。'……迦叶由此,功名日隆。"这段话展示了"功名日隆"的迦叶形象,从中不难看出其"贡高"。由于迦叶得到民心,世尊前往降之,展现诸多神奇,迦叶虽然心内已伏,但恡惜名称,因而仍然保持骄傲的姿态。

乃复

(7)有人问袁侍中曰:"殷仲堪何如韩康伯?"答曰:"理义所得,优劣**乃复**未辨;然门庭萧寂,居然有名士风流,殷不及韩。"(《世说新语·品藻》第81条;[2]214;[13]8)

---

① "故复"用表仍然用例很少,而"复故"组合常表恢复故旧(此例似亦可如此理解),这可能是其表仍然义用例很少的原因。但佛典中还有"犹故复""犹复故"表仍然义的用例,可佐证"复故"看作同义复合并无问题。

有学者以"乃复"为附加式,释为"竟然"。细细体会文义,我们以为此解不够准确:"理义所得,优劣乃复未辨"只是简单说明优劣尚未辨明的事实,并无出乎意料之意,"乃"当表论断,"复"则表动作行为的延续,《世说新语笺注》(2019:626)译此句作"其优劣显然还没有辨明","还"即"复"义之体现。

其复

(8)谢车骑初见王文度曰:"见文度,虽萧洒相遇,**其复**恈恈竟夕。"(《世说新语·赏誉》第149条;[29]6;[18]563)

《世说新语笺注》(2019:563)释"其复"为"那样的",并将"复"定性为词缀,我们以为不确。"其"当为代词,指文度,而"复"则用于转折句,在表示状态延续的同时,加强语气,可译作"还",《笺注》译文作"但他整天还是那样安详和悦","还"即"复"义之体现(此句或当译作"他还是整天安详和悦")。此用法与《八百词》(1999:252)"还"第一类b)用法相当。①

且复

(9)孰知是死别,**且复**伤其寒。此去必不归,还闻劝加餐。(唐杜甫《垂老别》;[20]73)②

"孰知是死别,且复伤其寒"义为明明知道是死别,还是担心她的饥寒,"且复"乃仍然、还是义,与后句的"还闻劝加餐"之"还"用法相当。"且""复"诸多义项相同,二者组合,乃属同义复合,表仍然义的"复且"亦有用例,如:

(10)今日视前一二年,国用民力固不如矣。**复且**因循,无有更改旧弊之术,后一二年,还视今日,又可知矣。非独不如今日,其患至大,纵有知者,不能为谋。(南宋李焘《续资治通鉴长编》卷一五〇)

若复

(11)是时二弟奔竞相就,而共议言:"我兄今者**若复**不为恶人所害,诸

---

① 可比较《八百词》(1999:252)所举用例:演出虽然已经结束,人们**还**不愿散去。|即使有了一些成绩,也**还**要继续努力。

② 蒋绍愚先生《唐诗词语札记(二)》一文(1983年《语言学论丛》第10辑106页)改变了看法,将"复"看作"且、又"。

物何缘从水而来？苦哉！怪哉！我等宜速共至兄所。"（南朝宋求那跋陀罗译《过去现在因果经》卷四；[19]69）

有学者以"若复"为附加式，或可商榷。从文义看，"我兄今者若复不为恶人所害"实表"我的兄长今天如果还没有被恶人所害"，"不"表"未"，指事情未曾发生，如果未明这一点，文句理解起来就会有困难。至于"复"，用于其中表"没有被恶人所害"这一状态的延续，对译作"还"。可比较以下"若复不"用例：

（12）及还，中诏勉攸曰："若万一加以他疾，将复如何？宜远虑深计，不可守一意以陷于不孝。**若复**不从往言，当遣人监守饮食。"（南朝梁萧绎《金楼子》卷三）

（13）伯之谓缙："今段启卿，**若复**不得，便与卿共下使反。"（《梁书·陈伯之传》）

此二例"不"表直接否定，理解起来相对简单，"若复不"即"如果还不"，"复"亦表仍然义。

尚复

（14）白鹿乃在上林西苑中，射工**尚复**得白鹿脯。嗟我！黄鹄摩天极高飞，后宫**尚复**得烹煮之；鲤鱼乃在洛水深渊中，钓钩**尚**得鲤鱼口。（《汉乐府·乌生》；[7]300；[12]31；[13]9；[14]191）

（15）夫圣人难知，知能之美若桓、杨者，**尚复**不能知，世儒怀庸庸之知，贵无异之议，见圣不能知，可保必也。（《论衡·讲瑞》；[32]344）

（16）佛言："如天下大海水减去一渧水，宁能令海水为减不？"阿逸菩萨言："减大海水百千亿万斗石水，**尚复**不能令海减少也。"（东汉支娄迦谶译《佛说无量清净平等觉经》卷二；[36]152）

（17）如帝王，虽于人中好无比，当令在遮迦越王边住者，其面目形貌甚丑恶，其状不好，比如乞人在帝王边住耳。帝王面丑，**尚复**不如遮迦越王面色姝好百千亿万倍也。（西晋竺法护译《无量清净平等觉经》卷二；[36]152）

此四例中"尚复"为尚且义。"尚复"除表"尚且"外，还可表仍然、还义，如：

(18)我说无量清净佛功德国土快善,昼夜一劫**尚复**未竟,我但为若曹小说之耳。(东汉支娄迦谶译《佛说无量清净平等觉经》卷四)

(19)诸菩萨求道,奉行六波罗蜜不毁失,千亿万劫**尚**不能得;值佛三昧时,亦不能得闻知佛三昧名也。复行六波罗蜜精进不懈,三千亿万劫,闻佛三昧名,与相值,**尚复**不信向之有也。复行六波罗蜜不毁失,七千亿万劫,闻佛三昧者,**尚复**不信向之有也。(东汉安世高译《佛说佛印三昧经》)

(20)假使彼国异心恶人骂詈辱我,我当心念:"爱我敬我,尚原赦我,手不推我。"佛言:"假使扠汝,当奈之何?"邠耨白曰:"当心念言:**尚复**爱我敬我贤善柔和,不以瓦石而打掷我。"(失译《佛说满愿子经》)

(21)是以朱云抗节求尚方斩马剑,欲以斩禹,以戒其余,可谓忠矣。而成帝**尚复**不寤,乃以为居下讪上,廷辱保傅,罪死无赦,诏御史将云下,欲急烹之。(《晋书·段灼传》)

(22)归厚体被二十余箭,**尚复**拒战,筠等既至,贼解乃归。(《五代史·梁书·张归厚传》)

有学者将(14)至(17)例中的"复"定性为词缀或音节成分,我们以为可商,以下试加分析:

"尚"可表动作状态的延续,义为还、仍然,如《诗·大雅·荡》:"虽无老成人,**尚**有典刑。"《孟子·滕文公上》:"今吾**尚**病,病愈,我且往见。"北宋王安石《明妃曲》:"低徊顾影无颜色,**尚**得君王不自持。""复"亦有此义,见前文。"尚复"组合表动作、状态的延续,当属同义复合,文献中有同义的倒序词"复尚"用例,只是较少,如:

(23)古者未知丧送之礼,死则裹之以葛,投诸沟壑。若王孙之矫世,此事**复尚**为之矣。(西汉扬雄《法言》卷一〇"如矫世,则葛沟尚矣"晋李轨注)

(24)老父隶兵籍,气力日衰耗。岂足万里行,有子**复尚**少。(唐韦元甫《木兰歌》)

(25)耶输陀罗即便具说所梦之事。太子语言:"月犹在天,齿又不落,臂**复尚**在,当知诸梦虚假非实,汝今不应横生怖畏。"(南朝宋求那跋陀罗译《过去现在因果经》卷二)

"尚复"表"尚且"义与"仍然"义密切相关,二者乃引申关系,上举例(14),从整首诗来看,是说白鹿藏在上林西苑中,尚且被射工所杀而制成鹿脯,黄鹄尽力摩天高飞,尚且被后宫捕得而烹煮,更何况未刻意采取措施的乌鸦了。如果单看此句,则解作"虽然白鹿藏在上林西苑中,射工仍然能杀之而制成鹿脯,黄鹄虽然尽力摩天高飞,仍然被后宫捕得而烹煮"更加合理;例(16)亦如此,联系前问,当解作"减去百千亿万斗石海水,尚且不能让海减少,更何况减去一滴水",而单看此句,则解作"即便减去百千亿万斗石海水,仍然不能让海减少"更加合理,这体现出二者意义上的紧密联系。以下用例也能体现这一点:

(26)诸比丘言:"佛手中石小,奈何持比山? 欲持比山,亿亿万倍**尚复**不如山大。"(东晋竺昙无兰译《佛说泥犁经》)

此例"尚复"可解作"尚且",同时解作"仍然"表动作状态的持续亦无不可。

不仅"尚复"可兼表尚且及仍然义,"犹复"亦可兼表"仍然"与"尚且","犹复"表仍然义见下文"犹复"条,此举三例表"尚且"义的用例:

(27)又况掘冢搏掩,犯奸成富,曲叔、稽发、雍乐成之徒,**犹复**齿列,伤化败俗,大乱之道也。(《汉书·宣曲任氏传》)

此例颜师古注曰:"身为罪恶,尚复与良善之人齐齿并列。"

(28)良将高第取其胆武,**犹复**试之以策,况文士乎?(《抱朴子·外篇》卷一五)

(29)夫人平居,**犹复**谨藩篱,固关键,以备不虞,何况当强敌之战阵,御突骑之轻剽,而无所蔽护哉?(南宋李焘《续资治通鉴长编》卷五〇)

另现代汉语中"还"亦可兼表仍然与尚且义,如:

(30)虽然我反复叮嘱,他**还是**没来。

(31)小车**还**通不过呢,就别提大车了。

表"仍然"义的"尚复"为同义复合,表尚且义的"尚复"与之同词,自然也应当看作同义复合。

唯复

　　(32)佛告阿难:"谛听谛听! 当为汝说! 昔迦叶佛时,有婆罗门,生一男儿,字迦毗梨(晋言黄头),聪明博达,于种类中多闻第一,**唯复**不如诸沙门辈。"(元魏慧觉译《贤愚经》卷一〇;[36]153)

　　有学者释"唯复"作"只是",并以"复"为词尾,我们以为可商。句中"唯"表只是,"复"则表动作或状态持续不变,仍然义,全句义为:婆罗门所生儿聪明无比,于种类中,多闻第一,只是仍然不如诸沙门辈。可比较下例:

　　(33)如是九住菩萨所行,智慧达了而无穷极;缘觉虽有光相功德,**故不及**如来一毛相之功德;复合计之,身体支节一一毛孔所作功德,**故不及**如来眉间相之功德;复取计之,不及如来顶相之功德。正使三千大千世界其中众生,尽笃信佛信法信比丘僧,假令信心百千万倍,**故不及**持信奉法之人百千万倍。复使持信奉法之人满三千世界,智慧闻施合集功德,**故不及**道迹之人所作德本。复从道迹一一计之,乃至无垢及其智慧百千万倍,不及一缘觉智慧功德。正使三千大千世界满中缘觉,**亦复不如**一发意菩萨智慧功德。复使三千大千世界满中发意菩萨,其智闻慧百千万倍,**复不如**一阿惟越致所作功德。(姚秦竺佛念译《十住断结经》卷三)

　　句中"故不及""亦复不如""复不如"与例(32)"唯复不如"中的"复不如"意义相同。

续复

　　(34)其佛受食,钵则为满,其儿所持钵食**续**如故。复以是食遍八万四千比丘及菩萨万二千人,各各悉饱满,其儿所持食**续复**如故。①(东汉支娄迦谶译《阿阇世王经》卷上;[36]154)

　　(35)佛言:"此是恶事,如怨家共住。从今日后不听不共语,欲方便少事不语得半月,至布萨日应共语、共相问讯、问事、答事、咒愿。过布萨日,

---

① 　此例即便不考虑"续",也能看出"复"义,前言"其儿所持钵食续如故",后用"其儿所持食续复如故","复"之义十分清楚。

续复如前。"（东晋佛陀跋陀罗共法显译《摩诃僧祇律》卷二七；[36]154）①

有学者举此二例，解为"继续，仍然"，并以"复"为音节成分。我们以为"续复"乃近义组合，"续"表动作或状态继续，与"复"表动作状态持续并无本质区别，二者组合解作"继续""仍然"均可通。事实上，上举用例单用"续"或"复"亦无问题。我们看以下二例：

（36）如汗未出，更以热粥投之，令汗出。若汗少不解，**复如前法**。（唐王焘《外台秘要方》卷一）

（37）用桑薪灰汁贰石内釜中，加甑于上。甑中先铺茅，次铺黄砂土可三寸，蒸之。脂少间流入釜中。寒之凝，接取复蒸如前。三上，更以清水代灰汁，**复如前**。（唐孙思邈《千金翼方》卷一三）

此二例中"复如前法""复如前"与例（34）（35）"续复如故""续复如前"无论结构还是意义均相同。另"续复"亦有同义倒序词"复续"，如：

（38）善男子！若闻如来有大威德，生世尊想、生大师想，如此之人已于前世得闻如来无量功德，以是因缘今**复续**闻。（南朝梁曼陀罗仙译《宝云经》卷六）

（39）若有能于现在持戒，受五热等苦，懃行苦行，偿过业尽，不受苦报，名为解脱。若不能苦行怀过业尽者，来身**复续**曾不生信。（隋慧远述《大涅槃经义记》卷四）

亦复

（40）民复歌曰："虽复改兴宁，**亦复**无聊生。"（《宋书·五行志二》；[34]101）

---

① 此例与例（34）存在区别：例（34）"儿所持钵食"一直未变，而此例则由"不共语"到"共语"再"续复如前"，此用法的"复如前"一般解作恢复到之前的状态，如南朝梁僧祐《出三藏记集》卷五："初尼子年在龆龀，有时闭目静坐，诵出此经。或说上天，或称神授，发言通利，有如宿习。令人写出，俄而还止。经历旬朔，续复如前。"同义的"复如故"用例更多，如《汉书·儒林传序》："成帝末，或言孔子布衣养徒三千人，今天子太学弟子少，于是增弟子员三千人。岁余，复如故。"《大唐传载》："解县盐池，当安史时，水忽淡。銮舆反正，复如故。"此例"续复如前"即可如此解。

有学者以"亦"释"亦复",并将"复"看作词缀,当误。此例中"亦复"乃仍然义,表"无聊生"这一状态延续不变。此用法相对较少,此再举一例:

(41)今延州岁计用钱万缗,官以二千为额,今虽倍得,**亦复**不足。(南宋李焘《续资治通鉴长编》卷二二二)

表仍然义的"亦复"当属同义复合,其与表两事相同的"亦复"同词,详参本编第五类表两事相同的"亦复"条。

犹复

(42)徒知日数,不知日名,**犹复**案历然后知之。(《论衡·是应》;[32]346)

(43)遮迦越罗典领四域,飞行案行,七宝导从,虽寿千年,亦死过去。诸天食福,肴膳自然,至其禄尽,亦复磨灭。比丘破恶,一心思禅,荣利不移,志重若山,神通真人,**犹复**灭度。(东汉昙果共康孟详译《中本起经》卷下;[36]154;[14]188)①

(44)此日又病极,得思惟立草,复不为。乃仓卒退还,**犹复**多少有所定,犹不副意。(《与兄平原书》之二五;[7]299)

(45)兄《园葵诗》清工,然**犹复**非兄诗妙者。(《与兄平原书》之二五;[7]299;[12]30)

(46)历数在身,有命将集,而陛下**犹复**允执高让。(西晋陆云《盛德颂》;[7]300)

(47)虽知圣德节俭有素,**犹复**思关愚言,以补万一。(西晋陆云《国起西园第表启》;[7]300)

(48)是以周公一日万事,**犹复**旁观百篇。(西晋陆云《王即位未见宾客群臣又来讲启》;[7]300;[13]9)

(49)务协华京想,讵存空谷期。**犹复**惠来章,祇足揽余思。(《宋诗》卷三谢灵运《酬从弟惠连》;[31]182)

---

① 此例朱庆之(1992:154)释"犹复"作尚且,我们以为解作仍然更加合理,"犹复"与句中"亦""亦复"义同。另即便为尚且义,亦当为仍然义之引申。

以上用例,"犹复"均表动作或状态的延续,这一点当无异议,问题在于"复"在"犹复"组合中是否表义,"犹复"是看作同义复合,还是看作附加式。我们以为,看作同义复合显然更加合适。首先,"复"表动作或状态的延续为其常义,上举用例去掉"犹"同样可通,且并不僻难,如何能确定"复"不表义呢?其次,文献中可见"犹复"的同义倒序词"复犹",只是较少较迟,如:

(50)富者操奇赢之资,贫者输倍称之息,岁或小稔,**复犹**歉然。而横恣之家,责偿甚急。(《宋大诏令集》卷一九八)

(51)二仪**复犹**存,奚疑亿万椿。莫与世人说,行尸言此难。(北宋张君房《云笈七签》卷九六)

(52)自赵鼎相,刘大中、王庶相继去,今**复犹**任一相,召一二名士。(《宋史·勾龙如渊传》)

第三,有些文句中,"犹复"与"复""犹""亦"等配合使用,可侧面佐证"复"之性质,如:

(53)恐下古之人,积愚迷日久,虽与其文,**犹复**不解,**复**令犯天禁,故不敢不问,其大诀易知者矣。(《太平经》卷一一六)

(54)往者博士《书》有欧阳,《春秋》公羊,《易》则施、孟,然孝宣皇帝**犹复**广立《谷梁春秋》,《梁丘易》,《大》《小夏侯尚书》,义虽相反,**犹**并置之。(《汉书·刘歆传》)

则复

(55)阿闍世住侍文殊师利,文殊师利则谓阿闍世:"可分布饭食。"应时受教分布而遍,其食不减如故。阿闍世复白:"其食悉遍,无所缺减,**则复**如故。"(东汉支娄迦谶译《阿闍世王经》卷下;[36]154)

有学者举此例,释"则复"为立刻,并将"复"看作音节成分。按:"如故"即如同之前一样,"复"用于其前,可表动作状态的延续。可参上文"续复"条所论。

七、表动作、状态先后相继

(一)"复"可用于两个动作或状态之间,表二者相继发生或出现

"复"表动作、状态的重复,通常伴随着时间的先后相继,当我们的关注点转移到时间先后,而忽略动作相同时,"复"即产生了表动作状态先后相继的用法。此类"复"亦常对译作"又",与《八百词》(1999:634)"又"之第一义类 d)用法相当①,如:

(楚子)使然丹诱戎蛮子嘉,杀之,遂取蛮氏,既而**复**立其子焉。(《左传·昭公十六年》)

鼓瑟者误于张弦设柱,宫商易声,其师知之,易其弦而**复**移其柱。(《论衡·谴告》)

《太初历》众贤所立,是非已定,永平不审,**复**革其弦望。(《后汉书·律历志中》)

北虏既已和亲,而南部**复**往抄掠,北单于谓汉欺之,谋欲犯边。(《后汉书·袁安传》)

尝使一婢,不称旨,将挞之。方自陈说,玄怒,使人曳箸泥中。须臾,**复**有一婢来,问曰:"胡为乎泥中?"(《世说新语·文学》第 3 条)

既至,因嘲之曰:"与人期行,何以迟迟? 望卿遥遥不至。"会答曰:"矫然懿实,何必同群?"帝**复**问会:"皋繇何如人?"(《世说新语·排调》第 2 条)

挚瞻曾作四郡太守,大将军户曹参军,**复**出作内史,年始二十九。(《世说新语·言语》第 42 条)

尝倒投于井,未及泉,**复**跃而出,其拳捷如此。(《北史·权武传》)

---

① 可比较《八百词》(1999:634)所举用例:看完了《西游记》上册,**又**去借下册。|秀英让老人坐下以后,**又**给他端来热茶。|刚洗完衣服,他**又**去忙别的。

此杨梅疮发已久，将要结痂，而**复**犯房事，以致作痛生圈。（清陈士铎《洞天奥旨》卷一〇）

此类"复"还可与表接续的其他副词连用，构成近义复合，如：

尝俱诣谢公，谢公熟视殷曰："阿巢故似镇西。"于是庾下声语曰："定何似？"谢公**续复**云："巢颇似镇西。"庾**复**云："颇似，足作健不？"（《世说新语·轻诋》第 27 条）

送兄于南岘，相持恸哭而别。**续复**遣主帅杜伯符亦欲为刺客，诈言作使，上亦密知，宴接如常。（《南史·郑绍叔传》）

"续"表前后相续，与"复"义同，故"续复"可同义复合，"续复"的同义倒序组合"复续"亦有用例，如：

我初演说四圣谛行，后**复续**说诸菩萨行。（北凉昙无谶译《大方等大集经》卷三一）

于是诸老人更歌本曲，如私家相会，畅然欢洽。上**复续**调歌曲，留坐一更，极欢而罢。（《金史·乐志上》）

"复"用表前后相续的句式一般具有以下特点：动词一般不同，但通常由同一主体发出；主要凸显时间上前后相承，因而当句中没有相应表时间的词时，可以加入"接着"。此类句式比较接近于今之顺承关系的复句或句群。

（二）诸家所举此类用例辨析

诸家所举附加式用例中，有诸多此类用例，如：

便复

（1）彦先来，相欣喜，**便复**分别，恨恨不可言。（西晋陆云《与杨彦明书》之五；[7]299）

（2）尔时，波罗棕国王名梵达。国人不见鹿相，遂彻国王，众人白王："鹿相不见。"王即召群臣，遍诣里巷，户至觅之。诸臣受教，如命觅之，遍觅不得，**便复**出城，见树间众鸟飞翔其上，众人便念："城中已遍不得，此必有以，当共往彼。"（东汉康孟祥译《佛说兴起行经》卷上；[36]148）

(3)奴子俱行,示得履处。<u>至于水侧,遍慈求之</u>,不知只处,奴子舍去。梵志念:"此履必从上流来下。"即<u>逆流上行,见大莲华</u>,流澓洄波鱼口衔之。华有千余叶。梵志心念:"虽不得履,以此华上之,傥可解过,得复前宠。"**便复**执华。(南朝梁宝唱《经律异相》卷一一;[36]148)

有学者将上举诸例中的"便复"定性为附加式,我们以为不当:第(1)例,"来"与"分别"前后相继,"复"用以连接,可用"又"对译,这种用法现代汉语仍在使用,如:"我们刚见面,就又要分别。"第(2)例,"便复出城"承前"如命觅之,遍觅不得"而言,指在里巷寻找之后,接着出城寻找,二动作明显前后相继。第(3)例,文句包含一系列前后相承的动作,"便复执华"紧承"逆流上行,见大莲华","复"亦表动作前后相继。

另外,"便"本身就是一个表前后相承的时间副词,它的使用其实也可帮助确定"复"的功能。在某种程度上,表前后相承的"便"甚至可作为判定"复"表接续功能的根据,与之同义的"即""辄""因""乃(仍)"亦可如此。

(4)东家有贤女,窈窕艳都城。阿母为汝**求**,**便复**在旦夕。(《孔雀东南飞》;[1]48;[7]300;[12]30;[13]8;[24]45)

这个用例为诗句,文句较简略,表达不如散文明确,但"复"仍用于连接前后相承的动作:"在旦夕"指求婚很快成功,与前句"求"前后相继,紧密相承,"便""复"均用以连接。

次复

(5)诸来明士在会坐者,率皆妙行……各随世习俗,依行立字,有明士名无秽王,**次复**名光景尊,**次复**名智如山弘……(东汉支曜译《佛说成具光明定意经》;[36]149)

有学者举此例,认为"复"为音节成分,可商。句中"次复"表"依次,下一个","复"与"次"功能相近,表前后相继,可比较以下用例:

(6)**次复**,一佛出现于世,号世无比,……**次复**,一佛出现于世,号莲华上,……(隋阇那崛多译《佛本行集经》卷三)

(7)仁昔作一王,名为大闻德,**复**一大德王,名尼民陀罗,**复**名阿私陀,

复名为师子，此等诸王辈，布施千种财。(《佛本行集经》卷一四)

(8)仁昔一大王，名为月色仙，**复**名健猛将，**次**名实增长，**次**名求善言，**次**名有善意，**次**名调伏根，如是等诸王，法行大精进，仁往昔作来。(《佛本行集经》卷一四)

(9)**复次**，比丘！过去三十一劫，有佛名尸弃如来、至真，出现于世。**复次**，比丘！即彼三十一劫中，有佛名毗舍婆如来、至真，出现于世。**复次**，比丘！此贤劫中有佛名拘楼孙，又名拘那含，又名迦叶。(姚秦佛陀耶舍共竺佛念译《佛说长阿含经》卷一)

不难看出，上举用例中"次复""复""次""复次"功能均相同。

"次"义谓下一个，与"复"表接续的功能相当，故而可组合使用，中土文献亦有用例，如：

(10)《京》、《费》已行，**次复**《高氏》，《春秋》之家，又有《骆》、《夹》。(《后汉书·范升传》)

(11)符朗初过江，王咨议大好事，问中国人物及风土所生，终无极已。朗大患之。**次复**问奴婢贵贱。(《世说新语·排调》第57条)

(12)桓南郡与殷荆州语次，因共作了语。……**次复**作危语。(《世说新语·排调》第61条)

(13)其法乃以兔弹数十，黄白各聚一器。先以黄入羊胞蒸熟，**次复**入大猪胞，以白实之，再蒸而成。(南宋周密《齐东野语》卷一六)

倒序词"复次"亦有用例，如：

(14)月行既疾，须臾应过西崖既，**复次**食东崖。(《南齐书·天文志上》)

(15)首拜东皇太乙，**复次**云君司命，高曳九霞裾。(南宋汪莘《水调歌头》)

当复

(16)邂逅徼时愿，骨肉来迎己。己得**自解免**，**当复**弃儿子。(东汉蔡琰《悲愤诗》；[7]300)

有学者举此例，将"当复"看作附加式，可商。从文义看，"自解免"与"弃儿

264

子"乃前后相承的两个动作,"当复"即"又将"。

方复

(17)骄慢已习,**方复**制之。捶挞至死而无威,忿怒日隆而增怨。(《颜氏家训》卷一;[1]47)

(18)一脔入口,便下皮内,周行遍体,痛楚号叫,**方复**说之,遂作羊鸣而死。(《颜氏家训·归心》;[1]47;[19]69;[12]31;[13]8)

(19)上不许,曰:"其愿还经年,**方复**作此流迁,必当大闷闷也。"(《宋书·列传·自序》;[34]101)

(20)小儿时尤粗笨无好,常从博士读小小章句,竟无可得,口吃不能剧读,遂绝意于寻求。**至二十左右,方复**就观小说,往来者见床头有数帙书,便言学问,试就检,当何有哉!(《宋书·王微传》;[34]101)

有学者举此四例,认为"方复"为附加式。就句意来看,此类句式主要表直到某件事发生或直到某个时间,才出现某个结果,表"才"义的"方"起着主导作用,"复"似乎无义可释。然而细致分析,可以发现,这些句式同样存在着明显的动作或事理的先后相续:第(17)例,"制之"这一动作紧承"骄慢已习"而发生;第(18)例,"说之"紧承"痛楚号叫";第(19)例"作此流迁"承接"愿还经年",时间虽长一些,但时间先后及事理逻辑上均存在相承关系;第(20)例,"就观小说"相承"至二十左右"这一时间,前后相承关系十分明确。句中动作或事理前后相承关系的存在,正是"复"用于其中的原因,"方复"解作"才又"并无问题。由于表"才"义的"方"同样体现动作或事理的相承,且占据主导地位,"复"不译亦无问题,但不能因此而否定其表前后相继功能的存在。

"方复"还可倒序作"复方",功能相同,由此亦可见"复"之功能,如:

(21)在外六甲子,所留书籍,揃坏居半。于故简中睹与二亡友游寺,沥血泪交,当时造适乐事,邈不可追。**复方**刊整,才足续穿蠹,然十亡五六矣。(唐段成式《酉阳杂俎·续集》卷五)

(22)听者有求娶欲纳之,即携而归,后**复方**补其礼。(元宇文懋昭《金志》卷六二)

"方更"亦有相同用法,如:

(23)禁兵不妄出,有急**方更**配给。兵将无素,是谓弃之,安得不乱?(《太平御览》卷二三八引何法盛《晋中兴书》)

(24)今乃习于伪法,治于真性,矜而矫之,已困弊矣,**方更**行仁义礼智儒俗之学,以求归复本初之性,故俗弥得而性弥失,学愈近而道愈远也。(《庄子·缮性》"缮性于俗,俗学以求复其初"成玄英疏)

"更""复"同义,"方更"与"方复"用法同。

(25)前悲尚未弭,后感**方复**起。嘶声盈我口,谈言在君耳。(南朝宋鲍照《代门有车马客行》;[31]182)

此例,"后感"紧承"前悲"而出现,"复"亦表动作相承,"方"之义与上举四例有别。

还复

(26)夫闻妇言,将共入房:"今欲与汝共死一处。"即便刺妇,**还复**自刺。(东汉昙果共康孟详译《中本起经》卷下;[32]343)①

有学者将"还复"定性为附加式,可商。此例中"还"当解作"旋",随即义,而"复"则用于接续,表"刺妇""自刺"两个动作相继发生。事实上,只要将"还"去掉,"复"之功能即可明显看出。

忽复

(27)翕尔云合,**忽复**星散。(西晋刘琨《与石勒书》;[10]464)

(28)闲来垂钓溪水上,**忽复**乘舟梦日边。(唐李白《行路难》;[20]73;[24]45)②

有学者指"忽复"组合"复"不为义,并将其定性为词缀或语助成分,我们以为可商:(27)例,有学者以"复"与"尔"对文,推定"复"与"尔"一样,均作词缀。我们认为,句中"复"并非不可他解,"云合""星散"为两个前后相续的动作,

---

① 此例作者有注,认为此词义也可在"复"字上。

② 蒋绍愚先生在《唐诗词语札记(二)》一文中(《语言学论丛》1983 年第 10 辑 106 页)将此例"复"解作"且、又"。

"复"用以连接,表动作先后相继,乃其常用功能。(28)例,"闲来垂钓"与"乘舟梦日边"为前后相承的两个动作,一个"忽"字体现了二者相承之紧密,"复"用以连接,"忽复"即"忽又"。

(29)扪壁窥龙池,攀枝瞰乳穴。积峡**忽复**启,平涂俄已闭。(南朝宋谢灵运《登庐山绝顶望诸峤》;[1]48;[32]344)

此例"忽复"与上举二例用法并无不同,仍表两事前后相继,只是写作上采用了倒序的方式,其正常语序当为"平涂俄已闭,积峡忽复启","已"表一事终了,"复"表另一事相承开始。

即复

(30)又问:"畅之何所获乎?"答曰:"获无用虚空三昧。"于时菩萨三昧正受,最为殊特。**即复**说言:"此业善哉,我所归趣,仁亦趣此,俱共在斯,与是众人而为眷属。"(西晋竺法护译《普曜经》卷五;[27]27)

有学者以"即复"之"复"为音节成分,可商。"即复说言"乃承前文"问""答"而表接续,"即"犹"便",是比较典型的表动作前后相继的副词,"复"与之搭配,亦表此功能,可用"又"对译①。

且复

(31)平明跨驴出,未知适谁门。权门多噂𠺕,**且复**寻诸孙。(唐杜甫《示从孙济》;[1]47)

有学者以"且复"为附加式,可商。从诗句看,文中存在前后相续的动作:跨驴出,先往(或计划前往)权门,因其噂𠺕,便又"寻诸孙"。"且复"犹"便又","复"用以连接前后相继的动作。

仍复

(32)帝遂发怒,免法兴官,遣还田里,**仍复**徙付远郡,**寻又**于家赐死,时年五十二。(《宋书·恩倖传》;[34]102)

————————————

① "复"同时兼表"说"这一动作的重复,只是这里更注重时间先后相承,故置于此。

有学者将"仍复"看作附加式,不当。句中"免法兴官,遣还田里"与"徙付远郡",前后相继,"仍复"义谓"随后又",后文"寻又"亦表此功能。

设复

(33)佛即为说瞋志过恶,愚痴烦恼,烧灭善根,增长众恶,后受果报,堕在地狱,备受苦痛,不可称计。**设复**得脱,或作龙蛇罗刹鬼神。(三国吴支谦译《撰集百缘经》卷一〇;[27]29)

佛所说乃前后相承之事,"得脱"承前"堕在地狱,备受苦痛"而言,只是这种情况为假设,故用"若",而"复"则用以连接。"设复"可对译作"或又"。

适复

(34)王唯闻北方有郁单越,天下大乐,人民炽盛,王意欲往。彼无贫穷豪赢强弱,无有奴婢尊卑,皆同一等。令我人众属共食之自然粳米,自然衣被服饰诸珍宝,便俱飞行,入郁单曰,地青如翠。**适复**前行,见白如雪自然稻米,汝曹当食。**适复**前行,见诸宝树,百种衣树金银璎珞皆悬着树。(南朝梁宝唱《经律异相》卷二四;[36]152)

有学者以"刚刚"释"适复",并以"复"为音节成分,可商。此例中第一个"适复前行"承"便俱飞行,入郁单曰"而言,表动作的前后相继,第二个"适复前行"乃承第一个"适复前行"而言,"复"用法相同,同时兼表"前行"这一动作的重复,但前后相续更加明显。

为复

(35)登高远眺望,魂神忽飞逝。奄若寿命尽,旁人相宽大。**为复**强视息,虽生何聊赖!(《后汉书·列女传·蔡琰》;[32]345)

有学者以"为复"为附加式,可商。从诗句可知,诗人登高远眺,魂神飞逝,几近命尽,因旁人宽尉,而"为复强视息"——因之又勉强视息,"复"用以连接前后相承的动作,同时兼有意义上的推进。

小复

(36)太子得离俗,踊跃欣喜,安徐步行入城。……遂复前行。国中人民,随而观之。于是出国,**小复**前行,到摩竭国,从右门入左门出。(东汉

竺大力共康孟详译《修行本起经》卷下；[32]345)

(37)犹如有人在山林中行，逐小径道，**小复**前行，见旧大道，古昔诸人在中行处。(东晋瞿昙僧伽提婆译《增壹阿含经》卷三一；[36]153)

(38)善友太子导从前后，作倡伎乐，大众围绕。出城观看，见有耕者……**小复**前行，见诸男女自共织作，来往顾动，疲劳辛苦。(失译《大方便佛报恩经》卷四；[32]345)

有学者将句中"小复"之"复"看作音节成分或词缀，我们不赞同这种观点：句中"小复前行"均承前文已有之行而言，表"前行"这一动作的继续，"复前行"即继续前行，"小"则表程度，义同"稍"。佛典中"复前行"十分常用，有独立使用者，如：

(39)如来**复前行**，至彼鸠梨村，说法多所化，复至那提村。(北凉昙无谶译《佛所行赞》卷四)

(40)佛**复前行**，地有断索，佛告比丘取之，受教即取。(西晋法炬共法立译《法句譬喻经》卷一)

还有很多与副词连用，"复前行"亦表继续往前走，如：

(41)时，天帝释**少复前行**，顾语般遮翼曰……(姚秦佛陀耶舍共竺佛念译《佛说长阿含经》卷一〇)

(42)尔时，世尊与比丘僧从座而起，**更复前行**，趣波波城。(东晋释法显译《大般涅槃经》卷中)

(43)二人持货，**再复前行**，至一国中，匹帛至贱，比于丝利，倍数转多。(北宋法贤译《大正句王经》卷下)

其他尚有"又复前行、次复前行、即复前行、便复前行、渐复前行、遂复前行"等，这些用例从前后文能清楚地看出表继续前行。

旋复

(44)山阳又寻平，征阮佃夫所领诸军，悉还南伐，众军大集。乃分战士七千配兴世，兴世乃令轻舸沂流而上，**旋复**回还，一二日中，辄复如此，使贼不为之备。(《宋书·张兴世传》；[34]101)

（45）永初三年，转吏部尚书，常侍如故。敬弘每被除召，即便祗奉，<u>既到宜退</u>，**旋复**解官，高祖嘉其志，不苟违也。（《宋书·王敬弘传》；[34] 101）

有学者举此二例，认为"旋复"为附加式，不当。例（44），"泝流而上"与"回还"是前后紧密相承的两个动作，"复"用以连接；例（45），"既到"与"解官"相继发生，"复"表接续亦甚明。另"旋"表时间，不久义，指一件事发生之后很快发生另一件事，此亦可佐证"复"之功能。

寻复

（46）虽亲附人，人不在意，若有所得，**寻复**忘失。（姚秦鸠摩罗什译《妙法莲华经》卷二；[27]27）

（47）彼山间有一老虎，生于二子，老虎不得食，**寻复**命终。（西晋安法钦译《阿育王传》卷五；[36]154）

有学者将"寻复"之"复"看作音节成分，可商。例（46），"所得"与"忘失"为先后相继的两个动作，"复"用以连接，此乃"复"之常用功能，今犹有词语"得而复失"。① 例（47），"寻"乃"随即"义，表"命终"紧承"生于二子"发生，"复"用以连接。

已复

（48）漉我新熟酒，只鸡招近局。日入室中暗，荆薪代明烛。欢来苦夕短，**已复**至天旭。（东晋陶渊明《归园田居五首》之五；[1]46）

此诗以时间先后为线索，描述了一连串动作行为：日入前设宴——日入尽享宴乐——不知不觉已到天明，"复"用于句中，正用于表时间上前后相继，有学者释后二句作：欢乐时总是怨恨夜间太短，不觉中又看到旭日照临。② "又"正体现了"复"之功能。

---

① 龙国富（2010：27）指"寻复忘失"译自梵文 nasyatikṣipram，"寻"译自 kṣipra，表示动作行为发生的时间短暂，"复"作音节成分，起凑足双音节的作用。我们不能因梵文无对应成分即将"复"定性为音节成分。

② 见古诗文网译文，网址：https://so.gushiwen.cn/shiwenv_ee5d820381b5.aspx。

因复

　　(49)于是密去,自坠高岩;既堕在地,无所伤损。复至河边,投身水中;水还漂出,亦无所苦。复取毒药,而吞噉之;毒气不行,无由致死。复作是念:"当犯官法,为王所杀。"……时恒伽达密入林中,取其服饰,抱持而出。……王寻告曰:"听汝出家修学圣道。"因复将之共到佛所,启白世尊如向之事。于时如来,听为沙门,法衣在体,便成比丘。(元魏慧觉译《贤愚经》卷一;[36]154)

　　有学者认为句中"因复"之"复"为音节成分,我们以为不当。此句描述了一系列前后相承的动作:想出家——父不许——自坠高岩——至河边投水——取毒药吞噉——犯王法,取王服饰,抱持而出——王同意——将之去佛所,句中有多个"复"字均表前后动作相接,"因复"亦如此。另"因"乃表前后相承的副词,于是义,它的使用也可佐证"复"之功能。

欲复

　　(50)复次,须菩提! 若受经之人欲闻般若波罗蜜,法师身得不安,如是菩萨摩诃萨当觉知魔为。复次,须菩提! 法师适安,欲与般若波罗蜜,其受经者欲复转去,两不和合,亦不得书成般若波罗蜜。(东汉支娄迦谶译《道行般若经》卷四;[36]154)

　　有学者将句中"欲复"之"复"看作音节成分,可商。从文中可知:"法师身得不安""法师适安""欲与般若波罗蜜""其受经者欲复转去"是先后发生、紧密相承的几个动作,"复"用于其中,用表承接,实属自然,"欲复"即"又要"。

辄复

　　(51)逮此定已,辄复思惟:"吾以逮是,普现三昧,便能致此《正法华经》。"(西晋竺法护译《正法华经》卷九;[27]27)

　　(52)义熙六年,鲜之使治书侍御史丘洹奏弹毅曰:"上言传诏罗道盛辄开笺,遂盗发密事,依法弃市,奏报行刑,而毅以道盛身有侯爵,辄复停宥。"(《宋书·郑鲜之传》;[34]101)

　　有学者将此二例中的"辄复"看作一词,并将"复"定性为词缀或音节成分,当有误。例(51),"复"与前句"已"呼应,表一个动作完成,另一动作相继。"辄复"犹"便又"。例(52),"奏报行刑"与"停宥"前后相承,"复"亦表动作前后相继。

此类"复"还可用于否定句中,表本该相继发生的动作不再发生,如:

无复

(53)许允妇是阮卫尉女,德如妹,奇丑。交礼竟,允**无复**入理,家人深以为忧。……既见妇,即欲出。妇料其此出,无复入理,便捉裾停之。(《世说新语·贤媛》第 6 条;[2]215)

刘瑞明(1989:215)指出:

有"奇丑"的原因,后当言许允不会入新房,"复"字必是词尾。后文叙,经桓范巧劝,"许便回入内。既见妇,即欲出。妇料其此出,无复入理,便捉裾停之。"因为由入而欲出,所以此"无复入理"就是不会再进来,"复"字是副词。

《世说新语笺注》(2019:765)将"交礼竟,允无复入理"译作"新婚交拜礼完毕后,许允不打算再进新房去"。

初一看,刘说甚有道理,然而看了《笺注》的译文,似乎亦很顺畅。究其原因,在于"复"的功能解读:"交礼竟,允无复入理"实际包含了前后相继的两个动作:交礼、入洞房,"复"用于此,正用以连接,只是后一动作未发生,故而采用否定形式。现代汉语中,这种用法的"不再"仍见使用,如"他吃完了饭,不再出门"。刘文误将表接续功能的"复"解读作表动作重复或延续功能的"复",自然会觉得无法说通。

转复

(54)**转复**前行,见诸乞儿,着弊坏衣,执持破器,卑言求哀:"勾我少许。"元魏慧觉等译《贤愚经》卷八;[36]155)

(55)于是别去,**转复**前行,遥见一城,纯青琉璃,其色清洁,复前往趣。(《贤愚经》卷八;[36]155)

有学者将"转复"解作"又,进而",并将"复"看作音节成分。按:"转复"解作"又,进而"无误,但将"复"看作音节成分则有问题,"又,进而"正是"复"接续功能的体现,"转复前行"犹继续前行,详参上文"适复""小复"条下分析。

八、表两个动作反复交替发生

(一)"复"可用于两个动作之间,表二者交替发生

此种用法是其表动作重复和连接相继发生动作的综合,与《八百词》(1999:634)"又"之第一义类 e)用法相当①。其例如:

> 浑浑沌沌,离则复合,合则复离,是谓天常。天地车轮,终则**复**始,极则复反,莫不咸当。(《吕氏春秋·仲夏纪》)
>
> 天覆万物,制寒暑,行日月,次星辰,天之常也,治之以理,终而**复**始。(《管子·形势》)
>
> 玄邈、乘民、僧皓等并进军攻城,每战辄为文秀所破,离而**复**合,如此者十余。(《宋书·沈文秀传》)
>
> 孙安国往殷中军许共论,往反精苦,客主无间。左右进食,冷而**复**暖者数四。(《世说新语·文学》第 31 条)

(二)诸家所举此类用例辨析

诸家所举用例中,有二例或属此类:

粗复

　(1)＊去到城外,而便还入宫中,呼须闍提太子,抱着膝上,目不暂舍,**粗复**惊起,而复还坐。(失译《大方便佛报恩经》卷一;[36]149)

有学者指"粗复"犹言"一下子",并将"复"定性为音节成分。我们认为这里的两个"复"或搭配使用,用表动作的反复,可比较以下用例:

---

① 可比较《八百词》(1999:634)所举用例:装了**又**拆,拆了**又**装,直到自己觉得十分满意才罢手。|他跑一阵**又**走一阵,走一阵**又**跑一阵,提前赶到了工地。

(2)王闻此语,譬如人噎,**亦**不得咽,**又**不得吐,语太子言:"国是汝有,库藏珍宝随意取用,何为方复自入大海?"(《大方便佛报恩经》卷四)

句中"亦不得咽,又不得吐"即此类用法的否定用法,上举用例中二"复"与"亦""又"相应。"复……复"搭配表动作交替我们暂时未找到其他用例,此暂存疑。

空复

(3) * 寂寞首阳山,白云**空复**多。(唐李颀《登首阳山谒夷齐庙》;[20]73;[21]107;[17]181;[12]30;[14]189)

有学者将句中"空复"看作附加式,或将"复"看作语助成分,似可商榷。"空复多"或当解作"空又多","复"用以连接两个交替发生的动作。诗歌中,"白云"可与"空"搭配,表白云消失,如:

(4)水□滴残青□瘦,石脂倾尽**白云空**。(唐徐仲雅《句》)

(5)古坛青草合,往事**白云空**。(唐张乔《题终南山白鹤观》)

(6)醉眠芳草合,吟起**白云空**。(唐陈光《题陶渊明醉石》)

(7)使君无一事,心共**白云空**。(北宋范仲淹《萧洒桐庐郡十绝》)

"多"与"空"意义相对,表白云的消失与增多,而"复"用以连接,表动作的循环。由于例(3)为诗歌,前后文语境不足,我们的解读只是推测。

九、表动作、状态、情况累积

(一)"复"可连接并列的动作、状态、情况,表累积

"复"表动作或状态的重复及先后相继,句中一般都有多项相并的动作或状态,当我们忽视动作或状态重复及发生先后,而关注这些构成项内容时,即形成"复"表累积的用法。这种用法一般并举几种情况:先举一项,在此基础上添加另外一项或多项,"复"用以连接,并举项之间一般构成并列关系,另有一

些意义上有递进,其用法与《八百词》(1999:634)"又"第 2 义类"表示几个动作、状态、情况累积在一起"相当。如:

> 吾故不平,**复**忧悴,力困不一一。(东晋王羲之《杂帖》)
> 晋法含弘,**复**蒙宠授,曾不思愆内讼,怨望滋甚。(《晋书·刘毅传》)
> 又此诸盲人,特蒙殊泽,肉眼既明,**复**获慧眼,世尊出世,正为此等。
(元魏慧觉等译《贤愚经》卷六)

第一例,"不平"与"忧悴"并举;第二例,"晋法含弘"与"蒙宠授"并举;第三例"肉眼明"与"获慧眼"并举,"复"均用以连接并举项。

(二)诸家所举此类用例辨析

诸家所举用例中,有较多此类用例:

并复

(1)是时,长生太子抱琴诣梵摩达王所,在象厩中,非人之时而独弹琴,**并复**清歌。(东晋瞿昙僧伽提婆译《增壹阿含经》卷三一;[36]149)

(2)时耆婆与阿难俱往王舍城,取三把优钵花,还诣其家,取一把花,以药熏之,**并复**咒说。(姚秦佛陀耶舍共竺佛念译《四分律》卷四〇;[36]149)

有学者将"并复"之"复"看作音节成分,可商。此二例"并复"均用以连接相并的两个动作:第(1)例为"弹琴"与"清歌",第(2)例为"药熏"和"咒说"。"并"有此功能,"复"亦有此功能,我们显然不能因为有"并"的存在就将"复"的功能清零。事实上,上举二例将"并"去掉而单用"复"连接,全无问题。"并""复"功能相当,当为同义复合,文献中亦有同义的倒序组合用例,如:

(3)时王即入,语夫人言:"今有道人,年少端正,从远方来,欲乞我身,持用作奴。今**复并**欲索卿作婢,当如之何?"(三国康僧会译《六度集经》卷二)

(4)魔即欢喜念言:"彼说非法之事,当有若干伴辈,当满我愿,**复并**使余人堕于二地罗汉、辟支佛是也。"(西晋无罗叉译《放光般若经》卷一四)

更复

(5)兄《丞相箴》小多,不如《女史》清约耳。恐兄无缘思于此,意犹云何?而兄乃有高伦,**更复**无意。云故日不作文,而常少张公文。(《与兄平原书》之二二;[7]299)

有学者以"更复"为附加式,我们不认同这种观点。此例"高伦""无意"为并举的两种情况,"更复"用表累积。"更""复"义近,在诸多义项上同义,二者组合,当看作同义复合,可比较下例:

(6)他日,犹异日也。空解日新,时**更复**见。(《庄子·大宗师》"他日,复见",成玄英疏)

此例成玄英以"更复"释"复","更复"同义复合十分明显。"更复"还有大量同义倒序词"复更",如:

(7)蔡女为桓公妻,桓公与之乘舟,夫人荡舟,桓公大惧,禁之不止,怒而出之。乃且复召之,因**复更**嫁之。桓公大怒,将伐蔡。(《韩非子·外储说左上》)

(8)时宫众多食少,转输不至,而降者皆欲散畔,郡邑**复更**保聚,观望成败。(《后汉书·臧宫传》)

(9)郡城先有六门,宁悉改作重楼,**复更**开二门,合前为八。(《晋书·范宁传》)

此三例"复更",第(7)例表动作的重复,(8)(9)例表并列成分的累积。

或复

(10)彼商人等皆与妇人共相娱乐,彼商人等因共妇人合会,生男**或复**生女。(东晋僧伽提婆译《中阿含经》卷三四;[36]150)

(11)时诸人众,无量无数,围绕王城,或举两手,**或复**合掌。(东晋佛驮跋陀罗译《大方广佛华严经》卷五四;[27]29)

有学者以"或者"释"或复",并将"复"看作音节成分,可商。"或复"常用于列举几种并列情况的句式中,"复"用于后一类情况,表累积,相当于"又",如:

(12)至承统之王,或是中才,**或复**凡人,居圣人之器,处兆庶之上,是以其教日颓,风俗渐弊。(《晋书·华谭传》)

(13)师事范阳刘弁,而粗疏无赖。或时负贩,**或复**劫盗,卖术于市。(《北史·刘灵助传》)

(14)云何为七?或有一人常卧水中;**或复**有人出水还没;**或复**有人出水而住;**或复**有人出水而住,住已而观;**或复**有人出水而住,住已而观,观已而渡……(东晋瞿昙僧伽提婆译《中阿含经》卷一)

(15)此善法堂诸天集处,东西南北,四面皆有诸小天王宫殿住处。其宫或广九百由旬,**或复**纵广八百由旬,**或复**七百、六百、五百、四百、三百、二百由旬,其最小者,犹尚纵广一百由旬。(隋阇那崛多等译《起世经》卷六)

这些用例均并举多种情况,其中第一种情况用"或"或不用,而"或复"则至少从第二种情况之后才可使用。例(10)(11)亦属此类:"生男""生女"与"举两手""合掌"分别为地位相当的两种情况,"复"用以连接。

"复"与"更"在诸多义项上同义,"或更"亦有此类用法,可佐证"复"之功能,可比较:

(16)或有女人,抱乐器眠;**或更**相枕,或独夫伏。(南朝宋释宝云译《佛本行经》卷二)

(17)我与汝,非为不与。但明日来,若与汝此衣,**或更**有好者相与。(姚秦佛陀耶舍共竺佛念等译《四分律》卷七)

此二例"或更"与"或复"用法相同。

(18)诸比丘!若复有时,诸外道等,或波利婆罗闍迦,**或更**余者,来诣汝所。(隋阇那崛多等译《起世经》卷八)

(19)诸比丘!若当有时,诸外道辈,**或复**波利婆罗闍迦,来向汝处。(隋达摩笈多译《起世因本经》卷八)

此二例为同经异译,例中"或更""或复"所接对象虽有不同,但"诸外道""波利婆罗闍迦""余者"是相并列的成分,故二者功能并无差异。

加复

(20)我当供养尽力于师。今我一身，**加复**贫穷，亦无有珍琦好物及华香持用供养于师。(东汉支娄迦谶译《道行般若经》卷九;[36]150)

(21)其王小子，语二兄曰:"今此虎者，酸苦极理，羸瘦垂死，**加复**初乳，我观其志，欲自啖子。"(元魏慧觉译《贤愚经》卷一;[36]150)

有学者以"加之"释"加复"，并以"复"为音节成分，可商。此二例"复"同样表累积:第(20)例，"今我一身"与"贫穷"并举;第(21)例，"羸瘦垂死"与"初乳"并举，"加"是累积义的直接体现，而"复"同样承担此功能，事实上去掉"加"，文句并无不顺。"加""复"功能相当，故倒序组合"复加"亦有同类用法，如:

(22)俗学鄙习，**复加**虚造，巧谈辩士，以意为疑，炫惑于时，难以厘改。(《北史·江式传》)

(23)悭贪之人与说施法，便生瞋恚，起伤害心，犹如痛疮未熟，**复加**刀割，痛不可忍。(东晋瞿昙僧伽提婆译《增壹阿含经》卷一一)

(24)汝本不净身，今**复加**臭秽。(北宋法贤译《大正句王经》卷下)

三例"复加"均用于连接并举成分。

皆复

(25)自华、夷争杀，戎、夏竞威，破国则积尸竟邑，屠将则覆军满野，海内遗生，盖不余半。重以急政严刑，天灾岁疫，贫者但供吏，死者弗望埋，鳏居有不愿娶，生子每不敢举。又戍淹徭久，妻老嗣绝，及淫奔所孕，**皆复**不收。(《宋书·周朗传》;[34]101)

有学者将"皆复"看作附加式，似有不当。此例列举了三种"杀人之日有数途，生人之岁无一理"的情况，"复"用于其中，引进并举成分，其功能与"又戍淹徭久"之"又"相当，"又""复"相互呼应。

若复

(26)我昔未成佛道时，尔时依彼大畏山而住。是时彼山，其有欲心、无欲心入中者衣毛皆竖。**若复**极盛热时，野马纵横，露其形体而坐，夜便入深林中。**若复**极寒之日，风雨交流，昼便入林中，夜便露坐。(东晋瞿昙

278

僧伽提婆译《增壹阿含经》卷二三；[36]152)

　　(27)若人为是经故，往诣僧坊，若坐、若立，须臾听受，缘是功德，转身所生，得好上妙象、马车乘、珍宝辇舆，及乘天宫。**若复**有人于讲法处坐，更有人来，劝令坐听。(姚秦鸠摩罗什译《妙法莲华经》卷六；[27]29)

　　(28)若有众生来从菩萨求索十种资生众具，……尔时菩萨为立要言："汝能供养父母，乃至受戒，我当施汝饮食，乃至同事。"复次菩萨，若有众生犯罪谋逆，作不饶益事，为他杀缚断截捶打，毁辱呵责驱出质债，为他所执，尔时菩萨为立要言……**复次若**有众生王贼水火人及非人不活恶名诸恐怖等，尔时菩萨为立要言……**复次若**有众生疾病困厄，尔时菩萨为立要言……**若复**众生无所须欲，亦无众难，乃至无病……(北凉昙无谶译《菩萨地持经》卷八；[36]152

　　此三例有学者将"若复"之"复"看作音节成分，可商。第(26)例，文中并举"是时""极盛热时""极寒之日"三种时间下所出现的情况，"若复"犹"或又"。第(27)例用法同，前文交代"若人为是经故，往诣僧坊"，故后文用"若复有人"，并举另一种情况，"若复"亦"或又"义。(28)例，"若有""复次""复次""复次""若复"乃分别列举几种情况，"复"用以连接，"若复"相当于"复次若"。

设复

　　(29)尔时，世尊告诸比丘："今日空中有随岚风，**设复**有飞鸟至彼者，若鸟、鹊、鸿、鹄值彼风者，头脑、羽翼各在一处。"(东晋瞿昙僧伽提婆译《增壹阿含经》卷一七；[36]152)

　　有学者将例中"设复"之"复"看作音节成分，可商。句中"有随岚风"与"有飞鸟至彼"乃并举的两种情况，"复"引入后一种，表累积。

时复

　　(30)按弦拭徽，雠方校石，**时复**陈局露初，莫爵星晚，骢然不觉是义、轩后也。(《宋书·周朗传》；[34]101)

　　有学者将句中"时复"看作附加式，不当。句中"陈局露初，莫爵星晚"与

“按弦拭徽，雠方校石”并举，“时复”犹“时常还”。

傥复

(31)我既年老，又盲无见，虽欲自去，私情甚难。王爱太子，隆倍异常，须臾离目，有怀悒迟。今闻与我共入大海，**傥复**见拒，咎我不少。（元魏慧觉译《贤愚经》卷九；[36]153）

有学者以“或者”释“傥复”，并将“复”看作音节成分，可商。句中“傥”表假设，“复”表累积，“我既年老，又盲无见”“王爱太子，隆倍异常”与“见拒”并举，共同成为“咎我不少”之因。“傥复见拒”义为“如果再拒绝的话”。句中“傥”的使用并未改变“复”的功能。

悉复

(32)无量清净佛国其诸菩萨、阿罗汉，悉皆洞视彻听；**悉复**见知八方、上下、去来、现在之事；复知诸无央数天上、天下人民及蜎飞蠕动之类；皆悉知心意、所念善恶、口所欲言；皆知当何岁何劫中得度脱得人道、当往生无量清净佛国；知当作菩萨道、得阿罗汉道，皆豫知之。（东汉支娄迦谶译《无量清净平等觉经》卷二；[36]153）

有学者将“悉复”之“复”看作音节成分，可商。此句“悉皆洞视”与“悉复见知”“复知”“皆悉知”“皆知”“知”所引内容为并存的多种情况，“复”用表累积。“悉复”之“复”与下“复知”之“复”的功能完全一样。

已复

(33)玉箸落春镜，坐愁湖阳水。闻与阴丽华，风烟接邻里。青春**已复**过，白日忽相催。但恐荷花晚，令人意已摧。（唐李白《寄远》第4首；[20]74；[21]107；[17]180）

有学者将例中“已复”之“复”看作语助成分或词缀，我们以为可以重新解读：“玉箸落春镜，坐愁湖阳水”描述愁绪，而“青春已复过，白日忽相催”是愁绪产生的另外一个因素，“复”用于此连接相并的情况。这一点在《寄远》第5首中亦可得到佐证：

（34）远忆巫山阳，花明绿江暖。踌躇未得往，泪向南云满。春风**复**无情，吹我梦魂断。

这首诗与前诗结构大致相同："踌躇未得往，泪向南云满"写愁绪，而"春风复无情"则为愁绪产生的另一因素，其用法正与"青春已复过"相当。

（35）太宗谓兴宗曰："诸处未定，殷琰**已复**同逆。顷日人情云何？事当济不？"（《宋书·蔡廓传》；[34]101）

此例用法同，殷琰"同逆"与"诸处未定"并举，"已复"乃同义复合，义同"又"，用以连接相关成分。

又复

（36）既至家人尽，**又复**无中外。（东汉蔡琰《悲愤诗》；[7]300）

有学者将"又复"看作附加式，当误。句中"无中外"与"家人尽"并举，"又复"用以连接，"又""复"义同，乃同义复合，同类用法的倒序词"复又"有用例，可以佐证：

（37）此群下所宜以实裁量，而遂扇动，东安封王，孟、李郡公，余侯、伯、子、男，既妄有加，**复又**三等超迁。（《晋书·傅咸传》）

（38）建封在彭城十年，军州称理。**复又**礼贤下士，无贤不肖，游其门者，皆礼遇之，天下名士向风延颈，其往如归。（《旧唐书·张建封传》）

空复

（39）＊逆行少吉日，时节**空复**度。（唐杜甫《咏怀》；[20]73）

有学者举此例，认为"复"只起语助作用。按：此例为诗歌，由于前后文语境及诗歌韵律等方面的要求，解读起来比较困难。我们不能排除"空复度"解作"复空度"的可能，如此"少吉日"与空度时节并举，"复"用以连接。

另外我们查阅了文献中"空复"用例，发现散文中用例很少，"复"之功能较显明，如：

（40）范蠡数吴王曰："王有过者五，宁知之乎？杀忠臣伍子胥、公孙圣。胥为人先知、忠信,中断之入江;圣正言直谏,身死无功。此非大过者二乎?夫齐无罪,**空复**伐之,使鬼神不血食,社稷废芜,父子离散,兄弟异居。此非大过者三乎?"(《越绝书》卷一〇)

(41)贼来攻城,则不能下,所过无食,势不得群聚。如此,招之必降,击之则灭。今**空复**多出将率,郡县苦之,反甚于贼。(《汉书·王莽传下》)

(42)吾受天言,以试真人,自是之后,得凡文书,皆立试之,不得**空复**设伪言也。(《太平经》卷六七)

第一例"复"表接续,"空复"犹"又平白无故地";第二例,"复"承前文"遣将率",表动作行为的重复;第三例,"复"亦表动作行为的重复,因为是未发生之事,故用"再"对译。

诗词中"空复"用例极多,很多用例"复"初看无义,但细细品读,或当另解,如:

(43)芳襟染泪迹,婵媛**空复**情。(南朝齐谢朓《同谢咨议咏铜雀台》)

这首诗描写曹操死后,妾伎们泪染衣襟,空余感伤之情,但死人已不知道。"空复情"之"复"似无义可释,但从文献用例看,"空情"亦未见搭配使用,"复情"或当表含情之延续。再看下面这个用例:

(44)白水青山**空复**春,征君晚节傍风尘。(唐杜甫《寄常征君》)

此例"空复春","复"似乎亦无义可释,然以下用例可让我们重新解读:

(45)畴日成蹊处,秾华**不复**春。(唐李乂《淮阳公主挽歌》)

(46)楚岸行将老,巫山坐**复**春。(唐杜甫《太岁日》)

(47)又渡湘江去,湘江水**复**春。(唐于武陵《南游有感》)

三例中的"复春"均表春天再次来临,而"空复春"如此解读亦完全可以。

真复

(48)×春秫作美酒,酒熟吾自斟。弱子戏我侧,学语未成音。此事**真复**乐,聊用忘华簪。(东晋陶渊明《和郭主簿二首》之一;[1]48)

有学者举此例,认为诗中"真复"为附加式。此例作为诗歌,前后文语境不足,"真"为何义难以确定,有学者注此诗①,将"真"解作"淳真、天真","此事真复乐,聊用忘华簪"译作"生活淳真又欢乐,功名富贵似浮云"。如此,"复"引进并列成分,表累积。

这些用例说明,由于诗歌文句的简略性,解读时需要特别慎重,除非不得已,尽量不要使用语义不够明确的诗歌定性语言成分的性质。

十、表选择

(一)"复"可用于平列选择句,连接备选项

这种用法当来自"复"连接并列成分的累积用法,如:

于戏!得非不触其心,**复**在人间乎?触其心便可上宾乎?**复**欲于黄氏子显其蜕化乎?(《太平广记》卷八五)

闲看月走仍云走,知是云忙**复**月忙?(南宋杨万里《霜夜望月》)

(二)诸家所举此类用例辨析

诸家所举词缀用例中,有少量此类用例:

为复

(1)郗重熙与谢公书,道:"王敬仁闻一年少怀问鼎。不知桓公德衰,**为复**后生可畏?"(《世说新语·排调》第39条;[29]7)

(2)譬如皇太子受王位时,为太子一身受于王位,**为复**国界一一受也?(《祖堂集》卷三;[33]79)

---

① 见"古诗文网",网址为 https://so.gushiwen.cn/search.aspx? value＝％E6％AD％A4％E4％BA％8B％E7％9C％9F％E5％A4％8D％E4％B9％90&·valuej＝％E6％AD％A4

此二例"为复"犹"还是",很明显表选择。有学者以"复"为词缀,然而"复"单用即可表选择,且"复"与"还"正相对应,如此处理显然不当。

"为复"表选择,常用于后一选择项,此再举两列:

(3)蔡退谢毕,前曰:"臣所衣绯衣,是刺史借服,不审陛下便赐紫,**为复**别有进止?"(唐裴庭裕《东观奏记》卷中)

(4)言居士居士,何故有疾?为移是四大违和,**为复**是教化疲倦?(《敦煌变文集·维摩诘经讲经文》)

"为复"也可用于选择前项,如:

(5)光严合掌,又白维摩:"近别道场,我以知委。**为复**山岩寺宇,**为复**城廓伽蓝。"(《敦煌变文集·维摩诘经讲经文》)

(6)**为复**诸天相恼乱?**为复**宫中有不安?(《敦煌变文集·破魔变文》)

这种用法当是第一种用法的延伸,仅见敦煌变文,其他文献似未见使用。

还复

(7)不知魏公是有此梦,**还复**一时用兵托为此说?(《朱子语类》卷三;[32]343)

此例"还复"亦表选择,"还复"当为同义复合。从文献用例看,单用"还"表选择远没有"复"常见,将"复"看作"还"的后缀显然不合适。

十一、表意义更进一层

(一)"复"可用于句中,表意义的推进

动作、状态、情况的重复以及并举项累积,常导致意义上更进一层,我们看下面二例:

扬州根本所系,不可假人。前者以授王谧,事出权道,岂是始终大计必宜若此而已哉!今若**复**以他授,便应受制于人。(《宋书·刘穆之传》)

从"授"来说是动作的重复,但由于所受者不同,从事理上来说,也存在意义上的推进,授了一人,又授另一人。

质欲仍攻东城,义宣党颜乐之说义宣曰:"质若**复**拔东城,则大功尽归之矣。"(《宋书·臧质传》)

从"拔"的动作来说是重复,但从结果来说,"东城"叠加于"西垒"之上,意思上显然存在推进。

"复"表意义更进一层的用例如:

侍中驸马都尉董贤,本无葭莩之亲,但以令色谀言自进,赏赐亡度,竭尽府藏,并合三第,尚以为小,**复**坏暴室。(《汉书·鲍宣传》)

"并合三第"为原点,"坏暴室"以增益之,显然更进一层,"复"可译作"又"。

"复"用表语义递进,句中常存在两种情况,可直接说出,亦或隐含存在,"复"所引进的情况相对另一种情况,存在意义上的推进,这种推进可向前,亦可向后。

遵曰:"我尚如是,汝等立鉴,**复**能几时!"(《晋书·石遵传》)

教曰:"鼠被害,尚不能忘怀,今**复**以鼠损人,无乃不可乎?"(《世说新语·德行》第 37 条)

第一例,石遵认为石鉴不如自己,故认为石鉴如果被立为帝更维持不了多久,"复能几时"即通过反问的句式,表达意义上的反向递进;第二例,"鼠被害不能忘怀"为原点,"以鼠损人"显然比"鼠被害"更进一层,"复"用以引进递进项。

(二)诸家所举此类用例辨析

诸家所举词缀用例中,有属于此类者,大致可分三类:

1.用于表递进关系的复句中①

况复

（1）桓公曰："同盘尚不相助，**况复**危难乎？"敕令免官。（《世说新语·黜免》第 4 条；[1]48；[2]214；[10]462；[17]181；[29]7）

有关此例，曾有过热烈讨论：刘瑞明将"况复"定性为附加式，姚振武（1993：146）提出商榷：

例 32（即上例）是说同盘的情况尚不相助，何况今后危难的时刻。"复"亦有累积之意。

蒋宗许（1994：462—463）反驳说：

例（32）本是桓温见下属互不关照，于是推断下属不能同舟共济、协调一心，因而把在座的属下都免了职。"况复"犹何况，是对情事的推测，当然也包括了过去，岂能只是"今后"？若依姚论，下列"况复"又当作何解？（例略）不难看出，以上的"况复"即何况，和"今后"沾不上边儿。

姚振武（1997：59）回应说：

关于拙作例（32），我们说其"复"有累积之意，仅仅是指在这一例里"复"表眼前之事，与今后之事（推测）相累积，并不意味着所有的"况复"之"复"均与"今后""沾边"。

我们认为："复"用于句中，用表意义上更进一层，"复"所引进成分"危难"相对"同盘"明显存在递进关系。"况复"犹"更何况"，《世说新语笺注》（2019：983）注 3 释"况复"为"何况"，译文作"何况在危难之际呢"。其实此句译作"更何况还在危难之际呢"。更能体现句义，而"更"及"还"正是"复"义之体现。使用"复"一方面表意义上更进一层，另一方面可以加强语气。"复"的功能可以通过以下四方面感知：

---

① 表递进有不同种类，此部分主要依类别论述，故未按音序排列。

1)与"复"同义的"更"可与"况"组合,用法相同,如:

(2)生所习见,老如忘之;**况更**异世,阴胎系蔽。(东晋竺昙无兰译《佛说见正经》)

(3)现在苦身尚应厌舍,**况更**求受当来苦身!(唐玄奘译《大般若波罗蜜多经》卷三二六)

(4)益部去帝乡四千里,平昔英俊,怠于进趋,**况更**贼乱之余,例乏资生之计,乡老之荐,声响久绝。(南宋江少虞辑《宋朝事实类苑》卷五七)

2)"况复"组合中,"况"与"何况"相当,"何况复"亦可组合使用,如:

(5)十字之文,颠倒相配;字不过十,巧历已不能尽;**何况复**过于此者乎!(南朝宋沈约《答陆厥书》)

(6)假有项籍之气,袁绍之基,而皆泯智任情,终以破灭,**何况复**出其下哉!(《旧唐书·魏元忠传》)

(7)尔时,世尊复告阿难:"若有众生于诸佛所一发信心,如是善根终不败亡,**何况复**作诸余善根?"(高齐那连提耶舍译《大悲经》卷三)

(8)彼人获得如是果报,所有一切诸不善相,虚受应供诸饮食等,作不善业当堕地狱。不能持彼清净戒行,**何况复**得阿罗汉果?(北宋法护译《佛说大乘菩萨藏正法经》卷二二)

3)"何况更"亦可组合使用,如:

(9)摩那婆,如是众生计不合受七日臭秽投弃恶食,**何况更**受净妙食也。(隋阇那崛多译《大法炬陀罗尼经》卷一九)

(10)四海尽为兄弟,**何况更**同臭味。(《敦煌变文集·燕子赋》)

4)"复"可单独与"尚"搭配使用,用法相同。如本类(一)所举《晋书·石遵传》及《世说新语·德行》第37条例。

无论是意义,还是同义的"况更",以及扩展的"何况复""何况更"的用例,都表明"况复"之"复"并非词缀。

诸家所举"况复"用例还有很多,如:

(11)闻乖事难怀,**况复**临别离。(《宋诗》卷一一《清商曲辞·读曲

歌》;[31]182)

(12)千里不相闻,寸心郁纷蕴。**况复**飞萤夜,木叶乱纷纷。(南朝齐王融《古意》;[31]182)

(13)夫拥数千乌合,抗天下之兵,倾覆之状,岂不易晓。假令六蔽之人,犹当不为其事,**况复**足下少祖名教,疾没世无称者邪!(《宋书·殷琰传》;[34]102;[29]7)

(14)数少则币重,数多则物重,多少虽异,济用不殊。**况复**以一当两,徒崇虚价者邪。(《宋书·何尚之传》;[34]102)

(15)延贤人者,固非一日,**况复**加此焉。(《宋书·周朗传》;[34]102)

(16)使君且不顾,**况复**论秋胡。(唐李白《陌上桑》;[21]107;[14]189)

(17)假使身肉布地,尚不辞劳,**况复**小小轻财,敢向佛边吝惜!(《敦煌变文集·降魔变文》;[10]463)

(18)帝王尚自降他,**况复**凡流下庶。(《敦煌变文集·降魔变文》;[10]463)

(19)(外)凡事由来系凤因,(老)**况复**婚姻百世亲。(明孟称舜《娇红记》第二四出;[14]189)

(20)彼自念言:"老宿诸医治亦不差,**况复**年少?"(东汉安世高译《佛说㮈女祇域因缘经》;[36]150;[10]463)

(21)我欲出至园观之时,三十名骑,简选上乘,卤簿前后,侍从导引,**况复**其余?(东晋瞿昙僧伽提婆译《中阿含经》卷二九;[36]150;[10]463)

(22)少物尚施,**况复**多物。(北凉昙无谶译《菩萨地持经》卷四;[36]151)

这些用例中的"况复"用法均同:第(11)例,"闻乖"与"临别离"并举,后者显然更进一层。第(12)例,以"飞萤夜,木叶乱纷纷"与文中未明说的通常之时并举,因与心中所念之人"千里不相闻",故通常即"寸心郁纷蕴",而这种心情在"飞萤夜,木叶乱纷纷"之时显然更加厉害。第(13)例,"六蔽之人"与"少祖名教疾没世无称"的"足下"并举,后者显然更进一层,前者尚且不会做"拥数千乌合,抗天下之兵"的傻事,更何况后者。第(14)例,"以一当两"显然比"以一当一"更进一层。第(15)例,"延贤人"与"取士招兵等超过延贤人之事"(即文中"加此")并举。第(16)例,就"不顾"的对象来说,"秋胡"显然比"使君"更进一层。第(17)例,"小小轻财"相对"身肉布地"反向递进。第(18)例,"凡流下庶"相对"帝王"反向递进。第(19)例,"婚姻"相对"凡事"更进一层。(20)例,"老宿"与"年少"并举,老宿者尚且不差,更不用说年少者了。(21)例,"其余"相对"三十名骑"反向递进。(22)例,"多物"相对"少物"更进一层。

诸家所举"况复"用例中,有两例比较特殊:

(23)＊君不闻汉家山东二百州,千村万落生荆杞。纵有健妇把锄犁,禾生陇亩无东西。**况复**秦兵耐苦战,被驱不异犬与鸡。(唐杜甫《兵车行》;[24]45;[35]95)

此例"况复"出自诗歌,表义不甚明显。细品文义,"况复"或表两种情况并举:一为千村万落一片荒凉,一为苦战之秦兵像鸡犬一样被驱逐。如此,"复"仍表更进一层。

(24)＊昨夜梦还家,见妇机中织。驻梭如有思,擎梭似无力。呼之回面视,**况复**不相识。应是别多年,鬓毛非旧色。(《寒山诗》134 首;[1]48)

项楚《寒山诗注》(2000:345)以"况且"释"况复",当有误。此诗前后文句不存在递进关系,"况且"于句中难以说通。刘瑞明(1987:48)认为"况"通"恍",为恍忽义,同时认为"复"为词缀。按:以"况"为"恍"或可信从,《寒山诗阐提记闻》即作"怳",但以"复"为词缀则可商,文献中未见其他"恍复"用例表恍然义者,而且"复"与形容词组合成词亦十分少见。此例"复"当用于转折句中表意义更进一层:作为己妇,"回面视"本应熟识,可是却又不相识,"复"可用"又"对译,详参下文"2.用于表让步关系的假设复句中"。

当复

(25)佛复语舍利弗:"阿閦如来成无上正真道最正觉,往诣佛树时,诸憋魔不能发念,何况**当复**能往烧萨芸若慧? 舍利弗! 是为阿閦如来昔行菩萨道时所愿而有持。"(东汉支娄迦谶译《阿閦佛国经》卷上;[36]149)

有学者以"能,将"释"当复",并将"复"定性为音节成分,可商。"况复"乃"况"与"复"的松散组合,"复"表更进一层(见"况复"条),而此例"当复"前有"何况","何况当复"与"况复"并无本质区别,只是在"复"前添加了一个"当"而已:文句中诸憨魔"发念"与"往娆萨芸若慧"为并举二事,而后者显然更进一层。可比较以下诸例:

(26)冬时身则温,夏时身则凉,身体诸毛孔皆栴檀香,口出莲华香,转轮王甚爱重,意不起婬欲向他人,**何况当复**身行?(西晋法立共法炬译《大楼炭经》卷二)

(27)诸魔报曰:"吾等于今,忽然不复见己身宅,**何况当复**见魔宫殿自然常住?"(西晋竺法护译《佛说如幻三昧经》卷上)

例(26),"起淫欲向他人"与"身行"并举,"身行"相对"起淫欲"更进一层;例(27),"见己身宅"与"见魔宫殿自然常住"并举,后者相对前者更进一层。

非复

(28)济又使骑难乘马,叔姿形既妙,回策如萦,名骑无以过之。济益叹其难测,**非复**一事。(《世说新语·赏誉》第17条;[1]47;[2]214)

(29)谢虎子尝上屋熏鼠。胡儿既无由知父为此事,闻人道"痴人有作此者",戏笑之。时道此,**非复**一过。(《世说新语·纰漏》第5条;[2]214;[29]6)

有学者举此二例,以"非复"为附加式,或可商榷。此二例"非复"乃"不只、不仅"义,用于句中表递进。(28)例,《世说新语笺注》(2019:480)译作"王济更加赞叹叔叔难以估测,他的长处绝不止一种",(29)例(2019:1044)译作"时常说起这种事,不止一次"。比较两处译文,可以发现,前例使用了一个"绝"字,文句顺畅(将译文中的"绝"换成"还"可起到相近的表达效果),后例单用"不止一次",明显影响语气的表达,而加一个"还"字,则可提升表达效果。"非复"可对译成"还不止","还"当是"复"之功能的体现(现代汉语仍常用"还不止一……"这样的句式)。

另,"非"通常用于简单的否定,相当于"不是",而上举"非复"均表"不只、不仅",何以如此,我们以为当是"复"表意义更进一层的功能在起作用。

2.用于表让步关系的假设复句中

纵复①

（30）渊源思致渊富，既未易为敌，上人未必能通；**纵复**服从，亦名不益高。若佻脱不合，便丧十年所保。（《世说新语·文学》第43条"殷中军读中品句"，刘孝标注引晋裴启《语林》；[1]48）

（31）夫行陈之义，取于陈列耳，此六书为假借也，《苍》《雅》及近世字书，皆无别字；唯王羲之《小学章》，独阜傍作车。**纵复**俗行，不宜追攻《六韬》《论语》《左传》也。（《颜氏家训·书证》；[1]48；[19]69；[17]181；[32]346）

（32）若夫奏音之与寝声，非有损益于机务，**纵复**回疑于两端，固宜缘恩而从戚矣。（《宋书·礼志三》；[34]102）

（33）今熔铸有顿得一二亿理，**纵复**得此，必待弥年。（《宋书·颜竣传》；[34]102）

（34）如罗汉、辟支佛住于实际，**纵复**恒沙诸佛为其说法，亦不能更有增进，又不复生三界。（姚秦鸠摩罗什译《大智度论》卷三二；[36]155）

以上诸例中，"纵复"组合较紧密，纵然、即使义，很多学者将其看作附加式合成词，我们以为可商，以下试加分析：

"纵复"所用句通常兼有假设、递进、转折关系：一般存在某种真实情况，而"纵复"所引入的另一种假设情况比真实情况更进一步，同时这种情况的出现，不会改变原有的结果，因而语义上又存在转折。"复"用于其中主要表达意义上的递进，如：

（35）今曜等入，但欲与论讲书耳，不为从曜等始更受学也。**纵复**如此，亦何所损？（《三国志·吴书·孙休传》）

（36）蔡邕虽为卓所亲任，情必不党。宁不知卓之奸凶，为天下所毒，闻其死亡，理无叹惜。**纵复**令然，不应反言于王允之坐。（《三国志·魏书·董卓传》"长安士庶咸相庆贺，诸阿附卓者皆下狱死"裴松之注）

---

① "纵复""虽复"文献用例很多，为了论证方便，此未按音序排列。

（37）铜价至贱，五十有余，其中人功、食料、锡炭、铅砂，**纵复**私营，不能自润。（《北史·高道穆传》）

例（35），曜"欲与论讲书，不为从曜等始更受学"为真实情况，而"从曜等始更受学"为假设情况，相对"不为从曜等始更受学"，显然更进一层，"复"用于此，正用以表意义更进一层。或者说，"复"之所以能用于此，正是因为"纵复"所引入成分相对前者更进一层。例（36），蔡邕不党、闻卓死无叹惜为符合情理之真实情况，"纵复令然"则假设其与卓结党且闻卓死而叹息，显然这种情况相对前者更进一层；例（37）谈论私铸铜钱之事，钱由公铸，禁止私营乃为真实情况，"纵复私营"乃假设私营这种情况存在，相对"公铸"更进一层。

"更"与"复"同义，"纵复"组合中"复"的功能还可通过相同用法的"纵更"组合感知，我们看以下用例：

（38）"造未成者"，谓从上"禁兵器"以下未成者。各减私造罪二等，谓甲三领、弩五张以上，**纵更**多有，各止处徒三年。（唐长孙无忌等《唐律疏议》卷一六）

（39）今**纵更**搜检，而委之州县，则还袭旧踪，卒于无益。（北宋王溥《唐会要》卷八五）

（40）我若当时于彼佛所而不追悔、愿求当来等正觉者，**纵更**经三无数大劫修诸善品，犹未成佛。（唐义净《根本说一切有部毗奈耶药事》卷一八）

（41）盗要举离。如于床上，手执其物，虽与境合，未名为盗，要须举离。才离于床，**纵更**不取，亦已成盗。（唐沙门澄观述《大方广佛华严经随疏演义钞》卷五九）

例（38），"甲三领、弩五张以上"为标准数字，"多有"为假设情况，相对前者更进一层，而判处结果并未有多大变化。他例类同，此不再分析。两相对照，可以发现"纵更"的用法与"纵复"全无区别。

张相《诗词曲语辞汇释》（1997：39—40）还揭示了"更"用表"虽""纵"的功能，我们看其所举用例：

（42）**更**贫家业犹供酒，未死年光尽属身。（南宋陆游《闲趣》）

（43）**纵**老岂容妨痛饮，**更**慵亦未废新诗。（陆游《生涯》）

（44）**直饶更**、疏疏淡淡，终有一般情别。（北宋晁补之《盐角儿·咏梅》）

仔细体会，这些"更"均表在之前基础上更进一层，它的前面可以另加表让步的连词，如第三例的"直饶"。而这种用法与"复"用于让步句正合。

回头再看诸家所举定性为附加式的"纵复"例：例（30），王右军认为殷渊源能力极强，其所不知，支道林亦未必能通，故"上人未必能通"乃属正常情况，而"服从"指说服殷渊源，为假设，显然比正常情况更进一步。例（31），"阵"为"陈"之俗字，但一般文献皆作正字，仅王羲之独用"阵"，也就是说"陈"之俗字不行为正常情况，而"纵复俗行"所假设的俗体通行显然更进一层。例（32），奏音、寝声与机务来说无关紧要，本为无须质疑之事，"纵复回疑于两端"乃假设对此存在质疑，犹豫不定。例（33），"熔铸有顿得一二亿"乃属理论，一般难以实现，"纵复得此"乃假设这种情况能够实现。例（34），"恒沙诸佛为其说法"一般难以实现，而"纵复恒沙诸佛为其说法"则假设这种难以实现的情况能够实现。很明显，这些用例均存在明确的递进关系，这正是"复"之功能的体现。

虽复

（45）周颤，王敦素惮之，见辄面热，**虽复**腊月，亦扇面不休，其惮如此。（《世说新语·品藻》第12条刘注引沈约《晋书》；[1]48；[2]214）

此例"虽复"乃纵然、即使义，有学者将"复"看作词缀，可商，以下试作分析："虽复"的此种用法与"纵复"同，用于假设句中，同时兼有递进、转折关系，"虽复"所连接成分相对某一正常情况更进一层，如：

（46）人臣放逐受诛，**虽复**追加赏赐赙祭，不足以偿不訾之身。（《后汉书·冯勤传》）

（47）案法当贵而今更贱者，由赋发繁数，以解县官，寒不敢衣，饥不敢食。民有斯厄，而莫之恤。宫女无用，填积后庭，天下**虽复**尽力耕桑，犹不能供。（《后汉书·吕强传》）

例（46），放逐受诛之人臣，正常情况下连普通人的待遇都不会有，而所假设的"追加赏赐赙祭"相对而言显然更进一层。例（47），通常情况下，天下尽力耕桑很难做到,而"天下虽复尽力耕桑"则假设这一很难做到的事能够实现,递进之义十分明显。二例中"复"均用以表更进一层。

与"复"同义的"更"亦可与"虽"搭配表相同用法,如:

(48)应输纳而稽留者,一日笞五十,二日加一等,十日徒一年。**虽更**违日,罪亦不加。(唐长孙无忌等《唐律疏议》卷一〇)

(49)功德果报甚深,无有如我知恩分者;我**虽复**尽其边底,我本以欲心无厌足故得佛,是故今犹不息;**虽更**无功德可得,我欲心亦不休!(姚秦鸠摩罗什译《大智度论》卷二六)

(50)当其所爱,辄言最胜,欢喜乐着,**虽更**有胜过其上者,非其所欲,不触不视,唯我爱者最胜最妙,无比无上。(南朝宋求那跋陀罗译《杂阿含经》卷四二)

(51)问曰:"假使一人具五逆罪,而不诽谤正法,经许得生。复有一人但诽谤正法,而无五逆诸罪,愿往生者,得生以不?"答曰:"但令诽谤正法,**虽更**无余罪,必不得生。"(北魏昙鸾注《无量寿经优婆提舍愿生偈注》卷上)

(52)随顺得入十二因缘,次第知已,彼人**虽更**识余法句,皆因初二。(隋阇那崛多等译《大法炬陀罗尼经》卷二)

例(48),"应输纳而稽留者""十日徒一年"为上限,而"违日"为假设情况,指稽留时日超过十日,这相对"十日"显然更进一层。"虽更"的用法与"虽复"完全相同。例(49)前用"虽复",后用"虽更","虽更"另有异文作"虽复",更可佐证二者相同。其他三例用法均同"虽复",此不赘述。

回头再看(45)例:王敦素惮周顗,见到他即面热,而"腊月"是一年中最冷最不易面热的月份,相对其他时间显然更进一层。

诸家所举"虽复"用例属此类者还有很多,如:

(53)若人从我,欲有所求,先自思省。若有所损废,多于今日,所济之义少,则当权其轻重而拒之。**虽复**守辱不已,犹当绝之。(三国魏嵇康《家诫》;[1]48)

(54)去此千里,**虽复**颠倒,那得及汝?(《搜神后记》卷三;[19]69)

(55)王丞相见卫洗马曰:"居然有羸形,**虽复**终日调畅,若不堪罗绮。"

（《世说新语·容止》第 16 条；[2]214）

（56）日碑胡人，身为牧围，便超入内侍，齿列名贤。圣朝**虽复**拔才，臣恐未必能也。（《宋书·杜骥传》；[34]102）

（57）昔者轩皇受姓，十有四人，周室先封，十有五国。自尔承基篡冑，保姓受氏，**虽复**千年一圣，终是百世同宗。（北周庾信《周上柱国齐王宪神道碑》；[1]48；[2]214）

（58）**虽复**沉埋无所用，犹能夜夜气冲天。（唐郭震《宝剑篇》；[20]74；[21]107；[14]189）

（59）性不容非，朋俦有短，常面折之。友人李伯药常称曰："刘四**虽复**骂人，人都不恨。"（《旧唐书·刘祎之传》；[1]48）

（60）佛告长者："宿命善行，乃得见佛，**虽复**尊豪，然不信道者，譬如狂华，落不成实。"（东汉竺大力共康孟详译《修行本起经》卷下；[32]345）

（61）是时父王，每诣佛所，见迦叶等千人形体至陋，每心不平："此等比丘，**虽复**心精，无表容貌，当劝宗室乐无为者，令作沙门，择取端政。"（东汉昙果共康孟详译《中本起经》卷上；[36]152）

以上诸例，"虽复"所连接成分均有明显递进关系：例（53），别人有所求而不助，一般情况下会让对方不快，但不至于受其侮辱，而"虽复守辱不已"则假设会承受对方的侮辱，显然更进一层；例（54），"颠倒"乃典故词，出自"颠倒衣裳"，用以形容出行匆遽，它相对正常旅行显然更进一层；例（55），一般情况下，人不可能终日调畅，而文中所假设的情况显然更进一层；例（56），南朝宋时对行为有缺的人才采取打压政策，"圣朝虽复拔才"则假设采取超拔人才的政策；例（57），"千年一圣"相对普通人显然更进一层；例（58），宝剑通常情况下在人间正常使用，而"虽复沉埋无所用"则假定其沉埋于地无法使用；例（59），刘祎之"性不容非"，直言他人之短乃属正常，而"骂人"则相对更进一层；例（60），不信道者有各色人等，而尊豪显然是其中特殊一类，故相对而言，意义更进一层；例（61），此等比丘乃属常人，故心亦属常态，而"虽复心精"乃假设他们"心精"，语义上的递进显而易见。

诸家所举"虽复"用例中，还有一些不表假设，而表转折，如：

（62）兄前表甚有深情远旨，可耽味，高文也。兄文**虽复**自相为作多

少,然无不为高,体中不快,不足复以自劳役耳。(《与兄平原书》之三五;[7]299)

(63)夏侯玄既被桎梏,时钟毓为廷尉,钟会先不与玄相知,因便狎之。玄曰:"**虽复**刑余之人,未敢闻命!"(《世说新语·方正》第 6 条;[1]48;[2]214;[17]181;[12]30;[29]7)

(64)若刘公自率众至豫章,遣锐师过岭,**虽复**将军神武,恐必不能当也。(《宋书·武帝本纪》;[34]102)

(65)帝闻而恶之,复改年曰兴宁。民复歌曰:"**虽复**改兴宁,亦复无聊生。"(《宋书·五行志二》;[34]102)

(66)所以尔者,假令正月建寅,斗柄夕则指寅,晓则指午矣;自寅至午,凡历五辰。冬夏之月,**虽复**长短参差,然辰间辽阔,盈不至六,缩不至四,进退常在五者之间。(《颜氏家训·书证》;[1]48;[29]7)

(67)既而引囚至岐州刺史郑善果,上謂胡演曰:"善果**虽复**有罪,官品不卑,岂可使与诸囚为伍。"(《资治通鉴·贞观二年》;[1]48)

(68)满财语邠池言:"卿家所事别自供养,我家所事别自供养,**虽复**所事不同,何妨人自私好?"(三国吴支谦译《须摩提女经》;[36]152)

(69)我等今者,亦复如是。**虽复**豪尊,处在深宫,五欲自恣,壮年美色不可久保。(失译《大方便佛报恩经》卷三;[36]152)

此类用法的"虽复"当由表纵然、即使义的"虽复"引申而来,二者关系密切:意义上二者均存在递进、转折关系,只是一为假设,一为事实,"复"的功能并未改变:例(62),作文一般不会"自相为作多少",而其兄却如此做了,此乃意义上更进一层。例(63),"刑余之人"相对正常人更进一层。例(64),"神武"乃属人中之出类拔萃者,相对常人显然更进一步,另此例并未明说"将军神武"是现实还是假设,只是我们根据语境认为表现实更加合理。这体现出表假设与转折并无实质性区别。例(65),改年号"兴宁"为事实,相对不改年号或改作无特殊意义的年号更进一层。例(66),春秋之时日夜长短相差较小,而冬夏之时日夜长短则相差较大,故比较而言更进一层。例(67),善果有罪相对其无罪更进一层。此例表假设还是现实同样不确定,因为善果虽为囚,但并未定罪。例(68),所事相同不会妨人私好,而"所事不同"相对显然更进一层。例(69),"豪尊"相对普通人更进一层。

设复

（70）"何安坐林如大语，委国财位守空闲，不见我兴四部兵，象马步兵十八亿？""已见猴猿师子面，虎兕毒虵豕鬼形，皆持刀剑攫戈锋，超跃哮吼满空中。**设复**亿姟神武备，为魔如汝来会此，矢刃火攻如风雨，不先得佛终不起。"（东汉竺大力共康孟详译《修行本起经》卷下；[32]344）

有学者将"设复"看作附加式，可商。此例乃魔欲坏太子成道之偈，魔先派三女，结果被太子变成老母，于是"更召鬼神王，合得十八亿"。文句前为魔语，威胁太子：难道没见我派了十八亿象马步兵；后为菩萨答魔之言：我已经见到了这十八亿鬼神王兵，即便在此基础上再派"亿姟神武"，也会"不先得佛终不起"，"设"表让步性假设，犹即使，"复"表在之前十八亿鬼神王兵基础上，更进一层。"设复"与"虽复""纵复"用法同。

正复

（71）卿在左右久，偏解我意，**正复**违诏济事，亦无嫌也。（《宋书·沈庆之传》；[34]102）

有学者将句中"正复"看作附加式，可商。此例"正复"与"纵复""虽复"用法同，亦用于存在递进关系的假设句中，表纵然、即使：作为最解君主之意的人，一般不会违诏行事，"正复违诏济事"则假定违诏以成事存在，意义上明显更进一层，这正是"复"的功能体现。同类的"正复"用例尚有：

（72）以此论之，是夏禹不死也，而仲尼又知之；安知仲尼不皆密修其道乎？**正复**使圣人不为此事，未可谓无其效也。（《抱朴子·内篇》卷一二）

（73）敦勃然曰："**正复**杀君等数百人，亦复何损于时！"竟不朝而去。（《晋书·谢鲲传》）

"政复"亦有此类用法，如：

（74）若使天必丧道，忠节不立，**政复**阖门碎灭，百死无恨。（《宋书·沈攸之传》）

3.其他用表意义推进的用例

或复

(75)牛乳渐多,卒无安处,**或复**酢败。不如即就牛腹盛之,待临会时
当顿取。(南朝齐求那毗地译《百喻经》卷一;[36]150)

此例有学者以"复"为音节成分,可商。从文句可知,牛乳质量本好,由于
无安放处,故在此基础上进一步发生"酢败"。"酢败"相对前者乃属意义的推
进,只是这种情况不是必然出现,故用"或"字表可能,"复"表在原有基础上更
进一层的功能并未因此而改变。

将复

(76)吾之本土,三尊化行,人怀十善,君仁臣忠,父义子孝,夫信妇贞,
比门有贤,吾等**将复**谁化乎?(三国吴康僧会译《六度集经》卷六;[36]
150;[14]188)

有学者将"将复"看作一词,并将"复"看作音节成分或词缀,可商。从此句
前文可知,菩萨及其伯叔"每闻诸国闇于三尊,辄往导化",并得到其本土"三尊
化行"的成果,在此基础上,继续导化他人,只是没有明确对象,故而采用问句
的形式。"复"既表动作的重复,同时也表意义的推进,"吾等将复谁化"可译作
"我等将再导化谁呢"。

可复

(77)省诸赋,皆有高言绝典,不**可复**言。顷有事,复不大快,凡得再三
视耳。(《与兄平原书》之九;[7]299)

(78)往日论文,先辞而后情,尚絜而取不悦泽。尝忆兄道张公文子论
文,实自欲得,今日便欲宗其言。兄文章之高远绝异,不**可复**称言。然犹
皆欲微多,但清新相接,不以此为病耳。若复令小省,恐其妙欲不见,**可复**
称极,不审兄由以为尔不?(《与兄平原书》之一一;[7]299)

有学者以上举用例中的"可复"为附加式,我们以为不然:从文句韵律看,
"不可复言"、"不可复称言"二句,"不可"当作一读,将"可复"看作一词实属牵
强。从内容上看,三处均用以评价文章,前两处先指文章十分完美,后接"不可

复言""不可复称言",指无法给予更高的评价,亦即无法更进一步①;第三处则指文章有不足,而"小省"之后,则可给予更高的评价。三个"复"所处文句虽有肯定否定之别,但均表在原有基础上更进一层,"不可复言"犹不能再说什么,没法再说什么,"不可复称言"义同;"可复称极"犹可以称得上更妙。"复"在表意义推进的同时,也兼表动作的重复。

宁复

(79)如是布施,经数时中,诸藏之物,三分已二。时典藏吏,往白其父:"摩诃阇迦樊,自布施来,藏物三分,已施其二。诸王信使,当有往返,愿熟思惟,后勿见责。"父闻吏语,自思惟言:"吾爱此子,不能距逆,**宁复**空藏,何能中断如是布施?"(元魏慧觉译《贤愚经》卷八;[36]151)

有学者以"宁可"释"宁复",并将"复"定性为音节成分,可商。句中"宁"乃宁可义,表选择:此类句式提供两种或以上选项,而"宁复"所引进者因强于其他选项而成为选择对象。以此例来说,保持所剩藏物而中断布施与"空藏"为两种选择,"复"所引入者"空藏"显然比前者更进一层,这正是"复"表递进功能的体现,"复"义同"更"。② 同义的"宁更"亦有此类用法,如:

(80)偿罪将毕,有人谓曰:"汝明日得出地狱。然虽复得出,而汝此身于即断灭。"罪人闻之,即答云:"我**宁更**尔许劫在地狱中,不用出已断灭。"(元魏菩提流支译《金刚仙论》卷二)

(81)以彼恶口罪业因缘,我于彼死魔界中生,受是身来已经五十七亿千岁。世尊! 我**宁更**历六百千年受地狱苦,终不一念失阿耨多罗三藐三菩提心,何况退于四梵行念?(隋那连提耶舍译《大方等大集经》卷四一)

(82)保此无倾动,**宁复**滞风波。(南朝宋鲍照《学陶彭泽体》;[31]183)

---

① "不可复言"常用于表某种情况已经达到极点,没法再说什么。如东晋干宝《搜神记》卷一六:"其妇梦见亡儿,涕泣曰:'死生异路,我生时为卿相子孙,今在地下,为泰山伍伯,憔悴困苦,**不可复言**。'"

② "宁复"组合常用于表反问,犹"难道还"。

此例"宁复"用法相同,"复"亦表更进一层。

若复

(83)兄文章之高远绝异,不可复称言。然犹皆欲微多,但清新相接,不以此为病耳。**若复**令小省,恐其妙欲不见,可复称极,不审兄由以为尔不?(《与兄平原书》之一一;[7]299)

(84)终日驰车走,不见所问津。**若复**不快饮,空负头上巾。(东晋陶渊明《饮酒》之二〇;[1]48)

(85)人间之社,既已不称太矣,**若复**不立之京都,当安所立乎!(《宋书·礼志四》;[34]102)

此三例有学者将"若复"之"复"定性为词缀或音节成分,我们以为不然:例(83),"若复令小省",是在"兄文章之高远绝异,不可复称言"的基础上更进一层,"若复"犹如果再,这样的用法现代汉语仍在使用,如:"你的文章太棒了,**如果再**稍微修改一下,会更好。"例(84)用法相当,只是所表为消极一面:"终日驰车去,不见所问津"本已让人失望,而"不快饮"在其基础上更进一层,"若复不快饮,空负头上巾"犹如果再不痛快地饮酒,就白白地辜负头上巾。例(85),"不立之京都"是在"已不称太"基础上更进一层,"若复"亦可对译作"如果再"。

傥复

(86)我见王治政,匡化不周,表贡忠诚,望相扶辅,反更怒盛,不从我言。言既不用,**傥复**见杀。当就除之,为民去患。(元魏慧觉译《贤愚经》卷六;[36]153)

"见杀"相对"言不用"显然更进一层,"复"与"更"相当,"傥"表可能、或许。

勿复

(87)故作不良计,**勿复**怨鬼神。(《焦仲卿妻》;[1]47;[7]300;[24]45)

有学者举此例,认为"勿复"为附加式,或可商榷。此例为诗歌,语境不充分。我们以为"复"当表意义上更进一层。"故作不良计,勿复怨鬼神"义为"我是有意作出这种不好的打算,请不要再怨恨鬼神了","勿复"犹不要再,诗句于字面之外,暗含是我自己要死,要怨就怨我,不要更怨鬼神。

想复

(88)足下今年政七十耶？知体气常佳,此大庆也。**想复**勤加颐养。(东晋王羲之《杂帖》;[12]31;[13]9)

有学者将句中"想复"定性为附加式,可商。"想"乃晋时书信中常用词,希望义,而"复"用于句中,当为更义,"复勤加颐养",表相对之前"颐养"更进一步。文献中另有用法相同的"想复",如:

(89)昨得殷候答书,今写示君,承无怒意。既而意谓速思顺从,或有怨理,大小宜盘桓,或至嫌也。**想复**深思。(王羲之《杂帖》)

(90)既理所不容,亦情所不安,一代大事,宜共求其衷,**想复**相与研尽之,比八日令得详定也。(东晋桓玄《与桓谦等书论沙门应致敬王者》)

第一例,"想复深思"犹希望能更深思,希望更深入地考虑考虑。第二例,"想复相与研尽之"犹希望更进一步地相互研究探求。

"想"乃"愿"义,"复"乃"更"义,"想更""愿复""愿更"均有相同用法,如:

(91)兄熹患散,辄发痛热积,乃不易。**愿复更**思,唯赖消息。(东晋王献之《杂帖》)

(92)敢布腹心,**想更**图之。(南朝梁僧佑《弘明集》卷一一)

(93)熙之葬苻氏也,冯跋诣云,告之以谋。云惧曰:"吾婴疾历年,卿等所知,**愿更**图之。"(《晋书·慕容云载记》)

第一例"复更"同义复合;第二、三例"想更""愿更"义同。

辄复

(94)是时愿足问饿鬼曰:"汝宿何罪,今受此苦?"饿鬼报曰:"吾曩昔时,行作沙门,恋着房舍,悭贪不舍,身持威仪,出言臭恶。若见持戒精进比丘,**辄复**骂辱,偏眼恶视。自赖豪族谓为不死,造诸无量不善之本,宁以利刀自截其舌。"(南朝梁宝唱《经律异相》卷一六;[36]155)

有学者以"动辄,每每"释"辄复",并将"复"定性为音节成分,我们有不同看法:饿鬼曩昔有"恋着房舍,悭贪不舍,身持威仪,出言臭恶"诸恶行,而见到"持戒精进比丘",由于其身份的特殊,则采取"骂辱,偏眼恶视"等更过分的行为,后者显然是在前者基础上更进一层,"复"表语义的推进,"辄复"当解作"则更",而非动辄、每每义。

(95)＊云故日不作文,而常少张公文。今所作,兄**辄复**云过之。得作此公辈,便可斐然有所谢,故自为不及。(《与兄平原书》之二二;[7]299)

有学者以"辄复"为附加式,我们以为或可另解:从文句前后文看,"兄辄复云过之"乃承前"云故日不作文,而常少张公文",表语义的推进,"云故日不作文,而常少张公文,今所作,兄辄复云过之"义为"我之前不作文,却常贬低张公文,现在作了,兄长则又说超过他的文章"。由于书信语境的限制,文句的理解可能会有分歧,而考察其他文献中"辄复"用例,或许更有说服力:文献中"辄复"用例很多,"复"表义一般都很实在,诸家所举少数几例附加式,多为理解错误,或语境不足难下定论。

知复

(96)太尉、镇军得所送物,魏主意,**知复**须甘橘,今并付如别。(《宋书·张畅传》;[34]102)

(97)是杀人之日有数途,生人之岁无一理,不**知复**百年间,将尽以草木为世邪,此最是惊心悲魂恸哭太息者。(《宋书·周朗传》;[34]103)

有学者将"知复"看作一词,并认为"复"为词缀,显有误。例(96),"知"乃动词,知道义,"复"表在之前所得物基础上所须品类的增加,意义上更进一层,"复须"犹"还须要"。(97)例,"不知"显然当作一读,"复"犹"又","复百年"指又一个百年。古人认为人寿百岁,一代人即一百年,"复百年"则指下一代人,是在当代基础上的推进。

十二、表程度的加深

(一)"复"可用于表比较的句子中,相当于"更"

蒋礼鸿《敦煌变文字义通释》(1997:426)已揭示"复"的此类用法,它常用于差比句,可用"比……更……"或"更"对译。"复"的这种用法与表更进一层的用法紧密相关:语境中亦存在两种情况,且比较而言一方超过另一方。二者的不同在于,此类句式中存在相对明确的比较,一般可直接或通过前后文找到比较对象,这可以作为判定的重要标志,如:

> 夫人之形,犹草木之体也。草木在高山之巅,当疾风之冲,昼夜动摇者,能**复**胜彼隐在山谷间,鄣于疾风者乎?(《论衡·道虚》)
>
> 权谓异从父骠骑将军据曰:"本知季文猛定,见之**复**过所闻。"(《三国志·吴书·朱异传》)
>
> 国王即请贾人与相见问讯,以女示之言:"我为是女求婿,天下宁有好人?"贾人答言:"我国中有人,**复**胜是女者。"(南朝梁宝唱《经律异相》卷三四)

此三例"复"与表比较的"胜""过"连用,"复"乃"更"义十分明显。

> 及成,以示二子。康曰:"尔故**复**胜不?"安乃惊曰:"庄周不死矣!"(《世说新语·文学》第 17 条刘注引《秀别传》)

"尔故复胜不"于义难通,《世说新语笺注》(2019:224—225)注 7 指出:

> 原文可能是"尔故复胜","不"为衍文。《晋书·向秀传》:"及(书)成,(向秀)示嵇康曰:'殊复胜不?'"向秀的发问是"殊复胜不"(是不是很好呢)①,而

---

① 这种解释其实不够准确,"殊"亦可用于比较,义同"更","殊复"当为同义复合。参下文"殊复"条。

"尔故复胜"(你这注确实好)是嵇康的回答,"不"可能涉前文而衍。

"尔故复胜"与"殊复胜不"一问一答,均有"复胜"二字,"复胜"当即"更胜":向秀将注《庄子》,嵇康、吕安认为前人之注已经很好,哪里还需要再注(此书讵复须注)。当注完成之后,向秀问"是不是更好(殊复胜不)",而嵇康回答"你的注确实更好(尔故复胜)",如此则文从字顺。

(二)诸家所举此类用例辨析

诸家所举用例中,有诸多此类用例,如:

倍复

(1)其师子之子见大者而鸣呼,有所作为,其心不恐亦不畏懅。所以者何?**倍复**欢喜。(东汉支娄迦谶译《佛说阿阇世王经》卷下;[36]148)

(2)**倍复**发愿精进,愿阿耨多罗三耶三菩,见三界中所有诸勤苦者悉为作护。(西晋无罗叉译《放光般若经》卷一五;[36]148)

(3)王时即语以水洗口,口**倍复**香。(西晋安法钦译《阿育王传》卷七;[36]148)

有学者以"加倍"释"倍复",并以"复"为音节成分。我们认为:"倍""复"乃近义复合,"倍"表加倍、更加,可单用表比较,如《北齐书·神武纪上》:"于是士众感悦,**倍**愿附从。"唐王维《九月九日忆山东兄弟》:"独在异乡为异客,每逢佳节**倍**思亲。"

"倍"的这种功能与"复"用于比较相近,故而可组合使用。其同义倒序组合"复倍"亦有用例,如:

(4)时彼天众,严持器仗,**复倍**化乐,与其无量百天子、无量千天子、无量百千天子围绕来下,向须弥留山王北面。(隋达摩笈多译《起世因本经》卷八)

(5)时,净饭王即益太子五欲之具,**复倍**增长。(隋阇那崛多译《佛本行集经》卷一五)

(6)去人领意,到于佛所,以长者言具白世尊,**复倍**虔心而伸告请。(北宋法贤译《佛说众许摩诃帝经》卷一二)

"复""更"同义,"倍""更"亦可组合,"倍更""更倍"均有用例,如:

(7)时诸天子闻于如来及与阿难赞舍利弗,天之容貌转复端严,其身光曜,**倍更**殊常,遍照祇洹,赫然大明。(失译《别译杂阿含经》卷一五)

(8)顷者,诈谕三川,灭释两税,及其得地,**倍更**加征,其罪三也。(五代何光远《鉴诫录》卷一)

(9)产后七八日,无太阳证,少腹坚痛,此恶露不尽,不大便,烦躁发热、切脉微实,**更倍**发热。(东汉张仲景《金匮要略》卷下)

(10)汝发此言,虽解我意,若子不来,我见汝面,以承望故,**更倍**增长我之忧愁。(隋阇那崛多译《佛本行集经》卷二五)

不复

(11)足下此书,足为典诰,虽《山海经》、《异物志》、《二京》、《南都》,殆**不复**过也。(西晋车永《答陆士龙书》;[11]27)

有学者将"不复"看作附加式。细品前后文,我们认为"复过"与上举《三国志・吴书・朱异传》"复过"用法同,仍用于差比句,表"更"(有关"复过"的用例可参下文"难复"条)。此再举几例同类的"不复过"用例:

(12)诵读反覆,虽《风》《雅》《颂》,**不复过**也。(《三国志・魏书・曹植传》注引《典略》)

(13)臣每悲其志,以为苏武之贤,**不复过**也。(《晋书・周虓传》)

当复

(14)王子猷诣谢万,林公先在坐,瞻瞩甚高。王曰:"若林公须发并全,神情**当复**胜此不?"(《世说新语・排调》第43条;[32]343)

有学者将"当复"定性为附加式,可商。此例"复胜"连用,其用法与前举梁宝唱《经律异相》"复胜"同,"复"用于比较句,义同"更",《世说新语笺注》(2019:916)释"当复"为"将",而译文作"如果林公胡须头发都齐全,神态风度将比现在更强吗",译文中"比……更"正是"复"义的体现。可比较下句:

(15)虽有施此供,余供**复胜此**,若能知法空,便能舍身命。(高齐那连提耶舍译《月灯三昧经》卷七)

句中"复胜此"亦表"更胜此",第(14)例"复胜此"的用法与之并无不同,只是前面添加了一个表时间的"当"而已。

(16)每忆常侍自论文,为**当复**自力耳。(《与兄平原书》之一八;[7]299)

有学者举此例,释"当复"为应当、应该、该是,并以"复"为词缀。按:此例"复"当同"更",表与过去相比程度加深,"复自力"犹更加尽力、更加努力。事实上,"为当"或许更应当看作一个组合,文献中用例较多,可比照:

(17)若谓知者**为当**触物而达,无所不知,今且先议其所易者。(三国魏嵇康《声无哀乐论》)

(18)今属天寒,拟适远,**为当**奈何奈何。(东晋王献之《杂帖》)

(19)或问:"改葬服缌,今甲当迁葬,而先有兄丧在殡,**为当**何服?"(唐杜佑《通典》卷一〇二)

(20)正为五百年乡党婚亲相连,至于公理,时有小小颇回,**为当**随宜斟酌。吾临莅五年,兵难骚动,未得休众息役,惠康士庶。(《晋书·凉武昭王传》)

独复

(21)天地长不没,山川无改时。草木得常理,霜露荣悴之。谓人最灵智,**独复**不如兹。(东晋陶渊明《形赠影》;[25]238;[26]123)

有学者举此例,将"复"定性为语助或词缀,或可商榷。"独"在句中表转折,反而义,文献有证,如《史记·赵世家》:"(赵氏)世立功,未尝绝祀。今吾君**独**灭赵宗,国人哀之,故见龟策。"西汉东方朔《非有先生论》:"太公、伊尹以如此,龙逢、比干**独**如彼,岂不哀哉!""复"与表比较的"不如"搭配,可解作"更",表程度的加深,"独复"犹"反更、却更"。

更复

(22)大尉昨与臣言,说炳之有诸不可,非唯一条,远近相崇畏,震动四海,凡短人办得致此,**更复**可嘉。(《宋书·庾登之传》;[34]102)

有学者举此例,以"更复"为附加式,当误。"更复"乃同义复合,句中表比较,更加义。其倒序词"复更"亦有用例,如:

(23)浮生如梦能几何,浮生**复更**忧患多。(唐佚名《张郁洛川沿步吟》)

可复

(24)泰云:"唯杀贾充,以谢天下。"文王曰:"**可复**下此不?"对曰:"但见其上,未见其下。"(《世说新语·方正》第8条;[29]6;[18]323)

有学者以"可复"为附加式,可商。"可复下此不"乃文王针对陈泰所提之处理方法而希望能有一个更轻的处理方法,"复"用于比较句,用同"更",《世说新语笺注》(2019:323)将"可复下此不"译作"可以比这个办法再轻一点么","再"即"复"义的体现,"再"用在形容词前,亦用表程度的增加(参《八百词》1999:643),这句话也可直接译作"可以比这个办法更轻一点吗"。

稍复

(25)子云叹曰:"此人后生无比,遂不为世所称,亦是奇事。"于是闻者**稍复**刮目。(《颜氏家训·慕贤》;[19]69;[17]180;[32]344)

有学者将例中"稍复"定性为附加式,我们以为不然。"闻者稍复刮目"指闻者听到子云所叹之后,相对之前态度的变化,"稍复刮目"犹渐更刮目,"复"用于比较句,表程度的加深,义同"更",此条下王利器集解(1996:136)引赵曦明曰:"裴松之注《吴志·吕蒙传》引《江表传》:'吕蒙谓鲁肃曰:士别三日,即**更**刮目相待。'""更刮目相待"与"复刮目"义同。

"稍复"的此类用法其他文献亦有用例,如:

(26)其大都护偏何遣使奉献,愿得归化,彤慰纳赏赐,**稍复**亲附。(《后汉书·祭彤传》)

(27)自是枷杖之制,颇有定准。未几,狱官肆虐,**稍复**重大。(《魏书·刑罚志》)

"稍更"亦有相同用法,如:

(28)建安中,呼厨泉南单于入朝,遂留内侍,使右贤王抚其国,而匈奴折节,过于汉旧。然乌丸、鲜卑**稍更**强盛。(《三国志·魏书·乌丸传》)

(29)践境之礼,感分结意,情在终始。后以袁氏之嫌,**稍更**乖刺。

307

(《三国志·吴书·刘繇传》)

"稍"还可重叠作"稍稍"与"复"搭配,如:

(30)自是以来,**稍稍复**增集。(东汉荀悦《前汉纪》卷二五)

乃复

(31)守阍呼语不必出,已有人居第一先。其多**乃复**倍于此,台颜顾视初怡然。(北宋江瑞友《牛酥行》;[1]47)

有学者举此例,以"乃复"为一词,并将"复"看作词缀,可商。句中"倍"乃动词,与"于此"搭配表比较,"复"用于其前,表程度的加深,义同"更",可比较以下二例:

(32)尔时诸天发是愿已,身命色力,光明晃耀,**复倍**于常,欢喜踊跃,飞空而去。(失译《大方便佛报恩经》卷五)

(33)寺前创一蚕市,纵民交易,嬉游乐饮,**复倍**于往年。(南宋江少虞辑《宋朝事实类苑》卷六二)

此二例亦为"复倍于"结构,其用法与(31)例并无不同,可见"复"并非词缀。另文献中还有相同用法的"更倍于":

(34)至肃宗亲临讲肆,和帝数幸书林,其兰台、石室、鸿都、东观,秘牒填委,**更倍于**前。(《北史·牛弘传》)

(35)行于不测之地,往来之间动逾旬月,转输移徙之劳**更倍于**前矣。(《金史·梁襄传》)

此可佐证"复"实乃"更"义。

难复

(36)兄文方当日多,但文实无贵于为多,多而如兄文者,人不厌其多也。屡视诸故时文,皆有恨文体成尔。然新声故自**难复**过。(《与兄平原书》之二一;[7]299;[17]181)

有学者举此例,以"难复"为一词,"复"为词缀。我们认为此"复"乃用于差

比句中,表比较,相当于"更","复过"搭配常见,多表此义,如:

(37)权谓异从父骠骑将军据曰:"本知季文犹定,见之**复过**所闻。"(《三国志·吴书·朱异传》)

(38)天子后妃以下百二十人,嫔嫱之仪,既以盛矣。窃闻后庭之数,或**复过**之,圣嗣不昌,殆能由此。(《三国志·魏书·高柔传》)

(39)帝笑曰:"虽养由之妙,何**复过**是。"(《北史·杨播传》)

"复胜"亦有相同用法:

(40)今送君苗《登台赋》,为佳手笔,云复更定,**复胜**此不?(《与兄平原书》之三〇)

(41)憍陈如言:"假使有人得金十万,不如有人以一钵食施持戒者。况能信心,须臾听法,**复胜**于彼百千万倍。"(元魏吉迦夜共昙曜译《杂宝藏经》卷四)

莫复

(42)师老于外,国虚于内,时来之会,**莫复**过此。观兵耀威,实在兹日。(《宋书·谢灵运传》;[34]102)

(43)而今必劝国家以轻兵远讨,指掌可克,言理相背,**莫复**过此。(《宋书·刘勔传》;[34]102)

有学者举此二例,将"莫复"看作附加式,我们不赞同这种观点:"莫"为否定性无定代词,表没有谁,不太可能与"复"组合,句中"复过"与前举诸"复过"用法同,"复"用于差比句,相当于"更"。

殊复

(44)《祠堂赞》甚已尽美,不与昔同,既此不容多说,又皆一事,非兄亦不可得。见《吊少明》,**殊复**胜前,《吊蔡君》清妙不可言,《汉功臣颂》甚美,恐《吊蔡君》故当为最。(《与兄平原书》之二〇;[7]298;[12]30;[13]9;[17]180)

(45)抱月如可明,怀风**殊复**清。(南朝齐王融《咏琵琶》;[31]183)

有学者举此二例,认为"殊复"为附加式。我们以为"殊复"乃近义连用,用

于比较句中,义同"更"。"殊"独用有这种用法,如:

(46)时尚书及史官,以《乾度》与《泰始历》参校古今记注,《乾度历》**殊胜**《泰始历》,上胜官历四十五事。(《晋书·律历志下》)

(47)时刘惔为丹阳尹,许询尝就惔宿,床帷新丽,饮食丰甘,询曰:"若此保全,**殊胜**东山。"(《晋书·王羲之传》)

同义的"殊更"亦有用例,如:

(48)若来,大小祥当复出者,**殊更**良昌。若汝不出,农当单出,汝能遣农速行不?诸宜皆当自详计,审日迟望,而更未定,**殊更**怅恨不可言。(东晋王羲之《杂帖》)

行复

(49)省示累纸,重存往会,益以增叹。年时可喜,何速之甚。昔年少时,见五十公,去此甚远。今日冉冉,已近之已。耳顺之年,**行复**为忧叹也。(西晋陆云《与杨彦明书》之二;[7]298)

有学者举此例,认为"行复"乃附加式,可商。此例"行"乃将义,"复"用于比较,表程度的加深,义同"更","耳顺之年,行复为忧叹也"乃相对"重存往会,益以增叹"而言,义为到六十岁,将比以前更为忧叹。

转复

(50)且转远非徒无咨觐之由,音问**转复**难通,情慨深矣。(东晋王羲之《杂帖》;[10]463)①

(51)为外道故,诸外道伺求诸见,于生死中而转覆没。譬如老象堕泥,若欲动身求出,**转复**覆没。(北凉浮陀跋摩共道泰等译《阿毗昙毗婆沙论》卷二六;[36]155)

(52)略从容闲雅,本自天资,出南入北,**转复**高迈。(北魏杨衒之《洛阳伽蓝记》卷四;[32]346)

有学者指"转复"为附加式,我们以为不然:前二例"转复"犹"反更",(50)

---

① 蒋宗许先生将"转"解为"更、愈、益",表示程度的加深,未明说"复"的性质。

例指音问相对"转运"以前反而更加难通，(51)例指象相对"动身求出"之前反而覆没更深。(52)例"转复"犹"渐更"，表"出南入北"后，相比前者更加高迈。两种用法文献均较常见，如：

(53)自根横生，枝条展转如织，虽野火焚烧，只燎细枝嫩条，其笋丛生，**转复**牢密。(唐刘恂《岭表录异》卷中)

(54)魏氏以来，**转复**优重，不复以为使命之官。(《晋书·职官志》)

第一例犹"反更"，第二例犹"渐更"。同义的"转更"亦有用例，如：

(55)主簿何无忌及家人皆劝令自警，卓**转更**狠愎，闻谏辄怒。(《晋书·甘卓传》)

(56)贤者！更无方便令我等从此安隐度至阎浮洲。贤者！我作是念："我等当共破掘此墙，还归本所。"适发心已，此墙**转更**倍高于常。(东晋僧伽提婆译《中阿含经》卷三四)

(57)昔道士梁须年七十乃服之，**转更**少。(《抱朴子·内篇》卷一一)

(58)佛告阿难："若能尔者，长幼和顺，**转更**增盛，其国久安，无能侵损。"(姚秦佛陀耶舍共竺佛念译《佛说长阿含经》卷二)

前二例犹"反更"，后二例犹"渐更"。

另有一例存在较大争议：

故复

(59)＊支谓谢曰："君一往奔诣，**故复**自佳耳。"(《世说新语·文学》第55条；[1]48；[10]463；[32]343；[29]7)

此例歧解很多，刘瑞明(1989：212)将"复自"看作一词，"自"为词尾；蒋宗许(1994：463)将"故复"看作一词，"复"为词尾；姚振武(1993：147)则将"复自"看作表甚义的同义复合词。我们以为此例中"复"或当解作"更"，用表比较：从文句可知，谢安请大家就《渔父》阐发见解，支道林讲了七百句，众人都说好，在座的各人亦各叙已见，最后谢安对众人的谈论进行了驳难，然后陈述自己的意见，洋洋万言，四座无不心悦诚服，在此情形下，支道林对谢安说，"您的论述径直到达最高深的境界，所以确实更加高妙"，如此理解，从文理上说，十分顺畅。

"故"表原因,"自"乃确实义,《世说新语》中用例较多,如:《容止》第 27 条:"刘尹道桓公:'鬓如反猬皮,眉如紫石棱,**自**是孙仲谋、司马宣王一流人。'"《贤媛》第 30 条:"有济尼者,并游张、谢二家。人问其优劣?答曰:'王夫人神情散朗,故有林下风气。顾家妇清心玉映,**自**是闺房之秀。'"①"复自佳"语序有些异常,其通常语序当作"自复佳",详参上编第九类"复自"条。

十三、表转折

(一)"复"可表意义的转折,有些更倾向于表转折语气

"复"的这种用法与其表返回义有关,同时与其表意义的反向推进用法亦有关联。有些用例意义较实,可用"反而、却"对译,有些更偏重于语气,可用"又"对译,《八百词》(1999:634)"又"之第三类 a)"表示转折"的用法与此类"复"部分用例相当②。我们看相关用例:

> 时周伯仁为仆射,因厉声曰:"今虽同人主,**复**那得等于圣治!"(《世说新语·方正》第 30 条)

> 王长史谓林公:"真长可谓金玉满堂。"林公曰:"金玉满堂,**复**何为简选?"(《世说新语·赏誉》第 83 条)

> 女使侍之,必逐于外。独居,别有女伴言笑。父母看之,**复**不见人,诘之不言。(《太平广记》卷七〇)

> 我罄囊助子,子不偿,**复**以私计害吾性命,子之不仁可知也。(北宋刘斧《青琐高议·后集》卷四)

> 是日,时天大寒,有冰蔽河而下。康王临河,顾谓耿延禧、高世则曰:"议者谓闰年不冰,今**复**如此,岂保房人不向南哉!"(南宋徐梦莘《三朝北

---

① "自"表确实义上编第九类有详细论述,可参看。

② 可比较《八百词》所举用例:生活经历虽然并不一样,但往往**又**有共同的体会。|既怕冷**又**不愿多穿衣服。

盟会编》卷六三)①

第一例,与古圣君同为人主,自然应当有相同的圣治,而"复"所引进的结果却为"哪得等于圣治","复"译作"却"、"又"均可,《世说新语笺注》(2019:351)译作"今天又怎能同古时的圣明之治相比呢",正得其宜;第二例,既然"金玉满堂",自然应当口若悬河,纵横捭阖,而"复"所引进的结果却是"简选",此结果与本该有的结果存在转折,《世说新语笺注》(2019:527)译作"既然是才学丰富,为什么又寡语少言","又"即与"复"对应。另外几例用法同,"复"均可用"却、又"对译。

此类"复"还可与其他副词搭配使用,如:

　　魏隐兄弟少有学义,总角诣谢奉。奉与语,大说之,曰:"大宗虽衰,魏氏**已复**有人。"(《世说新语·赏誉》第 112 条)

大宗衰落,本当后继无人,而现在的结果却是魏氏又有了继承人,现有结果与本该有的结果显然存在转折,"复"虽用于副词"已"之后,但功能与前举诸例并无不同。

(二)诸家所举此类用例辨析

诸家所举例中,有几例属此类:

恐复

　　(1)兄文章已自行天下,多少无所在;且用思困人,亦不事复及以此自劳役,闲居**恐复**不能不愿,当自消息。(《与兄平原书》之三;[7]298;[17]181)

有学者举此例,认为"恐复"犹恐怕、或许,表拟测,"复"为词缀,可商榷。此句亦表转折,"用思困人,亦不事复及以此自劳役",依此而言,自然应当闲适生活,但事实却是他恐怕不能且不愿闲居,"复"所引进成分在意义上有转折,

---

① 后三例为钟兆华(2015:202)所引,他认为"复"用表意外,义同"竟"。其实表意外也是转折的一种,只是更突出语气。

同时存在推进,可用"又"对译。文句大意为:"用思作文使人疲困,也不必再以此使自己劳累,但闲居恐怕又做不到也不愿意,您自己要好好斟酌。"

由于书信存在前后文语境不够详细,且文义理解比较困难的情况,我们另外考察了其他文献中的"恐复"用例,发现"复"多意义实在,如:

(2)呼韩邪病且死,欲立且莫车,其母颛渠阏氏曰:"匈奴乱十余年,不绝如发,赖蒙汉力,故得复安。今平定未久,人民创艾战斗,且莫车年少,百姓未附,**恐复**危国。"(《汉书·匈奴传下》)

(3)怿因侍宴,酒酣,乃谓肇曰:"天子兄弟,讵有几人,而炎炎不息?昔王莽头秃,亦藉渭阳之资,遂篡汉室。今君曲形见矣,**恐复**终成乱阶。"(《北史·文成五王传清河王怿》)

第一例"恐复危国"义为恐怕又会使国陷入危险,"复"表动作状态的重复;第二例"恐复终成乱阶"义谓恐怕也会终成乱阶,"复"表两事相同。"恐复"用例未见到确定的"复"充当后缀的用例。

聊复

(4)床头慳囊大如拳,扑破正有三百钱。不堪与君成一醉,**聊复**偿君草鞋费。(南宋范成大《催租行》;[1]47)

有学者将句中"聊复"看作附加式,我们以为不然。"聊复"犹"聊更",文句直接列出两个相对的情形:"不堪与君成一醉"与"偿君草鞋费"意义上存在转折,同时亦更进一层,"复"当解作"还、却"。此类用法的"聊复"还有其他用例,如:

(5)时契胜残,事钟文业,虽则不学,欲罢不能。脱思一见,故以相示,虽无足味,**聊复**为一笑耳。(《北史·刘昶传》)

此例亦用于转折,"无足味"与"为一笑"构成相对的两种情形,"复"用法同。

然复

(6)佛告阿难:"过去久远阿僧祇劫,此阎浮提有四河水、二大国王,一王名曰婆罗提婆,晋言梵天,独据三河,人民炽盛,**然复**僄弱。"(元魏慧觉

译《贤愚经》卷八;[36]151)

有学者将例中"然复"之"复"看作音节成分,可商。正常情况下,与"人民炽盛"相承者乃强壮,而现实却是"儜弱","复"所引进情况与本该有的情况存在反差,意义上存在转折。"然复"即"却又"。"然复"的这种用法很多,如:

(7)若比丘于大师所,不敬不重,不下意供养;于大师所,不敬不重,不下意供养已,**然复**依猗而住。(南朝宋求那跋陀罗译《杂阿含经》卷三二)

(8)不恭敬佛、不尊重佛、不供养佛、不能至心归命于佛,**然复**依止佛法而住。(失译《别译杂阿含经》卷六)

(9)当行法施,莫行思欲之施。所以然者,施中之上无过财施,**然复**法施于中最尊。(东晋瞿昙僧伽提婆译《增壹阿含经》卷九)

时复

(10)下官才能所经,悉不如诸贤;至于斟酌时宜,笼罩当世,亦多所不及。然以不才,**时复**托怀玄胜,远咏《老》《庄》,萧条高寄,不与时务经怀,自谓此心无所与让也。(《世说新语·品藻》第36条;[2]213)

有学者将例中"时复"定性为附加式,我们以为不确。此句同样存在转折:下官诸多方面不及他人,据此,在"托怀玄胜,远咏《老》《庄》,萧条高寄,不与时务经怀"方面亦当不及,然而事实却相反,《世说新语笺注》(2019:598)释此句作"还时常寄怀于超脱的境界","还"即对应"复"。

幸复

(11)儿已薄禄相,**幸复**得此妇。(《孔雀东南飞》;[1]47;[7]300;[10]464;[35]95;[23]26;[29]7)

有学者将"幸复"看作附加式,另有学者(乐建兵、查中林2011:83—85)提出不同看法,认为"复"当译作"还",表某种让步的意味。我们倾向于后一种意见:正常情况下"薄禄相"应当一切皆不如意,而"得此妇"则与之相对,意义上有转折,同时亦推进一层,全句可译作"幸好还得到了这个媳妇"。相似的用例还有下面这个用例:

(12)残年已如许,**幸复**起膏肓。(南宋陆游《病退》)

残年如许,正常情况下生了重病难以活下去,而实际却"起膏肓","幸复起膏肓"犹幸亏还能从重病中活过来。

行复

(13)彦先来,相欣喜,便复分别,恨恨不可言。阶涂尚否,通路今塞,令人罔然。名论允进远而有光者,度此显期,不淹民望耳。庙堂之士,比迹山栖者,悲叹岂唯一人。少明湘公,亦不成迁,名公之举,且可以为资。然今恨恨当行,**行复**有宜耳。(西晋陆云《与杨彦明书》之三;[7]298)

有学者将"行复"解作"将",并以其为附加式合成词,或可商榷。"然今恨恨当行,行复有宜耳","当"为"将"义,"行"若再解为"将",语义重复。"行复有宜"紧承"恨恨当行",无法排除"行复"之"行"与"恨恨当行"之"行"同义的可能。从前后文义看,我们以为"然今恨恨当行,行复有宜耳"或当解作"这样说来,今恨恨将行,行反而是恰当的。""复"用表转折。

十四、表出乎意料

(一)"复"可用于出乎意料的语境中,加强语气

"复"的这种用法与《八百词》(1999:254)"还"第四类 a)表"超出预料"的用法相当。① 如:

张华见褚陶,语陆平原曰:"君兄弟龙跃云津,顾彦先凤鸣朝阳。谓东南之宝已尽,不意**复**见褚生。"(《世说新语·赏誉》第 19 条)

顾公越席而提其耳曰:"不意衰宗**复**生此宝。"(《世说新语·凤惠》第 4 条)

---

① 可比较《八百词》(1999:254)所举用例:下这么大雨,没想到你**还**真准时到了。|**还**亏了你们来得早,要不然,这么些活我一个人怎么干得完呢?

不意永嘉之末，**复**闻正始之音，何平叔若在，当复绝倒。(《晋书·卫玠传》)

出乎意料的语境，必然存在两个相对的情况：一为正常所料的情况，一为超出所料的情况，而超出所料的情况相对前者意义上有转折，同时明显更进一层，这是"复"用于此语境的意义根源：第一例，本以为东南之宝已尽，自然不能再见到，然而却见到了褚生这一宝；第二例，衰宗正常情况下自然难出人才，然而却出乎意料地生了此宝。此二例《世说新语笺注》(2019:482;672)分别译作"想不到又见到褚先生""想不到衰落的家族还能生下这样的宝贝"，译文中的"又""还"即对应"复"。第三例，永嘉之末本不当听到正始之音，而事实却超出预料。总体来说，此类"复"意义更虚，虽然有意义上的转折推进，但更多表语气。①

谢车骑道谢公："游肆**复**无乃高唱，但恭坐捻鼻顾睐，便自有寝处山泽间仪。"(《世说新语·容止》第 36 条)

此例《世说新语笺注》(2019:711)将"复"看作词缀，译文作："闲逛没有必要高声吆喝。"按：此例"复"附于动词"游肆"之后，显然不是后缀。仔细体会前后文，我们认为这个"复"亦用于出乎意料的语境中加强语气，"乃"为"竟然"义，整句当解作"游玩竟然也不高声吆喝"。《世说新语词典》(1993:208)收此例，认为"复"无实义，在句中只起强调作用，我们的看法与之相近。

(二)诸家所举此类用例辨析

诸家所举用例中有诸多此类用例，"复"常置于表出乎意料的副词之后，如：

方复

(1)若吾身无他伎，而出值明君，变官望主，岁增恩价，竟不能柔心饰带，取重左右。校于向士，则荣已多，料于今识，则笑亦广。而足下**方复**广

---

① 钟兆华(2015:202)指"复"可表示意外，义同"竟"，举有三例，我们将其所举例归入"复"的转折用法，参本编十三类。

吾以驰志之时,求予以安边之术,何足下不知言也。(《宋书·周朗传》;[34]101)

"方"可表出乎意料,兼具转折义,可译作"竟然、反而",如《周书·文帝纪上》:"(高欢)但以奸志未从,恐先泄漏,乃密白朝廷,使杀高乾,**方**哭对其弟,称天子横戮。"北宋司马光《乞未禁私市先赦西人第二札子》:"万一激怒西人,致生边患,兵连祸结……岂不危哉! 而执政**方**以为西人微弱,不敢复动,数遣使来,诚心内附,置之度外,不以为虞。"

上举"方复"之"方"亦表出乎意料,而"复"则表意义的反向推进:"吾身无他伎",本当安于现状,"广吾以驰志之时,求予以安边之术"显然超出本该有的行为。"方复"犹"竟然还"。

故复

(2)宣武与简文、太宰共载,密令人在舆前后鸣鼓大叫。卤簿中惊扰,太宰惶怖求下舆。顾看简文,穆然清恬。宣武语人曰:"朝廷间**故复**有此贤。"(《世说新语·雅量》第 25 条;[2]214;[17]181;[26]123;[32]343;[29]6)①

有学者以"故复"为附加式合成词,并释"故复"作"确实",从前后文来看,明显不通。《世说新语笺注》(2019:411—412)释"故复"作"仍然,还"②,译文作"朝廷中原来还有如此贤能的人",我们比较赞同《笺注》的译文,但认为此句主要用表出乎意料,"复"用于句中,表意的转折与推进,同时加强语气。

乃复

(3)太傅因戏谢曰:"卿居心不净,**乃复**强欲滓秽太清邪?"(《世说新语·言语》第 98 条;[19]69;[10]462;[32]344;[18]167)

句中"乃复"曾有过热烈讨论。有学者将其定性为附加式,姚振武(1993:146)不赞同这种观点,他认为"复"表累积,全句义为"你已经居心不净了,难道还要强欲滓秽太清吗"。蒋宗许(1994:462)提出了反驳意见:

---

① 刘瑞明认为"故"通"固","固复"为确实义。
② "故复"若解作仍然,当为同义复合,前文已论。

例 31(即上例),一展原文,则姚说自破。其文云:"司马太傅斋中夜坐,于是天月明净,都无纤翳,太傅以为佳。射景重在坐,答曰:'意谓乃不如微云点缀。'太傅因戏谢曰:'卿居心不净,乃复强欲滓秽太清邪!'""居心不净"乃是针对谢"微云点缀"之言而发,姚为印证己说,凭空添上"已经"并为之搭配上"难道还要"几字。姑不说此处增字为训的毛病,即从常理亦说不过去——司马这个戏言未免太不近乎人情,竟指斥别人已经居心不净了。其实,"乃复"犹言竟然,《世说》中便屡见此义(例略),如上"乃复"均是"竟、竟然"的意思,决没有"累积"的义蕴。

之后姚振武(1997:58)回应说:

"居心不净"与"强欲滓秽太清"同指谢景重,乃"戏"言,"乃复"居其间,"复"有累积之意原是很明白的。凡接续、累积之意一加重便有了甚义,这似乎是一个规律。例如现代汉语的"还"和"又",正常读之则为接续或累积之意,重读则加上了甚义,有时甚义显而接续、累积之意微。上文所说的表甚义的"复"就是循此规律变来的。中古某些"乃复"之"复"亦类此。拙作例(31)及蒋先生所举各"乃复"句都有强烈的感情色彩,其"乃复"重读当无疑问,其"复"与上文所说的表甚义的"复"极相似,只是有的接续、累积的意思几乎看不出来,有的则还明显能看出来。例(31)即属于后者。蒋先生以"竟然"相译,我们译为"难道还要",如果单纯从翻译的角度看,两者都可以。如果要求逐字对译,则译为"竟然还(要)"就是了。

我们以为,"乃复"解作"竟然还"完全切当,"乃"表竟然,用于句中主要表出乎意料的语气,至于"复",则表意义上更进一层,同时加强语气。就此句来说,"滓秽太清"显然超出正常看法。《世说新语笺注》(2019:167)译作"竟然还要让天空也充斥污秽不成","还"即"复"义的体现。"复"的这种用法由其表意义的推进及转折功能发展而来,姚振武将其与争议很大的"甚"相关联,可能是未被诸家接受的原因。

另外,将此用例与前举"不意"与"复"搭配的用例作一比较,可以发现,二者并无根本不同,将"不意"译作"竟然",或将"乃"解作"没想到",文意均可通。另由于"乃"主要表出乎意料语气,将其省去而单用"复",同样不会影响到文义的表达。这些都表明,"复"并非依附于"乃"的词缀成分。

诸家所举此类用法的"乃复"还有很多,可同样分析,如:

(4)杜预拜镇南将军,朝士悉至,皆在连榻坐。时亦有裴叔则。羊稚舒后至,曰:"杜元凯**乃复**连榻坐客!"不坐便去。(《世说新语·方正》第13条;[2]214;[13]5;[18]329)

(5)许笑曰:"卿**乃复**有行来衣乎?"(《世说新语·排调》第20条;[18]900)

(6)李弘范闻之曰:"家舅刻薄,**乃复**驱使草木。"(《世说新语·俭啬》第6条;[1]47;[13]5)

(7)王从其语,数日中果震柏粉碎,子弟皆称庆。大将军云:"君**乃复**委罪于树木。"(《世说新语·术解》第8条;[13]5;[29]6)

(8)焘初闻汝阳败,又传彭城有系军,大惧,谓其众曰:"但闻淮南遣军,**乃复**有奇兵出。今年将堕人计中。"(《宋书·索虏传》;[34]102)

(9)慧晓举酒曰:"陆慧晓年逾三十,妇父领选,始作尚书郎,卿辈**乃复**以为庆邪?"(《南齐书·陆慧晓传》;[32]344)

(10)若思有风仪,性闲爽,少好游侠,不拘操行。遇陆机赴洛,船装甚盛,遂与其徒掠之。若思登岸,据胡床,指麾同旅,皆得其宜。机察见之,知非常人,在舫屋上遥谓之曰:"卿才器如此,**乃复**作劫邪!"若思感悟,因流涕,投剑就之。(《晋书·戴若思传》;[32]344)

第(4)例,杜预拜镇南将军,本不当"连榻坐客",可他竟然如此做了,"乃复"组合用表出乎意料①,《世说新语笺注》(2019:330)译作"杜元凯(预)竟然让客人坐在连榻上",译文若于"竟然"后加一"还"字,则表达效果更好。第(5)例,一般人不会有"行来衣",而顾和竟然有专门的行来衣,出乎预料,《世说新语笺注》(2019:900)译作"你竟然还有出行穿的衣服啊",十分切当。第(6)例"乃复驱使草木"犹竟然还要驱使草木。第(7)例,"君乃复委罪于草木"犹君竟然还要将罪加于草木。第(8)例,本以为只有淮南遣军,没想到竟然还另有奇兵。第(9)例,陆慧晓自认为年逾三十,在妇父领选的基础上始做尚书郎并不

---

① 陈建裕(1997)认为"复"乃仍然义,表动作行习惯的持续不变。因前后文语境未论及其之前连榻坐客,故难以确定。另外,此类表语气者,一般仍有其他意义较实的功能。

是一件体面的事,"乃复以为庆"犹你们竟然还认为值得庆贺。第(10)例,若思才器如此,本该有好前途,而他竟然还作起了强盗,"乃复作劫"即表其所行出乎意料。

　　(11)诸国王闻此二女颜容绝世,交来求娉之。二女曰:"我生不由胞胎,乃出草华之中,是与凡人不同,岂宜当随世人,**乃复**嫁耶?"(东汉安世高译《佛说㮈女耆婆经》;[36]151)

　　(12)＊诸化菩萨告众魔曰:"一切诸法皆如幻化,于今仁者欲何所乱?假使卿等能分别了,发于无上正真之道,福德庆者;若复劝助,使发道意。遮发道意,又来坏乱,之罪衅者。卿等未曾,**乃复**怀害!"(西晋竺法护译《佛升忉利天为母说法经》卷下;[36]151)

此二例有学者以"乃,如此"释"乃复",并将"复"看作音节成分,可商。例(11),"乃"当为"竟然"义,表出乎意料,"乃复嫁耶"犹竟然也要嫁人吗。二女与凡人不同,却与世人一样出嫁,从意义上讲属反向递进,"复"在表意义递进的同时,还兼表两事相同,可用"也"对译。例(12),从文义看,似有不足。"若复劝助,使发道意"后当有表得善报的句子。而"遮发道意,又来坏乱,之罪衅者"与前文相对,是从反面指出如此行之害。"卿等未曾乃复怀害"当为菩萨指责众魔未曾行发道、劝发道意之事,竟然还怀有害心。如此"未曾"之后或有脱文,而"乃"当为竟然义,表出乎意料,"复"则用表意义的转折与推进,"乃复怀害"即"竟然还怀害心"。以"如此"释"乃复",句意难通,我们调查了佛经中所有"乃复"用例(计重复者有 600 多例),未见 1 例表"如此"义,而"乃复"用表出乎意料则很常见,如:

　　(13)彼须达长者,多财饶宝,无所乏少,乃能见于地中伏藏,今何所乏,**乃复**从人而行乞索?(三国吴支谦译《撰集百缘经》卷六)

　　(14)垂涕念言:"我向所以谏大王者,正以所见,谓为得中,不图**乃复**更生罪咎。"(东晋法显译《大般涅槃经》卷下)

　　(15)迦叶大喜,怪未曾有:"今此沙门**乃复**活耶?器中何有?"(唐地婆诃罗译《方广大庄严经》卷一二)

"竟复"亦有相同用法,如:

(16)于时父母,怜念此儿,爱着伤怀,绝而复甦。其儿福德,**竟复**不死,至河水中,随水沈浮。时有一鱼,吞此小儿,虽在鱼腹,犹复不死。(元魏慧觉等译《贤愚经》卷五)

此例"复"亦用于出乎意料的语境中:如此小儿,落入水中,死属正常,而其竟然不死,"竟复不死"犹言竟然还没死。"竟复"与"乃复"功能相当。

遂复

(17)及受命北伐,惮役缓期,师出有辰,顾怀私爱,匹马弃众,宵行独返,**遂复**携嫔拥姬,淫宴军幕。(《宋书·臧质传》;[34]101)

有学者将"遂复"看作附加式,可商。"遂"有竟然义,表出乎意料,如《颜氏家训·慕贤》:"子云叹曰:'此人后生无比,**遂**不为世所称,亦是奇事。'"北宋王安石《与崔伯易书》:"念还军中,则重烦亲友,然**遂**不得一见足下而西,殊悒悒也。"

例(17)中"遂复"之"遂"亦当如此解,而"复"用于句中则表意义上的反向推进,兼加强语气:受命北伐,本当立即出兵,而臧质竟然还"携嫔拥姬,淫宴军幕"。

已复

(18)蓝田大怒,排文度下膝曰:"恶见,文度**已复**痴,畏桓温面?兵,那可嫁女与之!"(《世说新语·方正》58条;[2]214;[12]30;[29]6)

(19)嵇、阮、山、刘在竹林酣饮,王戎后往。步兵曰:"俗物**已复**来败人意!"王笑曰:"卿辈意亦复可败邪?"(《世说新语·排调》第4条;[2]214)

有学者将上举用例中的"已复"看作附加式,我们以为不然。"已"有竟然义(参刘瑞明1989:214),"已复"连用,"复"用于加强出乎意料的语气,《世说新语笺注》(2019:378;885)将上二句分别译作"文度你竟然发痴了""世俗之人又来损害人的雅兴",第一例译文在"竟然"后加个"还"字,第二例将"又"换作"竟然还(也)"亦十分顺畅。①

　　(20) *诲前二赋佳,视之行<u>已复</u>不如初。昔文自无可成,藏之甚密,而为复漏显,世欲为益者,岂有谓之不善而不为怀?(《与兄平原书》之二一;[7]299)

　　有学者举此例,将"已复"看作附加式。按:从句意来看,"视之行已复不如初"似不当解作"视之行已经不如之前",此句与"诲前二赋佳"搭配,当表转折,"视之行已复不如初"或当解作"视之行却还不如之前的",抑或可解作"视之行竟然还比不上之前的",如此,"复"当为"还"义,意义上存在反向递进,同时加强语气。

　　此类用法的"X复",组合松散,且表出乎意料的成分一般不为句子所必须,因而可通过去除"复"前成分来考察"复"的功能。可以发现,单用"复",句子表义一般仍然顺畅。

十五、加强反问语气

(一)"复"可用于反问句中,加强反问语气

　　"复"的这种用法,在加强反问语气的同时,一般还兼具表重复、持续或意义的推进等功能,与《八百词》(1999:254)"还"第四类c)、"又"第三类c)(1999:635)"加强反问"用法相当②,可用"还、又"等对译,如:

　　　　时成国主簿秦牧随敬在会,持刀出曰:"大事已定,何为<u>复</u>疑?"(《后汉

----

① 刘瑞明(1989:214)认为"已"有"甚"义,引申有竟然义。《大字典》《大词典》均收有"已"表"又"的义项,所举例均为《世说新语》中的"已复"搭配。"已"单用表"又"未见,是否真有此意尚需要验证;而"已复"组合中"复"表"又"是十分自然的事,将"复"看作附加式显然不合理。

② 可比较《八百词》(1999:254)所举用例:都十二点了,你还说早! | 我们吃这种人的亏还少吗?

书•西域传•于阗国》)

儿徐进曰:"大人岂见覆巢之下,**复**有完卵乎?"(《世说新语•言语》第5 条)

车骑曰:"中郎衿抱未虚,**复**那得独有?"(《世说新语•轻诋》第 23 条)

如此,则永保南面之尊,**复**何黜辱之忧乎!(《晋书•慕容皝载记》)

今纮领不振,晋网不纲,愿蹈东海,**复**可得邪!(《晋书•殷浩传》)

反问句中用"复"加强语气,当与其表意义的推进功能相关:句中一般会描述某种情况,在这种情况下会出现某种结果,而此类句式却列出相反的结果,这相对前者显然更进一层。第一例,大事已定的情况下,本不须疑,而文句却采用其反面"疑"来表述,因而语义上更进一层,同时句中"复"还兼有表动作延续的功能;第二例,覆巢之下本无完卵,而所接句却以与之相反的"有完卵"表述,从意义上来说更进一层,"复"同时兼表动作状态的延续;第三例,"中郎衿抱未虚",自然算不上独有,而文句却以"独有"表述,意义上更进一层;第四例,如此做,显然不用再担心被黜辱,而文句却以"有黜辱之忧"来表述,"复"加强语气,兼表动作状态的延续;第五例"纮领不振,晋网不纲"的情形下,即便愿蹈东海亦不可得,而文句却以"可得"表述,意义上更进一层,"复"同时兼表动作的延续。

(二)诸家所举此类用例辨析

诸家所举词缀用例中,此类用例颇多,如:

本复

(1)云方欲更作引《述思赋》,党自竭厉。然云意皆已尽,不知**本复**何言。(《与兄平原书》之七;[7]298)

有学者以"本复"为附加式合成词,可商。"复何言"独用可表反问,义为"还能再说什么呢","复"加强反问语气,兼表意义的推进。可比较以下用例:

(2)吾违其谠言,以至于此,**复何言**哉!(《晋书•任旭传》)

(3)吾群从死亡略尽,子弟零落,遇汝如亲,如其不尔,吾**复何言**!(《晋书•王舒传》)

(4)深明足下慷慨之怀,深痛足下不遂之志。邈然永隔,夫**复何言**!(《晋书·孔坦传》)

(5)及广宁被出,相愿拔佩刀斫柱而叹曰:"大事去矣,知**复何言**!"(《北齐书·尉标传》)

(6)帝王之命,是何等事,而辱在草泽,忧叹之怀,**当复何言**?(东晋王羲之《杂帖》)

(7)故兹贱微,犹得陈述。如臣自处,**本复何言**!(北宋苏辙《分司南京到筠州谢表》)

以上用例均有"复何言",既有独用者,亦有附于他词之后者,且"复"前成分多样,有代词"吾",亦有语气词"夫""知",另有副词"当""本"。而仔细体会比较各例,可以发现,"复何言"并无不同,它们均表反问,"复何言"犹还能说什么。

上举例(1)中,"本复何言"充当"不知"的宾语,"不知本复何言"与表反问的"本复何言"义同,这样的改变虽然弱化了反问语气,但"复"的功能并未改变。

另外,文献中未见同类"本复"用例,将其看作一词,缺少证据。

当复

(8)人道多故,欢乐恒乏。遨游此世,**当复**几时?(西晋陆云《与杨彦明书》之二;[7]299)

有学者将"当复"看作附加式,可商。"当复几时"犹还能有多久,"复"用于反问句中,加强语气,同时兼表动作的延续。"复几时"是文献常用搭配,可比较以下用例:

(9)已矣乎! 寓形宇内**复几时**! 曷不委心任去留,胡为乎遑遑欲何之?(《晋书·陶淡传》)

(10)在世**复几时**,倏如飘风度。(唐李白《古风》)

(11)遵曰:"我尚如是,汝等立鉴,**复几时**!"(《太平御览》卷一二〇引《十六国春秋·后赵录》)

(12)我今齿发弊,强健**复几时**?(南宋陆游《自警》)

325

此四例"复几时"均独用,可解作"还有多久",而前二例与例(8)《与杨彦明书》例句义大致相同,均用以反问还能活多久,"复几时"显然无别,此亦可证"当复几时"之"复"并非词缀。另将"当"去掉,可以发现亦不影响文义的表达,只是文句不够委婉而已,此亦佐证"复"并非依附于"当"的词缀成分。

(13)桓南郡每见人不快,辄嗔云:"君得哀家梨,**当复**不烝食不?"(《世说新语·轻诋》第33条;[2]214;[10]464;[32]343;[29]6;[18]962)

此例有诸多学者将"当复"看作附加式,可商。句中"当"乃应该义①,"当复不烝食不"犹"该不会还要烝着吃吧"、"不会还要蒸着吃吧","复"用以加强反问语气,与"还"相应。如果将"当"去掉,此句与前举"复"单用于反问的句式并无不同。

(14)何能坐愁怫郁,**当复**待来兹?(《汉乐府·西门行》;[7]300;[14]188;[31]183;[26]123)

(15)但观以上国再毁之臣,望府一逐之吏,**当复**是天下才否,此皆足下所亲知。(《宋书·周朗传》;[34]102)

(16)后帝于后堂骑马致适,顾谓左右曰:"江祐若在,我**当复**能骑此不?"(《南齐书·江祐传》;[32]343)

第(14)例,有学者以诗中"今日不作乐,当待何时"证明"当复"即"当","复"为词缀。我们以为,"当复"乃"还要"义,全句意为:"怎么能忧愁不乐,难道还要等到来年?""今日不作乐,当待何时","当"后完全可以添加一个表语气的"复",与"复"同义的"更"亦可使用,现代语言中即常用"更待何时"。我们显然不能因为"复"可以不用,即认定其为词缀。第(15)例,"当"乃能义,"当复是天下才否"犹"还能是天下之才吗","复"加强语气,兼表状态的延续。第(16)例,"我当复能骑此不"犹"我还能骑这马吗","复"亦加强反问语气兼表动作延续。

文献中还有很多"当复"用于反问句的用例,如:

---

① 刘瑞明释作"必定"。

(17)因突入,号泣请曰:"庾玉台常因人脚短三寸,**当复**能作贼不?"(《世说新语·贤媛》第 22 条)

(18)臣年垂八十,位极人臣,启手启足,**当复**何恨!(《晋书·陶侃传》)

(19)季龙从其后宫升陵霄观望之,笑曰:"我家父子如是,自非天崩地陷,**当复**何愁!但抱子弄孙,日为乐耳!"(《晋书·石季龙传》)

第(17)例,"当复能作贼不"犹"还能作贼吗",《世说新语笺注》(2019:786)译作"还会造反吗","还"即"复"义之体现;第(18)例"当复何恨"犹"还能有什么遗憾";第(19)例"当复何愁"犹"还会有什么可愁的"。

方复

(20)王闻此语,譬如人噎,亦不得咽,又不得吐,语太子言:"国是汝有,库藏珍宝随意取用,何为**方复**自入大海?"(失译《大方便佛报恩经》卷四;[36]150)

有学者举此例,以"将,将要"释"方复",并以"复"为音节成分。我们认为,此句并非询问原因,"方复"搭配,乃表反问,可用"还要"对译,"复"用以加强反问语气,同时表意义的推进。"何为方复自入大海"即"为什么还要亲自入于大海之中"。可比较"何为复"用例:

(21)述曰:"汝谓我不堪邪?"坦之曰:"非也。但克让自美事耳。"述曰:"既云堪,**何为复**让!人言汝胜我,定不及也。"(《晋书·王述传》)

(22)边人问之:"汝已死,**何为复**用摩娑枯骨?"(三国吴康僧会译《旧杂譬喻经》卷下)

此二例中"复"与上举"方复"之"复"功能相同,主要用以加强反问语气,同时兼表意义的推进。再看以下二例:

(23)景历子征修父党之敬,闻允将行,乃诣允曰:"公年德并高,国之元老,从容坐镇,旦夕自为列曹,**何为方复**辛苦在外?"(《陈书·萧允传》)

(24)允少与蔡景历善,子微修父党之敬,闻允将行,乃诣允曰:"公年德并高,国之元老,从容坐镇,旦夕自为列曹,**何为方**辛苦蕃外?"(《南史·

萧允传》)

此二例所记事同,一用"何为方",一用"何为方复",我们不能因此认定"复"为词缀,因为"复"用于句中主要加强语气,并不是必需成分,但其功能还是能明显感知,第一句话可译作"为什么还要在外辛苦",第二句可译作"为什么要在外辛苦",两相比照,可以发现有"还"的译文反问语气更强,而这正是"复"在发挥作用。

讵复

(25)司州觉恶,便舆床就之,持其臂曰:"汝**讵复**足与老兄计?"(《世说新语·忿狷》第 3 条;[1]47;[29]7)

"讵复"即"岂复","岂"与"复"均用以加强反问语气,《世说新语笺注》(2019:1011)将此句译作"你难道还要和老兄我计较","难道还"正对应"讵复"。事实上,此句将"讵"或"复"去掉均不影响文义的表达。关于"讵复"的性质可参看下文"岂复"条。

可复

(26)朋类丧索,同好日尽,如此生辈,那**可复**多邪?临书酸心。(西晋陆云《与杨彦明书》之七;[7]299)

有学者举此例,认为"可复"为附加式合成词,我们以为不当。句中"复"用于反问句,加强语气,同时兼有比较表程度加深的作用,"那可复多邪"犹"哪里还能有更多呢"、"怎么可能还有更多"。从意义及韵律上看,"那可"当作一读,犹哪能、岂能,二者常连用表反问,如:

(27)会病亡,戒其妻子曰:"葬我必于西门豹边。"妻子难之,言:"西门豹古之神人,**那可**葬于其边乎?"(《三国志·魏书·田豫传》裴松之注引《魏略》)

(28)上答曰:"欺巧**那可**容!宋世混乱,以为是不?"(《南齐书·豫章文献王传》)

"那可"表反问,故"复"可与之搭配使用,如:

（29）吾携百指，扶护而归，衣衾斥卖殆尽。方以不达乡井为虑，**那可复**议商先辈事？（南宋张世南《游宦纪闻》卷四）

此例"复"仍用以加强反问语气，同时兼表意义的推进。

与"那可"义近的"宁可""岂可"亦有与"复"搭配的用法，如：

（30）得信，承嫂疾不减，忧灼**宁可复**言！（东晋王徽之《书》）

（31）颙曰："吾备位大臣，朝廷丧败，**宁可复**草间求活，外投胡越邪！"（《晋书·周颙传》）

（32）王者宫室，亦宜并立，灭贼之后，但当罢守耳，**岂可复**兴役邪！（《三国志·魏书·陈群传》）

（33）若范宁果如凝之所表者，**岂可复**宰郡乎！（《晋书·范宁传》）

以上用例"复"亦加强反问语气，可用"还"对译。

（34）省足下书，固不可言，已矣，**可复奈何**！（东晋王羲之《杂帖》；[7] 299）

有学者将例中"可复"看作一词，并认为"复"为词缀，可商。此例"复"亦用于加强反问语气，可用"还"对译，"可复奈何"犹"还能怎么办"。"复奈何"文献常用，可独用，亦可用于副词之后，用法无别，如：

（35）君服前贤弟逝没，一旦奄至，痛当奈何！**当复奈何**！（东晋王羲之《杂帖》）

（36）计慈颜幽翳十三年，而吾匆匆不知堪临，始终不发言，哽绝**当复奈何**！（王羲之《杂帖》）

（37）霜霰过兮**复奈何**，灵芝夐绝荆棘多。（唐元稹《有酒十章》）

第一例中前用"当奈何"，后用"当复奈何"，可明显感知后句语气更加强烈，意义亦有推进。

"复如何"亦有相似用法：

（38）岂图十日之中，二孙天命，悼伤之甚，未能喻心，**可复如何**！（王羲之《杂帖》）

(39)僧怅然,顾飞飞曰:"郎君证成汝为贼也。**知复如何**!"(唐段成式《酉阳杂俎》卷九)

(40)人无百年寿,百年**复如何**!(唐孟郊《劝酒》)

空复

(41)汝非臧洪畴,**空复**尔为?(《后汉书·臧洪传》;[32]344)

(42)行数十步,念"吾独死可,**空复**令他人见之死为",因埋掩其形。(南宋洪适《隶释·汉楚相孙叔敖碑》;[32]344)

有学者将"空复"看作一词,并将"复"定性为词缀,可商。此二例"复"与"为"搭配表反问,"复"用以加强语气,同时兼表意义的推进,其用法与本部分下文"欸复"条所谈"复用……为"相当,可参看。第(41)例,"空复尔为"犹"为什么还要白白地这么做(指与之同死)";第(42)例,"空复令他人见之死为"犹"为什么还要让他人见到而白白送死呢"。

那复

(43)人生到处知何似,应似飞鸿踏雪泥。泥上偶然留指爪,鸿飞**那复**计东西!(北宋苏轼《和子由渑池怀旧》;[32]346)

有学者指"哪复"为附加式,我们以为"复"仍表反问语气,"那复"犹"那里还",这种用法在唐诗中多见,而散文则很少使用,此各举一例:

(44)武帝曰:"卿辈未富贵,谓人不与;既富贵,**那复**欲委去!"(《南史·张瓖传》)

(45)已知奏课当征拜,**那复**淹留咏白蘋。(唐韩愈《韶州留别张端公使君》)

第一例"那复欲委去"犹"为什么还要离去";第二例"那复"犹"哪里还"。唐诗中还经常使用"那更"组合,用法相同,如:

(46)终当赋归去,**那更**学杨朱。(唐李绅《趋翰苑遭诬构四十六韵》)

(47)世间泉石本无价,**那更**天然落景中。(唐郑损《玉声亭》)

(48)岁月尽能消愤懑,襄区**那更**有知音。(唐归仁《悼罗隐》)

此类用例,从一个侧面体现出"复"的性质。

颇(叵)复

(49)尔时,有一比丘在安静处,燕坐思惟而作是念:"**颇复**有色常住不变,而一向乐,恒久存耶?颇有觉、想、行、识常住不变,而一向乐,恒久存耶?"(东晋僧伽提婆译《中阿含经》卷一一;[36]151)

(50)当尔之时,乃至无有佛法之名,况复八关斋文,**叵复**得耶?(三国吴支谦译《撰集百缘经》卷六;[36]151)

有学者举此二例,以"叵复"为疑问语气词,释作"岂",并将"复"定性为音节成分。我们以为此二例"复"均用于加强反问语气,"颇(叵)复"可译作"难道还"。

值得注意的是,"颇复"在中土文献及佛典中,还有很多用例表疑问而非反问,而"复"常表另外一些功能。如:

(51)校事赵达问以曹事,邈曰:"中圣人。"……车驾幸许昌,问邈曰:"**颇复**中圣人不?"邈对曰:"昔子反毙于谷阳,御叔罚于饮酒,臣嗜同二子,不能自惩,时复中之。然宿瘤以丑见传,而臣以醉见识。"(《三国志·魏书·徐邈传》)

(52)顾彦先平生好琴,及丧,家人常以琴置灵床上。张季鹰往哭之,不胜其恸,遂径上床,鼓琴,作数曲竟,抚琴曰:"顾彦先**颇复**赏此不?"(《世说新语·伤逝》第7条)

例(51),"颇复中圣人"承前"中圣人"而言,表动作行为的持续,"复"相当于"还";例(52),用法相同,"复赏此"表"赏此"这一动作的延续,《世说新语笺注》(2019:729)将"顾彦先颇复赏此不"译作"顾彦先是否还能欣赏这个","还"即对应"复"。

(53)世尊所说根、茎、华等三种之香,众香中上。然其香气,顺风则闻,逆则不闻。世尊!**颇复**有香,逆风顺风皆能闻不?(失译《别译杂阿含经》卷一)

(54)舍利弗问须菩提:"但是三昧使菩萨疾成阿耨多罗三耶三菩耶?

331

颇复有余三昧?"(西晋无罗叉译《放光般若经》卷三)

此二例"复"表在原有基础上更进一层,佛典中"颇复"多为此种用法。同义的"颇更"亦有用例,如:

(55)尊者舍梨子问曰:"贤者大拘绨罗! 颇有事因此事,比丘成就见,得正见,于法得不坏净,入正法耶?"……尊者舍梨子复问曰:"贤者大拘绨罗! **颇更**有事因此事,比丘成就见,得正见,于法得不坏净,入正法耶?"(东晋瞿昙僧伽提婆译《中阿含经》卷七)

(56)是时,童子复白佛言:"**颇更**有力出此力者乎?"(东晋瞿昙僧伽提婆译《增壹阿含经》卷三六)

岂复

(57)仲弓曰:"欺君不忠,病母不孝。不忠不孝,其罪莫大。考求众奸,**岂复**过此?"(《世说新语·政事》第1条;[2]214;[17]181;[32]344)

有学者将句中"岂复"看作附加式,可商。"岂复过此"乃反问句式,"复"用以加强反问语气,同时兼表程度的加深①,可译作"难道还能比这更厉害","还""更"即"复"义之体现。

(58)譬如有人违犯王法,闭在牢狱,应当诛戮。财物没入其官,**岂复**能却之乎?(三国吴支谦译《长者音悦经》;[36]151)

此例"岂复能却之乎"亦为反问句,"岂"与"复"均用以加强反问语气,去掉"岂"或"复",文句均能成立,且语义不变。

(59)佛告之曰:"云何,梵志! 马驴、驴马**岂复**有异乎? 若复有人言宝一斛,复有人言一斛宝,此二义岂有异乎?"(东晋瞿昙僧伽提婆译《增壹阿含经》卷四六;[36]151)

(60)人言母当去,**岂复**有还时。(东汉蔡琰《悲愤诗》;[7]300)

(61)妾**岂复**吝死! 乞一临尸尽哀。(《幽明录·卖胡粉女子》;[1]47)

---

① 可参"复"用于比较句表"更"义的用法,以及"复过"搭配用法。

(62)镇恶抚慰士卒曰:"卿诸人并家在江南,此是长安城北门外,去家万里,而舫乘衣粮,并已逐流去,**岂复**有求生之计邪!"(《宋书·王镇恶传》;[34]102)

(63)加以构难西虏,结怨黄龙,控弦熸灭,首尾逼畏,蜂屯蚁聚,假息旦夕,**岂复**能超蹈长河,以当堂堂之陈哉!(《宋书·索虏传》;[34]102)

(64)苟所咏者殊,虽复共庭,亦非嫌也。魏三祖各有舞乐,**岂复**是异庙邪?(《宋书·乐志一》;[34]102)

以上诸例,与前举"复"单用于反问句的用法并无不同,诸家以"复"为词缀,事实上,将"岂"去掉,并不影响文义的表达,"岂"的使用只是使反问语气更加显明、更加强烈而已,各句中"复"除最后一例解作"也",其他均可用"还"对译。

为复

(65)庾道季诧谢公曰:"裴郎云:'谢安谓裴郎乃可不恶,何得**为复**饮酒?'"(《世说新语·轻诋》第24条;[32]345)

有学者将"为复"看作附加式,可商。此句为反问句,"何得为复饮酒",《世说新语笺注》(2019:956)译作"怎么还会饮酒","还"即对应"复","复"之功能十分明了。相对来说,"为"在句中所表功能倒不是很明确,正常来说,此类句式通常作"何得"或"何为",如:

(66)礼,王后无嗣,择建支子,以继大宗,则当纂正统而奉公义,**何得复**顾私亲哉!(《晋书·礼志上》)

(67)述曰:"既云堪,**何为复**让!"(《晋书·王述传》)

"何得为"或许为"何得"与"何为"二者的融合①。总之,将意义、功能明确的"复"看作意义、功能不甚明了的"为"的后缀,似欠妥当。

欺复

(68)长者妇问曰:"卿在此仰我衣食,**欺复**用钱为? 持作何等?"老母

---

① 文献中其他"何得为"用例,"为"一般意义较实,如《晋书·礼志中》:"今昌二母虽土地殊隔,据同时并存,何得为前母后母乎!"

白言:"私宜急用,不可得说。"(失译《杂譬喻经》卷上;[36]153)

有学者以"忽然"释"欻复",并以"复"为音节成分,我们以为不然。此句"复"用于反问句中,加强语气,"复用钱为"义为"还要用钱做什么","为什么还要用钱"。"复用……(何)为"乃常用搭配,可比较以下诸例:

(69)王曰:"王郎已破,河北略平,国家今都长安,天下大定,**复用**兵**何为**?"(《后汉纪》卷二)

(70)其父愈怒曰:"即如汝言,**复用**理坏者**何为**?"(《晋书·艺术传·幸灵》)①

(71)至于发调者,徒以天下未定,事以众济,若徒守江东,修崇宽政,兵自足用,**复用**多**为**?(《三国志·吴书·大帝传》)

(72)信来堪大恸,余**复用**生**为**?(唐贯休《怀赤松故舒道士》)

(73)时,夫人亦复闻长寿王为梵摩达所捉得,闻已,便作是念:"我今**复用**活**为**?宁共大王一时同命。"(东晋瞿昙僧伽提婆译《增壹阿含经》卷一六)

(74)是时,耶若达梵志叹说如来之德,尸婆罗闻已心开意解。是时,尸婆罗语梵志曰:"我今躬持此酪往施如来,**复用**祀天**为**?"(东晋瞿昙僧伽提婆译《增壹阿含经》卷二五)

(75)若言:"我已决意施,**复用**问我**为**?"(东晋佛陀跋陀罗共法显译《摩诃僧祇律》卷三一)

例(68)《杂譬喻经》例只是在"复用……为"前使用了一个副词而已,"复"的功能并未因此而改变。

亦复

(76)卫洗马初欲渡江,形神惨悴,语左右云:"见此芒芒,不觉百端交集。苟未免有情,**亦复**谁能遣此!"(《世说新语·言语》第32条;[29]7)

有学者将"亦复"看作附加式,当误。"亦复"乃同义复合,用于反问句中,

---

① "复用……为"当为"复用……何为"之省。

加强反问语气,可用"又"对译。可比较以下二例:

(77)凡废立大事,不可广谋,但袁、褚遗寄,刘又国之近戚,数臣地籍实为膏腴,人位并居时望,若此不与议,**复**谁可得共披心胸者哉!(《南齐书·张敬儿传》)

(78)大抵西方之教,其有无**亦**谁能知?(南宋刘祁《归潜志》卷一二)

此二例一用"复",一用"亦",均用于反问句加强反问语气。

知复

(79)寻得李宪《劝封禅》草,信自有才,颇多烦长耳,令送间人。又有张公所作,已令写别送。临纸岡岡,**不知复**所言,谨启。(《与兄平原书》之二七;[7]299;[17]181)

有学者以"知复"为一词,并将"复"看作动词"知"的后缀,可商。从意义及韵律来看,"不知"显然当作一读,"复所言"犹"复何所言""复何言","复"仍用以加强语气,"不知复所言"犹"不知道还能说什么"。将此例与上文第(1)例"不知本复何言"比较,可以发现二者结构基本相同,学者们或将"知复"看作一词,或将"本复"看作一词,实未得"复"用法之根本。

十六、表追问语气

(一)"复"可用于疑问句中,表追问

"复"的这种用法意义上有推进,同时加强语气,与"到底"相近。钟兆华《近代汉语虚词词典》(2015:202)揭示了近代汉语的相关用法:"用于问句,表诘问语气,究竟;到底。"并举有以下用例:

光庭与薛昭有旧,途穷而归光庭。且其所犯非大故,光庭得不纳之耶?若擒以送官,居庙堂者**复**何以见待?(唐刘肃《大唐新语》卷七)

男子不能自励,窘辱如此,**复**何为容!(五代王定保《唐摭言》卷八)

兵才至,士兴即降,大王之意**复**为可不?(《旧唐书·窦建德传》)

今日**复**何日,岳寺闻楼钟?(北宋惠洪《次韵公弼寄胡强仲》)

心地含诸种,遇泽悉皆萌。三昧华无相,何坏**复**何成。(南宋颐藏编《古尊宿语录》卷一)

"复"的这种用法在中古汉语中即很常见,如:

念足下穷思兼至,不可居处。雨气无已,卿**复何似**?耿耿善将息,吾故劣,力知问。(东晋王羲之《杂帖》)

近过得告,故云腹痛,悬情。灾雨比**复何似**?气力能胜不?(王羲之《杂帖》)

文襄与季舒书曰:"痴人**复何似**?痴势小差未?"(《魏书·孝静纪》)

此三例"复何似"犹到底怎么样了。

上山采蘼芜,下山逢故夫。长跪问故夫:"新人**复何如**?"(《玉台新咏·古诗八首》)

尊夫人向来**复何如**?为何所患?甚悬情。(王羲之《杂帖》)

诸患者**复何如**,悬心?(王羲之《杂帖》)

涣之等白,不审二姨常患**复何如**?(东晋王涣之《书》)

羲之白,不审尊体比**复何如**,迟复奉告。(王羲之《杂帖》)

时,净饭王作是思惟:"今我太子,端正少双,未知其力,竟**复何如**?"(隋阇那崛多译《佛本行集经》卷一一)

上举"复何如"与"复何似"意义及用法均相当。最后一例,"竟"乃究竟义,与"复"功能相当,故而搭配使用,使追问语气更加强烈。

信所怀愿告,其中并尔,郎子意同异**复云何**?邈然无谘叙之期。(王羲之《杂帖》)

桓公十月末书为慰,云所在荒甚可忧。殷生数问北事,势**复云何**?(王羲之《杂帖》)

毗婆尸太子,见彼命终人,即问御车者,无能免斯苦。独坐自思惟,真实而不谬,我身**复云何**,得免无常患?(宋法天译《毗婆尸佛经》卷上)

上虽云三种闻慧体,未知修之方法竟**复云何**?（北魏菩提流支译《金刚仙论》卷六）

"复云何"犹"复如何"。

欲唱玄云曲,知音**复谁是**? 采掇情未来,临池画春水。（唐陈陶《有所思》）

太后曰:"卿云兴灭国,继绝世,灭国绝世,竟**复谁是**?"（《魏书·张普惠传》）

"复谁是"中"复"亦表追问。

(二)诸家所举此类用例辨析

诸家所举词缀例中,有少量此类用例:

竟复

(1)作是语已,田主欢喜,问鹦鹉言:"汝取此谷,**竟复**为谁?"（元魏吉迦夜共昙曜译《杂宝藏经》卷一;[36]150）

有学者以"究竟"释"竟复",并将"复"看作音节成分,可商。句中"竟"乃究竟、到底义,用于疑问句,表示进一步追问,而"复"亦有此功能,这也正是其可与"竟"搭配使用的原因。文献中"复为谁"有相似用法,可以比勘:

(2)木兰抱杼嗟,借问**复为谁**。欲闻所戚戚,感激强其颜。（唐韦元甫《木兰歌》）

(3)朝闻惊禽去,日暮见禽归。瑶琴坐不理,含情**复为谁**?（北宋欧阳修《拟玉台体七首·落日窗中坐》）

此二例中"复为谁"均表追问,"复"用以加强语气,与到底、究竟相近,而《杂宝藏经》中"复为谁"如此解亦无问题①。

---

① 《杂宝藏经》例还有一种可能:文句暗含鹦鹉取谷首为自己的预设,而"竟复问谁"在此预设下提问,义为"到底还为谁",表动作行为的重复。

尚复

(4)且陛下春秋高,法令亡常,大臣亡罪夷灭者数十家,安危不可知,子卿**尚复**谁为乎?(《汉书·苏武传》;[24]45)

有学者将"尚复"看作附加式,可商。"尚复"为同义复合,用于上句中有进一步追问之义,"尚复为谁"与上"竟复"条所举"复为谁"用法相同,"子卿尚复谁为"犹"子卿你到底还要为谁(守节)呢"。

十七、表委婉语气

"复"还可与其他词搭配,表委婉语气,主要有以下几类:

(一)与表确实义的副词搭配,可用"也"对译

此类用法与《八百词》(1999:597)"也"第 4 义类"表委婉语气"的用法相应,如:

实复

(1)时,王便笑而作是说:"此是愚人之法,命也难保,有何可克?如有人堕摩竭鱼口,欲求出者,**实复**难得。此亦如是,堕阎罗王边,欲求出,实难可得。"(东晋瞿昙僧伽提婆译《增壹阿含经》卷一八;[36]152;[12]31)

(2)尔时阿难,见诸盲人,肉眼明净,又尽诸漏,成阿罗汉,长跪合掌,前白佛言:"世尊出世,**实复**奇特,所为善事,不可思议。又此诸盲人,特蒙殊泽,肉眼既明,复获慧眼,世尊出世,正为此等。"(元魏慧觉等译《贤愚经》卷六;[36]152)①

有学者举此二例,认为"实复"为一词,"复"为音节成分。初一看,"实复"表实在、确实,"复"之义或功能似乎难寻踪迹,然而考察文献中"实亦"用例之后,我们的看法可能会有所改变:

---

① 此例前文提及"如来出世,甚奇甚特","实复奇特"即是对这种说法的确认。

（3）初，范阳卢谌每称之曰："吾及晋之清平，历观朝士多矣，忠清简毅，笃信义烈，如阳士伦者，**实亦**未几。"（《晋书·阳裕载记》）

（4）唯樊襄已南，仁乖道政，被拘隔化，非民之咎。而无赖之徒，轻相劫掠，屠害良善，离人父兄。衍之为酷，**实亦**深矣。（《魏书·世宗宣武帝纪》）

此二例"实亦"之"亦"并非表事情的再次发生，它用于句中，与表确实义的"实"搭配，主要表委婉语气，"实亦"可对译为"也确实"。① 我们知道，"复"与"亦"诸多功能同，那么"实复"之"复"是否有可能与"实亦"之"亦"用法相同呢？我们看以下几组用例：

（5）唐家今得夏王，即加杀害，我辈残命，若不起兵报仇，**实亦**耻见天下人物。（《旧唐书·刘黑闼传》）

（5A）吾今知仙之可得也，吾能休粮不食也，吾保流珠之可飞也，黄白之可求也，若责吾求其本理，则亦**实复**不知矣。②（《抱朴子·内篇》卷三）

（6）无虑往岁挫伤，续以内衅，侮亡取乱，诚为沛然。然淮、泗数州，**实亦**雕耗，流佣未归，创痍未起。（南朝宋何偃《北伐议》）

（6A）林宗拔萃翘特，鉴识朗彻，方之常人，所议固多，引之上及，**实复**未足也。（《抱朴子·外篇》卷四六）

（7）顾谓房玄龄曰："今玄素上表，洛阳**实亦**未宜修造，后必事理须行，露坐亦复何苦？"（唐吴兢《贞观政要》卷二）

（7A）余承师郑君之言，故记以示将来之信道者，非臆断之谈也。余**实复**未尽其诀矣。（《抱朴子·内篇》卷八）

以上三组用例，第一组均用于表假设的语境中，第二组均用于表转折的语境中，第三组"实亦""实复"后均与"未"连用，"实亦""实复"均可用"也确实"对译，很难说"复"与"亦"有何不同。联系汉代汉语仍在使用的"也"表语气的用法，我们认为，将"复"看作与"亦"功能相同的表语气的副词更加合适。

---

① "实亦"在文献中常与表不仅义的词搭配，表两事相同，犹"实际上也"，如《晋书·姚兴载记下》："今修和亲，兼婚姻之好，岂但分灾共患而已，实亦永安之福也。"

② 此例"亦实复"与"实复"用法同，"亦复"之间插入其他成分的用法并不少见。

我们利用汉籍检索系统(四)调查了宋前文献,发现"实复"用例较少,主要用于道藏(《抱朴子》5例,《墉城集仙录》另有1例),另佛典中有少量用例。普通中土文献则多用"实亦"(《抱朴子》无一例"实亦"用例),二者使用上存在一定的互补关系。

诚复

(8)王子敬问谢公:"嘉宾何如道季?"答曰:"道季**诚复**钞撮清悟,嘉宾故自上。"(《世说新语•品藻》第82条;[2]214;[10]464;[12]30;[13]8;[29]6;[18]627)

(9)匪吝其生,实悲其痛。**诚复**内省不疚,而抱理莫申。(《宋书•谢灵运传》;[34]101;[29]7)

(10)是人复言:"汝今所索,**诚复**不多,然我今日方当渡海,不知前途近远如何?"(北凉昙无谶译《大般涅槃经》卷一一;[36]149;[10]464)

有学者举此三例,指"诚复"之"复"为词缀或音节成分,可商。"诚复"与"实复"义近,文献中亦有用法相同的"诚亦",如:

(11)通曰:"绍与大将军相持甚急,左右郡县背叛乃尔……"俨曰:"**诚亦**如君虑,然当权其轻重,小缓调,当为君释此患。"(《三国志•魏书•赵俨传》)

(12)主者前奏就魏旧庙,**诚亦**有准,然于祗奉神主,情犹未安,宜更营造。(《晋书•礼志上》)

与前举"诚复"用例一样,此二例"诚亦"亦用于存在转折关系的语境中,且"亦"并非为其表事情再次发生或动作状态重复的常规用法,而是主要表委婉语气,"诚亦"可对译为"也确实","诚复"如此理解亦全无问题。

"诚复""诚亦"亦可用于非转折关系的语境中,如:

(13)古者墓而不坟,文、武之兆,与平地齐。今豪民之坟,已千坊矣。欲民不匮,**诚亦**难矣。(东汉崔寔《政论》)

(14)然被书之日,罢遣人众,束手受罪,比于求生遂为恶者,**诚复**不同。(《三国志•魏书•邓艾传》)

我们对"诚复"用例进行了考察，发现它主要用于表、书等骈体文中，且多位于句首，后接表转折关系的句子①。"诚亦"组合亦如此，常用于较正式的文体，后多接表转折的句子。

自复

(15)王子敬语王孝伯曰："羊叔子**自复**佳耳，然亦何与人事？故不如铜雀台上妓。"(《世说新语·言语》第 86 条;[1]47;[2]213;[19]68;[32]346;[29]6;[18]157)

此例诸多学者将"自复"看作附加式合成词，并以"复"为词尾。就词义来说，有学者释为"自然"，另有学者释为"自然，确实"。我们认为，此例所表义与上举"诚复"并无不同，"羊叔子自复佳耳"是对"羊叔子佳"这一情况的确认，后接表转折关系的小句，"自"解作"确实"更能体现其语气②，而"复"可用"也"对译，"羊叔子自复佳耳"犹"羊叔子(祜)也确实好"。

(16)王母曰："汝能贱荣乐，卑宫室，耽虚味道，**自复**佳尔，然汝情恣体欲淫乱过甚，杀伐非法，奢侈恣其性者，裂身之本也。"(五代杜光庭《墉城集仙录》卷一)

此例"自复佳"用法同，可解作"也确实不错"。

(17)＊张公文无他异，正自情省③无烦长，作文正尔**自复**佳。(《与兄平原书》之二一;[7]299;[8]29)

蒋宗许(1990)先将"自"看作代词，自己义，"复"为词缀，并指"正尔自复佳"犹言"(这)正是他自己的优点"，之后(1991:29)改变看法，译作"正是这样自然好"。

按：此句较难理解，断句即存在争议，有如上文标点者，还有断句作"正自情省，无烦长作文，正尔自复佳"。从文义看，"正尔"之"尔"当作代词，如此义，

---

① 这一点与主词缀说者认为词缀"复"主要用于中古口语性文献明显不同。

② "自"有确实义，乃由其自然义引申而来，参前文"自"下论述。

③ "情省"或当作"清省"，南朝齐刘勰《文心雕龙》卷七："至如士衡才优，而缀辞尤繁；士龙思劣，而雅好清省。及云之论机，亟恨其多，而称清新相接，不以为病。"

指"情省无烦长","作文正尔自复佳"指作文做到了"情省无烦长"则"自复佳","自复佳"可对译作"自然还好","复"可用"还"对译,主要用表语气,"自"表"自然"与"确实"意义相近,"确实"义乃"自然"义之引申。

《世说新语》中还有一个"乃复",亦属此类用法:

(18)王大语东亭:"卿**乃复**论成不恶,那得与僧弥戏!"(《规箴》第22条)

《世说新语笺注》(2019:654)释"乃复"为"确实,的确",译文作"你的品评确实不差,怎么能和僧弥开玩笑呢"。我们以为此句"复"亦表委婉语气,可用"也"对译,即"你的品评也确实不错"。

综观以上与表确实义的词搭配使用的"复",可以发现,它们通常用于存在转折关系的句子中,带有让步的味道,这与"复"表意义的反向推进用法相关,这当是此类用法的意义来源。

(二)与表只义的"政"搭配,可用"也"对译

政复

(19)将诛之。孙奉伯说帝曰:"死是人之所同,**政复**一往之苦,不足为深困。庄少长富贵,今且系之尚方,使知天下苦剧,然后杀之未晚。"(《宋书·谢庄传》;[12]31;[13]9;[32]346)

(20)萧子响在荆州造仗,长吏司马皆以启闻。王知大怒,乃伪请入坐起,既至坐,厉声色而语曰:"身父则是天子,**政复**造五千人仗,此复何嫌,而君遽以上启?"(南朝梁萧绎《金楼子》卷四;[17]180)

此二例"政复"犹"也只是""只不过是",有故意往小里说的味道,从意义上来说,是一种逆向推进,这应当是"复"用于此的原因。同类用例尚用:

(21)任彦升云:"人皆有荣进之心,**政复**有多少耳。然口不及,迹不营,居当为胜。"(《金楼子》卷四)

(22)本朝欧苏不得谥"文",而得之者乃杨大年、王介甫。介甫经学不得为醇,其事业亦有可恨;大年**政复**文士尔。(南宋叶绍翁《四朝闻见

录》丁集)

(三)与"可"搭配,可用"还"对译

为复

（23）问言："甄为称尊者意不?"答言："**为复**可耳。"（东晋佛陀跋陀罗共法显译《摩诃僧祇律》卷一一;[36]153)

（24）吾服食久,犹为劣劣,大都比之年时,**为复**可耳。（东晋王羲之《杂帖》;[32]344)

有学者以"为复"为附加式,可商。此"复"主要用表语气,常与"可耳(尔)"搭配,表还可以、还好,有把事情往小里、低里、轻里说的意味,"复可耳(尔)"前常有"为""乃""或"等其他词搭配,可比较以下用例:

（25）今尚得坐起,神意**为复可耳**。（东晋王羲之《杂帖》)

（26）然疾根聚在右髀,脚重痛不得转动,左脚又肿,疾候极是不佳,幸食眠意事**为复可可**,冀非臧病耳。（东晋王献之《杂帖》)

（27）琅邪王处仲为鸿胪卿,谓曰："鸿胪丞差有禄,卿常无食,能作不?"脩曰："**为复可耳**。"①（《世说新语·文学》18 条刘孝标注引《名士传》)

（28）晞曰："銮驾巡狩,**为复可尔**,若轻有驱使,恐天下失望。"（《北齐书·王晞传》)

（29）纯银乘具,**乃复可尔**,何以作镫亦是银?（《南齐书·庐陵王子卿》)

（30）俄而孝征复谓城中人曰："韦城主受彼荣禄,**或复可尔**,自外军士,何事相随入汤火中耶?"（《北史·韦叔裕传》)

"尚可""尚复可"亦有此用法,如:

（31）佛告须深："**此尚可耳**,若于正法、律盗密出家,盗受持法,为人宣说,当受苦痛倍过于彼。"（南朝宋求那跋陀罗译《杂阿含经》卷一四)

---

① 此例"为复"《晋书·阮修传》引作"亦复"。

(32)曼坻更愁毒言:"不见两儿,**尚复可耳**,太子不应,益令我迷荒。"(西秦圣坚译《太子须大挐经》)

(四)置于"聊"后

聊复

(33)＊帝知其虚,驰遣主书吴喜公抚慰之,又答曰:"梁山风尘,初不介意,君臣之际,过足相保,**聊复**为笑,伸卿眉头。"(《宋书·王玄谟传》;[34]102;[29]7)

有学者举此例,以"聊复"为附加式。文献中还有另外两个同类的"聊复"用例:

(34)尝有人遗遁马,遁受而养之。时或讥之,遁曰:"贫道爱其神骏,**聊复**畜耳。"(隋费长房《三宝纪》卷七)

(35)左右云:"有门生因弹见勖,遂以此废,所在皆止。"遥欣笑曰:"我小儿时**聊复**语耳,那复遂断邪。"(《南史·齐宗室传·曲江公遥欣》)

"聊"乃姑且、随意义,有往小里说的意味,"复"与之搭配,当用表委婉语气。

十八、存在疑问的用例

诸家所举用例中,还有一些可能存在讹误,或由于语境不够完备,抑或因本人水平不够,意义难以确定,此列举如下:

便复

(1)李氏云:"雪与列韵,曹**便复**不用。"人亦复云,曹不可用者。(《与兄平原书》之二九;[7]299)

此例前后文语境十分简单,李氏在什么情况下说这话不得而知,"便"一般有所承接,而此句所接为何,亦全然不知,将此类例句中的"复"定性为词缀,实在难以让人信服。事实上,"复不用"表"也不用""又不用"十分自然,只要配以适当的语境,完全可以如此解。

忽复

(2)吴中有一书生,皓首,称胡博士,教授诸生,**忽复**不见。(《搜神记》卷一八;[19]68)

有学者指"忽复"为附加式。按《太平御览》卷三二及《岁时广记》卷三六引《续搜神记》,"忽复不见"作"忽不复见",如此"复"则与否定词搭配表动作行为不再重复。

深复

(3)云彦仁或宣城甚佳,情事实宜,今有云,想**深复**征许也。(东晋王羲之《杂帖》;[13]9)

有学者举此例,以"深复"为一词,并将"复"看作词缀。本人愚钝,细读前后文,仍不知此句为何义。然而我们在《杂帖》中看到另有一处"复征许也",其文作:

(4)昨得殷候答书,今写示君,承无怒意,既而意谓速思顺从,或有怨理,大小宜盘桓,或至嫌也。想复深思。

复征许也。(王羲之《杂帖》)

原文"复征许也"另起一行,独立为一条,从文义来看,或有缺文,但至少说明"复征许也"完全可以独立,从字面看,其义亦很容易理解,"复征许也"即"再次征讨许"。

遂复

(5)说其中有一僧名号法华和尚,家住邢州,知主上无道,**遂复**裹经题,直至随州山内隐藏。(《敦煌变文集·韩擒虎话本》;[1]48)

有学者举此例,认为"遂复"为附加式,误。此例中"复",原典作"複",当为"複"字。《敦煌变文校注》虽录作"復",但在校六中指出:"'復'通'複','複'又

345

是'幞''襆'的通用字,也就是现在说的包袱的'袱','複裹'是包装、收拾义。"(黄征、张涌泉 1997:306)

脱复

(6)兄子济往省湛,见床头有《周易》,谓湛曰:"叔父用此何为? 颇曾看不?"湛笑曰:"体中佳时,**脱复**看耳。今日当与汝言。"(《世说新语·赏誉》第 17 条刘孝标注引邓粲《晋纪》;[32]345;[18]479)

有学者将"脱复"看作附加式,并译作"可能、或许"。按:"脱复"用例不多,我们利用汉籍检索系统(四)考察了元代之前的文献,不计重复,共有 12 个用例,主要有两种用法:

(7)臣以为当今四海清平,九服宁宴,经国要重,理应先营,**脱复**稽延,则刘向之言征矣。(《北齐书·邢劭传》)

(8)近虽仰凭威灵,得摧丑虏,兵寡力弱,擒斩不多。**脱复**高曳长缣,虚张功捷,尤而效之,其罪弥甚。(《魏书·韩显宗传》)

此二例"脱"表假设,"复"表动作状态的延续、重复,"脱复"犹"如果再",12 例中此类用例有 8 个。

(9)标以近质,综不及远,情未能已,猥参斯典。希感之诚,**脱复**微序,庶望贤哲,以恕其鄙。(南朝梁僧祐《出三藏记集》卷一〇)

(10)若天眷罔已,**脱复**迟回,请出臣表,遝闻内外,朝议舆诵,或有可择。(《宋书·王弘传》)

此二例"脱复"犹"纵更",表让步,"复"的这种用法可参看本编第十一类"纵复""虽复"条。12 例中有 3 例属此类。

文献中未见与《世说新语》中"脱复"相同的用例,"复"是词缀,还是另有他义,不甚清楚。但我们看到这样一个用例:

(11)自疑太古民,百年乐未央。有时闲暇时,**颇复**诵老庄。(南宋陆游《山泽》)

此例句式与《世说》相似,"颇复"的理解或许对《世说》中"复"的理解有助,

故我们调查了文献中"颇复"的用法。"颇复"除了前举用于反问及疑问句中之外,还可用于陈述句,如:

(12)太子既通,复私问《谷梁》而善之。其后浸微,唯鲁荣广王孙、皓星公二人受焉。广尽能传其《诗》、《春秋》,高材捷敏,与《公羊》大师眭孟等论,数困之,故好学者**颇复**受《谷梁》。(《汉书·儒林传·瑕丘江公》)

(13)先是,天下蝗旱仍见,士逊居首相,不能有所发明,上**颇复**思吕夷简。(南宋李焘《续资治通鉴长编》卷一一三)

(14)少狂喜文章,**颇复**好功名。(北宋王安石《少狂喜文章》)

(15)我昔**颇复**喜墨卿,银勾虿尾烂箱簏,赠君铺案黏曲屏。(北宋黄庭坚《以右军书数种赠邱十四》)

以上用例,"复"均有其特定功能,第(11)例,"颇复"犹"又颇","复"表动作行为的重复;第(12)、(13)例,用法与第(11)例同,"复"亦表动作行为的重复,其中第(13)例后作者自注曰"复思夷简,据《记闻》";第(14)例,"复"亦又义,表更进一层;第(15)例,"复"表两事相同,可译作"也"。

小复

(16)婆罗门言:"若能就王身上剟作千疮,灌满膏油,安施灯炷以供养者,吾当为汝解说佛法。"王未答顷,寻下高座。尔时大王,即前抱持,报言:"**小复**留怀。须自思惟,当奉供养。"(南朝梁宝唱集《经律异相》卷二四;[36]153)

有学者以稍稍、稍微释"小复",并认为"复"为音节成分,不表义,我们以为可以另解。从文句可知,婆罗门提出要求之后,还未等王作答,即下高座打算离开,而王则立即上前抱持,并请求婆罗门稍稍再等等,婆罗门提出要求与下高座打算离开之间虽很短暂,但仍有等待的时段,王请求将此等待这一动作稍作延续,即为"小复"。不过这里也存在疑问:"留怀"于此义有未惬,故而存疑。

附:"复"之词义、功能引申图示

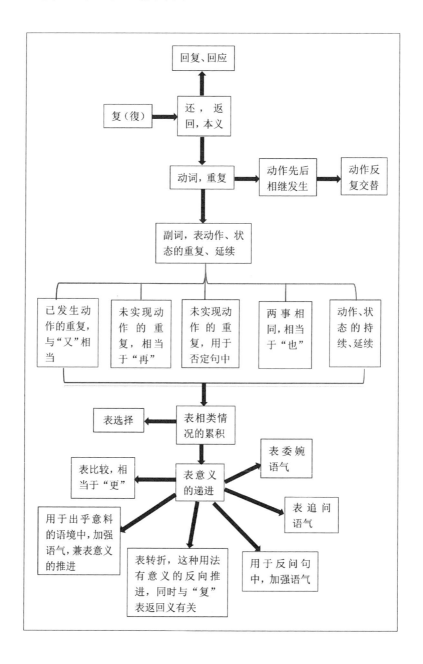

下编小结

本编我们总共搜罗到诸家定性为词缀或音节成分的"复"的用例 395 例，其中 6 例因文字讹误或前后文语境不足暂时存疑，实际归属"复"类用法者 389 例。在认真分析研究的基础上，我们根据意义及功能将这些用例分作 17 个类别：其中有些类别的意义及功能十分常见，如第一至第十类以及十二类，有些则少有人论及，如第十一类表意义的递进、第十三类表转折、十四类表出乎意料、十五类表反问语气、十六类表追问语气、十七类表委婉语气。针对这些较少论及的功能，我们作了深入分析，除十七类表委婉语气外，其他类别均有充分的独用用例作支撑，且分析了这些功能的来源，并尽量利用现代汉语的对应用法加以佐证。针对常用用法，我们也做了一些工作：尽量分析这些功能的使用特色，抓住关键，帮助判断。

综观研究结果，有以下几点值得注意：

1."复"表动作行为的重复或延续、连接前后相续的动作行为、连接并列成分表累积，是其常见功能，本编所归纳的第"二、三、四、五、六、七、九"等 7 个类别属上述用法。按理说，这些用法十分常见，不太容易出现分歧，然而综观诸家所举词缀用例，竟然涉及 235 例，占总量的 60.4%，实在让人吃惊。细看这些用例，导致诸家误判的原因主要有以下几点：第一，阅读文献不够细致。"复"的上述用法通常离不开前后文语境，有些时候所包含线索可能距离"复"很远，因而解读文例，需要认真阅读前后文。然而从诸家所举例来看，有些存在十分明显线索的用例都被误判，只能解释为阅读过于粗疏。第二，对"复"的这些常规用法的使用特色了解不够。如"复"表动作行为的重复，对于施事与受事是否相同并无严格的限制，但有些学者正是纠结于此而导致误判。第三，所选材料存在问题，解读时未遵循常义优先的原则。"复"表动作行为的重复，通常需要语境提示，然而诸家所举用例中，有很多是语境不足的诗歌或书信，这必然会造成解读的困难。我们认为，论证"复"能否充当词缀，最好避免使用此类用例，如果使用的话，也要坚持常义优先原则，即利用生活常识，或作特定假设，能以常义为释者，则定性为常义。

2.相对"自"来说,"复"是一个意义更虚的语言成分,特别是其用于特定文句加强语气的用法,如果仅通过语感,采用去除法,很容易将其定性为无义成分。我们认为,针对此类用例,一方面需要认真考察独用的"复"的用法,通过与"X 复"用例细加比较,同时采用双向去除,即除了去除"复"之外,还需要通过去除"复"前的成分"X"加以验证,这样得出的结论往往要科学得多。如用于反问句中的一些"X 复"组合,当去除"X"时,可以发现"复"独用于其中全无问题。

3.诸家所举"X 复"用例中,也存一些同义复合,涉及 50 余个用例,如表两事相同的"亦复"12 例,表动作行为持续不变的"故复"4 例、"尚复"4 例、"犹复"8 例,与"X 自"不同,这些组合一般都有同义的倒序词,只要充分调查,完全可以将它们排除,然而诸家似乎并未做这项工作。

4.与"自"的分析一样,诸家所举文例中也存在一些无法解释的用例,但我们并未将它们归入词缀,因为将能够确定并非词缀的用例排除之后,可以发现这些暂时无法解释的用例,根本不足以支撑"复"作词缀的看法。

余　论

词缀"自""复"研究是词缀研究中参与人数最多、延续时间最长、讨论最充分、产出成果最多的研究，国内最知名的语言学刊物《中国语文》曾经开辟专栏加以讨论，可见影响之大。随着科技的进步，语言材料越来越丰富，文献检索越来越便利，当我们不再受当年的词缀研究热潮所影响，独立冷静地回顾之前的研究，可以发现还有很多需要检讨的东西，"自""复"的意义及功能仍有继续研究的必要。但新的研究需要注意以下两点：

第一，研究方法需要改进。当前的词缀研究基本采用认定加举例的方式，也就是从语感上认定某个成分是词缀，然后举几个用例加以证实，这对于词缀研究显然不够。我们认为，当语感上认定某个成分可能是词缀时，需要细致系统地研究这个成分的历时使用情况，探求其发展变化脉络，在此基础上定性可能会更加科学。

第二，冷静、客观、独立地分析判断十分重要。学术研究有时会形成一定的热潮，处于热潮中的研究者，容易受其影响，进而影响判断。就词缀研究来说，20 世纪九十年代，词缀研究形成热潮，诸多的新词缀在那个时代被发掘，然而回过头来冷静分析，可靠者并不多。另就"自""复"研究来说，近几年仍有学者发表一些文章，列举专书中的"自""复"词缀用例，从研究方法来看，仍采用简单举例式，更重要的是，他们所举用例，有很多错误十分明显，显然缺乏独立、客观的分析。另有一些学者讨论词缀"自""复"的形成过程及虚化机制，大多照搬前人说法，很少有人能建立在系统研究"自""复"用法的基础上。

本书是"自""复"研究的新尝试，仅仅两个词，已花了三年多时间，虽然自觉有些收获，但其中问题仍有不少：

1.部分用例未能分析或分析有欠缺。这其中有个人学识的原因，也有文

351

例本身的问题。以"自"来说,其意义较虚,用法灵活,部分独用的或附于他词之后的"自"的用例很难给出确切唯一的答案,这对于研究来说,显然还有很大改进空间。好在,这类文例我们在书中一般均有标注,期待方家学者能关注这些用例,并最终圆满解决。

2.部分义项或功能的归纳或存在问题。如"自"表论断的用法,主要通过异文佐证,"自"的这种用法从何而来,未能给出确切的答案,如此结论的可靠性自然会打折扣。"复"表委婉语气,缺少独用的"复"的用例作支持,也会影响可信度。

3.有学者举有一些近现代汉语中的"X自"用例,其中有些来源于中古,另有一些产生于近代汉语,且比较有特色。要想弄清这些组合中的"自"的性质,最可靠的方法是,系统研究近代汉语、特别是白话性质的文献中的"自"的用法。由于本书主要着眼于中古,且受限于研究时间,目前只能初步分析,后续我们将着力这方面的研究。

附录：本书所讨论用例出处

[1]刘瑞明　1987　《助词"复"续说》，《语言研究》第 2 期。

[2]刘瑞明　1989　《世说新语中词尾"自"和"复"》，《中国语文》第 3 期。

[3]刘瑞明　1989　《词尾"自"类说》，《语文研究》第 4 期。

[4]刘瑞明　1994　《关于"自"的再讨论》，《中国语文》第 6 期。

[5]刘瑞明　1997　《词尾"自"和"复"的再讨论》，《绵阳师专学报》第 1 期。

[6]刘瑞明　1998　《"自"词尾说否定之再否定》，《绵阳师专学报》第 2 期。

[7]蒋宗许　1990　《也谈词尾"复"》，《中国语文》第 4 期

[8]蒋宗许　1991　《词尾"复"浅论》，《菏泽师专学报》第 1 期。

[9]蒋宗许　1992　《词尾"自"再说》，《古汉语研究》第 3 期。

[10]蒋宗许　1994　《再说词尾"自"和"复"》，《中国语文》第 6 期。

[11]蒋宗许　1994　《再说词尾"自"和"复"——"中古汉语研究"系列》，《绵阳师专学报》第 1 期。

[12]蒋宗许　1995　《词尾"自""复"续说》，《绵阳师专学报》第 4 期。

[13]蒋宗许　2004　《词尾"自""复"三说——兼奉姚振武先生》，《四川理工学院学报》第 2 期。

[14]蒋宗许　2009　《汉语词缀研究》，巴蜀书社。

[15]白振有、蒋宗许　1990　《词尾"自"臆说》，《延安大学学报》第 4 期。

[16]董志翘　2002　《观世音应验记三种》，凤凰出版社。

[17]董志翘、蔡镜浩　1994　《中古虚词语法例释》，吉林教育出版社。

[18]董志翘、冯青　2019　《世说新语笺注》，江苏人民出版社。

[19]江蓝生　1988　《魏晋南北朝小说词语汇释》,语文出版社。

[20]蒋绍愚　1980　《杜诗词语札记》,《语言学论丛》第 6 辑。

[21]蒋绍愚　1983　《唐诗词语札记(二)》,《语言学论丛》第 10 辑

[22]李昊　2005　《〈焦氏易林〉中的"徒自"、"还自"及副词词尾"自"的演变》,《成都大学学报》第 2 期。

[23]李莉　2008　《〈孔雀东南飞〉中的词缀"复"和"自"》,《语文教学之友》第 3 期。

[24]李明孝　1992　《词尾"复"、"自"例补》,《语文教学与研究》第 10 期。

[25]刘淇　2004　《助字辨略》,中华书局。

[26]刘红梅　2009　《〈世说新语〉中双音节副词词尾"自、复"演变特点刍议》,《谈古论今》第 2 期。

[27]龙国富　2010　《从语言接触看"复"和"自"的语法地位》,《语文研究》第 2 期。

[28]钱添艳、张敏　2019　《词缀"自"的语法化考察》,《文教资料》第 36 期。

[29]王萍　2012　《简论〈世说新语〉的"复"字用法》,《语文学刊》第 8 期

[30]王锳　1986　《诗词曲语辞例释》,中华书局。

[31]王云路　1997　《汉魏六朝诗歌语言论稿》,陕西人民教育出版社。

[32]王云路　2010　《中古汉语词汇史》,商务印书馆。

[33]张悦　2006　《中古汉语词缀的辨析》,《山东社会科学》第 7 期。

[34]张伟芳　2008　《〈宋书〉中词缀"复"的研究》,《长沙铁道学院学报》第 3 期。

[35]赵晓驰　2004　《中近古新兴词缀例析》,《语文教学与研究》第 1 期。

[36]朱庆之　1992　《佛典与中古汉语词汇研究》,台湾文津出版社。

参考文献

白振有、蒋宗许　1990　《词尾"自"臆说》,《延安大学学报》第 4 期。

陈建裕　1997　《也谈〈世说新语〉中的"复"尾》,《南都学刊》第 4 期。

董志翘　2002　《观世音应验记三种》,凤凰出版社。

董志翘、蔡镜浩　1994　《中古虚词语法例释》,吉林教育出版社。

董志翘、冯青　2019　《世说新语笺注》,江苏人民出版社。

高云海　1998　《"自"和"复"非词尾说质疑》,《中国语文》第 4 期。

韩兆琦　2017　《史记笺证》,江西人民出版社。

汉语大字典编辑委员会　2010　《汉语大字典》(第二版),四川长江出版集团。

黄晖　1996　《论衡校释》,中华书局。

黄征、张涌泉　1997　《敦煌变文校注》,中华书局。

江蓝生　1988　《魏晋南北朝小说词语汇释》,语文出版社。

蒋礼鸿　1997　《敦煌变文字义通释》,上海古籍出版社。

蒋绍愚　1980　《杜诗词语札记》,《语言学论丛》第 6 辑。

蒋绍愚　1980a　《唐诗词语札记》,《北京大学学报》第 3 期。

蒋绍愚　1983　《唐诗词语札记(二)》,《语言学论丛》第 10 辑

蒋宗许　1990　《也谈词尾"复"》,《中国语文》第 4 期

蒋宗许　1992　《词尾"自"再说》,《古汉语研究》第 3 期。

蒋宗许　1994　《再说词尾"自"和"复"》,《中国语文》第 6 期。

蒋宗许　1994a　《再说词尾"自"和"复"——"中古汉语研究"系列》,《绵阳师专学报》第 1 期。

蒋宗许　1995　《词尾"自""复"续说》,《绵阳师专学报》第 4 期。

蒋宗许　2004　《词尾"自""复"三说——兼奉姚振武先生》,《四川理工学院学报》第 2 期。

蒋宗许　2004a　《关于词尾"复"的一些具体问题》,《中国语文》第 4 期

蒋宗许　2009　《汉语词缀研究》,巴蜀书社。

乐建兵、查中林　2011　《"儿已薄禄相,幸复得此妇"中"复"字研究》,《沈阳大学学报》第 3 期。

李昊　2005　《〈焦氏易林〉中的"徒自"、"还自"及副词词尾"自"的演变》,《成都大学学报》第 2 期。

李莉　2008　《〈孔雀东南飞〉中的词缀"复"和"自"》,《语文教学之友》第 3 期。

李明孝　1992　《词尾"复"、"自"例补》,《语文教学与研究》第 10 期。

栗学英　2008　《"手自"之"自"是词缀吗》,《古汉语研究》第 3 期。

刘淇　2004　《助字辨略》,中华书局。

刘传鸿　2018　《中古汉语词缀考辨》,北京大学出版社。

刘红梅　2009　《〈世说新语〉中双音节副词词尾"自、复"演变特点刍议》,《谈古论今》第 2 期。

刘瑞明　1987　《助词"复"续说》,《语言研究》第 2 期。

刘瑞明　1989　《世说新语中词尾"自"和"复"》,《中国语文》第 3 期。

刘瑞明　1989a　《词尾"自"类说》,《语文研究》第 4 期。

刘瑞明　1994　《关于"自"的再讨论》,《中国语文》第 6 期。

刘瑞明　1997　《词尾"自"和"复"的再讨论》,《绵阳师专学报》第 1 期。

刘瑞明　1998　《"自"词尾说否定之再否定》,《绵阳师专学报》第 2 期。

刘瑞明　1998a　《"自"非词尾说驳议》,《中国语文》第 4 期。

龙国富　2007　《佛经释词和佛经翻译》,《中国语文通讯》第 81/ 82 期。

龙国富　2010　《从语言接触看"复"和"自"的语法地位》,《语文研究》第 2 期。

逯漓　2003　《从〈论衡〉看词尾"自"的形成》,《焦作师范高等专科学校学报》第 2 期。

罗竹风　1986—1994　《汉语大词典》,汉语大词典出版社。

吕叔湘　1948　《开明文言读本》,开明书店。

吕叔湘 1999 《现代汉语八百词》,商务印书馆。

裴学海 2004 《古书虚字集释》,中华书局。

钱添艳、张敏 2019 《词缀"自"的语法化考察》,《文教资料》第 36 期。

社科院语言所词典编辑室 2018 《现代汉语词典》(第七版),商务印书馆。

王萍 2012 《简论〈世说新语〉的"复"字用法》,《语文学刊》第 8 期

王挺斌 2023 《〈方言〉'鼻,始也'小考》,《语言研究》第 4 期。

王锳 1986 《诗词曲语辞例释》,中华书局。

王叔岷 2007 《古籍虚字广义》,中华书局。

王引之 2000 《经传释词》,江苏古籍出版社。

王云路 1997 《汉魏六朝诗歌语言论稿》,陕西人民教育出版社。

王云路 2010 《中古汉语词汇史》,商务印书馆。

吴昌莹 1983 《经词衍释》,中华书局。

项楚 2000 《寒山诗注(附拾得诗注)》,中华书局。

肖旭 1998 《也谈"自"和"复"》,《中国语文》第 4 期。

萧旭 2007 《古书虚词旁释》,广陵书社。

徐仁甫 1981 《广释词》,四川人民出版社。

杨伯峻 1981 《古汉语虚词》,中华书局。

杨树达 1978 《词诠》,中华书局。

杨树达 2006 《汉书窥管》,上海古籍出版社。

姚振武 1993 《关于中古的"自"和"复"》,《中国语文》第 4 期。

姚振武 1997 《再谈中古汉语的自和复及相关问题——答刘瑞明、蒋宗许先生》,《中国语文》第 1 期。

遇笑容 2006 《梵汉对勘与中古译经语法研究》,《汉语史学报》第 6 期。

张相 1997 《诗词曲语辞汇释》,中华书局。

张悦 2006 《中古汉语词缀的辨析》,《山东社会科学》第 7 期。

张万起 1993 《世说新语词典》,商务印书馆。

张伟芳 2008 《〈宋书〉中词缀"复"的研究》,《长沙铁道学院学报》第 3 期。

张永言 1992 《世说新语辞典》,四川人民出版社。

赵晓驰　2004　《中近古新兴词缀例析》,《语文教学与研究》第 1 期。

钟兆华　2015　《近代汉语虚词词典》,商务印书馆。

周晓彦　2016　《中古汉语"复"的词尾化历程及其相关问题》,《大庆师范学院学报》第 4 期。

周晓彦　2017　《"自""复"的词尾化历程及相关问题研究》,辽宁大学硕士学位论文。

朱景松　2007　《现代汉语虚词词典》,语文出版社。

朱庆之　1992　《佛典与中古汉语词汇研究》,台湾文津出版社。